企业典型案例转化
国家精品在线课程成果转化
全国职业院校技能大赛货运代理赛项项目模拟实训

班轮运输实务

主　编　崔忠亮　李继宏　蒋柳红
副主编　袁珂娜　李飞诚　覃浩飞
主　审　吴砚峰

北京交通大学出版社
·北京·

内 容 简 介

国际贸易形势发生的巨大变化，对我国国际货物运输从业人员提出了更高要求。本书内容涵盖班轮运输业务主要环节，分为外贸运输、海洋运输、集装箱业务、进出口货运业务、提单业务和货运代理业务6个模块，每个模块按照工作内容和流程设计若干任务；根据班轮运输实务案例进行情境化的教学改造，使学习者可以沉浸于班轮运输业务中并掌握从业技能。

本书适合国际商务专业、物流专业、商务英语专业等涉外经贸专业的高职学生使用，也可以作为国际商务和国际物流相关从业人员的培训用书。

图书在版编目（CIP）数据

班轮运输实务 / 崔忠亮，李继宏，蒋柳红主编. -- 北京 : 北京交通大学出版社，2025. 2. -- ISBN 978-7-5121-5478-0

Ⅰ. F550.7

中国国家版本馆 CIP 数据核字第 2025XM9941 号

班轮运输实务
BANLUN YUNSHU SHIWU

策划编辑：李运文　　责任编辑：李运文
出版发行：北京交通大学出版社　　电话：010-51686414　　http://www.bjtup.com.cn
地　　址：北京市海淀区高梁桥斜街 44 号　　邮编：100044
印 刷 者：艺堂印刷（天津）有限公司
经　　销：全国新华书店
开　　本：185 mm×260 mm　　印张：18.5　　字数：450 千字
版 印 次：2025 年 2 月第 1 版　　2025 年 2 月第 1 次印刷
定　　价：49.90 元

本书如有质量问题，请向北京交通大学出版社质监组反映。对您的意见和批评，我们表示欢迎和感谢。
投诉电话：010-51686043，51686008；传真：010-62225406；E-mail：press@bjtu.edu.cn。

前 言

随着经济全球化进入新的发展阶段，国际贸易面临数字经济融合、发展中国家群体性崛起、高标准国际经贸规则普及的挑战与机遇，全球产业分工与经贸格局调整导致国际物流中心发生转移，国际货物运输的运营主体不断变化，运营模式不断调整，航运物流业出现了数字化、绿色化、标准化、规范化、安全化等发展新趋势。

本书基于班轮行业的最新发展动态，从海上运输角度出发，讲解班轮运输中货物、船舶、航线、港口、单据、程序等相关业务，深入浅出地阐述国际货物运输的基本理论，揭示国际贸易与国际货物运输之间的有机联系，从而为跨境贸易、跨境运输的从业者提供科学的行动指南。全书以案例贯穿理论和实践，将企业典型案例改造为教学案例，既关注独立个案的挖掘，又注重案例间的关联；通过案例构成知识与技能的多维融合与非线性交叉，帮助学习者实现行业知识建构的完整性和丰富性，使其建立具有足够弹性与灵活性的知识结构，以便能够适应多变的工作环境。

全书共分为外贸运输、海洋运输、集装箱业务、进出口货运业务、提单业务和货运代理业务等 6 个模块；每个模块由若干任务组成，包括学习目标、情境导入、业务知识、工作任务，阅读与思考和知识点自测等内容，将理论融入实践，挖掘与工作、任务密切相关的职业前沿信息与课程思政元素，以培养学生良好的职业道德和使命感，落实立德树人的人才培养要求。

本书立足国际货物运输的具体岗位，借鉴世界技能大赛货运代理赛项理念，模拟全国职业院校技能大赛货运代理赛项项目实训，引入全国职业院校技能大赛的考察方式，融入国际商务单证员、集装箱运输管理师等职业资格要求，创新性和可操作性强。本书既可作为高等院校国际商务专业、物流专业、商务英语专业等涉外经贸专业的教材，也可作为相关企业的岗位培训用书。

本书是校企合作的成果，防城港务集团等北部湾港航、货运代理企业为本书的编写提供了行业最新资讯与大量的案例、素材。全国职业教育教师企业实践基地广西金桥实业集团有限公司参与了本书的编写，并给予了指导。

全书由崔忠亮、李继宏、蒋柳红担任主编，袁珂娜、李飞诚、覃浩飞担任副主编，陈秋如、李德萍、黄志宝参编。编写具体分工如下：李继宏、蒋柳红编写模块 1，李飞诚、陈秋如编写模块 2，袁珂娜、李德萍编写模块 4，覃浩飞、黄志宝编写模块 6，其余由崔忠亮编写并修改、定稿，全书由吴砚峰主审。

本书在编写过程中，参考了国内外相关资料，在此表达谢意。虽然已经尽最大努力编写本书，但由于编者水平有限，书中仍可能存在不妥之处，恳请广大读者批评指正。

崔忠亮
2024.12

目 录

1

模块 1
外贸运输

知识目标

- 熟悉国际货物运输方式。
- 理解国际货物运输与国际贸易的相互依存关系；掌握贸易术语及其责任、风险分担以及在运输中的体现。
- 基于运输要求，掌握货物的分类。
- 理解国际货物运输的参与方；掌握贸易合同与运输合同当事人的关联。

能力目标

- 能够根据货物特点选择运输方式。
- 能够将贸易双方的权利义务延伸至国际运输。
- 能够根据运输装卸的要求对货物分类。
- 能够根据贸易合同或运输合同处理业务问题。

素质目标

- 培养尊重市场规律、遵约守法的职业道德。
- 培养立足民族、走向世界的开放精神。
- 培养全局视野和国际视野。
- 培养事物相互联系的辩证唯物主义世界观。

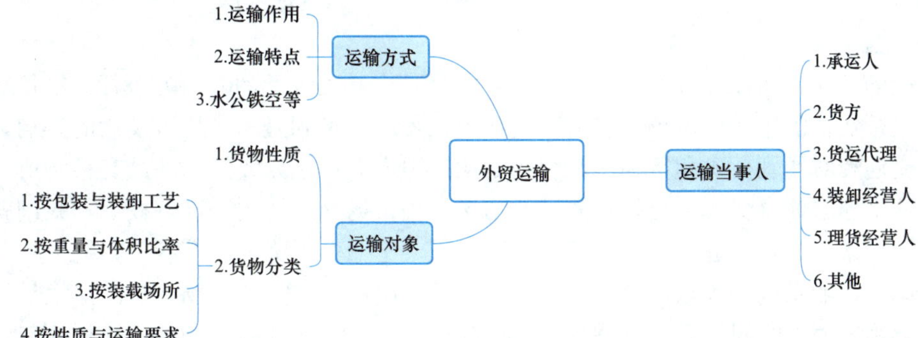

任务1.1 运输方式

情境导入

金星公司拟从广州出口4 000箱拉链到德国汉堡，总价值为8万美元，信用证支付，采用海运方式。

贸易合同签订后，客户来函表示急需其中500箱，要求改用空运方式提前装运，并提出这部分货款在收到货后采用电汇方式（T/T）汇至金星公司。

作为金星公司的业务员，请考虑应如何应对。

业务知识

运输作为人类社会的一项基本活动，对社会、经济、文化和政治等多个领域产生了深远的影响。从政治角度来看，高效的交通网络是国家统一和稳定的重要基石，它不仅能够加强中央政府与地方之间的联系，还能增强国家的防御能力和应对突发事件的能力。在国家安全层面，强大的运输体系对于保障军事行动的顺利进行至关重要。无论是快速调动军队还是物资供应，都依赖于一个可靠且高效的运输网络。在和平时期，良好的交通设施同样可以作为威慑力量的一部分，提高国家的安全水平。在社会文化交流方面，随着运输技术的进步，人们跨越地理障碍的能力大大增强，从而有利于促进不同地域间人口的迁移与交流。这种社会文化方面的交流不限于商品和服务的交换，更重要的是带来了思想观念、生活习惯乃至精神信仰等方面的相互影响。因此，运输的发展不仅直接关系到国民经济的增长和社会生活的便利，还深刻地影响着国家的政治稳定、安全防御以及文化的多样性和包容性。

1.1.1 运输的作用

运输（transport）是指将物品或人员从一个地点运送到另一个地点的过程。当货物从一个地方转移到另一个地方而增加价值时，运输就创造了空间效用。时间效用则是指运输在需要的时候发生。当货物在需要的时间从始发地到达了目的地，运输就创造了时间效用和空间效用。

1. 运输有利于开拓市场

早期的商品交易往往被选择在人口相对密集、交通比较便利的地方进行。在依靠人力和畜力进行运输的年代，市场位置的确定在很大程度上受到人和货物可及性的影响。一般来说，交通相对便利、人和货物比较容易到达的地方会被视为较好的商品交换场所。久而久之，这个地方就会变成一个相对固定的市场。当市场交换达到一定规模后，人们就会对相关的运输条件进行改进，使运输费用不断降低。运输费用降低，有利于市场区域范围扩大。因此，运输系统的改善，既扩大了市场区域范围，又加大了市场本身的交换规模，运输经济学称之为“空间效应”。铁路经济学家拉德纳（D. Lardner）归纳出了运输与贸易的平方定律（即拉德纳定律）：运输系统的改善，可以扩大货物运送距离，从而扩大市场范围，并且市场范围扩大的比率是运输距离增加比率的平方，如图 1-1 所示。A 地生产的产品，在人力运输条件下，只能在本地销售；用畜力运输时，可在半径为 100 km 的 C1 范围内销售；因交通运输条件改善，如用蒸汽机车运输，就可运到距 A 地 200 km 的 C2 范围内销售。当运输距离增加 1 倍，其市场范围增至原来的 4 倍。

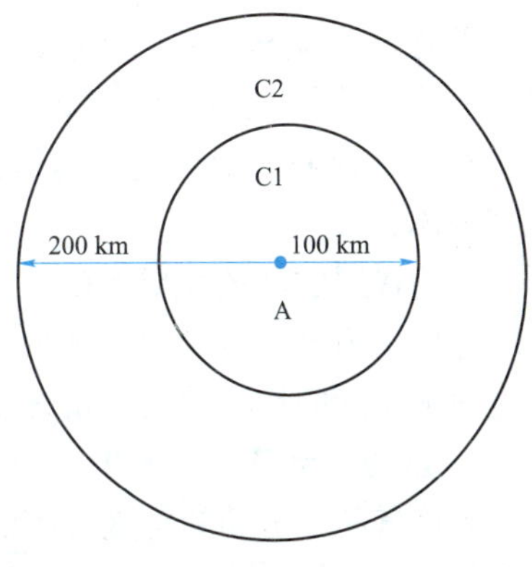

图 1-1　拉德纳定律

在开拓市场的过程中，运输不仅能创造出明显的“空间效用”，也具有明显的“时间效用”。高效率的运输能够保证商品在市场需要的时间内被适时运到，从而创造出一种“时间效用”，繁荣市场。按照拉德纳定律，潜在的市场范围的扩大为运输距离或运输速度扩大倍数的平方。

2. 运输有利于降低市场价格并鼓励市场竞争

运输费用是所有商品市场价格的重要组成部分，商品市场价格的高低在很大程度上取决于它所含运输费用的多少。运输系统的改善和运输效率的提高，有利于降低运输费用，从而降低商品价格。例如，A 地某产品的生产成本为每件 6 元，市场 M 地距 A 地的运价为每件 2 元，即 M 地该产品的总成本为每件 8 元，其中运输成本占了 25%；当运输费用下降为原来的一半时，M 地该产品的总成本为每件 7 元，运输成本仅占总成本的 14.3%，比原来下降了 10.7 个百分点，商品的总成本下降 12.5%。

但其意义并非如此简单，或至少是不很全面。用美国经济学家洛克林（D. Locklin）在其《运输经济学》中的一个例子可以进行较好的诠释。如图 1-2 所示。

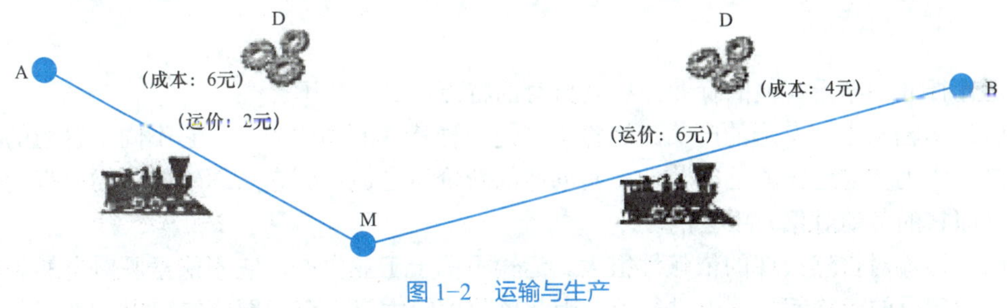

图 1-2　运输与生产

A 地生产产品 D，运到 M 地的运价为每件 2 元，即 A 地产品 D 运到 M 地后总成本为每件 8 元。B 地也生产产品 D，且生产成本仅为每件 4 元，但它到 M 地的运价为每件 6 元。这样一来，B 地生产的产品 D 运到 M 地后，其总成本为每件 10 元。因此，A 地产品 D 在 M 地因价格优势而独占市场。如果运价下降一半，则 B 地产品 D 在 M 地的总成本也为每件 7 元，与 A 地产品 D 相同，这就打破了 A 地，产品 D 独占市场的局面。B 地产品 D 运输成本占总成本的 42.9%，大大高于 A 地产品 D，但生产成本占据了优势。如果运输条件进一步改善，运费下降到原来的 1/3，则 B 地产品 D 在 M 地的总成本为 6 元，低于 A 地产品 D 的价格。随着运输的继续发展，A 地产品 D 不仅在 M 地甚至在其产地 A 地也可能被淘汰。这就是高生产成本的产品在运输发展和区域开放进程中面临的抉择：要么改造产品，要么消亡。

因此，洛克林说："除非认识到运价降低会导致较多的钱被用于运输，较少的钱被用于生产，否则就没有了解改善运输的真正意义。"其实，首先提出这一观点的是法国经济学家杜比特，他认为：运输工具发展的最终目的不应该是减少运输费用，而是降低生产成本。

运输费用的降低使更多的产品生产者进入市场参与竞争，可以使消费者得到因竞争带来的好处。另外，运输与土地使用和土地价格之间存在密切的关系，运输条件的改善可以使运输延伸到的地区的土地价格上涨，从而促进该地区的市场繁荣和经济发展。

3. 运输有利于劳动的地区分工和市场专业化

运输有利于劳动的地区分工。一个较为简单的情形是：假设 A、B 两地各生产某两种产品（a 和 b），A 地生产产品 a 的成本较低，因此价格低廉，而 B 地生产产品 b 的成本也相对较低，同样能以较低的价格出售。在这种情况下，每一地区生产它最适宜生产（劳动耗费低）的产品并相互交换是对双方都有利的事情。但如果 A、B 间的运输费用非常高，以至于抵消了专门从事该种产品的生产和交换所能得到的利益，那么两地间的交换就不会发生，结果是 A、B 两地都必须拿出一部分土地、劳动力和资金来投入对方生产成本较低的那种产品的生产中。这时，运输就成了劳动地区分工和贸易的障碍。当 A、B 两地间存在高效、廉价的运输后，这个障碍就会被打破。由此，根据比较利益原则，运输能够促进劳动的地区分工。

在劳动的地区分工出现后，市场专业化的趋势也会逐渐显露，这就使某一个地区的市场在产品的销售上更加集中在某一类或某几类产品上。市场专业化将大大减少买卖双方在信息收集、管理等方面的成本支出，减少市场交易费用。从另一个角度看，发达的运输条件是专业化生产的基础，正是现代强大的运输系统才有可能培育出超大规模和高效的专业生产集群。

1.1.2 运输的特点

运输行业不同于其他的行业，有其自身的特点，具体如下。

（1）运输不生产有形的产品。运输生产是一种特殊的物质生产，它不同于普通的工农业生产。作为货物运输的抽象劳动，其创造的新价值是追加到它所运输的货物原有的使用价值（即它的劳动对象）中去的。

（2）运输对自然条件的依赖性很大。运输不同于工业生产，它不能摆脱对自然条件的依赖。大部分的运输都是露天进行的，因此风险性较大，安全问题比较突出。

（3）运输是具有一定垄断性的资本密集型产业。由于交通运输不产生有形的物质，它无须为自己的劳动对象预付一个原始的价值，所以其资本与其他产业不同，只包括垫付在劳动资料和劳动者方面的资本这两部分，这就造成运输成本中固定资本所占的比例异常巨大，需要大量的投资，而且存在相应的资格限制。

1.1.3 现代常用的运输方式

运输经过各个不同的环节将产品最终送到顾客的手中，是衔接生产和消费的一个重要环节，是物流价值链的一项关键活动。现代交通运输包括水路运输、铁路运输、公路运输、航空运输和管道运输五种基本的运输方式。五种运输方式的产生、发展与联运，为社会经济发展提供了强有力的基础保证。

1. 水路运输

水路运输（water transport）可分为海洋运输（marine transport）和内河运输（inland waterway transport）。

（1）海洋运输又称海上运输（sea transport）或远洋运输（ocean transport），是指以船舶为工具，通过海上航道在不同的国家和地区的港口之间运送货物或旅客的一种运输方式，简称海运。海上运输是当今国际贸易中最主要的货物运输方式，国际贸易货物总运量的 80%以上都以海上运输来完成的，在有些国家（如澳大利亚、新西兰和日本等）此比例在国际贸易运输中甚至达到 90%以上。

海洋运输具有以下几个特点。

① 运输量大。海洋运输的工具是船舶，船舶的载运能力要远远大于其他的运输工具。第二次世界大战以后，世界商船的特点之一就是大型化，商船的吨位由过去的几百 t、几千 t 发展到几万 t、十几万 t 甚至几十万 t。目前，世界上的超巨型油轮的吨位已达 60 多万 t，最大的集装箱船可装载 24 000 TEU。船舶的载运量是其他运输工具所无法比拟的。

② 灵活性高。海洋运输利用天然航道来完成货物运输。这些航道四通八达，将世界各地港口联在一起。海洋运输不像汽车、火车运输要受道路或轨道的限制，而且在政治、经济贸易或自然条件发生变化的时候，可随时改选其他航线。

③ 运费低廉。一方面，海洋运输所通过的航道系天然形成，不像公路运输或铁路运输那样事先需大量投资修筑公路或铁路；另一方面，船舶运载量大，因而货物的海洋运输的单位成本低。由于以上因素，海洋运输运费低廉。

④ 适应性强。为了适应各种货物对运输的需要，可以根据不同货物的特点设计多用途船，也可根据货运需要设计专业化船舶。尤其在运输超重、超长等重大件货物方面，船舶具有较强的适应性。

⑤ 速度慢和风险较大。海洋运输也有其不足之处：一是速度较慢。受海运船舶体积大、水流阻力大等因素影响，海洋运输速度较慢。尽管第二次世界大战以后，船舶的航速在不断提高，但和其他运输工具相比，海洋运输速度仍然较低。二是风险较大。船舶在海上航行，受气候和自然条件等影响较大，因此，遇险的可能性也大。三是航行日期不易完全确定。

尽管海洋运输存在着速度慢、风险大的不利因素，但由于其运输量大、运费低廉，所以受到进出口商的青睐，所以在国际贸易运输中海洋运输所占的地位和所起的作用远远超过其他几种运输方式。

国际海上货物运输合同主要有班轮运输合同、航次租船合同与定期租船合同。海上货物运输的主要单据是提单，提单通常是班轮运输合同的证明，也是最重要的国际贸易单据。

（2）内河运输是指使用船舶通过江湖河川等天然或人工水道进行货物运输的一种方式，具有运量大、航道建设投资少、运输成本低等优点。内河运输作为水上运输的一个组成部分，在加强内陆腹地与沿海地区的经济联系、运输和集散进出口货物，以及开展国际河流流经国家之间的货物运输等方面起着重要的作用。

我国有广阔的内河运输网，长江、珠江等一些主要河流的内河港口已对外开放；在北方与邻国俄罗斯通过我国的黑龙江、乌苏里江、松花江以及伊犁河等多条国际河流相连通；在南方则通过澜沧江（出我国国境后被称为湄公河）这条重要的国际河流与缅甸、老挝、泰国、柬埔寨和越南等邻国进行物资交流。虽然我国通过内河的进出口货运量所占比例不大，但借江出海、江海联运既促进了内地和边远地区各省的经济发展，也为发展我国外贸进出口货物运输作出了一定的贡献。

2. 铁路运输

铁路运输（railway transportation）是指使用铁路列车运送旅客和货物的一种运输方式。在各种国际货物运输方式中，铁路运输是仅次于海洋运输的一种主要运输方式。事实上，海洋运输的进出口货物绝大多数是靠铁路运输在港口进行集中和分散的。铁路运输可以分为国际铁路运输和国内铁路运输两种。在国际贸易中，铁路运输主要是以联运方式进行的。铁路运输具有以下特点。

（1）运输速度快。现在各种运输工具都以提高速度作为竞争手段之一。世界上很多国家都致力于发展高速铁路。目前，客运铁路列车的最高速度可达 350 km/h 以上，货运铁路列车的速度也在不断提高。在几种运输方式中，铁路列车是除飞机以外运行速度较快的一种。

（2）载运量大。铁路运输的工具是铁路列车。一列铁路列车的载运量要远远大于一架飞机或一辆汽车的载运量。一般情况下，一列铁路列车可运载 3 000 t 左右的货物，目前的重载列车一车载运量可超 3 万 t。

（3）连续性强，安全性好。铁路的通用性较好，既可运客，也能运货，几乎可以运送任何不同性能的货物，其运输过程的连续性强，安全性和准确性也都较好，且可保证全年运行，受自然条件的限制较少。

（4）运费较低。一般而言，长距离铁路运输的运费要比航空运输和公路运输低。

（5）投资大，建设周期长。铁路运输需要先铺设轨道，建造桥梁和隧道，工程技术比较复杂。因此，铁路先期投资要大于其他运输方式。

铁路运输必须在陆地相连并有铁路线相接的情况下才能进行。例如，我国与欧亚大陆国家之间的进出口货物就可以通过铁路运输来实现。在国际贸易中，铁路运输主要以联运方式进行。

国际铁路货物联运，是指两个或两个以上国家的铁路部门联合起来完成一票货物的铁路运输。它使用一张统一的国际联运票据，由铁路部门办理经过两个或两个以上国家铁路的全程运输，在由一国铁路向另一国铁路移交货物时不需要发货人和收货人参加。

国际铁路货物联运的主要运输单据是铁路运单和运单副本。它是参加联运的发送国铁路与发货人之间订立的运输合同，具体规定了参加联运的铁路承运人和收货人、发货人的权利和义务。当发货人向始发站提交全部货物，并付清应由发货人支付的一切费用，经始发站在运单和运单副本上加盖始发站承运日期戳记，证明货物已被接妥承运后，即认为运输合同已经生效。运单副本于运输合同缔结后交给发货人，以便后者向收货人结算货款。运单正本则随同货物到达终点站，并交给收货人。

3. 公路运输

公路运输（highway transport）是指使用汽车在公路上运送货物的运输方式。与铁路运输一样，公路运输也是陆上运输的基本运输方式，它既作为一个独立的运输体系，直接运进或运出国际贸易货物，又作为车站、港口、机场集散进出口货物的重要手段，配合铁路运输、海洋运输和航空运输等最终完成运输任务，帮助集装箱运输方式实现“门至门”的运输。公路运输的特点主要表现在以下几方面。

（1）机动灵活、简捷方便。公路运输可以直达公路所通往的各个角落，在短途货物运送中体现得更为明显。

（2）实现货物“门到门”运输的重要组成部分。公路运输可以减少货物换装、转运的中间环节，适于货物在内陆的集疏中转。在以集装箱为媒介的海运、陆运（铁路运输和公路运输）与空运的联合运输中，为了保证联运货物运送过程能及时衔接，实现门到门的运输目标，公路运输必不可少。

（3）能耗和运输成本较高，载重量有限。这是公路运输的主要缺点。所以，公路运输一般不适合大宗且长距离的货运，其安全性较差，运输风险大。

我国陆地面积广阔，与朝鲜、俄罗斯、哈萨克斯坦、印度、尼泊尔、巴基斯坦、吉尔吉斯斯坦、缅甸和越南等国相毗邻，同上述国家之间的货物运送有相当一部分是通过公路运输来完成的。长期以来，公路运输为发展我国与周边国家和地区的经济贸易联系提供了十分便利的条件。公路运输在我国对外贸易运输中占有重要地位，不仅是我国边疆地区与周边国家进行物资交流、开展边境贸易及加强彼此间的经济合作的主要手段，而且承担了我国内地与香港地区、澳门地区之间的相当一部分的货物运输任务。

有关国际公路货物运输的公约和协定有两个：一个是《国际公路货物运输合同公约》，于 1956 年 5 月 19 日由欧洲 17 个国家在日内瓦签订并获得通过；另一个是《国际公路车辆运输规定》，于 1956 年由欧洲 23 个国家签订并在 1960 年开始得到实施。前者主要是统一成员国之间公路运输所使用的单证和明确承运人的责任；后者则是对成员国经营集装箱公路运输的承运人规定具体的运输责任。它们对当前的国际公路运输发展作用巨大，但遇到的问题是其实施受到了地区性的限制。

公路货物运输合同的基本形式包括定期运输合同、一次性运输合同、道路货物运单。

4. 航空运输

航空运输（air transport）是指使用飞机或其他飞行器进行货物运输的运输方式，在长途和国际旅客运输中占据特殊地位。航空运输在各种基本的国际货物运输方式中并不是主要的一种，但由于它具有海洋运输和铁路运输不可比拟的优点，特别适于运输某些急需的、贵重的货物，以及易腐鲜活等时间性强的货物，而且能满足远距离运输的需要。航空运输的特点主要包括以下几个方面。

（1）运送速度快。航空运输以快速著称，且两点间运输距离最短。在各种运输工具中，飞机是速度最快的一种，常见的喷气式飞机的经济巡航速度大都在 850～900 km/h。快捷的交通工具可大大缩短货物的在途时间，对于那些易腐烂变质的鲜活商品、随行就市的商品、时效性强的报刊、季节性强的商品及抢险救灾物资，航空运输最能体现其优越性。

（2）安全、准确。与其他运输方式相比，航空运输安全性较高，因为航空运输管理制度更为严格、空运时间短、货物破损率低、失窃概率小。

（3）节省包装、保险、利息等费用。航空运输的费用虽然较高，但由于其速度快，货品在途时间短、周转速度快、库存期可相应缩短，企业存货可以相应减少。因此，航空运输既可节省仓储费用，又可迅速回收资金，这样就大大节省了利息等费用。此外，航空运输使货物的保管时间短，货损货差少，保险费用相应降低。因此，进行航空运输时商品的包装可以相对简单，从而降低包装成本。这些都使得企业隐性成本下降。

（4）基本建设周期短，投资较少，灵活性较大，可跨越各种天然障碍，且不受地面条件影响，可深入内陆地区。航空运输利用空中通道，不受地面条件限制，对于地面条件恶劣、交通不便的内陆地区非常合适。

（5）运费高、运量小。这是航空运输的主要缺点。因机舱容积和载重都比较小，运价也比地面运输高，受气象限制也较多，从而影响运输的准确性和连续性。因此，这种运输方式对货物运输有一定限制，它不适合那些一次成交数量多、价值低的大宗货物的运输。

航空运输有班机运输、包机运输、集中托运和航空快递业务等四种方式。航空货物运输的主要单据是航空运单。它是航空运输的承运人与托运人之间订立的运输合同，也是承运人或其代理人接收货物的依据。货物空运到目的地后，航空承运人向收货人发出到货通知，收货人接到通知后应先办理进口报关手续，然后凭通知提货。

航空运单根据签发人的不同，分为主运单和分运单。主运单是航空承运人签发的，分运单则由航空货运代理公司签发。两种航空运单在内容上基本相同，法律效力相当，对于发货人、收货人来说，只是承担货物运输的当事人不同而已。

5. 管道运输

管道运输（pipeline transport）是指使用管道输送液体、气体与固态料浆等流体性货物的一种特殊的运输方式。与其他运输方式相比，管道运输具有运输通道和运输工具合二为一、高度专业化和永远是单向运输等特点，因而其输送能力大、输送速度快、损耗少、费用省、运输成本低的优点十分明显，当然固定投资大的缺点也很突出。管道运输在欧美许多国家及石油输出国组织（OPEC）的石油运输方面起着相当大的作用。

我国的管道运输起步较晚。自 1970 年起，为适应我国石油出口贸易的需要，修建了各大油田直通海港的输油管道。随着我国石油工业的发展，我国的管道运输也得到了较大的发展，新的管道不断铺设，犹如一条条钢铁巨龙或腾空而起（架空管道），或潜入地下（地下管道），或蜿蜒于辽阔的大地上（地面管道），一个纵横贯通全国的石油管道网正逐渐形成。我国与朝鲜之间早就建有丹东至新义州的输油管道，对朝鲜的石油出口主要就是通过管道运输来完成的。近年来，建成的总长 962 km 的中国—哈萨克斯坦石油管道则是我国首次以管道方式实现从境外进口原油。全长 4 000 多 km、通向太平洋沿岸的俄罗斯远东石油管道也已开工建设，建成后将通过支线管道向我国供油。

由于管道线路和运输是固定的，管道运输费用的计算较为简单，即按所运输货物的不同品种规格规定不同费率：石油主要以桶为计费单位，但也有以 t 为单位计算运费的。

6. 联合运输

联合运输（intermodal transport）是指使用两种或两种以上的基本运输方式，完成一项进出口货物运输任务的综合运输方式。联合运输利用不同运输方式的综合优势，对全运程进行统筹，目的是实现合理运输。联合运输方式主要有：陆空联运、铁水联运、铁公联运，多表现为大陆桥运输、小陆桥运输、微桥运输、集装箱运输和国际多式联运等。

国际邮政运输具有国际多式联运和“门至门”运输的性质，是在各种国际货物运输中被广泛采用的运输方式之一。邮政运输是指各国邮政部门根据彼此间签订的协定和公约，相互传递邮件包裹的运输方式，利用遍及世界各地的邮政机构为寄件人和收件人服务，手续简便，费用也不高。与其他运输方式相比，国际邮政运输对邮件的重量和体积均有限制，因此只适用于重量轻、体积小的货物，如精密仪器、机器零部件、药品、金银首饰，以及各种货物样品和零星物品等的运输。国际邮件按性质分为函件和包裹两大类。包裹通常分为普通包裹（除禁寄和限寄的以外的一般邮递物品）、脆弱包裹（易破损的和需要小心处理的包裹，如玻璃器皿）和保价包裹（按寄件人申明价值承担赔偿责任的包裹，如金银珠宝等）。

我国于 1972 年参加了万国邮政联盟（Universal Postal Union）。万国邮政联盟简称“邮联”，于 1874 年在瑞士伯尔尼签订的国际邮政公约（即伯尔尼公约）而成立，原称邮政总联盟；1878 年该联盟在巴黎修订原公约，将其定名为《万国邮政公约》，并将组织机构改为现名，一直沿用至今。“邮联”的宗旨是：组成一个国际邮政领域，相互交换邮件；组织和改善国际邮政业务，有利于国际合作的发展；推广先进经验，给予会员国邮政技术援助。我国与很多国家签订有邮政包裹协议和邮电协议，并按这些协议的规定办理邮政运输。国际邮政运输的主要单据是邮政收据或投邮证明。

以上所述的各种基本运输方式和联运方式各有自己的特点，具体选择哪一种运输方式，要根据进出口货物的性质、运量的大小、运输距离的长短、需要的缓急程度、运费的高低，以及运输途中遭遇风险的程度等因素来确定；同时还要结合装卸地的情况、气候和自然条件、运输技术的发展及国际政治局势的变化等，全面审慎考虑。

工作任务一

扫码获取业务资料，按要求完成工作任务。

____

____

____

____

____

任务完成情况评价表

（第____模块，任务____，工作任务____）

评价项目	满分	自评得分	互评得分	师评得分
正确理解知识	25			
业务分析处理方法得当	25			
表达清晰准确	15			
业务处理结果正确	35			
合计	100			
综合得分（自评得分×10%+互评得分×30%+师评得分×60%）：				
个人任务完成情况小结				

工作任务二

扫码获取业务资料，按要求完成工作任务。

任务完成情况评价表

（第____模块，任务____，工作任务____）

评价项目	满分	自评得分	互评得分	师评得分
正确理解知识	25			
业务分析处理方法得当	25			
表达清晰准确	15			
业务处理结果正确	35			
合计	100			
综合得分（自评得分×10%+互评得分×30%+师评得分×60%）：				
个人任务完成情况小结				

工作任务三

扫码获取业务资料，按要求完成工作任务。

任务完成情况评价表

（第____模块，任务____，工作任务____）

评价项目	满分	自评得分	互评得分	师评得分
正确理解知识	25			
业务分析处理方法得当	25			
表达清晰准确	15			
业务处理结果正确	35			
合计	100			
综合得分（自评得分×10%+互评得分×30%+师评得分×60%）：				
个人任务完成情况小结				

知识点自测

一、单项选择题

1. 按照拉德纳定律，当运输速度提高 1 倍时，潜在的市场范围可以扩大________倍。

A. 2　　B. 1　　C. 3　　D. 4

2. 在依靠人力和畜力进行运输的年代，市场位置的确定在很大程度上受________的影响。

A. 人和货物可及性　　B. 文化因素

C. 心理因素　　D. 社会因素

3. 根据运输系统的特性，随着运输系统的改善，市场范围扩大的比率将________运输距离增加的比率。

A. 大于　　B. 小于

C. 等于　　D. 以上都有可能发生

4. 目前最主要的国际货物运输方式是________，约占国际货运总量的 80%。

A. 陆运　　B. 海运　　C. 空运　　D. 管道运输

5. 各种运输方式中运输时间最短、运价水平最高的是________。

A. 铁路运输　　B. 海洋运输　　C. 航空运输　　D. 公路运输

二、多项选择题

1. 运输在开拓市场过程中能创造出明显的________。

A. 速度效用　　B. 空间效用　　C. 时间效用　　D. 精神效用

E. 物质效用

2. 高效、廉价运输可以________。

A. 使土地获得多种用途

B. 促进运输延伸到的地区的市场繁荣和经济发展

C. 使土地用途变小

D. 使运输延伸到的地区地价增值

E. 使运输延伸到的地区地价贬值

3. ________有利于降低运输费用，从而降低商品价格。

A. 运输系统的改革

B. 运输系统的使用

C. 运输效率的提高

D. 运输效率的降低

4. 运输的作用包括________。

A. 运输有利于劳动的地区分工和市场专业化

B. 运输有利于开拓市场

C. 运输有利于稳定市场

D. 运输有利于鼓励市场竞争并降低市场价格

任务 1.2 运输对象

情境导入

我国化工进出口公司 A 与美国化学制品公司 B 按照 CFR SAN FRANCISCO 条件签订了一笔化工原料的贸易合同。A 公司在规定的装运期内按时装船，取得了清洁提单。

货物被运到目的港旧金山，B 公司在提货时发现部分货物结块，品质发生变化，经调查确认原因：货物包装密封不严，在运输途中吸收空气水分导致原颗粒状的原料结成硬块。B 公司遂与卖方 A 公司、承运人 C 公司联系：

A 公司认为吸湿发生在装船之后，风险应由买方承担；

C 公司认为航运途中无异常，已尽到妥善地、谨慎地装载、搬移、积载、运输、保管、照料和卸载所运货物的义务。

作为 B 公司的跟单业务员，请提出你的建议，并说明理由。

业务知识

国际货物运输的对象是货物，绝大多数货物是国际贸易的标的，在进出口实务中被称为商品。由于货物的性质和形态各不相同，对运输及与运输密切相关的装卸、储存和保管的要求也不一样。因此，掌握货物的性质、了解货物的种类、熟悉货物的计量，对于合理选择运输方式和运输工具并保证安全、准确、及时和经济地将货物运送到目的地，都起着非常关键的作用。

1.2.1 货物性质

贸易合同的卖方只有了解货物的性质，才能采用科学的包装，维护货物的品质，圆满完成交货任务；承运人只有了解货物的性质，才能结合运输特点，正确受载、保管和运输货物，履行承运义务。货物性质通常指货物的物理性质、机械性质、化学性质和生物性质。

1. 货物的物理性质

货物的物理性质指货物受外界的湿、热、光、雨等因素的影响而发生物理变化的性质。货物发生物理变化时，虽不改变其本质，却能造成货物的损坏，使货物质量降低。

在运输中，货物发生物理变化的形式主要有货物的吸湿、散湿、吸味、散味、挥发、热变、膨胀、溶化、凝固、冻结等。如棉、麻、茶叶等物品，就易于吸湿；汽油、乙醇、樟脑易于挥发；松香、橡胶、石蜡等货物受热会发生热变。

2. 货物的机械性质

货物的机械性质指货物的形态、结构在外力作用下发生机械变化的性质。货物的机械变化决定于货物的质量、形态与包装强度。在运输中，货物发生机械变化的形式主要有破碎、变形、渗漏、结块等。如玻璃、陶瓷制品易破碎；珐琅制品会脱瓷、凹瘪；包装液体产品会渗漏；有些粉状化肥如堆垛过高，底层货物会因压力过大而结块。

3. 货物的化学性质

货物的化学性质指货物在光、氧、水、酸、碱等作用下，发生化学变化而改变物质原有的性质。在运输中，货物发生了化学变化，意味着货物质量起了变化，轻者使货物遭到损害，重者还会殃及其他货物，甚至发生严重事故。

在运输中，货物发生化学变化的形式主要有氧化、腐蚀、燃烧、爆炸等。如金属锈蚀、橡胶老化、茶叶陈化；常见的腐蚀品主要有酸类、碱类物质。

4. 货物的生物性质

货物的生物性质指有生命的有机体货物及寄附在货物上的生物体，在外界各种条件的影响下，为了维持其生命而发生生物变化的性质。在运输中，货物发生生物变化的形式主要有酶、呼吸、微生物、虫害的作用等。如粮谷的呼吸、后熟、发芽、发酵、陈化等都是酶作用的结果；易受微生物作用的货物主要有肉类、鱼类、蛋类、乳制品、水果、蔬菜等，会发生生霉、腐败和发酸发热等质量变化的现象；粮谷害虫能促使粮谷结露、陈化、发热和霉变等，老鼠、白蚁等会咬坏货物的包装、库场建筑物及传染疾病等。

根据货物性质，在运输时应当进行适当包装。包装适当与否不仅需要考虑货物的特性，还需要考虑运输工具的特点、运输线路的特征、运输季节、装卸方式与积载方式等因素。若包装不当，在贸易合同项下，卖方将构成违约；在运输合同项下，承运人将不负因此导致货物灭失或损坏的赔偿责任，若因包装不当导致运输工具或其他货物受损，发货人还将承担赔偿责任。

1.2.2 货物分类

运输实践中所涉及的货物，因其种类繁多，形态和性质各异，对运输、装卸及保管的要求也各不相同，所以有必要对货物进行科学分类，以便在工作中尽可能使运输条件适应货物，并合理选择运输方式和运输工具，提高运输效率，保证安全、准确、及时和经济地将货物运送到目的地。货物可以根据形态、性质、包装、重量、运量等不同进行分类。

1. 按货物包装与港口装卸工艺分类

（1）散装货（bulk cargo）。又称散装货物、散货，包括散装固体货物和散装液体货物两种。散装固体货物又称散装干质货物，指不加包装的块状、颗粒状、粉末状货物，如煤炭、矿石、硫黄、小麦、豆类、工业盐等。散装液体货物也称液体货，指不使用包装，利用管道、泵进行装卸，直接装入货舱、槽罐、液袋等或通过管道进行运输的液体状货物，如石油及其产品、液化气（包括液化石油气、液化天然气、液化化学气等）以及液体化学品等。

散装货一般规格一致、批量较大，在运输过程中不加任何包装，可节约包装费用、较充分地利用货舱容积，有利于机械化、自动化装卸作业。与件杂货按计件形式进行装运和交接货物不同，散装货一般按照重量、容积、流量等计量形式进行装运和交接。大宗散装货在海运中一般使用租船方式进行运输。

（2）件杂货（break bulk cargo）。件杂货指在运输、装卸和保管中成件的有包装或无包装的货物，这些货物品种繁杂、性质各异、形状不一、单个品种批量较小，需要装卸运输机械的种类较多，装卸工艺各不相同，不容易充分发挥装卸机械的效率。件杂货一般可按件数计算装卸、运输数量，记载于运输单据上，作为交接的依据，故此得名。

件杂货包括包装货物和裸装货物。包装货物（packed goods）使用一些材料对货物进行适当的包装，按照包装的材料和形式又可分为：① 袋装货物，如袋装粮、袋装糖、袋装水泥等；② 箱装货物，如箱装的日用百货、香烟、食品等；③ 桶装货物，如桶装食用油、葡萄酒、松香、磷酸等；④ 捆装货物，如捆装的棉花、烟草等；⑤ 筐、篓、坛装货物，如蔬菜、水果、酒等。裸装货物（naked goods）指不加包装而成件的货物，常见的有各种钢材、车辆与设备等。

（3）集装箱货物（container cargo）。集装箱货物指以集装箱为单元装载设备进行运输的货物。集装箱运输方式的出现改变了传统运输的货运单位。按照是否适合集装箱运输，集装箱货物可以划分为：最适合集装箱化的货物、适合集装箱化的货物、边缘或临界集装箱化的货物和不适合集装箱化的货物四类。

2. 按货物的重量和体积的比率分类

（1）重量货物（weight cargo）。重量货物又称重货，是指凡 1 t 重量的货物，体积小于 1 m^3 或 40 ft^3。

（2）体积货物（measurement cargo）。体积货物又称轻泡货物或尺码货物，指凡 1 t 重量的货物，体积大于 1 m^3 或 40 ft^3。

对海运而言，将货物分为重量货物和体积货物，对于安排货载和计算运费具有十分重要的意义。

在海运业务中，货物的体积和重量不仅直接影响船舶的载重量和载货容积的利用率，还关系到有关库场在堆放货物时如何充分利用场地面积和仓库空间等问题，而且还可能是确定运价、计算运费的基础，同时也直接关系到货物的装卸、交接。

货物积载因数（stowage factor，SF）是船舶等运输工具配载和积载工作中重要的货物资料。它是指每吨重量的某种货物所具有的体积或在船舶货舱中正常装载时所占有的容积。某种货物每吨重量所具有的体积为不包括亏舱的货物积载因数，俗称理论积载因数；每吨重量的某种货物在船舶货舱中正常装载时所占有的容积为包括亏舱的货物积载因数，俗称实际积载因数。

货物积载因数也称积载系数，其单位为 m^3/t（英制为 ft^3/t）。货物积载因数的大小说明货物的轻重程度，反映一定重量的货物占据船舶多少舱容，或占多少箱容，或仓储时占多少库容。积载因数大于 1，货物为轻货；积载因数小于 1，货物为重货。

货物积载因数是货方租船订舱、船方配载的重要参考资料。为积载因数较大的货物租船订舱或配载时，除考虑载重能力外，更应考虑舱容问题。货方应当提供准确的积载因数，船方则负有妥善配载和积载的义务。

3. 按货物装载场所分类

（1）甲板货（deck cargo）。甲板货是指运输时装载在船舶露天甲板上的货物，如原木、汽车、活的动植物等。

（2）舱内货（hold cargo）。舱内货是指运输时装载在船舱内的货物，如茶叶、食糖、棉布等。

（3）舱底货（bottom cargo）。舱底货是指运输时装载于船舶舱内底部的货物，一般是较重而且坚实的货物，如钢材、桐油、矿石等。

4. 按货物的性质与运输要求分类

普通货物（general cargo），又称普货，指对运输、装卸、保管无特殊要求的货物；除此之外的货物都称为特殊货物。特殊货物主要有以下几种。

（1）危险货物（dangerous cargo）。危险货物指具有燃烧、爆炸、腐蚀、毒害、放射等性质，在装卸、储存或运输过程中，如果遇到处理不当，容易引发事故或危险的货物。

为妥善处理危险货物，国际海事组织（IMO，International Maritime Organization）制定了《国际海运危险货物规则》（International Maritime Dangerous Goods Code），简称《国际危规》（IMDG Code）。《国际危规》将危险品分为爆炸品、气体、易燃液体、易燃固体、氧化剂和有机氧化物、有毒和有感染性物质、放射性物品、腐蚀性物品和其他危险品共九大类，并详细规定了运输操作中应当注意的问题。国际海事组织要求所有《国际海上人命安全公约》（SOLAS，International Convention for Safety of Life at Sea）的成员国以及《国际防止船舶造成污染公约》（MARPOL，International Convention for the Prevention of Pollution from Ships）的成员国，必须强制执行《国际危规》。《国际危规》不仅仅局限于船员使用，所有与航运有关的工业和航运服务业人员都可能使用法规的部分条例。托运人在托运危险品时，必须严格按照《国际危规》的规定包装和标记，并如实向承运人申报，否则将承担由此产生的一切后果。

（2）超长、超宽、超高、超重货物（out-of-gauge cargo）。通常称重大件，即单件货物超长、超宽、超高、超重的货物。这类货物在装载时受到一定限制，如舱口尺寸限制、货舱内尺度限制、甲板安全负荷限制、港口装卸设备安全负荷限制等，常见的有大型车辆、起重设备、高压容器、成套设备、重型机械等。

（3）冷藏货物（refrigerated cargo）。也称易腐货物（perishable cargo），指常温下易变质，在运输、保管中必须保持低温，以防止腐败变质的货物，如各种肉类、蛋类、乳制品、水产品、蔬菜、水果等。

运输冷藏货物需要有制冷设备，如冷藏船、杂货船的冷藏舱、冷藏集装箱等。各类冷藏货物的保管温度是不同的，如蔬菜、水果不可冻坏，肉类、鱼类应深冻、速冻，所以需要严格控制冷藏温度，并按时核查及做好记录。

（4）气味货物（odorous cargo or smelling cargo）。气味货物指能散发香气、臭气、刺激性气味及特殊气味的货物，如生皮、樟脑、茶叶、鱼粉、化妆品等。装载运输气味货物时，应防止气味污染，特别是与吸味货物的积载要保留安全距离。也有把散发异味、易水湿、易扬尘、易渗油等特性的货物称为粗劣货物，混装时应与清洁货物分隔。

（5）易碎货物（fragile cargo）。易碎指受撞击、挤压易破损的货物，如玻璃及玻璃制品、陶瓷制品、各种瓶装货物等。易碎货物外包装应有指示性标志，对易碎货物进行装卸、搬运时，除轻拿轻放外，混装时易碎货物之上不应压载其他货物。

常见运输指示性标志的中英文表示方式如表 1-1 所示。

表 1-1 常见运输的中英文指示性标志的中英文表示方式

中文	英文	中文	英文
禁用吊钩	USE NO HOOK	小心摔坏	NOT TO BE DROPPED
不要平放	NOT TO BE LAID FLAT	必须平放	KEEP FLAT
切勿倒置	DO NOT TURN OVER	必须竖放	STAND ON END，TO BE KEEP UPSIGHT
小心易碎	FRAGILE WITH CARE	不要抛扔	NO TO BE THROWN DOWN

（6）散装液化气（bulk liquefied gas）。海上运输的液化气，从运量上看，主要是液化

石油气和液化天然气，用液化的办法运载其他的气态化学品，如出现乙烯专用船。因此，很自然地将海上运输的液化气分成三类，即液化石油气、液化天然气和液化化学品气。

液化石油气（liquefied petroleum gas）：简称 LPG，其主要成分是丙烷，还包括丙烯、正丁烯、异丁烯和丁二烯在内的含 3～4 个碳原子烃类化合物。

液化天然气（liquefied natural gas）：简称 LNG，其主要成分是甲烷，并含有少量氮气和其他烃类（如乙烷、丙烷、丁烷等）的化合物。

液化化学品气（liquefied chemical gas）：简称 LCG，是指除 LPG、LNG 两类液化气外，凡是在常温下为气态，经冷冻或加压的方法以液态形式进行运输的化学物质，包括无机化合物或单质以及各类有机化合物。

特殊货物除以上 6 类外，还有贵重货物、有生动植物等。针对具体货物的特性，在装卸、保管、运输中应采取恰如其分的措施，以保证货物安全和货物运输质量。

工作任务一

扫码获取业务资料，按要求完成工作任务。

任务完成情况评价表

（第____模块，任务____，工作任务____）

评价项目	满分	自评得分	互评得分	师评得分
正确理解知识	25			
业务分析处理方法得当	25			
表达清晰准确	15			
业务处理结果正确	35			
合计	100			
综合得分（自评得分×10%+互评得分×30%+师评得分×60%）：				
个人任务完成情况小结				

工作任务二

扫码获取业务资料，按要求完成工作任务。

任务完成情况评价表

（第____模块，任务____，工作任务____）

评价项目	满分	自评得分	互评得分	师评得分
正确理解知识	25			
业务分析处理方法得当	25			
表达清晰准确	15			
业务处理结果正确	35			
合计	100			
综合得分（自评得分×10%+互评得分×30%+师评得分×60%）：				
个人任务完成情况小结				

工作任务三

扫码获取业务资料，按要求完成工作任务。

任务完成情况评价表
（第____模块，任务____，工作任务____）

评价项目	满分	自评得分	互评得分	师评得分
正确理解知识	25			
业务分析处理方法得当	25			
表达清晰准确	15			
业务处理结果正确	35			
合计	100			
综合得分（自评得分×10%+互评得分×30%+师评得分×60%）：				
个人任务完成情况小结				

知识点自测

一、单项选择题

1. 在运输过程中不加任何包装，且不能以“件”计数的货物，称为_______。

A. dry cargo　B. packaged cargo　C. bulk cargo　D. general cargo

2. 无论是否加包装，在运输中可以以“件”为单位办理交接的货物，称为_______。

A. naked cargo　B. weight cargo　C. general cargo　D. packed cargo

3. 下列属于散装货物的是_______。

A. 棉花　B. 生铁块　C. 盘圆　D. 汽车

4. 下列通常属于件杂货的是_______。

A. 大豆　B. 石油　C. 铁矿　D. 茶叶

5. 下列属于危险品的是_______。

A. 瓷砖　B. 杧果　C. 铜精矿　D. 烟花

6. 下列货物运输时需考虑其生物性质的是_______。

A. 化妆品　B. 樟脑　C. 纸张　D. 小麦

二、计算题

1. A 公司出口一批纸箱装精密仪器，每箱尺寸为 120 cm×95 cm×65 cm，重量 1 200 kg，请计算其积载因数。如装船时亏舱率为 15%，则装载 1 000 公吨该货需要多少舱容？

2. 某轮拟装载 5 000 公吨散装化肥，积载因数为 1.2 m^3/t。若亏舱率为 8%，其占用的舱容应为多少 m^3？

任务 1.3　运输当事人

情境导入

我国 A 公司向意大利 B 公司以 FOB 条件出口货物一批，信用证支付，国外来证中提单条款规定：

：40E: APPLICABLE RULES，UCP 600

：46A: DOCUMENTS REQUIRED

+FULL SET CLEAN ON BOARD BILL OF LADING MADE OUT TO THE ORDER AND ENDORSED IN BLANK，MARKED FREIGHT PREPAID AND NOTFYING APPLICANT.

在将船期信息和船方联系方式告知 A 公司时，B 公司提出：根据贸易术语的规定，其已按期订舱，但在运输合同中 B 公司以托运人的身份与承运人签订运输合同，因此为配合运输合同的执行与到岸货物的处理，需将提单的 SHIPPER 记录为 B 公司。

作为 A 公司的业务员，请判断能否接受 B 公司的要求？应如何应对？

业务知识

国际货物运输的当事人既包括运输方、货主方，也包括包装、仓储、检验、保险、银行、装卸、港口、车站、机场等相关方及其代理人。除行政管理部门外，各方以商业合同相连，通常源于国际贸易合同的执行。因此，国际贸易合同的一方，往往同时也是运输合同、装卸合同、仓储合同、检验合同等的一方。

1.3.1 国际货物运输合同

国际货物运输合同是指承运人将托运人交付运输的货物运送到国外指定地点，托运人为此支付运费的协议。国际货物运输合同一般具有以下几个特点。

（1）多为诺成性合同。根据合同的成立是否以交付标的物为其要件可以将合同分为诺成性合同和践成性合同。诺成性合同是指经双方协商一致即可成立的合同，又称不要物合同；而践成性合同是指合同的成立除双方协商一致以外，还必须交付标的物才能成立的合同，又称要物合同。国际货物运输合同如无特殊约定，应属于诺成性合同。

（2）一般有格式条款。格式合同或具有格式条款的合同，指一方当事人为了重复使用而预先拟定好内容，并在订立合同时未与对方协商的合同或合同条款。国际货物运输合同中的承运人为了简化手续、提高交易效率，常常用统一的运单或者提单记载主要运输条款，经托运人填写并经双方签字作为运输合同的一部分或作为对运输合同确认的证据。

（3）合同效力常常涉及第三人。运输合同的收货人，可能是托运人本人，也可能是托运人以外的第三人。托运人本人享有运输合同中规定的权利并承担相应的义务，托运人以外的第三人大多并非合同的主体，但运输合同对第三人也产生一定效力，比如领取货物的权利。但收货人就货物迟延或者损坏而向承运人进行的索赔则不一定是基于运输合同产生的，而可能是侵权导致。

（4）国际货物运输合同的标的是运输行为。合同的标的是指合同中权利义务指向的对象，合同标的可以是物、行为或智力成果。当合同标的是行为时，则要注意区分合同标的和与标的相关的具体物。比如，国际货物运输合同中的标的是承运人的运输行为本身，而不是被运送的货物。

（5）作为承运人一方的国际货物运输合同主体应具备运输资质。合同主体是签订合同的当事人。国际货物运输合同的一方当事人是具有运输资质的承运人，另一方当事人是托运人，即要求他人将货物以约定的方式运往一定目的地的人，除普通的个人或者企业之外，托运人还可能是物流公司、国际货运代理公司及无船承运人。这几类主体的身份比较特殊，如果他们在物流服务中以自己的名义向客户签发了提单或其他运输凭证，那么他们对客户而言就成为名义上的承运人；当他们再与具有运输资质的人签订运输合同时，他们对该承运人而言又成为托运人。

1.3.2 国际货物运输主要当事人

1. 承运人

在英美法系国家，承运人（carrier）被分为私人承运人（private carrier）和公共承运人（common carrier），分别是私人运输合同和公共运输合同的当事人，公共运输合同与私人运输合同最主要的区别是法律对这两类合同内容干预程度的不同。

公共运输承运人需履行法定的义务，不能任意改变这些强制性的规定，这是出于保护社会公共利益的需要。在私人运输合同中，合同自由是基本原则，合同只有在没有约定的情况下，才适用法律规定。

私人承运人是指并非向不特定的公众提供运输服务的且与特定人单独洽谈后订立的运输合同的承运人。在租船合同中，合同的当事人是出租人与承租人，其中出租人就是私人承运人。公共承运人是指订立运输合同的要求对社会公众公开发布的是为不特定的社会公众提供运输服务的承运人。在班轮运输合同中，当事人是承运人、托运人和收货人，其承运人就是公共承运人。

除运输工具的租赁外，一般意义上的承运人是指提供运输服务的当事人，包括运输企业和从事运输服务的个人。其中，运输企业主要指专门经营水上、铁路、公路、航空等货物运输业务的交通运输从业公司，如远洋运输公司、铁路或公路运输公司、航空公司等。它们一般都拥有大量的运输工具，面向社会提供运输服务。

《中华人民共和国海商法》（以下简称《海商法》）第 42 条规定："（一）'承运人'，是指本人或者委托他人以本人的名义与托运人订立海上货物运输合同的人。（二）'实际承运人'，是指接受承运人委托，从事货物运输或者部分运输的人，包括接受转委托从事此项运输的其他人。"这里讲的承运人是契约承运人，也就是与托运人订立契约的人。实际承运人是指接受承运人委托，从事货物运输或部分运输的人，包括接受转委托从事此项运输的其他人。

由于货物运输合同是双务、有偿合同，承运人的基本义务是在约定期间将货物运输到约定地点，从运输物品的交接、受领到将货物交付给收货人，承运人负有受领货物、签发提（运）单、保管货物、照料货物、依照合同要求装卸并实施运输行为及交付等一系列义务；承运人的基本权利是运费支付请求权，这是承运人提供运输服务的基本权利；运费的支付通常是预付性质，也有根据合同将货物交付给收货人时再进行支付的情况。

2. 货方

相对于承运人，国际货物运输合同的另一当事人即货方（merchant/cargo owner）。中远海运集装箱运输有限公司的提单条款定义货方为："货方"（MERCHANT）包括发货人、托运人、收货人、受货人、货主、本提单的合法持有人或受背书人，或与货物或本提单具有现时或未来利益关系的任何人，或被授权代表前述任何一方行事的任何人。大多数班轮公司都有类似的规定。

在运输实务中，货方主要是托运人（shipper）与收货人（consignee）。我国《海商法》第 42 条对"托运人"定义为："（1）本人或者委托他人以本人名义或者委托他人为本人与承运人订立海上货物运输合同的人；（2）本人或者委托他人以本人名义或者委托他人为本人将货物交给与海上货物运输合同有关的承运人的人。"

收货人是指有权提取货物的人。若收货人不是运输合同的缔约方，则一般是承运人和托运人以外的第三方，通常是提单持有人。提取货物既是收货人的权利，也是义务。收货人依据法律规定享有运输合同的权利与义务。我国《海商法》第 78 条规定："承运人同收货人、提单持有人之间的权利、义务关系，依据提单的规定确定。"

由于运输需求是取决于商品买卖市场需求的派生需求，所以国际货物运输的当事人大都与国际贸易的当事人有着必然的联系。经营进出口商品业务的进出口商为了履行贸易合同，需要组织、办理进出口商品的运输。若执行 C、D 组术语的贸易合同，则贸易合同的卖方应为运输合同的发货人；若执行 E、F 组术语的贸易合同，则贸易合同的买方应为运输合同的发货人。在以信用证为支付方式的国际贸易中，信用证的当事人与运输合同的当事人也有关系，一般而言，受益人（beneficiary）是发货人，而开证申请人（applicant）是收货人。

3. 货运代理

国际货物运输业务范围广、头绪多且情况复杂，若承运人或货主亲自处理每一项具体业务，在实务上难以完成，在成本上是不经济的，很多业务需要委托代理人代为办理。为了适应这种需要，在国际货物运输领域产生了很多从事代理业务的公司。它们接受委托人的委托，代办各种运输并按其服务收取一定的报酬，即代理费、佣金等。随着国际贸易和国际货物运输的发展，代理行业也渗透到运输领域的各个角落，成为国际货物运输业不可缺少的重要组成部分。

从事国际货运代理的代理人一般都长期经营与国际运输相关的业务，经验丰富，熟悉各种运输手续和规章制度，与交通运输部门、港口、银行、保险公司、海关等有着广泛的联系和密切的关系，具有为委托人代办各种运输事项的有利条件。正因为如此，比人地生疏的委托人去办理业务可能更顺利、效率更高。委托人虽然要花费一些费用，但它们从代理人提供的服务中可以得到更多利益与便利。

货运代理（freight forwarder）是指根据委托人的要求，代办货物运输业务的公司（或个人）。在所有货运代理人中间，它们有的代理承运人向货主揽取货物，有的代理货主办理托运或其他业务，有的兼营两方面的代理业务。它们都具有运输中间人的性质，在承运人和托运人之间起着桥梁作用，与承运人或托运人形成代理合同关系；若货运代理人作为独立经营人从事仓储、装卸、运输等业务，则其法律地位为当事人。

4. 港口装卸经营人

港口装卸经营人（stevedore）是指在港口区域内依法取得经营资格，从事货物装卸、仓储、堆存、驳运等与运输相关服务的组织或个人。

港口装卸业是办理将货物装船和从船上卸下的行业。经营这种行业的人被称为装卸工人或装卸业者。装卸工人对于所在港口经常装卸的货物的包装、性质以及装卸方法都比较熟悉，对各种类型的船舶也都有深入了解，能参与制订装卸计划，委托人对这些装卸工人的装卸技术也比较信任。由于装卸和积载的质量与船舶和货物的安全有密切的关系，这种作业都是在船方的监督和指挥下进行的。

我国的港口装卸业目前有以下公司：各口岸港务局下属的港务（或装卸）公司；各港口的地方装卸公司；各货主码头的装卸公司；中外合资、合营的港务公司等。

5. 理货经营人

理货业是在船舶装卸件杂货时，对货物的件数进行清点并对货物的交接作出证明的行业。理货通常是由船公司或货主各自委托他们的代理人，即分别由站在船公司立场（ship side）的理货人和站在货主立场（dock side）的理货人同时进行的。在代表双方的理货人的同时确认下，才能证明货物交接的正确性。这种正确交接的证明有较强的公正性，所以理货人不但要有较全面的知识和熟练的方法，而且必须具有诚实、公正的品质。

我国的理货经营人（tallyman）主要是由中国外轮理货公司及其在各港的分支机构进行，而货主往往通过委托代理人的驻港人员进行。

船舶散装货物装卸数量的确定主要以水尺计重来确定。船舶水尺计重是通过测定船舶装卸货前后的排水量之差来测定货物的质量。水尺计重运用了“阿基米德定律”，即浸在液体里的物体所受的浮力的大小等于物体排开液体的重量。水尺计重一般适用于价值较低且不适用衡器方式的大宗散装固体货物的计重。在国际贸易中已广泛应用于散装煤、盐、矿砂、海沙、生铁、废钢、石油焦、硫黄、磷灰土、水泥、化肥、粮谷等商品。

进行水尺检验、出具水尺检验报告的人员称为水尺检验人员（draft surveyor）。根据海关总署 2019 年第 159 号公告，进口大宗商品收货人或者代理人需海关出具重量证书的，向海关提出申请，海关依企业申请实施重量鉴定并出具证书。目前，在我国进行水尺计重的商业公司主要有中国检验认证（集团）有限公司（CCIC）和通标标准技术服务有限公司（SGS）等。

此外，国际货物运输常常涉及仓储业务经营人、驳运业务经营人、集装箱货运站与集装箱堆场经营人等。

工作任务一

扫码获取业务资料，按要求完成工作任务。

____

____

____

____

任务完成情况评价表

（第____模块，任务____，工作任务____）

评价项目	满分	自评得分	互评得分	师评得分
正确理解知识	25			
业务分析处理方法得当	25			
表达清晰准确	15			
业务处理结果正确	35			
合计	100			
综合得分（自评得分×10%+互评得分×30%+师评得分×60%）：				
个人任务完成情况小结				

工作任务二

扫码获取业务资料，按要求完成工作任务。

任务完成情况评价表

（第____模块，任务____，工作任务____）

<table>
<tr><td>评价项目</td><td>满分</td><td>自评得分</td><td>互评得分</td><td>师评得分</td></tr>
<tr><td>正确理解知识</td><td>25</td><td></td><td></td><td></td></tr>
<tr><td>业务分析处理方法得当</td><td>25</td><td></td><td></td><td></td></tr>
<tr><td>表达清晰准确</td><td>15</td><td></td><td></td><td></td></tr>
<tr><td>业务处理结果正确</td><td>35</td><td></td><td></td><td></td></tr>
<tr><td>合计</td><td>100</td><td></td><td></td><td></td></tr>
<tr><td colspan="5">综合得分（自评得分×10%+互评得分×30%+师评得分×60%）：</td></tr>
<tr><td>个人任务完成情况小结</td><td colspan="4"></td></tr>
</table>

工作任务三

扫码获取业务资料，按要求完成工作任务。

任务完成情况评价表

（第____模块，任务____，工作任务____）

<table>
<tr><td>评价项目</td><td>满分</td><td>自评得分</td><td>互评得分</td><td>师评得分</td></tr>
<tr><td>正确理解知识</td><td>25</td><td></td><td></td><td></td></tr>
<tr><td>业务分析处理方法得当</td><td>25</td><td></td><td></td><td></td></tr>
<tr><td>表达清晰准确</td><td>15</td><td></td><td></td><td></td></tr>
<tr><td>业务处理结果正确</td><td>35</td><td></td><td></td><td></td></tr>
<tr><td>合计</td><td>100</td><td></td><td></td><td></td></tr>
<tr><td colspan="5">综合得分（自评得分×10%+互评得分×30%+师评得分×60%）：</td></tr>
<tr><td>个人任务完成情况小结</td><td colspan="4"></td></tr>
</table>

◆ 知识点自测

一、填空题

1. 国际贸易合同所约束的当事人英文名称为：________、________。

2. 国际海上运输合同所约束的当事人英文名称为：________、________。

3. 信用证一经开出，受其约束的当事人英文名称为：________、________。

二、判断题

1. FOB 价格条件下由进口商安排运输。因此，提单中的托运人一定是进口商。

2. 如果出口货物是以 FOB 价格条件成交，则货物运输由进口商安排，此时班轮订舱工作就可能在货物的卸货地或输入地由进口商办理，这就是卸货地订舱。

3. 为了避免货物由于中途转船延误时间，造成货损、货差，在 FOB 条件进口时，买方应争取在买卖合同中，订明“不准转船”的条款。

4. 按 CIF 术语成交时，尽管价格中包括至指定目的港的运费和保险费，但卖方不承担货物必然到达目的港的责任。

5. 按 CIP 术语成交时，卖方承担将货物运达目的港之前的一切费用和风险。

三、单项选择题

1. 国际货物买卖合同中贸易术语为 FCA CITY A，卖方在 A 市集装箱货运站将货物交给买方指定的承运人，承运人在 B 港口装船出运。该批货物的风险应自________转移给买方。

A. 卖方工厂或仓库　　B. B 港
C. A 市货运站　　D. 卸货港

2. 若承运人不负责装船，以 FOB 术语成交的贸易合同，由________去洽谈签订运输合同和________货物装船合同。

A. 买方　买方　　B. 买方　卖方　　C. 卖方　卖方　　D. 卖方　买方

◆ 拓展阅读与思考

“丝绸之路经济带”的战略意义

与亚欧国家共建“丝绸之路经济带”，虽然目标以经贸合作发展为主，但其战略意义广泛，事关国防安全、经贸安全、能源安全、边疆安全等重要领域的全局性国家安全问题，具有极大的战略意义。在内政上，共建“丝绸之路经济带”会给国内提供更多的发展机遇，促进地区经济发展，缩小地区差距，推动经济均衡发展；在外交上，共建“丝绸之路经济带”可以打造连通亚欧国家的陆路大通道，以经贸发展促进全面合作，着力深化互利共赢格局，积极推进区域安全合作，维护周边和平、稳定大局。可见，“丝绸之路经济带”并不是要简单地重现古代丝绸之路：在性质上，它是集政治经济、内政外交与时空跨越于一体的历史超越版；在内容上，它是集向西开放与西部开发于一体的政策综合版；在形式上，它是历经几代领导集体谋划国家安全战略和经济战略的当代升级版。

（一）经济安全

中国经济越来越融入全球经济，同时也越来越依赖国际经济形势。2010 年，中国 GDP

规模首度超过日本，成为世界第二大经济体；自 2009 年成为世界第一出口大国后，2012 年中国对外贸易达到 3.87 万亿美元，超过美国的 3.83 万亿美元，成为世界第一大货物贸易体。与此同时，经济贸易也主要集聚于东部、南部沿海地区，尤其是东南沿海一带。经济集聚于东部、南部沿海一带的直接后果就是对外通道过于单一，过于依赖海路通道。目前，在货物贸易中，中国进出口总额的 87.4%、出口额的 86.8%、进口额的 88%集中于东部沿海地区（从辽宁到广东沿海一线），尤其是进出口总额的 68.1%、出口额的 62.4%、进口额的 73.1%分别集中于上海、江苏、浙江、福建、广东五省市。

随着经济快速发展和国力与日俱增，中国有关的贸易纠纷与地区纷争也随之增多，中国和平崛起的地缘政治和战略格局也不断变化。一方面，中国的国家利益不可避免地需要向海外拓展，对全球资源与贸易的依赖不断增强；另一方面，中国的全球影响力日益增强，引起东亚及全球力量格局发生变化，与中国有关的地区纷争将快速增加。以美国为代表的西方强国、以印度和菲律宾为代表的陆海邻国，都在合作与竞争中对中国高度警惕，甚至对中国进行战略围堵，形成针对中国的沿海战略包围圈。国家战略安全，不仅包括存在潜在军事冲突威胁的传统安全，例如与美国、日本的利益碰撞，也包括逐渐突出的非传统安全隐患，例如可能面临的针对贸易、粮食、能源等关键物资和民族、反恐等敏感问题进行的贸易禁运。

尤其是近几年来，世界能源安全形势越来越严峻。石油被称为工业的血液。目前，中国的能源安全局势已经非常突出。

首先，供求失衡愈发严重。2012 年，中国石油对外依存度已经达到 58%；2020 年中国石油对外依存度达到 73%，但目前国家原油储备不够、储备体制不健全。

其次，来源区过于集中。我国原油进口的 70%以上来自政治局势较为动荡的中东和非洲地区。

最后，运输线单一。尤为严峻的是，原油进口主要依靠海上运输，有五分之四通过印度洋—马六甲海峡运输线，形成所谓“马六甲困局”，严重影响国家能源安全。中国亟须打通“南下”东南亚和“西进”中亚地区的陆路通道。开发中亚地区，尤其是里海地区，有助于我国原油供应多元化，同时可以在中亚国家通过陆路连接中东并获取石油，从而减少对马六甲海峡的依赖。

（二）地区稳定

在整个“丝绸之路经济带”的版图上，中亚地区是关键纽带；中亚地区的地缘政治格局深刻地影响着中国的国家利益。中国与中亚地区具有地理上的紧密联系，共享 3 000 多 km 的国境线，仅与哈萨克斯坦就有长达 1 700 km 的国境线。尤其是中国新疆地区与中亚毗邻，在安全、经贸、宗教等方面，受到中亚地区以及周边国家的极大影响。从地区稳定结构来看，各种国际力量都在试图影响中亚地区。美国在阿富汗战争以来，为了构建以美国为中心的安全体系，积极拉拢中亚，给予中亚大量经济、军事援助，其在中亚地区的影响持续增强；但在之后，美国在中亚地区的政治影响有所停缓。除此之外，目前中亚地区还深受“三股势力”影响。

（三）区域发展

区域发展与对外通道互为表里、相互支撑。经济重心在一定程度上决定了对外通道的路线选择；对外通道的便利也会进一步促进经贸发展与产业集聚。经济重心位于东南沿海地区，必然产生对海洋通道的依赖。近代以来，随着中国被西方列强的武力干涉和资本侵入，中国逐步被迫融入现代工业文明，使得两宋以来的重心南移更加集聚到沿海地区一带。中国改革开放以来，沿海地区已经成为支撑全国国民经济全局的生产力布局战略重点区域。2012 年，东部地区作为支撑国民经济全局的战略重心，占全国经济总量的 60%。从人口分布和人口迁移来看，东部地区人口密集；而西部地区地广人稀：西部地区人口约占全国的 23%，国土面积约占全国的 57%。

可见，东部、南部沿海地区是中国经济命脉所在。经济集聚于沿海地区，强化了对海洋通道的过度依赖。要避免对海洋通道的过度依赖，就必须实现区域经济的平衡发展；要实现区域经济的平衡发展，就必须实现陆路通道的便利快捷。区域发展与对外通道互为表里、相互支撑。经济重心在一定程度上决定了对外通道的路线选择。中国经济重心位于东南沿海地区，必然产生对海洋通道的依赖。要避免对海洋通道的过度依赖，就必须实现区域经济的平衡发展：向西开放和向西发展。在区域经济方面，中国应推进区域平衡发展，大力发展中西部，尤其是具有战略地位的地区。在对外通道方面，中国应推进西进战略，大力拓展南到东南亚、西到中亚的陆路通道，尤其是向西开放以及途经中亚的亚欧大陆桥陆路大通道。

新时期以来，国土安全、边疆稳定、能源安全等非传统安全日益突出，使得传统的、防御性的、事后性的、单一性的国家安全战略逐渐不能适应时代需要。中国要完善国家安全体制和国家安全战略，确保国家安全，就必须积极稳健推进国家安全战略从消极安全向积极安全转型，实现国家安全主动性与预防性相支撑、综合性与单一性相补充、传统性与非传统性相统一。“丝绸之路经济带”具有明显的时代特征，表现为国家安全战略的一系列转型：从消极性战略防御到主动性战略进取，从单一性边疆安全到多维度全面合作。

“丝绸之路经济带”是在古代丝绸之路概念基础上形成的当代经贸合作升级版。与亚欧各国共建“丝绸之路经济带”，积极打造陆上战略大通道，全力升级中国西部大开发，就需要将“丝绸之路经济带”吸收到全局性国家重大经济战略和全新性国家安全战略体系中，通过安全稳定、经贸发展、公共外交等领域的大力合作，不断推进中国与中亚地区的政策沟通、道路连通、贸易畅通、货币流通与民心相通的区域大合作。

资料来源：胡鞍钢，马伟，鄢一龙.“丝绸之路经济带”：战略内涵、定位和实现路径[J]. 新疆师范大学学报（哲学社会科学版），2024（2）：1-10.

2

模块 2
海洋运输

知识目标

- 了解海洋运输的发展，熟悉货船种类、构造及船舶规范。
- 掌握世界主要航线与港口。
- 掌握班轮运输的特点；熟悉班轮运价的组成。
- 了解租船运输的方式；熟悉租船运输的特点；了解租船的标准合同。

能力目标

- 能够阅读船舶规范，明白船舶规范主要指标的含义。
- 能够估算运输时间和海运航程。
- 能够计算基本的班轮运费；能够找出租船合同与班轮合同的主要区别。
- 能够根据贸易术语区分承担运费与装卸费的责任方；能够衔接运输合同与贸易合同。

素质目标

- 培养学生尊重市场规律、遵约守法的职业道德。
- 培养学生开放精神和民族自豪感。
- 培养学生全局视野和国际视野。
- 培养学生具有事物相互联系的辩证唯物主义世界观。

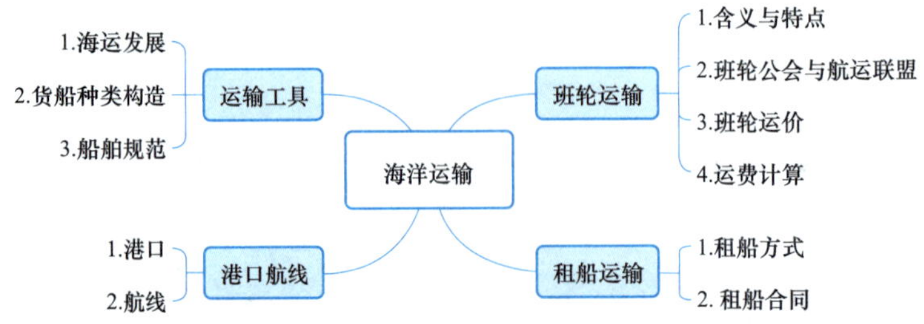

任务 2.1 运输工具

情境导入

我国贵州 W 磷化工企业向日本出口一批重过磷酸钙，贸易条件为 CFR，数量 1 万公吨，装港钦州，交货期为 7 月份。

作为 W 磷化工企业的货运业务员，小李自 5 月中便关注相关船东与租船代理的发盘，日前接到船舶报盘：

VESSEL'S PATICULARS：VESSEL NAME MV VICTORIA，PANAMA FLAG，BUILT IN 2012，DWT12 000 MT ON 11M SSW 5H/5H LOA/BM 165/23 M GT/NT 7 500/4 800 MT DERRIK 5 x 10 T SWL。

请解读其船舶规范并判断：小李是否可以进一步洽谈？

业务知识

海洋运输（marine transport），又称海上运输，简称海运，是指以船舶为工具，通过海上航道在不同的国家和地区的港口之间运送货物或旅客的一种运输方式。无论现在还是将来，海上运输在对外贸易中都要占据绝对的主导地位，这是因为铁路与公路运输无法满足国际贸易跨洋过海的需要，而航空运输又受到运输能力的限制。目前，世界外贸海运量在外贸货运总量中占比达到 80%以上。因此，经济比较发达的临海国家和地区都十分重视发展海洋运输。

2.1.1 海洋运输发展

海洋运输历史悠久，其发展与经济、科技的发展有着密切的关系。在经济不发达、科学技术水平低下的时代，人类的海洋运输活动以帆船（sailing boat）作为主要运输工具。

现代海洋运输是在 19 世纪运输工具改进的基础上发展起来的。1802 年，英国人薛明敦以蒸汽机为动力，建成世界第一艘蒸汽机船（steam ship，SS）“卡洛•登达斯号”，船侧装置明轮。1807 年，美国人富尔敦、英国人倍尔先后建造小型轮船，在纽约哈德逊河及英国克莱特河载运旅客。从此，蒸汽机船的价值为世人所公认。1819 年，美帆船“萨凡那号”装置蒸汽机，自纽约经英国抵达圣彼得堡，成为轮船航行远洋的先驱。1836 年，英国的“阿基米德号”改明轮为暗轮，即采用螺旋推进器，从而提高了航速。1897 年，卢道夫•狄塞尔发明的内燃机在德国实现了实用化，在 1903 年间制造了最早的船用内燃机并很快成为国际航运界的宠儿。能耗更低、更具经济性、续航能力更强、载货能力更大的内燃机船（motor vessel，MV）至今仍然是国际海上货物运输的绝对主力。20 世纪美国建成了第一艘核动力商船，由于公众担心放射性物质泄漏，造成祸害，因此商用核动力船未能得到推广。

我国航海事业早在明代曾有郑和远洋航行的壮举。郑和宝船共 63 艘，最大的长 151.18 m（四十四丈四尺），宽 61.6 m（十八丈），是当时世界上最大的海船。清代康熙中期，上海的沙船业成为最大的民间海运业。晚清时有了我国历史最长、规模最大的轮船公司——轮船招商局；在 1925 年新崛起了民生轮船公司，但是当时中国的远洋航运仍很缺乏，远洋航运基本被外轮控制。

中华人民共和国成立之后，国家重点加强了水运交通基础设施的建设，使我国水运交通基础设施总体规模不断扩大，运输能力大大提高，海运船队在数量和技术装备水平上都有了相当大的发展，基本实现了海运船队的现代化、专业化。特别在改革开放和加入 WTO 后，中国远洋船队发展速度进一步加快，截至 2023 年 8 月，中国船东所持有的船队规模已经达到了 2.492 亿总吨（GT），在世界市场份额占比为 15.9%，超过希腊成为世界第一大船东国。

我国最大的远洋运输公司——中国远洋海运集团有限公司（COSCO SHIPPING）由中国远洋运输（集团）总公司与中国海运（集团）总公司重组而成，其前身之一的中国远洋运输公司成立于 1961 年 4 月 27 日。截至 2023 年 6 月 30 日，中国远洋海运集团经营船队综合运力 1.11 亿载重吨/1 372 艘，排名世界第一。其中，集装箱船队规模 304 万 TEU/475 艘，居世界前列；干散货船队运力 4 454 万载重吨/426 艘，油、气船队运力 2 695 万载重吨/225 艘，杂货特种船队 598 万载重吨/178 艘，均居世界第一。

随着我国航运实力的增强，我国在国际航运领域中的地位和影响也不断提高。我国于 1979 年加入国际海事卫星组织（International Maritime Satellite Organization，INMARSAT），并多次当选理事。1993 年我国又加入国际海事组织（International Maritime Organization，IMO），目前已成为国际海事组织的 A 类理事国，在该组织发挥着重要作用。

2.1.2 货船种类与构造

1. 货船种类

船舶是海上运输的工具。海上货物运输的船舶种类繁多，按其用途不同，可分为干货船和油槽船两大类。

1）干货船

根据所装货物及船舶结构、设备不同，干货船（dry cargo ship）可分为以下几种。

（1）杂货船（general cargo ship）。指以装运件杂货为主的船舶。这种船航行速度较快，船上一般配有起吊设备，船舶构造中通常有多层甲板，把船舱分隔成多层货舱，以适应装载不同货物的需要。

（2）干散货船（dry bulk cargo ship）。是用以装载无包装的大宗货物的船舶。依所装货物的种类不同，干散货船又可分为粮谷船（grain ship）、煤船（collier）和矿砂船（ore ship）。这种船大都为单甲板，舱内不设支柱，但常设有隔板，用以防止船在风浪中运行时舱内货物错位。

（3）冷藏船（refrigerator ship）。冷藏船是专门用于装载冷冻、易腐货物的船舶。船上设有冷藏系统，能调节多种温度以满足各舱货物对不同温度的需要。

（4）木材船（lumber cargo ship）。专门用以装载木材或原木的船舶。这种船舱口大，舱内无梁柱及其他妨碍装卸的设备。木材船的船舱及甲板上均可装载木材。为防止甲板上的木材被海浪冲出舷外，在木材船的船舷两侧一般设置不低于 1 m 的舷墙。

（5）集装箱船（container ship）。它可分为部分集装箱船、全集装箱船和可变换集装箱船三种。

① 部分集装箱船（partial container ship）。部分集装箱船是指仅以船的中央部位作为集装箱的专用舱位，其他舱位仍装普通杂货。

② 全集装箱船（full container ship）。全集装箱船是指专门用以装运集装箱的船舶。它与一般杂货船不同，其货舱内有格栅式货架，装有垂直导轨，便于集装箱沿导轨放下，四角有格栅制约，可防倾倒。集装箱船的舱内和甲板上都可堆放集装箱。

③ 可变换集装箱船（convertible container ship）。可变换集装箱船的货舱内装载集装箱的结构为可拆装式的。因此，它既可装运集装箱，必要时也可装运普通杂货。

集装箱船航速较快，大多数船舶本身没有起吊设备，需要依靠码头上的起吊设备进行装卸。这种集装箱船也称为吊上吊下船。

（6）滚装船，又称滚上滚下船（roll on/roll off ship）。滚装船主要用来运送汽车和集装箱。这种船本身无须装卸设备，一般在船侧或船的首、尾有开口斜坡连接码头，装卸货物时，汽车或集装箱（装在拖车上）直接开进或开出船舱。滚装船的优点是不依赖码头上的装卸设备，装卸速度快，可加速船舶周转。

（7）载驳船（barge carrier）。又称子母船，是指在大船上搭载驳船，在驳船内装载货物的船舶。载驳船的主要优点是不受港口水深限制，不需要占用码头泊位，装卸货物均在锚地进行，装卸效率高。目前较常用的载驳船主要有“拉希”型（lighter aboard ship，LASH）和“西比”型（seabee）两种。

2）油槽船

油槽船（tanker）是主要用来装运液体货物的船舶。油槽船根据所载液体的性质有多种类型，但主要有油轮、液化气船和液体化学品船。在油轮的基础上改装的特种船可装载各种流质或半流质的货物，如橙汁、牛羊油脂、糖蜜、植物油、液体化学品等。

（1）油轮（oil tanker）。是指散装运输各种油类（如原油、成品油、各种动植物油，以及液态的天然气和石油气等）的船。狭义的油轮是指运输原油的船。油轮的特点是机舱大都设在船尾，船壳本身被分隔成数个贮油舱，有油管贯通各油舱。油轮大多采用纵向式结构，并设有纵向舱壁，在未装满货时也能保持船舶的平稳性。油轮的载重量越大，运输成本越低，目前超级油轮的载重吨位不断增加，总载重量在 30 万 t 以上。当今世界上最大的油轮载重吨位已达到 60 多万 t。超大型油轮吃水深，往往无法靠岸装卸，必须借助于水底管道来装卸货物。

（2）液化气船（liquefied gas carrier）。是专门散装运输液态的石油气和天然气的船，也称为特种油轮。按运输时液化气的温度和压力，液化气船可分为压力式、低温压力式和低温式三种类型。液化气船配备现代化设备，采用管道进行装卸，货舱都是密封的气罐，外部隆起以增加装载量。

（3）液体化学品船（liquid chemical tanker）。是专门运输有毒、易挥发或大都属于危险品的液体化学品，如运输甲醇、硫酸、苯等的船舶。液体化学品船的货舱区域均为双层壳结构，以减小船舶受损时货品溢出的危险。由于其运送的货物的特殊性，液体化学品船的货舱与船员起居处所、饮水和机舱等处用空舱隔离。液体化学品船的货舱容积按其装运的货物的危险程度受到一定的限制。

2. 货船构造

货船结构大同小异，其主要包括以下几部分。

（1）船壳（shell）。船壳即船的外壳，是将多块钢板铆钉或电焊结合而成的，包括龙骨翼板、弯曲外板及上舷外板三部分。

（2）船架（cradle）。船架是指为支撑船壳所用各种材料的总称，分为纵材和横材两部分。纵材包括龙骨、底骨和边骨，横材包括肋骨、船梁和舱壁。

（3）甲板（deck）。甲板是铺在船梁上的钢板，将船体分隔成上、中、下层。大型船甲板数可多至六七层，其作用是加固船体结构和便于分层配载及装货。

（4）船舱（holds and tanks）。船舱是指甲板以下有各种用途的空间，包括船首舱（fore tank）与船尾舱（after peak tank）、货舱（holds）、机器舱（engine room）、锅炉舱（boiler room）等。

（5）船面建筑（super structure）。船面建筑是指主甲板上面的建筑，用于船员工作起居及存放船具，它包括船艏、船艉及船桥。

2.1.3 船舶规范

为营运所需，船舶所有人会准备船舶规范（ship particulars），将与营运有关的船舶主要资料列入其中。船舶规范一般列有船名、船旗、呼号、建造年限、总吨和净吨、载重吨及对应吃水、吊货设备、货舱与舱口数目等。船舶规范主要应用于租船市场的询盘、发盘、还盘，以及签订合同等环节，且作为租船合同的主要附件之一，具有法律效力。船舶所有人对自己发布的船舶规范负有责任。

1. 载重性能

船舶装载货物重量的能力称为船舶的载重性能，载重性能一般可用排水量吨位和载重吨位两种指标来表示。

（1）排水量吨位（displacement tonnage）。排水量吨位是船舶在水中所排开水的吨数，也是船舶自身重量的吨数。排水量又可分为空载排水量、满载排水量和实际排水量三种。

（2）载重吨位（dead weight tonnage，DWT）。表示船舶在营运中能够使用的载重能力。船舶载重吨位可以用来计算船舶营运能力的大小，也可作为计算租船运价和租金的单位。另外，新船造价、旧船售价和货运量分配也都以载重吨位为计算单位。载重吨位可分为总载重吨和净载重吨。

① 总载重吨（gross dead weight tonnage，GDWT）。是指船舶根据载重线标记规定所能装载的最大限度的重量，它包括船舶所载运的货物、船上所需的燃料、淡水和其他储备物料质量的总和。总载重吨=满载排水量－空船排水量。

② 净载重吨（net dead weight tonnage，NDWT）。是指船舶所能装运货物的最大限度重量，又称净载货量、净载货吨，它的数值等于总载重吨减去航次总储备和船舶常数。船舶总储备即船舶航行期间需要储备的燃料、淡水及其他储备物品的质量。船舶常数是投入营运一段时间之后的船舶，其总质量中产生的一些难以确切计量的质量的总和，船舶常数通常由船上留存的设备部件与废旧物料、残留的污油水、船底附着的藻类、贝类等的质量组成。同一船舶因航线和航程的不同，其各航次的总储备是不同的，因此，净载重吨会因航次的不同而变化。

2. 容积性能

就船舶的载货能力而言，不但要关注它的载重能力，还要关注它的容积大小，这对于密度小的货物尤其重要。船舶的容积性能一般包括登记吨位和货舱容积两个方面。

（1）登记吨位（registered tonnage）。又称注册吨，是表示船舶容积的单位，是为船舶注册而规定的一种以吨位计算和丈量的单位，以 100 ft^3 或 2.83 m^3 为 1 登记吨。登记吨位又可分为总吨和净吨两种。

① 总吨（gross registered tonnage，GRT），又称注册总吨、登记总吨，是指船舱内及甲板上所有关闭的场所的内部空间的总和，是以 100 ft^3 或 2.83 m^3 为 1 t 折合所得的商数。总吨的用途很广，它可以用于国家对商船队的统计，可用于表明船舶的大小，可用于船舶登记，可用于政府确定对航运业的补贴或造船津贴，也可用于计算保险费用、造船费用及船舶的赔偿等。

② 净吨（net registered tonnage，NRT），又称注册净吨、登记净吨，是指从总吨中扣除那些不供营业用的空间后所剩余的吨位，也就是船舶可以用来装载货物的容积折合成的吨数。净吨主要用于船舶的报关、结关，作为船舶向港口交纳各种税收和费用的依据，作为船舶通过运河时交纳运河通行费的依据。

（2）货舱容积（capacity of cargo holds）。船舶的货舱容积是指船舶各货舱的总容量或任一货舱的容量，又分为以下两种。

① 散装舱容（grain capacity），是指货舱能装载散装货物的容积。它是丈量货舱内的所有空间，包括舱口围，扣除舱内各种骨架、支柱、通风筒等所占空间后所得出的容积。散装舱容适用于装运散装货物时的容积计算。

② 包装舱容（bale capacity），是指货舱内能装载包装件货的容积。丈量包装舱容时，比散装舱容多扣除舱内各骨架、横梁、货舱护板之间的件杂货无法使用的那部分容积，因包装舱容比散装舱容要小，一般为散装舱容的 90%～95%。包装舱容适用于装运件杂货时的容积计算。

3. 船舶载重线

船舶的载重能力是有限的，货物装载不能超过船舶允许的最大载重能力。这种载重能力表现在船舶载重线上。

船舶载重线（ship’s load line）是指船舶满载时的最大吃水线。它是绘制在船舷左右两侧与船舶中央的标志，表明船舶入水部分的限度。船级社或船舶检验局根据船舶的用材结构、船型、适航性和抗沉性等因素，以及船舶航行的区域及季节变化等制定船舶载重线标志。为了保障航行的船舶、船上承载的财产和人身安全，各国政府普遍认同这一做法，并用法律加以约束。

船舶载重线标志包括甲板线、载重线圈和各条载重线。各条载重线含义如下。

（1）TF（tropical fresh water load line），表示热带淡水载重线，即船舶航行于热带淡水海区时最大吃水不得超过此线的上边缘。

（2）F（fresh water load line），表示夏季淡水载重线，即船舶在夏季淡水海区中行驶时最大吃水不得超过此线的上边缘。

（3）T（tropical load line），表示热带海水载重线，即船舶在热带海区航行时，最大吃水不得超过此线的上边缘。

（4）S（summer load line），表示夏季载重线，即船舶在夏季海区航行时，最大吃水不得超过此线的上边缘。

（5）W（winter load line），表示冬季载重线，即船舶在冬季海区航行时，最大吃水不得超过此线的上边缘。

（6）WNA（winter north atlantic load line），表示北大西洋冬季载重线，即船舶在冬季月份航行经过北大西洋海区时，最大吃水不得超过此线的上边缘。

上述所说的热带、夏季、冬季等并非指通常所说的一年四季，而是根据各海区的风浪大小和频率来划分的。各海区区带和季节区域的划分、季节期的起讫时间可从《商船用区带、区域和季节期海图》上查到。

我国船舶检验局对上述各条载重线，分别以汉语拼音首字母为符号，即以“RQ”“Q”“R”“X”“D”“BDD”代替“TF”“F”“T”“S”“W”“WNA”。

在租船业务中，期租船的租金习惯上按船舶的夏季载重线时的载重吨位来计算。

4. 船籍和船旗

船籍和船旗（ship’s nationality and flag）包括船籍、船旗两部分。船籍指船舶的国籍。商船的所有人向本国或外国有关管理船舶的行政部门办理所有权登记，取得本国或登记国国籍证书后才能取得船舶的国籍。船旗是指商船所属国的国旗。船旗是船舶国籍的标志。船籍港，亦称“船舶登记港”“登记港”，即船舶所有人办理船舶所有权登记的港口。船籍港的名称应在船舶国籍证书、船舶登记证书内载明，并在船艉显著位置标出。

国际法规定，商船是船旗国浮动的领土，在公海或在他国海域航行时，均需悬挂船籍国国旗。船舶有义务遵守船籍国法律的规定并享受船籍国法律的保护。但是，当船舶进入外国港口时，船舶应在最高点悬挂船舶进入的国家的国旗，商船所属国国旗应改挂在船尾处，直到船舶离开该港后才将船旗挂回最高点。

在这里有必要对方便旗（flag of convenience）做一下说明。方便旗船是指在外国登记，悬挂外国国旗并在国际市场上进行营运的船舶，它在第二次世界大战后迅速增加。挂方便旗的船舶主要属于一些海运较发达的国家和地区，如美国、希腊、日本、韩国和中国香港等。方便旗船的船东将船舶转移到外国进行登记，以图逃避重税和军事征用，自由制定运价，不受政府管制，自由处理船舶与运用外汇，自由雇佣外国船员以支付较低工资，降低船舶标准以节省修理费用，降低营运成本以增强竞争力等。而公开允许外国船舶在本国登记的所谓“开放登记”（open register）国家，主要有利比里亚、巴拿马、塞浦路斯、新加坡、巴哈马及百慕大等国。

5. 船舶呼号

船舶呼号（call sign）是国际海事组织用于对船舶进行呼叫的代号，是主管机关授予每一个通信站点（船舶、飞行器、救生工具等）的一组字母和数字，通常有四个至五个字符。例如，“A”在呼号中读作“alpha”。26 个字母和 10 个数字都有单一的专用呼号。中国籍的船舶第一个字母是 B，由无线电委员会授予。

6. 船级

船级（ship’s classification）是表示船舶技术状态的一种指标，用以表示船舶航行安全和适于装货的程度。在国际航运界，凡注册总吨在 100 t 以上的海运船舶，必须在某船级社或船舶检验机构的监督之下进行监造。船建造完毕，由船级社或船舶检验局对船体、船上机器设备、吃水标志等项目和性能进行鉴定，发给船级证书。证书有效期一般为 4 年，期满后需重新进行鉴定。

船舶入级可保证船舶航行安全，有利于国家对船舶进行技术监督，便于租船人和托运人选择适当的船只，以满足进出口货物运输的需要，也便于保险公司决定船、货的保险费用。

世界上比较著名的船级社有：英国劳埃德船级社（Lloyd's Register of Shipping，LRS）；德国劳氏船级社（Germanischer Lloyd，GL）；挪威船级社（Det Norske Veritas，NV）；法国船级社（Bureau Veritas，BV）；日本船级社（Japanese Maritime Corporation，NK）；美国船级社（American Bureau of Shipping，AB），等等。中国船级社是中华人民共和国交通运输部所属的船舶检验局。

船级证书除了记载船舶的主要技术性能外，还绘制出相应的船级符号。各国船级社对船级符号的规定不同。中国船级社的船级符号为*ZC，英国劳埃德船级社的船级符号为 LR。如标志 100 AI，100 A 表示该船的船体和机器设备是根据劳氏规范和规定建造的，I 表示船舶的装备如船锚、锚链和绳索等处于良好和有效的状态。

7. 航速

航速（ship speed）以“节”（英文为 Knot）表示，意思是每小时多少海里。商船的航速依船型不同而不同，其中干散货船和油轮的航速较慢，一般为 13～17 节；集装箱船的航速较快，通常为 20～25 节，目前最快的集装箱船航速可超过 30 节。客船的航速也较快。

8. 船舶的主要证书与文件

船舶证书（ship's certificates and documents）是证明船舶所有权、性能、技术状况和营运必备条件的各种文件的总称。船舶必须通过法律登记和技术鉴定并获得这类有关正式证书后，才能参加营运。国际航行船舶的船舶文件主要有：船舶国籍证书（Certificate of Ship's Nationality）、船舶所有权证书（Certificate of Owners Ship）、船舶船级证书（Certificate of Classification）、船舶吨位证书（Tonnage Certificate）、船舶载重线证书（Certificate of Load Line）、无线电证书（Radio Certificate）、船员名单（Crew List）和航行日志（Log Book）。此外，还有轮机日志、卫生日志和无线电日志等。

根据世界航运惯例，船舶的有关证书必须在有效期内，船舶才被允许航行。船舶进出港时，必须向当地水上安全监督管理机关（海事局）呈验上述所有文件。

工作任务一

扫码获取业务资料，按要求完成工作任务。

任务完成情况评价表

（第____模块，任务____，工作任务____）

评价项目	满分	自评得分	互评得分	师评得分
正确理解知识	25			
业务分析处理方法得当	25			
表达清晰准确	15			
业务处理结果正确	35			
合计	100			
综合得分（自评得分×10%+互评得分×30%+师评得分×60%）：				
个人任务完成情况小结				

工作任务二

我国十万大山农贸公司进口 5 万 t 钾肥，负责运输的船舶拟于近期抵达防城港。作为公司的驻港代表，请解读下列船舶规范（如表 2–1 所示），以便于协商安排靠泊卸货等进口事宜。

表 2–1　某船公司船舶规范

MV "MY SEAS"
MONROVIA

PRINCIPAL PARTICULARS

OWNERS : NILIA SHIPPING CO	CALL SIGN : F5DD7
MANAGERS : ALLSEAS MARINE S.A.	PORT OF REGISTRY: MONROVIA, LIBERIA
NATIONALITY: LIBERIA IMO No. 9491260	MMSI No. 636015850
BUILDER : JIANGDONG SHIPYARD	OFF.No.15849
CLASS : BV Hull, Mach, Bulk Carrier Bc-A Grab 20 t, CSR, hold 2,4 may be empty, ESP,unrestricted navigation AUT-UMS	
CLASS REGISTRATION NO.BUREAU VERITAS	
KEEL LAID : 2009/12/21	DELIVERED : JUNE. 2011
GROSS TONNAGE : 33044	NET TONNAGE : 19231
SUEZ GROSS TON : 33919.94	NET TONNAGE : 31284.96
PANAMA CANAL TON: 27390	

ITEM	FRBD (m)	DRAFT(m)	DEADW(MT)	DISPL(MT)
SUMMER (S):	5.224	12.800	56,840.45	67.681.10
WINTER (W):	5.491	12.533	55.269.70	55.269.70
TROPICAL (T):	4.957	13.067	58.413.70	69,254.40
FRESH WATER (F):	4.936	13.088	56,840.40	67,681.10
TROPICAL FRESH (TF):	4.669	13.355	58.413.70	69,254.40
FWA = 288 mm	TPC = 58,8 MT (LOADED)			

DIMENSION	
LENGTH (O.A):189.990 m	TANK TOP STRENGTH: 1,3,5=25t/2,4=20t
LENGTH (P.P.):185.000 m	STRENGTH OF HATCH COVERS: 7.14t
BREADTH (MLD) : 32.260 m	
DEPTH (MLD):18.000 m	

ACCOMODATION FRONT WALL TO BOW :	165.85 m	FLEET 500
ACCOMODATION FRONT WALL TO STERN:	24.14 m	PHONE : 00870 - 7732-12345
HEIGHT KEEL OVER RADAR MAST	46.26 m	FAX : 00870 - 7832-67890
UNDER KEEL TO HATCH COVER	20.5 m	
FROMFWD HOLD No.1 TO AFT No.2	59.04 m	E-mail: myseas @connect.com
MAIN ENGINE : MAN B&W 6S42MC 1- SET (2 Strocke Main Engine) M.C.R. 9480 KW X 127 RPM- (RPS)		INM-C 463712111/90 TELEX

HOLD CAPACITIES	GRAIN CAPACITY
No.1	13009.86 M3
No.2	15333.25 M3
No.3	14553.08 M3
No.4	15333.27 M3
No.5	13404.64 M3
TOTAL	71634.09 M3

CAPT. TONIO O. MARGA
MASTER M/V MY SEAS

TOTAL F.O. CAPACITY (100%)	:2259.24 M3
TOTAL D.O. CAPACITY (100%)	:145.76 M3
TOTAL F.W CAPACITY (100%)	:433.59 M3
TOTAL F.W.DRINKING (100%)	:31.82 M3
BALLAST TANKS TOTAL CAPACITY :	16333.64 M3
BALLAST IN NO.3 CARGO HOLD :	14553.08 M3
FOUR CRANES ON DECK,S.W.L.	30 MT

工作任务三

扫码获取业务资料，按要求完成工作任务。

任务完成情况评价表

（第____模块，任务____，工作任务____）

<table>
<tr><td>评价项目</td><td>满分</td><td>自评得分</td><td>互评得分</td><td>师评得分</td></tr>
<tr><td>正确理解知识</td><td>25</td><td></td><td></td><td></td></tr>
<tr><td>业务分析处理方法得当</td><td>25</td><td></td><td></td><td></td></tr>
<tr><td>表达清晰准确</td><td>15</td><td></td><td></td><td></td></tr>
<tr><td>业务处理结果正确</td><td>35</td><td></td><td></td><td></td></tr>
<tr><td>合计</td><td>100</td><td></td><td></td><td></td></tr>
<tr><td colspan="5">综合得分（自评得分×10%+互评得分×30%+师评得分×60%）：</td></tr>
<tr><td>个人任务完成情况小结</td><td colspan="4"></td></tr>
</table>

知识点自测

单项选择题

1. ________是船舶在营运中能够使用的载重能力，表示船舶的载运能力。

A. GROSS WEIGHT　　B. GROSS TONNAGE
C. DEAD WEIGHT TONNAGE　　D. NET TONNAGE

2. 船舶两侧船舷的 W 标志是表示________。

A. 夏季载重线　B. 冬季载重线　C. 淡水载重线　D. 热带载重线

3. 船舶两侧船舷的 T 标志是表示________。

A. 夏季载重线　B. 冬季载重线　C. 淡水载重线　D. 热带载重线

4. 一般而言，运价最为便宜的运输方式是________。

A. 空运　B. 铁路运输　C. 海运　D. 公路运输

5. 船舶两侧船舷的 WNA（北大西洋冬季载重线）标志是表示________。

A. 夏季载重线　　B. 冬季载重线
C. 北大西洋冬季载重线　　D. 热带载重线

6. 在干货船中，装载货物的船舱称为________。

A. TANK　B. DECK　C. HATCH　D. HOLD

7. GROSS TONNAGE & NET TONNAGE 指船舶内部空间的容积，是表示容积的吨位，其单位可换算为 m^3，1 总吨/净吨等于________m^3。

A. 100　B. 2.83　C. 1　D. 10

8. 当今国际海上货物运输普遍使用内燃机船舶，指的是________。

A. STEAM SHIP　　B. SAILING BOAT
C. MOTOR VESSEL　　D. GAS TURBINE VESSEL

9. 船舶悬挂方便旗，通常以图逃避重税和军事征用，自由制定运价，不受政府管制，自由处理船舶与运用外汇，自由雇佣外国船员以支付较低工资，降低船舶标准以节省修理费用，降低营运成本以增强竞争力等。悬挂以下国旗的船舶称为方便旗的是________。

A. 日本　B. 美国　C. 希腊　D. 塞浦路斯

10. 就船舶的载货能力而言，不但要关注它的载重能力，还要关注它的容积大小。若装载 10 000 t 皮棉，除了载重吨位，还应关注船舶的________。

A. Displacement Tonnage　　B. Dead Weight Tonnage
C. Gross Registered Tonnage　　D. Bale Capacity

任务 2.2 港 口 航 线

情境导入

新加坡 A 公司从我国广州进口 2×20′ GP 家具用品，转卖至澳大利亚 C 公司。A 公司收到澳方开来的信用证，要求装货港新加坡，卸货港布里斯班港，并提供 RCEP 原产地证书。

由于在新加坡卸货、装货涉及成本增加与额外手续，于是考虑是否直接安排将货物从广州运至布里斯班。

作为A公司的业务员，请思考应如何操作。

业务知识

世界海洋的面积有3.6亿km^2，约占地球表面积的71%。海洋运输借助天然航道进行，其交通要道是海峡和运河。海峡是两块陆地之间或大陆与邻近的沿岸岛屿之间狭长的天然海域，如马六甲海峡、直布罗陀海峡、霍尔木兹海峡、曼德海峡等。海峡的宽度从几百米到几百千米的都有，具有重要的经济和军事意义。运河是利用人力开凿的连接海洋的“人工海峡”，最著名的运河有连接太平洋与大西洋的巴拿马运河、连接地中海与红海的苏伊士运河，它们均是世界上最繁忙和最昂贵的海上通道。国际航运网络由海运航线和港口组成。

2.2.1 港口

港口是指具有船舶进出、停泊、靠泊、货物装卸、驳运、储存等功能，具有相应的码头设施，由一定范围的水域和陆域组成的区域。商港是主要供商船进出靠泊和进行货物装卸、旅客上下的港口，既为海洋运输服务，又为内陆运输服务。客货运输无论从船舶转入陆运工具，还是由陆运工具转入船舶，都离不开港口的服务工作，由此可见港口在组织国内外运输中的重要性。世界上沿海国家都视港口为国家的经济咽喉。一个现代化的港口，实际上是城市海陆空主体交通的总管，是综合运输体系的中心。港口规模的大小，通常以吞吐量（即装卸货总量）来衡量。

1. 港口的类型

港口按照其用途可分为商港、军港、渔港等。其中，商港可以按不同的分类方式进行以下分类。

1）按潮汐对港口的影响分类

（1）开敞港。指港口直接建在开敞的海岸上或海岸附近，港口内水域同海面直接连接，港内水位潮汐变化与港外相同，潮汐涨落一般不影响船舶的进出。

（2）闭合港。指港口建在受潮汐影响较大的海岸上或海岸附近，退潮时因港内水位过浅，船舶进出受到影响，为保持港内水位，一般在港口修建闸门与海面隔离，又称潮差港。

2）按冬季冰封与否分类

（1）冻港。位于寒冷地区的港口，每到冬季都要冰封，如果没有破冰设备，船舶在冰冻期间只得停航，因此被称为冻港。高纬度国家的港口，如加拿大的港口、斯堪的纳维亚在波罗的海的港口、俄罗斯在北海和黑海的港口都是冻港。

（2）不冻港。与冻港相反，冬季不结冰，四季可以通航的商港，则称为不冻港。如我国的港口都是不冻港。

3）按班轮公司是否定期挂靠分类

（1）基本港（base port）。基本港是指在班轮运输条件下大多数的班轮公司都要定期挂靠的港口。基本港通常位于航线上的较大口岸，港口设备条件比较好，停靠的船舶货载多而稳定。运往基本港的货物一般为直达运输，无须中途转船，且签发直达提单。

（2）非基本港（non-base port）。基本港以外的港口都统称为非基本港。非基本港一般除按基本港收费外，还需另外加收转船附加费。

2. 世界港口发展与主要港口

港口伴随着商贸和航运的繁荣而发展。从世界港口发展的历程来看，可将港口发展划分为以下四个阶段。

第一个阶段是 18 世纪以前。港口只是船舶装卸活动的场所，具有一定的转运功能，是区域间商品流通的一个环节。

第二个阶段是从 18 世纪初到 20 世纪中叶。港口除具备仓储、装卸搬运等基本的物流功能外，临港产业的发展也初具雏形，工业、商业开始落户，港口成为生产与贸易的场所、货物增值的服务中心。

第三个阶段开始于 20 世纪五六十年代。部分港口逐步发展成集国际物流中心、贸易中心、金融中心和工业中心于一体的综合性区域，出口加工区、保税区等各类经济功能区不断兴建。

第四个阶段开始于 20 世纪末和 21 世纪初。全球一些重要港口逐步发展成产业集聚基地、综合服务平台，以及融入全球供应链的国际航运中心，在空间布局上也形成了以国际航运中心为核心，以地区性枢纽港、支线港、喂给港为辅助的港口群结构。

在世界经济格局变动和全球产业分工调整的背景下，世界港口发展中心逐步从欧洲、美洲向亚洲转移，一些发展中国家的港口利用后发优势，正快速追赶并逐步超越传统国际大港。世界主要港口有以下一些。

（1）东南亚地区的港口有新加坡港（SINGAPORE）、巴生港（PORT KLANG）、林查班港（LAEM CHABANG）、马尼拉港（MANILA）、雅加达港（JAKARTA）。

（2）东北亚地区的港口有釜山港（BUSAN）、仁川港（INCHON）、神户港（KOBE）、名古屋港（NAGOYA）、大阪港（OSAKA）、横滨港（YOKOHAMA）。

（3）波斯湾地区的港口有迪拜港（DUBAI）、达曼港（DAMMAM）、阿巴斯港（BANDAR ABBAS）。

（4）欧洲地区的港口有鹿特丹港（ROTTERDAM）、安特卫普港（ANTWERP）、汉堡港（HAMBURG）、勒阿弗尔港（LE HAVRE）、费利克斯托港（FELIXSTOWE）。

（5）地中海地区的港口有亚历山大港（ALEXANDRIA）、突尼斯港（TUNIS）、焦亚陶罗港（GIOIA TAURO）、马赛港（MARSEILLES）、阿尔赫西拉斯港（ALGECIRAS）、马尔萨什洛克港（MARSAXLOKK）。

（6）美加地区的港口有波士顿港（BOSTON）、纽约港（NEW YORK）、新奥尔良港（NEW ORLEANS）、西雅图港（SEATTLE）、旧金山港（SAN FRANCISCO）、洛杉矶港（LOS ANGELES）、奥克兰港（OAKLAND）、温哥华港（VANCOUVER）、多伦多港（TORONTO）。

（7）南美地区的港口有里约热内卢港（RIO DE JANEIRO）、布宜诺斯艾利斯港（BUENOS AIRES）、蒙得维的亚港（MONTEVIDEO）。

（8）西南非地区的港口有拉各斯港（LAGOS）、特马港（TEMA）、开普敦港（CAPE TOWN）、蒙巴萨港（MOMBASA）、德班港（DURBAN）、达累斯萨拉姆港（DAR ES SALAAM）。

（9）澳新地区的港口有悉尼港（SYDNEY）、墨尔本港（MELBOURNE）、布里斯班港（BRISBANE）、奥克兰港（AUCKLAND）。

3. 我国主要港口

我国拥有 18 000 多 km 的海岸线，沿海有许多优良港湾。我国沿海港口的发展经历了恢复发展、快速发展及高速发展三个典型时期，我国也成为世界港口大国。随着我国经济进入中高速增长新常态，我国沿海港口也进入平稳发展阶段。目前我国沿海港口已经形成了环渤海、长江三角洲、东南沿海、珠江三角洲和西南沿海 5 个港口群，建成了煤炭、石油、铁矿石、集装箱、粮食、汽车等专业化港口运输系统。

经过几十年的港口建设，我国港口规模不断扩大，吞吐量超亿吨的沿海港口达 42 个。至今，我国港口货物吞吐量和集装箱吞吐量连续多年居世界第一位，在世界港口吞吐量、集装箱吞吐量排名前十位的港口中，我国分别占 8 席和 7 席；在世界港口吞吐量、集装箱吞吐量排名前 100 的港口中，我国港口占了四分之一。2023 年我国全国港口货物吞吐量达 169.73 亿 t，集装箱吞吐量 3.1 亿标箱。

我国主要沿海港口有上海港、宁波舟山港、深圳港、青岛港、香港港、广州港、天津港、厦门港、高雄港、北部湾港、日照港、连云港港、营口港、大连港、烟台港、福州港、唐山港等。

2.2.2 海运航线

海运航线（sea route），又称海洋运输路线，是指船舶根据不同水域、潮流、港湾、风向、水深等自然条件及社会、政治和经济因素，为达到最大的经济效益所选定的营运通路。

1. 海运航线类型

海洋运输路线同其他运输方式相比，具有投资少、天然形成的特点，同时也更多地受到自然条件的影响和制约，这种影响和制约明显地表现在航线分类上。根据不同的分类标准可以将海运航线分为以下不同的类型。

1）按航程远近分类

（1）远洋航线（ocean-going shipping line）。指航程距离较远，船舶航行跨越大洋的运输航线。我国习惯上以亚丁港为界，把去往亚丁港以西，包括红海两岸和欧洲以及南北美洲广大地区的航线划为远洋航线。

（2）近洋航线（near-sea shipping line）。是本国各港口至邻近国家港口间的海上运输航线的统称，也称地区性航线。如地中海区域航线、波罗的海区域航线等。我国习惯上把航线在亚丁港以东地区的亚洲和大洋洲的航线称为近洋航线。

（3）沿海航线（coastal shipping line）。指本国沿海各港之间的海上运输航线，一般专供本国船舶在该国港口之间使用，又称为国内航线，如上海—广州，青岛—大连等。

2）按船舶营运方式分类

（1）定期航线。是指使用固定的船舶，以固定的船期、航行固定的航线、靠泊固定的港口，以相对固定的运价经营客货运输业务的航线。定期航线的经营，以航线上各港口能有持续和比较稳定的往返货源为先决条件，所以定期航线又称班轮航线。由于竞争激烈，定期航线配备的船舶一般性能较好。为便于揽货，航运公司通常还会以广告等方式事先公布船期表，提供船名、船期、基本港等信息供进出口企业选择使用。

（2）不定期航线。相对于定期航线而言，不定期航线是指使用不固定的船舶，以不固定的船期、行驶不固定的航线，靠泊不固定的港口，以租船市场的运价经营大宗、低价货物运输业务为主的航线。

3）按在运输网络中的地位分类

（1）干线（trunk line）。干线一般指运输网络中货物流量大、对运输市场影响大的航线，如远东至欧洲的航线、地中海航线，以及远东至北美航线等。干线港口通常选择港口条件好、营运效率高的大型港口。

（2）支线（feeder line）。支线又称喂给线或补给线，是联系干线港口和小型港口之间的集疏线。如钦州—香港的沿海航线可以作为远东—欧洲干线航线的喂给线。支线的开辟对提高干线运输的效率、加强干线港口的集疏能力和辐射范围有着非常重要的意义。

2. 世界主要航线

世界主要航线包括太平洋航线、大西洋航线和印度洋航线，这些航线贯穿一个或多个大洋，因而又称国际大洋航线。目前国际大洋航线密如蛛网。

1）太平洋航线

太平洋是世界上最大的海洋，东有巴拿马运河，西有马六甲海峡，沿岸有许多优良港湾，联系亚洲、大洋洲和南北美洲的许多重要海运、空中航线都通过这里，是世界各国进行经济文化交流的重要通道。

（1）远东—北美西海岸各港航线。此航线包括从东亚、东南亚太平洋沿岸港口出发，横跨太平洋抵达加拿大、美国以及墨西哥的西海岸港口的航线。

（2）远东—巴拿马运河—加勒比海、北美东海岸各港航线。从远东各港口出发，经夏威夷群岛，过巴拿马运河，到加勒比海沿岸港口，以及美国、加拿大的大西洋沿岸的各港口。

（3）远东—南美西海岸各港航线。从远东各港口出发，向东经过琉球群岛等，穿越赤道进入南太平洋至南美洲西岸的港口。

（4）东亚—东南亚及印度洋航线。该航线主要包括从中国、韩国、朝鲜、日本去东南亚各港口，以及向西经过马六甲海峡再去往印度洋沿岸各港口的航线。

（5）远东—澳新航线。该航线一般有两条：一条航线是东北亚去澳大利亚东海岸和新西兰港口的航线，经琉球群岛、加罗林群岛进入所罗门海、珊瑚海；另一条航线是东亚、东南亚向南，途经菲律宾海、苏拉威西海，然后经望加锡海峡、龙目海峡南下。

（6）澳、新—北美东西海岸航线。该航线是从澳大利亚、新西兰各港口出发，经苏瓦、檀香山，至北美洲西岸或经巴拿马运河至北美洲东岸的航线。

2）大西洋航线

大西洋沿岸地区涵盖了西欧和北美，这两个区域是世界上经济发展水平较高的地区，在全球经济中占据重要地位。西边经巴拿马运河连通太平洋，东穿直布罗陀海峡，经地中海、苏伊士运河通向印度洋，北连北冰洋，南接南极海域，航线四通八达，十分便利。

（1）西北欧—北美东海岸航线。该航线是西北欧和北美地区之间的重要运输线，由北美东海岸经纽芬兰横跨大西洋至西北欧。该航线是世界上两个最发达地区之间的海运航线，是最繁忙的货运航线之一，但北大西洋冬季风浪大，常有浓雾与冰山，对航运安全有影响。

（2）西北欧—加勒比航线。该航线大多出英吉利海峡后横渡北大西洋，到达加勒比海沿岸各港，此外还可经巴拿马运河到达美洲太平洋沿岸各港口。

（3）西北欧—地中海、苏伊士运河—亚太航线。西北欧至地中海航线主要是欧洲西北部与欧洲南部国家之间的连线，距离较短。经过苏伊士运河至亚太（中东、远东、澳新地区)、是西北欧与亚太地区、中东海湾间最便捷的航线，货运量很大，也是世界最繁忙的航线之一。

（4）西北欧、地中海—南美东海岸航线。该航线横渡大西洋，一般经加那利、佛得角群岛等西非大西洋岛屿，到达南美东海岸各港口。

（5）西北欧—好望角—中东、远东航线。该航线一般是巨型油轮的石油运输线，西北欧、北美去海湾地区运输石油的25万吨级以上的巨轮必须经过好望角。

（6）南、北美东海岸—好望角—远东航线。北美东海岸港口经好望角至中东海湾是巨型油轮的运输线。南美洲东岸港口经好望角航线不仅有原油，还有铁矿石等初级产品。中国、日本、韩国等运输巴西的铁矿石经过此航线。

3）印度洋航线

印度洋是世界第三大洋，约占世界海洋总面积的1/5。由于印度洋的特殊地理位置，其航线可将大西洋与太平洋连接起来，因此经过印度洋的航线很多。

（1）横贯印度洋东西的航线。这组航线由亚洲太平洋地区和大洋洲横穿印度洋西行的航线组成。

（2）进出印度洋北部国家各港的航线。这组航线包括进出缅甸、孟加拉国、斯里兰卡、巴基斯坦、印度等国的航线。

（3）进出波斯湾沿岸国家的航线。由于波斯湾为重要的石油输出地，因此这组航线上的货物多为石油。这组航线可分为三条：一条是过红海经苏伊士运河、地中海往欧洲或北美；另一条是南下绕过好望角到达西欧或北美；再一条是东行经马六甲海峡往东南亚和东亚。

（4）进出非洲东岸国家的航线。这条航线主要是驶往蒙巴萨、德班等非洲东岸港口。

3. 世界集装箱运输航线

集装箱运输的优越性，使其成为当今国际上普遍采用的一种先进运输形式。目前，全世界遍布集装箱航线。世界上规模最大的集装箱航线是：远东—北美航线，远东—欧洲、地中海航线，北美—欧洲、地中海航线。

1）远东—北美航线

远东—北美航线也称（泛）太平洋航线，又分为以下两条主要航线。

（1）远东—北美西岸航线。该航线主要承担太平洋沿岸货物的往返运输。主要停靠港口有亚洲的釜山港、上海港、香港港、高雄港、神户港、横滨港及东南亚各港口，北美西岸的长滩港、洛杉矶港、西雅图港、塔科马港、奥克兰港和温哥华港等，覆盖东亚、东南亚以及美国和加拿大西部地区。

（2）远东—北美东岸航线。该航线涉及美国东部地区的纽约港、新泽西港、查尔斯顿港和新奥尔良港等。

2）远东—欧洲、地中海航线

该航线通常简称为欧地线，由远东—欧洲航线、远东—地中海航线组成。欧洲涉及的主要港口有荷兰的鹿特丹港，德国的汉堡港、不来梅港，比利时的安特卫普港和英国的费利斯托港等。地中海地区主要涉及的港口有西班牙南部的阿尔赫西拉斯港，意大利的焦亚陶罗港和位于马耳他岛南端的马尔萨什洛克港等港口。

3）北美—欧洲、地中海航线

该航线也称跨大西洋航线，包括三条航线：北美东岸、美湾—欧洲航线，北美东岸、美湾—地中海航线，北美西岸—欧洲、地中海航线。

工作任务一

扫码获取业务资料，按要求完成工作任务。

任务完成情况评价表

（第____模块，任务____，工作任务____）

<table>
<tr><td>评价项目</td><td>满分</td><td>自评得分</td><td>互评得分</td><td>师评得分</td></tr>
<tr><td>正确理解知识</td><td>25</td><td></td><td></td><td></td></tr>
<tr><td>业务分析处理方法得当</td><td>25</td><td></td><td></td><td></td></tr>
<tr><td>表达清晰准确</td><td>15</td><td></td><td></td><td></td></tr>
<tr><td>业务处理结果正确</td><td>35</td><td></td><td></td><td></td></tr>
<tr><td>合计</td><td>100</td><td></td><td></td><td></td></tr>
<tr><td colspan="5">综合得分（自评得分×10%+互评得分×30%+师评得分×60%）：</td></tr>
<tr><td>个人任务完成情况小结</td><td colspan="4"></td></tr>
</table>

工作任务二

扫码获取业务资料，按要求完成工作任务。

任务完成情况评价表

（第____模块，任务____，工作任务____）

<table>
<tr><td>评价项目</td><td>满分</td><td>自评得分</td><td>互评得分</td><td>师评得分</td></tr>
<tr><td>正确理解知识</td><td>25</td><td></td><td></td><td></td></tr>
<tr><td>业务分析处理方法得当</td><td>25</td><td></td><td></td><td></td></tr>
<tr><td>表达清晰准确</td><td>15</td><td></td><td></td><td></td></tr>
<tr><td>业务处理结果正确</td><td>35</td><td></td><td></td><td></td></tr>
<tr><td>合计</td><td>100</td><td></td><td></td><td></td></tr>
<tr><td colspan="5">综合得分（自评得分×10%+互评得分×30%+师评得分×60%）：</td></tr>
<tr><td>个人任务完成情况小结</td><td colspan="4"></td></tr>
</table>

工作任务三

扫码获取业务资料，按要求完成工作任务。

任务完成情况评价表

（第____模块，任务____，工作任务____）

评价项目	满分	自评得分	互评得分	师评得分
正确理解知识	25			
业务分析处理方法得当	25			
表达清晰准确	15			
业务处理结果正确	35			
合计	100			
综合得分（自评得分×10%+互评得分×30%+师评得分×60%）：				
个人任务完成情况小结				

知识点自测

一、单项选择题

1. 在太平洋航线上需经望加锡海峡南下的航线可能是_______。

A. 远东—北美西海岸航线

B. 远东—巴拿马运河—加勒比、北美洲东岸航线

C. 远东—南美西海岸航线

D. 远东—澳新航线

2. 我国某出口商托运一票货物通过海运去西雅图，走_______。

A. 远东—北美西岸航线　　B. 远东—北美东岸航线

C. 远东—欧洲航线　　D. 远东—地中海航线

3. 大西洋航线中由北美东海岸经过加拿大纽芬兰进入大西洋的航线是_______。

A. 西北欧—北美东海岸航线

B. 西北欧—加勒比航线

C. 西北欧—地中海、苏伊士运河—亚太航线

D. 西北欧、地中海—南美东海岸航线

4. ________是欧洲货物吞吐量最大以及欧洲最大的集装箱港口，素有“欧洲门户”之称。

A. 伦敦港　　B. 汉堡港

C. 鹿特丹港　　D. 安特卫普港

5. 阿尔赫西拉斯港（ALGECIRAS，SPAIN）是海上集装箱货物运输中_______上的港口。

A. 远东—北美西海岸航线　　B. 远东—澳新航线

C. 远东—北美东海岸航线　　D. 远东—欧洲、地中海航线

6. 从上海托运一票货物通过海运去 Laem Chabang，Thailand 通常应选择________。

A. 地中海航线　　B. 波斯湾航线

C. 东北亚航线　　D. 东南亚航线

二、多项选择题

1. 海运航线按航程的远近分可分为_______。

A. 远洋航线　　B. 近洋航线

C. 沿海航线　　D. 地中海航线

2. 海运航线按照船舶营运方式可分为_______。

A. 固定航线　　B. 非固定航线

C. 定期航线　　D. 不定航线

3. 世界上三大集装箱航线是_______。

A. 远东—北美航线　　B. 远东—南美太平洋航线

C. 远东—欧洲、地中海航线　　D. 北美—欧洲、地中海航线

4. 港口按照班轮公司是否定期挂靠可分为_______。

A. 基本港　　B. 非基本港

C. 综合性港口　　D. 专业性港口

任务 2.3 班轮运输

情境导入

2020 年 9 月 30 日，深圳振华国际货运代理有限公司接到客户紧急咨询，拟从华南出口一批桐油，贸易条件为 CPT BREMEN GERMANY，装运期为 BEFORE OCTOBER 09，2020，并要求不晚于当年 11 月 3 日抵达目的港。

作为深圳振华国际货运代理有限公司的业务员，请根据以下船公司公布的船期表（如表 2–2 所示），向客户推荐合适的装运船舶，告知船名、航次、装运与预到日期以及承运人。

（注：——2020 年全国职业院校技能大赛改革试点赛高职组货运代理项目试题）

表 2–2 船公司公布的船期表

Shenzhen, China to Europe Shipping Schedule on October 2020

Vessel	SERVICE	VOY	HKG			YANTIAN			Bremen	Rotterdam
			CY Open	CY Cutoff	ETD	CY Open	CY Cutoff	ETD	ETA	ETA
OOCL JAKARTA	KTX3	115S	26 Sep/ 00:00	01 Oct/ 00:00	02 Oct/ 00:00	27 Sep/ 00:00	02 Oct/ 15:00	03 Oct/ 15:00	27 Oct/ 00:00	29 Oct/ 00:00
OOCL AUSTRALIA	KTX3	191S	03 Oct/ 00:00	08 Oct/ 00:00	09 Oct/ 00:00	04 Oct/ 00:00	09 Oct/ 15:00	10 Oct/ 15:00	03 Nov/ 00:00	05 Nov/ 00:00
OOCL GUANGZHOU	KTX3	118S	10 Oct/ 00:00	15 Oct/ 00:00	16 Oct/ 00:00	11 Oct/ 00:00	16 Oct/ 15:00	17 Oct/ 15:00	10 Nov/ 00:00	12 Nov/ 00:00
OOCL NEW ZEALAND	KTX3	084S	15 Oct/ 00:00	22 Oct/ 00:00	23 Oct/ 00:00	16 Oct/ 00:00	23 Oct/ 15:00	24 Oct/ 15:00	17 Nov/ 00:00	19 Nov/ 00:00
OOCL JAKARTA	KTX3	116S	23 Oct/ 00:00	29 Oct/ 00:00	30 Oct/ 00:00	24 Oct/ 00:00	30 Oct/ 15:00	31 Oct/ 15:00	24 Nov/ 00:00	26 Nov/ 00:00

DATE: 01 Oct 2020

Shenzhen, China to Bremen Germany

VESSEL	VOYAGE	SERVICE	CUT-OFF DATE	TERMINAL	DEPARTURE DATE	TRANSIT TIME	ARRIVAL DATE	OCEAN CARRIER
MSC ELODIE	KTX3	EMPIRE	2020/10/01	YANTIAN	2020/10/02	27	2020/10/29	MSC
MAERSK SEOUL	708E	EMPIRE	2020/10/07	YANTIAN	2020/10/08	27	2020/11/04	MSC
ADRIAN MAERSK	708W	AMERICA-NEW ORIENT	2020/10/13	YANTIAN	2020/10/14	27	2020/11/10	MSC
MSC MAXINE	FG709E	EMPIRE	2020/10/19	YANTIAN	2020/10/20	27	2020/11/16	MSC
MAERSK STRALSUND	709W	AMERICA-NEW ORIENT	2020/10/25	YANTIAN	2020/10/26	27	2020/11/22	MSC

续表

Shenzhen, China to Europe DATE: 01 Oct 2020

SEQ	SERVICE	VESSEL	VOYAGE	CUT OFF	POL	ETD	POD	ETA	TRANSIT TIME
1	MD1	CSCL BOHAI SEA	005E	2020/10/05 17:00	YANTIAN	2020/10/06	Bremen	2020/10/27	21
2	MD1	YM UNANIMITY	030E	2020/10/10 17:00	YANTIAN	2020/10/11	Bremen	2020/11/01	21
3	MD1	EVER LEADING	0740E	2020/10/15 17:00	YANTIAN	2020/10/16	Bremen	2020/11/06	21
4	MD1	EVERLIVEN	0785E	2020/10/20 17:00	YANTIAN	2020/10/21	Bremen	2020/11/11	21
5	MD1	CSCL SPRING	005E	2020/10/25 17:00	YANTIAN	2020/10/26	Bremen	2020/11/16	21
6	MD1	EVER LIFTING	0787E	2020/10/30 17:00	YANTIAN	2020/10/31	Bremen	2020/11/21	21

Origin Name	TERMINAL	CUT OFF DATE	DEPART DATE	DISCHARGE PORT	ARRIVAL DATE	SERVICE	VESSEL and VOYAGE
Shenzhen	YANTIAN	2020/10/06	2020/10/07	Bremen	2020/11/01	CE2	CMA CGM MELISA 341
Shenzhen	YANTIAN	2020/10/11	2020/10/12	Bremen	2020/11/06	CE2	COSCO PRINCE RU 329
Shenzhen	YANTIAN	2020/10/16	2020/10/17	Bremen	2020/11/11	CE2	CMA CGM BIANC 333
Shenzhen	YANTIAN	2020/10/21	2020/10/22	Bremen	2020/11/16	CE2	CSCL ASIA 337
Shenzhen	YANTIAN	2020/10/26	2020/10/27	Bremen	2020/11/21	CE2	HYUNDAILOYALTY 043
Shenzhen	YANTIAN	2020/10/31	2020/11/01	Bremen	2020/11/26	CE2	APL ANTWERP 026

MAERSK LINE

Shenzhen, China to Europe Shipping Schedule on October 2020

ORIGIN	CUT-OFF DATE	PORT OF LOAD (POL)	ETD AT POL	PORT OF DISCHARGE(POD)	ETA AT POD	EST TRANSIT TIME (DAYS)	OCEAN CARRIER	VESSEL VOYAGE	SERVICE	CONTAINE RTYPE
SHENZHE N	2020/10/01	YANTIAN	2020/10/02	Bremen	2020/10/24	22	MAERSK	MERKUR PLANET 708N	NP5	20'DRY /40'DRY
SHENZHE N	2020/10/07	YANTIAN	2020/10/08	Bremen	2020/10/31	23	MAERSK	MSC HEIDI709N	NP5	20'DRY /40'DRY
SHENZHE N	2020/10/14	YANTIAN	2020/10/15	Bremen	2020/11/07	23	MAERSK	ER VANCOUVER 710N	NP5	20'DRY /40'DRY
SHENZHE N	2020/10/21	YANTIAN	2020/10/22	Bremen	2020/11/14	23	MAERSK	CHICAGO 711N	NP5	20'DRY /40'DRY
SHENZHE N	2020/10/28	YANTIAN	2020/10/29	Bremen	2020/11/21	23	MAERSK	KMARIN AZUR 712N	NP5	20'DRY /40'DRY

业务知识

根据船舶的经营方式，国际海上货物运输可分为定期船运输和不定期船运输两种。最初，海上货物运输都是以不定期船营运方式为主进行经营的，直到 1818 年，才第一次出现班轮运输。班轮运输的出现和发展，和经济的发展、技术的进步有着密切的关系。

2.3.1 班轮运输及其市场特点

班轮运输（liner service or shipping by liner），又称定期船运输，是按照公布的船期表，在一定的航线上，以既定的挂靠港顺序，持续从事航线上各港间的船舶运输。

为适应批量小、收发货单位多、运送速度高及规律性强等货物特殊需要，组织班轮运输时，在船舶的技术性能、业务经营与发运交付程序等方面，均有别于不定期船运输。

1. 班轮运输的特点

（1）“四固定”。即航线固定、港口固定、船期固定和费率相对固定。这是班轮运输最基本的特点。其中航线、港口与船期可从班轮船期表（liner schedule）查询。班轮船期表就是班轮航行靠泊的时间表，是班轮运输营运组织工作中的一项重要内容。公布班轮船期表有以下几方面的作用。

首先是为了招揽航线途经港口的货载，既满足货主的需要，又体现海运服务的质量。

其次是有利于船舶、港口和货物的及时衔接，以便船舶有可能在挂靠港口的短暂时间内取得尽可能高的工作效率。

最后是有利于提高船公司航线经营的计划质量。

班轮船期表的主要内容包括航线、船名、航次、始发港、中途港、终点港的港名，预计到达和驶离的时间，以及其他有关的注意事项等。

（2）承运人负责装卸。班轮承运人负责包括配载、装卸货物和理舱在内的作业，根据运输条款有时还负责堆场仓库至船边的搬运作业，并负责其全部费用，所有装卸费、理舱费与堆场仓库至船边的搬运费均计入运费。

（3）不规定货物装卸时间。班轮运输的承运人和托运人之间不规定装卸时间，也不计算滞期费和速遣费。

（4）以班轮提单作为运输合同的证明。在班轮运输业务中，承运人和托运人双方通常不签订运输协议，双方的权利、义务、责任和豁免均以船公司签发的订有承运人、托运人、收货人相关条款的提单为依据，并以此处理运输中有关的问题。

2. 班轮市场的特点

班轮市场又称定期船市场，是国际航运市场的组成部分。和不定期船市场不同，定期船市场垄断性很强，其基本特点如下。

（1）定期船市场是由一些为数不多但规模较大的航运企业的经营活动构成的。

定期船需要有良好的设备、较高的技术速度和营运速度，以适应品种众多的各种货物在运输质量和营运速度方面的特殊需要；为了维持规律的运输，保持一定的发船密度，定期船经营需要有一定规模的船队，因此定期船的单位造价和投资都比不定期船高得多。为了尽量减少船舶在港的延误，维持正常的班期，定期船企业通常要用巨额资金租用专用码头或设备；为了争取和保证稳定的货载，往往需要在停靠港及其腹地设立营业机构，因此，不得不为此负担较大的管理费用。

由此可见，在定期船的经营中，从船舶投资到港口码头直至经营管理都需要较多的资金，而且也需要由较大型的航运企业经营。它与由为数众多但规模可大可小的航运企业灵活经营的不定期船市场相比，显然是完全不同的市场结构。为此，定期船市场在货源和航线方面的竞争是相当激烈的。但是，由于参与竞争的企业较少，比较容易取得妥协，所以相关企业能够通过一定的组织（如班轮公会、航运联盟等）达到共同垄断某航线的目的。

（2）争取并垄断尽可能多的、稳定的货源是定期船市场的焦点问题。

定期船是按公布的船期表进行营运的，不管是否满载，也不论货载多少，都必须按时开航。所以，除市场特别良好的情况外，通常船舶舱位利用率是较低的，尤其是新开辟的班轮航线。虽然在货载不足的情况下航运企业可以采取延长航次周期或减少配船数量的方法谋求减少损失，但是，这将不可避免地受到货主的抵制，反而会导致企业经营陷入更加困难的处境。所以保持稳定的货源，争取尽可能多的货载，保证运力的充分利用，努力提高服务质量，便成为定期船市场竞争的焦点问题。

（3）改变航线，退出市场的伸缩性小。

定期船是按航线经营的，要求船舶经营人与货主之间保持密切的联系。为了保持稳定的货源，在较长的经营过程中，船舶经营人必须逐渐取得货主的信任，建立一定相互信任关系。这样，即使营运状况出现不佳的情况，船舶经营人也不会轻易地放弃已有的经营基础，轻易地改变所经营的班轮航线。班轮航线的经营与其他航线的连带关系较小，这也是定期船企业经营的特点。在定期船市场上，为了有效地经营，船舶经营人既需要按航线特点建立与之相应的船队，又需要在与货主建立密切关系的基础上巩固业已经营的阵地。船舶经营人一旦开辟了一条定期船航线，就需要不断扩大影响，甚至谋求垄断的地位。在一般的情况下，船舶经营人不会轻易地改变航线或退出市场。

经营领域相对固定性和改变航线的困难性，使定期船的经营具有强烈的排他性质，使定期船市场中的船舶所有人之间的竞争更加激烈。特别是当运输需求减少或停滞时，即航运市场萧条时，这种特性表现得尤为突出，运价的竞争也更具有尖锐性。但是，由于定期船市场中参与竞争的对手为数较少，船舶经营人之间容易取得妥协的条件，班轮公会这种垄断性组织便应运而生，——这是船舶经营人为摆脱在激烈竞争的不利处境、避免造成严重损失的一种经营对策。

2.3.2 班轮公会及航运联盟

1. 班轮公会

航运经营极具竞争性，在同一航线上往往有多家船公司经营班轮运输，各船公司常通过降低运价来争揽货载。而运费是船公司最主要的收入来源，如果无节制地降低运价，则会危及船公司生存。因此，作为维护船公司自身利益的手段，在班轮公司之间产生了班轮公会这样的组织。1875 年由经营英国与印度港口之间货运的七家英国船公司组成的加尔各答班轮公会（The Calcutta Conference）是世界上最早的班轮公会。此后，班轮公会发展很快，世界各航线基本有班轮公会成立。

班轮公会（liner conference or freight conference）又称航运公会，俗称水脚公会，是由两个或两个以上在同一条航线上经营班轮运输的船公司，为避免相互间的过度竞争，维护共同利益，通过在运价和其他经营活动方面签订协议而组成的国际航运垄断组织。

班轮公会的业务主要是限制和调节班轮公会内部的相互竞争，同时防止或对付来自班轮公会外部的竞争，从而达到垄断航线货载的目的。在限制和调节班轮公会内部相互竞争时，班轮公会主要采取的措施有协定费率、统一安排营运和统筹分配收入等。

为防止或对付来自外部的竞争，班轮公会主要采取以下措施。

（1）延期回扣制（deferred rebate system）。班轮公会争揽货载时通常采用回扣制度。延期回扣制是在计算期届满时，货主可按整个计算期间所支付运费总额的一定百分比从班轮公会取得回扣。它要求货主必须与班轮公会签订所谓“忠诚信约”（loyalty contract）。

（2）合同费率制（contract freight system）。又称双重费率制（dual rate system），在这种制度下，货主与班轮公会签订全部交运合同，享受特别低廉的公会运价或运价不变的待遇，它实际上是延期回扣制的替代方式。那些没有与班轮公司签订全部交运合同的货主则不能享受合同费率，而必须按非合同费率计收运费。

（3）安排战斗船（fighting ship）。它是班轮公会船舶与非会员船舶展开竞争的一种相当原始的方式。当班轮公会垄断的航线上出现非会员船舶营运时，班轮公会即按照非会员船舶航行的相同船期和停靠港口，派出战斗船，以低于非会员的费率揽货承运，直到对方被挤出该航线为止。战斗船的一切损失由公会成员共同承担。

20 世纪，班轮公会普遍存在于世界各国的对外贸易航线，在 20 世纪 80 年代以前达到鼎盛。根据联合国贸易和发展会议（简称贸发会议）统计，在班轮公会鼎盛时期的 1974 年，世界上大约有 375 个班轮公会，4 363 个船公司参加并成为其会员，控制着世界上 1/3 的航线运输；在主要的贸易航线上，班轮公会的市场占有率高达 90%以上。20 世纪 80 年代联合国贸发会议组织的班轮公会行动公约实施，给发展中国家船队进入班轮市场带来了动力，使得班轮公会的作用逐渐削弱，班轮公会的市场占有率呈下降趋势。1998 年以来，大批船公司纷纷退出班轮公会。随着集装箱运输的发展，班轮公会逐渐走向解体。

2. 班轮公会行动守则公约

在国际航运领域里，发展中国家强烈反对发达国家所控制的班轮公会的种种做法。他们认为班轮公会把运价定在有利于工业国而不利于原料出口国、有利于发达国家而不利于发展中国家的水平上，这是尤其不合理的。发展中国家要求制定一个相应的公约来改变或者至少约束班轮公会的种种不合理的做法和不公平的现象。

历史上，世界上大多数国家对属于世界性的总政策达成协议的情形是不多见的。而对于某一特定的行业的具体业务的做法及其准则作出详细的建议并最终达成协议，就更难能可贵了。1974 年 4 月 6 日，联合国贸易和发展会议的 72 个成员国对《班轮公会行动守则公约》（以下简称《守则公约》）进行投票表决，并最终以 60 票赞成、7 票反对、5 票弃权通过《守则公约》，其重要意义不言而喻。《守则公约》的通过，体现了在政治、经济利益及观点存在巨大差异的发展中国家和发达国家，特别是海运业在其国民经济中有着重要影响的发达国家之间的妥协。

《守则公约》分七个部分，共五十四条条文和一个附件。综观《守则公约》全文，可以说《守则公约》对班轮公会的存在并不是持否定的态度，而是希望改进班轮公会制度，其措辞也是留有余地的。这一方面反映《守则公约》本身是一个妥协的产物；另一方面也反映对公会制度的改善只能是逐步的，只能通过《守则公约》的实施，使班轮公会逐渐调整到《守则公约》所确立的原则上去。

《守则公约》禁止过去出现过的派战斗船与非公会船舶进行竞争的做法，且规定了有名的 40:40:20 的货载分配原则。根据这一原则，它明确了在班轮公会服务的航线上，公会揽运的货载，由航线两端国家，即贸易双方当事国的会员航运公司各自承运 40%，其余由第三国会员公司承运。这样，既以具体的规定维护所有参加公会的航运经营企业在航次和装货安排上应享有的权利，纠正过去公会内部恃强凌弱、以大欺小的政策；也维护了发展中国家的船公司载运本国进出口货载的当然权利，为发展中国家建立和发展自己的班轮船队提供有利的条件。

这个在世界班轮运输中具有重要意义的公约《守则公约》，在 1983 年 10 月 6 日正式生效。我国从支持发展中国家的正义立场出发，对《守则公约》的制定、通过和生效始终作出积极的努力，并率先在 1980 年 9 月 23 日批准加入这一公约。不过，我国的远洋运输企业没有加入任何一个班轮公会，因此在涉及履行《守则公约》条款的具体义务方面也做出了保留。

3. 航运联盟

19 世纪下半叶产生的班轮公会，对 20 世纪的海运秩序和贸易稳定起了很大作用。由于 1980 年以后世界性的海运规则放宽，伴随全球化趋势，班轮公会的历史作用正在终止。集装箱运输打破了班轮运输业进入的技术性壁垒，导致了班轮公会垄断地位的崩溃，不少独立的船公司抓住机遇进入班轮市场，并伴随着集装箱化进程而发展壮大起来。作为卡特尔垄断组织的班轮公会，它既然不能阻止会外船公司进入它所垄断的市场，那么它对会员公司的控制力也就基本丧失，从而也就没有能力继续垄断和操纵市场，班轮市场摆脱了班轮公会的约束。

航运业的资金密集型和周期性特征不允许市场好的时候立即造船、马上下水运营，临时买船提高运力也不现实；况且市场向好时船价高昂，市场不好时船价低迷。另外，投资固定设备、设施的回报率很低，导致船公司选择航运联盟的形式应对市场变化。因此，世界主要班轮公司走上了大规模联营的道路。

成立航运联盟主要有以下三大目的。

一是船公司期望在不额外增加船舶运力的前提下，通过结盟的方式，增加运输网络的覆盖面，进而在一定程度上提高舱位利用率，增加公司的营运收入。

二是船公司期望通过航线联营或舱位互租，既解决一家公司单独经营时存在的资金不足和风险过大的问题，又能够满足货主的需求，大大增强企业的竞争力。

三是船公司能够通过联盟发挥规模优势，提供优质服务，提高竞争力，使联营各参与方获得比原来更大的利益。

航运联盟随之成为航运市场的主旋律，先后进行了多轮的联盟重组。21 世纪初，全球 5 大航运联盟集团在东西主干航线上控制着 80%以上的货源，其成员基本包括了前 20 位的班轮公司。

从 1994 年至 1995 年美国总统轮船、马士基、赫伯罗特、韩进、川崎等组建航运联盟开始，经历了 1998 年至 1999 年的联盟重组和 2002 年前后的联盟再重组，2011 年至 2012 年的航运联盟深度重组，2012 年至 2017 年形成四大航运联盟，2017 年至 2020 年进入三大航运联盟时代，船公司自身在市场风雨中进行自由选择。目前存在于市场上的三大航运联盟分别是 2M、OCEAN 和 THE 联盟：2M 联盟的成员有马士基航运、地中海航运，但该联盟将于 2025 年中止；OCEAN 联盟的成员主要有中远海运、达飞轮船、长荣海运，THE 联盟的主要成员包括赫伯罗特、阳明海运、海洋网联。

随着航运联盟的发展，航运合作形式正在朝着多样化转变，合作深度和广度不断提升，已经由舱位租赁、舱位互换扩展到联合派船、网络重组、内陆运输合作等形式。

2.3.3 班轮运价与运费计算

运费（freight）是指承运人根据运输协议对承运的货物向货主收取的报酬。运价（freight rate）也称运费费率，是运费的单位价格，即承运人对每一计量单位货物运输所收取的运费。

1. 班轮运价

班轮运价具有相对稳定性，即在一定时期内保持不变。贸易合同中如运输条款规定为“班轮条件”（liner term），其含义是货物装卸安排与班轮运输相同，即船方负担装卸费用和不计滞期费、速遣费。

1）班轮运价特点

班轮运价特点如下。

（1）班轮运价包括货物从启运港到目的港的运输费用，以及货物在启运港和目的港的装卸费用。

（2）班轮运价相对较固定，短期内不变动。

（3）班轮运价是相对的垄断价格。

（4）班轮运价由基本费率和各种附加费率所构成。

2）班轮运价的计算标准

班轮运价的计算标准如下。

（1）按货物的毛重计收，也称重量吨。以“W”（weight）表示。一般以 1 公吨为计算单位，公吨以下取二位小数，但也可按长吨或短吨计算。

（2）按货物的体积计收，也称尺码吨（measurement ton）。以“M”（measurement）表示。一般以 1 m^3 或 40 ft^3 为 1 尺码吨计算。

（3）按货物的毛重或体积计收运费，计收时取其数量较高者。以“W/M”表示。按惯例凡 1 重量吨货物的体积超过 1 m^3 或 40 ft^3 者即按体积收费；1 重量吨货物其体积不足 1 m^3 或 40 ft^3 者，按毛重计收。

（4）按货物的价格计收运费，又称从价运费。一般按商品 FOB 货价的百分比（百分之零点几到百分之五不等）计算运费。按从价计算运费的，一般都属高值货物。以“ad val”（拉丁文 ad valorem 的缩写）表示。

（5）按货物重量或体积或价值三者中最高的一种计收，在运价表中以“W/M or ad val”表示。也有按货物重量或体积计收，然后加收一定百分比的从价运费，在运价表中以“W/M plus ad val”表示。

（6）按货物的件数计收。如汽车、火车头按辆（per unit）计费；活牲畜如牛、羊等，按头（per head）计费。

（7）大宗低值货物按议价计收运费（open rate）。如粮食、豆类、煤炭、矿砂等，上述大宗货物一般通过租船运输，若在班轮订舱时达到一定货量，通常由托运人和船公司临时洽商议订。议价计收运费往往比较低。

（8）起码费率（minimum rate）。它是指按每一提单上所列的重量或体积所计算出的运费，尚未达到船公司规定的最低运费额时，则按最低运费计收。

3）附加费

为弥补在运输途中的特殊开支，船公司在基本运费之外向货主加收各种附加费（surcharges/additional charge）。附加费的计算方法，有的用绝对数计算，每运费吨若干金额；也有的用百分比来计算，在基本费的基础上乘以百分比而得出。附加费是随航运情况的变动而变化的，班轮运输中常见的附加费有以下几种。

（1）超重附加费（overweight surcharge）。指货物的毛重达到或超过一定重量时所增收的附加费。

（2）超长附加费（ultra-long surcharge）。指货物的长度超过规定长度时所增收的附加费。

（3）燃油附加费（bunker adjustment factor，BAF）。因燃油价格上涨而加收的费用。

（4）货币贬值附加费（currency devaluation factor，CAF）。指为弥补因收取运费的货币贬值造成的经济损失而收取的费用。

（5）港口附加费（port surcharge）。由于有些港口情况复杂、装卸效率低或者费用较高而增收的附加费。

（6）港口拥挤附加费（port congestion surcharge）。指由于港口拥挤，船舶需长时间在港口等泊，为弥补船期损失而收取的附加费。

（7）绕航附加费（deviation surcharge）。如果由于某种原因使船舶不能按正常航线航行而必须绕道航行，船公司为弥补自己增加的开支，会加收绕航附加费。

班轮附加费名目繁多。除上述各项附加费外，常见的还有自动舱单系统录入费（automatic manifest system，AMS）、旺季附加费（peak season surcharge，PSS）、码头操作费（terminal handling charge，THC）、目的港交货费（destination delivery charge，DDC）等。

2. 班轮运费计算

班轮运费由基本运费（basic freight）和多种附加费构成。

由于集装箱班轮已经取代了传统的件杂货班轮，目前集装箱班轮海运费的计算基本上分为两大类：一类是拼箱货，沿用传统的件杂货运费计算方法；另一类是整箱货，以每个集装箱作为计费单位。

1）拼箱货运费计算

拼箱货通常以每运费吨作为计费单位，运费吨（freight tons，FT）又称计费吨（revenue ton，RT），是指按货物的重量或体积计算运费的单位，同一货物的重量和体积相比较，以大者为运费吨。

运费=基本运费+附加费=基本运价×计费吨+附加费

【例 2-1】有深圳运往雅加达的电子设备一批，计 120 箱。每箱体积为 50 cm×30 cm×25 cm，每箱重量为 20 kg。拟拼箱出运，经查，海运费率为 USD35/FT，拼箱费 CNY40/FT，文件费 CNY300/BL，报关费 CNY320/BL，拆箱费 CNY60/FT，旺季附加费 USD2.5/FT，请计算该批货物运杂费。（美元兑人民币汇率按 1:6.8 计）

解：

（1）计算货物的体积和重量。

货物的体积为：（50 cm×30 cm×25 cm）×120 箱=4.5（m^3）

货物的重量为：20 kg×120 箱=2.4（公吨）

货物体积数量大于重量，可知计费吨为体积吨，即 4.5。

（2）计算各项附加费。

海运费：USD 35/FT×4.5=USD 157.5=CNY1 071

拼箱费：CNY40/FT×4.5=CNY180

文件费：CNY300

报关费：CNY320

拆箱费：CNY60/FT×4.5=CNY 270

旺季附加费：USD2.5/FT×4.5=USD11.25=CNY76.5

（3）汇总所有费用。

全部运杂费=1 071+180+300+320+270+76.5=CNY2 217.5

2）整箱货运费计算

集装箱的包箱费率一般有三种：FAK 包箱费率（freight for all kinds），又称单一费率运价，除特殊货物外，所有货物只规定统一的每个集装箱箱型收取的费率；FCS 包箱费率（freight for class），又称等级运价，不同等级货物不同运价；FCB 包箱费率（freight for class & basis），又称航线等级运价，按不同货物等级或货物类别以及计算标准指定的费率。

【例 2-2】我国 A 公司出口 51 t 百香果汁，装于 3 个 20 ft 集装箱。从钦州到西雅图的基本费率为 USD2 300/20′，BAF 是 USD500/20′，CAF 是 USD200/20′，PSS 是 USD300/20′，OWS 是每 20 ft 集装箱超过 12 t 收 USD50/20′，超过 15 t 收 USD150/20′。请计算该批货物的运费。

解：

（1）计算各项费用。

海运费：USD 2 300/20′ ×3=USD 6 900

BAF：USD500/20′ ×3=USD 1 500

CAF：USD200/20′ ×3=USD 600

PSS：USD300/20′ ×3=USD 900

OWS：USD150/20′ ×3=USD 450

（2）汇总所有费用。

全部运费=6 900+1 500+600+900+450=USD 10 350

工作任务一

2021 年 5 月 11 日，中国海通国际货运代理有限公司接到客户紧急咨询，拟从福建福州出口一批口罩，贸易条件为 CPT TOKYO，装运期为 Middle of May.2021。

作为中国海通国际货运代理有限公司的业务员，请根据南星海运株式会社公布的船期表（如表 2-3 所示），向客户推荐合适的装运船舶，告知船名、航次、装运与预到日期，以及承运人。

——2021 年全国职业院校技能大赛高职组货运代理赛项赛题

表 2–3 南星海运公司株式会社公布的船期表

南星海运株式会社福州代表处

NAMSUNG SHIPPING CO.,LTD FUZHOU OFFICE OF May 2021

Sailing Schedule

「SKZC 仁川线」FUZHOU→KAOHSIUNG→INCHON　　福州「一截二开」周一18:00截关

VESSEL		VOYAGE		FUZHOU		KAOHSIUNG	INCHON		挂靠码头
		IMP	EXP	ETA	ETD	ETD	SKINC		
WARNOW TROUT	东映仁川	1411W	1411E	3/May	4/May	5/May	7/May		江阴新港
WARNOW TROUT	东映仁川	1412W	1412E	10/May	11/May	12/May	14/May		
WARNOW TROUT	东映仁川	1413W	1413E	17/May	18/May	19/May	21/May		
WARNOW TROUT	东映仁川	1414W	1414E	24/May	25/May	26/May	28/May		
WARNOW TROUT	东映仁川	1415W	1415E	31/May	1/Jun	2/Jun	4/Jun		

「ISS1 仁川线」FUZHOU→KAOHSIUNG→INCHON　　福州「五截六开」周五18:00截关

VESSEL		VOYAGE		FUZHOU		KAOHSIUNG	INCHON		挂靠码头
		IMP	EXP	ETA	ETD	ETD	SKINC		
ANNIKA	高丽安妮卡	1419S	1419N	7/May	8/May	9/May	11/May		江阴新港
ANNIKA	高丽安妮卡	1420S	1420N	14/May	15/May	16/May	18/May		
ANNIKA	高丽安妮卡	1421S	1421N	21/May	22/May	23/May	25/May		
ANNIKA	高丽安妮卡	1422S	1422N	28/May	29/May	30/May	1/Jun		

「DJK 釜山线」FUZHOU→KAOHSIUNG→BUSAN　　福州「四截五开」周四18:00截关

VESSEL		VOYAGE		FUZHOU		KAOHSIUNG	BUSAN		挂靠码头
		IMP	EXP	ETA	ETD	ETD	SKBUS		
DONGJIN VENUS	东进维纳斯	1422W	1422E	29/Apr	30/Apr	1/May	4/May		江阴新港
DONGJIN VENUS	东进维纳斯	1423W	1423E	6/May	7/May	8/May	11/May		
DONGJIN VENUS	东进维纳斯	1424W	1424E	13/May	14/May	15/May	18/May		
DONGJIN VENUS	东进维纳斯	1425W	1425E	20/May	21/May	22/May	25/May		
DONGJIN VENUS	东进维纳斯	1426W	1426E	27/May	28/May	29/May	1/Jun		

「CNKOR 日韩线」NINGBO→SHANGHAI→BUSAN→NIIGATA→HAKODATE→TOMAKOMAI→HACHINOHE　　宁波「二截三开」周二12:00截关

VESSEL		VOYAGE	NINGBO		SHANGHAI	BUSAN	NIIGATA	HAKODATE	挂靠码头
			ETA	ETD	ETD	KRPUS	JPNIH	JPHKP	
STAR CLIPPER	南星天津	0085A	4/May	5/May	6/May	8/May	10/May	11/May	梅山码头（MSICT）
STAR EXPRESS	南星速达	0077A	11/May	12/May	13/May	15/May	17/May	18/May	
STAR SKIPPER	南星上海	0091A	18/May	19/May	20/May	22/May	24/May	25/May	
STAR PIONEER	南星开拓	0088A	25/May	26/May	27/May	28/May	29/May	30/May	

「NSNTH 日韩线」NINGBO→BUSAN→NAGOYA→SHIMIZU→HITACHINAKA→SENDAI　　宁波「七截一开」周日12:00截关

VESSEL		VOYAGE	NINGBO		BUSAN	OSAKA	TOKYO	HITACHINAKA	挂靠码头
			ETA	ETD	KRPUS	JPOSK	JPYKH	JPHIC	
STAR CARRIER	凯利之星	0260E	2/May	3/May	6/May	9/May	10/May	11/May	梅山码头（MSICT）
STAR MARINER	玛丽之星	0251E	9/May	10/May	13/May	16/May	17/May	18/May	
STAR CARRIER	凯利之星	0261E	16/May	17/May	20/May	23/May	24/May	25/May	
STAR MARINER	玛丽之星	0252E	23/May	24/May	27/May	30/May	31/May	1/Jun	
STAR CARRIER	凯利之星	0262E	30/May	31/May	3/Jun	6/Jun	7/Jun	8/Jun	

★经"韩国釜山"中转，我司可承接以下港口货物：

【HOKKAIDO 北海道】TOMAKOMAI；HAKODATE；KUSHIRO；

【HONSHU 本州岛】NIIGATA；SHIMIZU；SENDAI；HIROSHIMA；AKITA；TOYAMA；HACHINOHE；ONAHAMA；HAMADA；KAWASAKI；OTAKE；IWAKUNI；WAKAYAMA；TOKYO；YOKOHAMA；NAGOYA；OSAKA；KOBE；HITACHINAKA；MIZUSHIMA

【SHIKOKU 四国岛】MATSUYAMA；IYOMISHIMA；IMABARI；

【KYUSHU 九州岛】HAKATA；MOJI；SHIBUSHI；OITA；HOSOSHIMA；ABURATSU；

工作任务二

2020 年深圳振华国际货运代理有限公司接到客户咨询，拟从深圳出口 3×20′GP 桐油，贸易条件为 CPT BREMEN GERMANY，装箱地点在广州市花都区。

作为深圳振华国际货运代理有限公司的业务员，请根据以下费率表（表 2-4、表 2-5），核算运费、港口费与拖车费，向客户报最具竞争力的价格。

——2020 年全国职业院校技能大赛改革试点赛高职组货运代理项目试题

表 2-4　深圳振华国际货运代理有限公司盐田港拖车报价表

A. TRAILER FEE

深圳振华国际货运代理有限公司
盐田港拖车报价表

价格 / 地区	20GP		40GP max 26 tons
	under 14.5 tons	over 14.5 tons	
广州市区	CNY1 750	CNY1 850	CNY2 250
花都	CNY1 950	CNY2 050	CNY2 850
番禺	CNY1 950	CNY2 050	CNY2 850
东莞	CNY1 250	CNY1 400	CNY1 900
佛山	CNY2 050	CNY2 150	CNY2 950
惠州	CNY1 400	CNY1 450	CNY1 950
江门	CNY2 500	CNY2 750	CNY3 450

备注：1. 该报价有效期从 2020 年 6 月 1 日至 2020 年 12 月 31 日。
2. 以上拖车运费不含异地提柜费/税务发票税金（异地提柜每柜加收 200 元）。
3. 因工厂原因造成车辆压夜的，按每夜 CNY600 元/柜收取压夜费。
4. 因工厂原因造成车辆返空的，按去价的 80%收取返空费。

B. SERVICE CHARGES FROM YANTIAN

（一）CUSTOMS CLEARANCE

1. CUSTOMS CLEARANCE FEE:　CNY250/BL
2. INSPECTIN AND QUARANTINE:　Charged according to actual occurrence
3. CUSTOMS INSPECTION FEE:　Charged according to actual occurrence

（二）PORT HANDLING

1. TERMINAL HANDLING CHARGE:　CNY550/20’，CNY850/40’
2. VGM:　CNY200/CONTAINER
3. SEAL FEE:　CNY50/CONTAINER

（三）OTHER CHARGES

1. SWITCH BILL：CNY150/BL

2. WAREHOUSE/INSURANCE/DETENTION ETC Charged according to actual occurrence

Remarks：The quotation is valid from 1st/jun 2020 to 31st/dec 2020.

表 2-5 深圳振华国际货运代理有限公司费率表

C. OCEAN FREIGHT

深圳振华国际货运代理有限公司

SHEHZHFN ZHENHUA FREICHT TRANSPORTATION CO., LTD.

No、1, Yangang Road, YantianDistrict, Shenzhen, Guangdong, China

Tel: +86-755-66668888 Fax: +86-755-66668899

				FREIGHT TARIFF										
CARRIER	SERVICE	POL	POD	O/F(USD/CNTR)			DOC FEE (CNY/BL)	EIR (CNY/CNTR)	BAF(CNY/CNTR)			ENS (USD/BL)	TELEX RELEASE (CNY/BL)
				20GP	40GP	40HQ			20GP	40GP	40HQ		
MSC	EMPIRE	(YANTLAN) YT	Bremen, Germany	1 550	2 400	2 500	300	50	600	1 050	1 050	35	300
OOCL	KTX3	(YANTLAN) YT	Bremen, Germany	1 500	2 300	2 400	350	50	650	1 100	1 100	25	300
COSCO	MD1	(YANTIAN) YT	Bremen, Germany	1 600	2 300	2 300	300	50	650	1 100	1 100	35	300
APL	CE2	(YANTLAN) YT	Bremen. Germany	1 850	2 600	2 600	350	50	800	1 200	1 200	30	350
MAERS K	NP5	(YANTLAN) YT	Bremen, Germany	1 700	2 500	2 500	400	50	750	1 150	1 150	30	340
REMARK				1. ADD USD50/SHIPMENT ON YOUR QUOTE RATE TOCUSTOMER 2. valid until end of Year 2020									IF ANY

工作任务三

2021 年中国海通国际货运代理有限公司接到客户咨询，拟从福建福州出口 1×40′ HQ 口罩，贸易条件为 CPT TOKYO，装箱地点在福建宁德。

作为中国海通国际货运代理有限公司的业务员，请根据以下费率表（表 2-6、表 2-7），核算运费、港口费与拖车费，向客户报出最具竞争力的价格。

——2021 年全国职业院校技能大赛高职组货运代理赛项赛题

表 2-6　福州江阴新港拖车报价表

A. TRAILER FEE

中国海通国际货运代理有限公司福州分公司
福州江阴新港（FUZHOU）拖车报价表

价格 / 地区	20 GP，single		20 GP * 2（pair container）	40 GP 40 HQ
	under 14.5 tons	over 14.5 tons		
福州市区	CNY810	CNY910	CNY1 520	CNY1 110
福鼎	CNY900	CNY950	CNY1 450	CNY1 120
宁德	CNY950	CNY1 050	CNY1 550	CNY1 200
莆田	CNY1 060	CNY1 120	CNY1 720	CNY1 620
南平	CNY1 100	CNY1 150	CNY1 780	CNY1 650
三明	CNY1 260	CNY1 320	CNY1 820	CNY1 700
龙岩	CNY1 550	CNY1 600	CNY2 350	CNY1 850

备注：1. 该报价有效期从 2021 年 1 月 1 日至 2021 年 6 月 30 日。
2. 以上拖车运费不含异地提柜费/税务发票税金（异地提柜每柜加收 200 元）。
3. 因工厂原因造成车辆压夜的，按每夜 CNY600 元/柜收取压夜费。
4. 因工厂原因造成车辆返空的，按去价的 80%收取返空费。

B. SERVICE CHARGES FROM FUZHOU

（一）PORT HANDLING

1. TERMINAL HANDLING CHARGE：

CNY750/20’GP，CNY900/40’GP，CNY1 000/40’HQ

2. VGM：　CNY250/CONTAINER

3. SEAL FEE：　CNY80/CONTAINER

（二）CUSTOMS CLEARANCE

1. CUSTOMS CLEARANCE FEE：　CNY300/BL

2. INSPECTIN AND QUARANTINE：　Charged according to actual occurrence

3. CUSTOMS INSPECTION FEE：　Charged according to actual occurrence

（三）OTHER CHARGES

1. SWITCH BILL：CNY200/BL

2. WAREHOUSE/INSURANCE/DETENTION ETC Charged according to actual occurrence

Remarks：The quotation is valid from 1st/jan 2021 to 30th/jun 2021.

C. OCEAN FREIGHT

表 2-7　中国海通国际货运代理有限公司福州分公司费率表

CHINA SEAWEALTH

中国海通国际货运代理有限公司福州分公司

CHINA SEAWEALTH FREIGHT FORWARDING CO., LTD.FUZHOU OFFICE

TEL: +86-591-23304444 FAX: +86-591-23305555

FREIGHT TARIFF TO JAPAN

CARRIER	SERVICE	POL	POD	OF(USD/CONTAINER)			DO0 FEE (CNY/BL)	EIR (CNY/CNTR)	JPCIC(JPY/CNTR)			FAF(USD/CNTR)			YAS(CNY/CNTR)			AFR (USD/BL)	TELEX RELEASE (CNY/BL)
				20GP	40GP	40HQ			20GP	40GP	40HQ	20GP	40GP	40HQ	20GP	40GP	40HQ		
ONE	CJT	FUZHOU	YOKOHAMA	460	870	870	300	50	2 500	5 000	5 000	240	480	480	160	360	360	30	350
WAN HAI	JCV	FUZHOU	YOKOHAMA	510	900	900	400	50	2 500	5 000	5 000	250	500	500	150	300	300	35	300
CMA CGM	CJK	FUZHOU	YOKOHAMA	450	830	830	300	50	2 600	5 200	5 200	250	500	500	160	360	360	30	400
NAMSUNG	NKOR+NSNTH	FUZHOU	YOKOHAMA	400	750	750	300	50	2 400	4 800	4 800	240	480	480	160	360	360	30	400
OOCL	CIX3+KTX	FUZHOU	YOKOHAMA	430	790	790	400	50	2 500	5 000	5 000	260	520	520	120	240	240	30	300
SITC	VJE	FUZHOU	YOKOHAMA	440	840	840	350	50	2 500	5 000	5 000	230	460	460	150	300	310	35	300
				1. ADD USD25/TEU ON YOUR QUOTE RATE TO CUSTOMER WHILE SHIPWENT UNDER 6TEU; 2. ADD USD15/TEU ON YOUR QUOTE RATE TO CUSTOMER WHILE SHIPMENT ABOVE OR EQUAL TO 6TEU; 3. valid until end of June 2021															IF ANY

知识点自测

一、单项选择题

1. 在班轮运价中，下列______费用不计入其中。

A. 装卸费　　B. 速遣费　　C. 理舱费　　D. 平舱费

2. 在国际海上货物运输中，若按照货物重量或体积或价值三者中较高的一种计收海运运费，则船公司运价表内以______表示。

A. "W/M"　　B. "W/M plus ad val"

C. "W/M or ad val"　　D. "ad val"

二、多项选择题

1. 班轮运输最基本的特点有______。

A. 固定的航线　　B. 固定的挂靠港口　　C. 固定船公司

D. 固定的船期　　E. 相对固定的运价

2. 班轮运费的计算标准可采用______。

A. 按重量　　B. 按件数　　C. 按体积　　D. 按价格

E. 临时议定

3. 班轮运费包括______。

A. 海运费　　B. 装货费　　C. 卸货费　　D. 滞期费

三、判断题

1. 某商品 100 箱，每箱尺寸 30 cm×40 cm×50 cm，每箱毛重 30 kg，如果海运费计收标准按 M/W（1 m^3=1 运费吨），则承运人按重量吨计收运费。

2. 班轮公会、联营体以及战略联盟都是通过制定统一运价来提高船公司的竞争力，而形成船公司之间的合作协议。

3. 在班轮公司运价表中，规定计算运费的单位为运费吨。这表明按货物的重量计收运费，而不按货物的体积计收运费。

任务 2.4 租 船 运 输

情境导入

我国贵州 W 磷化工企业与中东国家阿联酋签订了一笔硫黄进口合同，贸易条件为 FOB，数量 3 万公吨，10%增减由卖方选择。

作为 W 公司的业务员，小李受公司委托安排运输。向相关船东、租船代理发出询盘后，小李拟选择所报运价较为合适的船舶，其船舶吨位 DWT 30 000 MT。

适值硫黄市场下跌，小李的经理在审核时指出，若承租该船舶将大概率面临难以处理的问题。

小李可能面临哪些问题？应如何解决？

业务知识

租船运输（shipping by chartering）又称不定期船运输（tramp shipping）。它与班轮运输不同，船舶没有预定的船期表、航线和港口。船期、航线及港口均按承租人（charterer，租船人）和出租人（ship owner，船东）双方签订的租船合同（charter party）规定的条款行事。也就是说，船东根据租船合同，将船舶出租给租船人使用，并按商定价格收取运费（freight）或者租金（rent）。

2.4.1 租船运输的特点与方式

1. 租船运输的特点

租船运输的特点如下。

（1）没有固定的航线、装卸港口和船期。租船运输的航线、装卸港和船期根据租船人的需要，双方协商确定。灵活安排是租船运输的特点。

（2）没有固定的运价。租船运价受租船市场供求关系的制约，船舶供大于求时价格低，反之则高。因此，租船运价随租船市场行情的变化而经常变化。

（3）签订书面的租船合同。各种租船合同均有相应的标准格式，船东与租船人洽商租船运输条件，并以租船合同形式加以确定，作为双方权利与义务的依据。

（4）租船运输中的提单不是一个独立的文件。租船提单一般受到租船合同的约束，银行接受租船提单结汇是有条件的，《UCP600》第 20 条即要求提单未表明受租船合同约束。

（5）租船运输主要适用于国际贸易中装运成交量较大的大宗货物，如矿石、石油、煤炭、硫黄、粮食、化肥等。

2. 租船运输的方式

国际上使用较广泛的租船方式主要有定程租船、定期租船与光船租船三种。

1）定程租船

定程租船（voyage charter）又称航次租船，是以航程为基础的租船方式。在这种租船方式下，船东必须按租船合同规定的航程完成货物运输任务，并负责船舶的经营管理以及船舶在航行中的一切开支费用，租船人按约定支付运费。

（1）定程租船有以下特点。

① 船舶的经营管理由船东负责。

② 规定一定的航线和装运的货物种类、名称、数量以及装卸港口。

③ 在多数情况下，运费按所运货物数量计算，即按每重量吨或每尺码吨计算运费。有时也采用整船包干（lump sum）运费。

④ 除货物装卸费、平舱费、垫舱和隔票费等由租船合同确定，其他运输费用，如船员工资、港口使用费、港口代理费、船用燃料等费用都由船东承担，租船人按约定支付运费。

⑤ 通常规定一定的装卸期限或装卸率，并计算滞期费、速遣费。

⑥ 船租双方的责任、义务以定程租船合同为准。

（2）定程租船按运输形式又可分为以下几种。

① 单程租船，也称单航次租船（single voyage charter）。即所租船舶只装运一个航次，航程结束时租船合同即告终止。

② 来回程租船（round trip charter）。这种租船合同规定在完成一个航次任务后接着再装运一个回程货载。

③ 连续单程租船（consecutive single trip charter）。这一运输形式要求在同一去向的航线上连续完成几个单航次运输。它的特点是按约定时间连续完成若干个连续的航次。

④ 包运合同租船（contract of affreightment，COA）。包运合同，也称大合同，是指船东向租船人提供一定吨位的船舶，在约定的港口之间，按约定的时间和每航次运量，完成合同规定的全部货运量的租船方式。

2）定期租船

定期租船（time charter）简称期租船，是指船东将船舶租给租船人使用一定期限，并在规定的期限内由租船人自行调度和经营管理。其租金按月（或 30 d）、按日（一般每半月预付一次）或按每载重吨（DWT）每月若干金额计算。期租的时间可长可短，一般多为 6 个月、1 年或 2 年。

（1）定期租船有以下特点。

① 租赁期间，船舶的经营管理由租船人负责。在期租条件下，船东负担的船舶营运费用只有船员工资、给养、船舶维修保养、船壳机器保险；其他有关营运的开支，如船用燃料、港口使用费、港口代理费、捐税以及装货、理舱、平舱、卸货等费用都由租船人承担。

② 不规定船舶航线和装卸港口，只规定船舶航行区域。

③ 除特别规定外，可以装运各种合法货物。

④ 不规定装卸期限或装卸率，不计算滞期费、速遣费。

⑤ 租金按租期计算。

（2）航次期租船。航次期租船（time charter on trip basis，TCT）又称日租租船，是以完成一个航次运输为目的，租金按完成航次所使用的日数和约定的日租金率计算的租船。航次期租船是介于定期租船与航次租船之间的一种混合的或是变形的形式，结合了程租和期租的特点。租期的计算以船舶所完成的本航次任务为基础，一般从船舶抵达第一装货港的引水锚地时起租，直至该船于最后一个卸货港卸完货后，并由引航员引至引水锚地且引航员离船为止。具体交还船的时间及地点在租约中订明。

3）光船租船

光船租船（bareboat charter）也称船壳租船，在这种租船方式下，船东只负责提供空船，不负责提供船员，由租方自行配备船员，提供工资给养，负责船舶的经营管理和航行各项事宜。在租期内，租船人实际上对船舶有着支配权和占有权。

光船租船实质上是一种财产租赁方式，而不是海上货物运输合同，船东不具有承揽运输的责任。在租期内，除了船舶保险与检验费用在租约中订明，船东只负责船舶的折旧，而租船人负担全部的固定及变动费用。

船舶租购，又称光船租购（bareboat charter with bire purchase）是光船租船的一种特殊形式，是指船舶出租人向承租人提供不配备船员的船舶，在约定的期间内，由承租人占有和使用，并在约定期间届满时将船舶所有权转移给承租人，而由承租人支付租购费。光船租购实际上相当于分期付款购买船舶，船东在收到全部付款前对船舶拥有正式的所有权，租船人支付每期租金相等于分期付款，租期结束船价全部付清，船舶就属于租船人所有。光船租购具有船舶融资租赁的性质，在多数情况下，光船租购是比传统的贷款购买船舶更为经济的一种融资方式。

2.4.2 租船合同

租船合同又称租约，是船舶出租人与承租人按照契约自由的原则达成的协议，依照此协议，船舶出租人将船舶全部或部分提供给承租人使用，承租人向船舶出租人支付一定的运费（freight）或租金（hire），协议还就双方当事人的权利与义务、责任与豁免等事项以条款的形式加以规定，用以明确双方的经济、法律关系。租船合同是双方的法律行为，是双方按自愿原则达成的协议，是双方当事人的意思表示一致的证明。

按照租船方式的不同，租船合同可分为航次租船合同（voyage charter party）、定期租船合同（time charter party）和光船租赁合同（bareboat charter party）。租船合同应当书面订立。

1. 航次租船合同

航次租船合同又称程租合同，属于海上货物运输合同的一种，一般用于大宗货物的国际海上运输。我国《海商法》第 4 章第 92 条规定："航次租船合同，是指船舶出租人向承租人提供船舶或者船舶的部分舱位，装运约定的货物，从一港运至另一港，由承租人支付约定运费的合同。"

航次租船合同与班轮运输合同都属于海上货物运输合同，合同中都规定由承运人或船东全面负责船舶的营运、组织、完成运输任务，都规定由托运人或承租人支付约定的运费。二者的主要区别在以下几方面。

（1）议价实力不同。班轮运输合同的承运人是班轮公司，即所谓的公共承运人（common carrier），它们一般是班轮公会或航运联盟的成员，具有垄断地位，普通的托运人很难与之抗衡。而航次租船合同的出租人，即所谓的私营承运人或专门承运人（private carrier），由于租船市场较为广阔，它们不具有垄断地位，而租方一般也具有较强的经济实力，因而双方可以相互讨价还价，谈判地位基本上是平等的。

（2）法律性质不同。班轮运输合同属于附合合同，由提单予以证明，托运人只能就承运人事先已拟订的合同条款作出接受或不接受的决定，一般不能对合同的内容提出修改要求。航次租船合同是议商合同，船舶出租人和承租人双方在平等自愿的基础上，对合同的内容逐条逐款商讨，自由议定，任何一方不能将自己的意志强加于对方，即使那些供参考选用的程租合同范本也是非强制性的，其中的条款均可以被代替或修改。

（3）法律管制不同。租船市场属于竞争性市场，出租人和承租人都不具有垄断力量，双方谈判地位平等，议价能力相对，因此，西方国家尤其是英美法系国家没有制定限制租船合同的成文法，大陆法系国家的海商法中制定的有关租船合同的条款也大都属于任意性条款或弹性条款，亦即在租船合同中没有规定时才适用的条款，或者用协议的其他合同条款予以排除适用的条款。而班轮运输市场是垄断市场，班轮公司具有垄断优势，为了防止班轮公司将过多的不公平条款加诸托运人，同时为了维护提单在国际贸易中的信誉和作用，许多国家参加国际公约或以国内立法的形式对班轮运输合同的内容加以强制性的规范，使提单中违反强制性规定的条款无效。

（4）装卸规定不同。为了适应定期的要求，班轮运输合同规定由承运人负责安排泊位与装卸，承担装卸费，在合同中不订入有关装卸时间及滞期费、速遣费的条款。航次租船合同就不一样了，装卸条款自由洽定，既可采用 liner terms（班轮条件），也可采用 free in（FI，出租人不负责装货费）、free out（FO，出租人不负责卸货费）、free in and out（FIO，出租人不负责装卸费），甚至 free in and out，stowed and trimmed（FIOST，出租人不负责装卸费、理舱费、平舱费）等方式。装卸安排及装卸费如果由承租人承担，则往往会规定装卸时间、滞期费与速遣费的条款。

航次租船合同规定了出租人和承租人双方的权利和义务。在洽租船舶时，双方须逐条洽订每一条款。为了便利租船合同的谈判工作，洽订租船合同的当事人通常以某一合同的标准格式为基础，根据各自需要，对标准格式的某些条款进行修改、删减或补充，最后达成协议。航次租船合同范本种类繁多，适用的范围也各不相同，比较常用的有以下几种：① 由波罗的海国际航运公会制定的标准杂货租船合同，简称金康合同（代号 GENCON），适用于各种航线及各类杂货；② 北美谷物租船合同（代号 NORGRAIN），适用于谷物运输；③ 煤炭租船合同，适用于煤炭运输；④ 波罗的海木材租船合同，适用于木材运输；⑤ 油轮租船合同，适用于原油运输等。

目前，使用最为广泛的是金康合同，航次租船合同的主要条款有：合同当事人、船舶、货物、装卸港口、受载期与解约日、运费、装卸费、装卸时间、滞期费与速遣费等相关条款。

2. 定期租船合同

定期租船合同又称期租合同。《中华人民共和国海商法》第 129 条将其定义为："定期租船合同，是指船舶出租人向承租人提供约定的由出租人配备船员的船舶，由承租人在约定的期间内按照约定的用途使用，并支付租金的合同。"

定期租船合同具有财产租赁合同和运输合同的双重性。一是承租人根据定期租船合同在租期内取得对船舶的调度权和使用权；二是承租人租赁船舶，在多数情况下是为了承运货物，定期租船合同中有许多条款直接规定货物运输。定期租船合同与航次租船合同的主要区别如下。

（1）出租人地位不同。在期租合同中，承租人享有出租人让与的经营权，在承揽第三者的货载时，可以以承租人自己的名义签发提单，此时承租人为承运人，与托运人、收货人有直接的合同关系，出租人与第三人并无合同关系，为此，在期租合同中出租人为了保证船舶安全通常会加入有关航区、货类等原来在航次租船合同中没有的内容。

（2）营运成本的分担不同。在航次租船合同中由出租人负担的航次成本，在定期租船合同中转由承租人承担，因而在期租合同中有关于燃油消耗量、船舶航速的内容。

（3）时间损失承担方不同。航次租船中时间损失由出租人承担，故航次租船合同中有关于装卸时间的规定；而在期租合同中，若非由船方原因引起，时间损失应由承租人承担，因此，期租合同中有关于停租的规定。

与航次租船合同比较，定期租船合同显得更为自由，几乎没有什么强制性的法律规定约束，合同的大部分内容都由双方自行决定。定期租船合同项中的双方当事人的权利、义务完全依据合同条款内容来决定。国际上常用的定期租船合同范本有：美国纽约土产交易所制定的纽约土产交易所定期租船合同（New York Produce Exchange Time Charter，NYPE）、波罗的海国际航运公会制定的统一定期租船合同（Uniform Time Charter，BALTIME）与中国租船公司制定的中国定期租船合同标准格式（China National Chartering Corporation Time Charter Party，SINOTIME 1980）。

定期租船合同的主要条款有船舶说明、租期、交船、租金、停租与复租、还船、转租等。

3. 光船租赁合同

光船租赁合同又称光船租船合同。《中华人民共和国海商法》第 144 条的定义为："光船租赁合同，是指船舶出租人向承租人提供不配备船员的船舶，在约定的期间内由承租人占有、使用和营运，并向出租人支付租金的合同。”

光船租赁合同的内容主要包括出租人和承租人的名称、船名、船籍、船级、吨位、容积、航区、用途、租船期间、交船和还船的时间和地点以及条件、船舶检验、船舶的保养维修、租金及其支付、船舶保险、合同解除的时间和条件等。

从本质上讲，光船租赁合同不是货物运输合同，而是财产租赁合同，在这里不予展开表述。

工作任务一

扫码获取业务资料，按要求完成工作任务。

任务完成情况评价表

（第____模块，任务____，工作任务____）

评价项目	满分	自评得分	互评得分	师评得分
正确理解知识	25			
业务分析处理方法得当	25			
表达清晰准确	15			
业务处理结果正确	35			
合计	100			
综合得分（自评得分×10%+互评得分×30%+师评得分×60%）：				
个人任务完成情况小结				

工作任务二

扫码获取业务资料，按要求完成工作任务。

任务完成情况评价表

（第____模块，任务____，工作任务____）

评价项目	满分	自评得分	互评得分	师评得分
正确理解知识	25			
业务分析处理方法得当	25			
表达清晰准确	15			
业务处理结果正确	35			
合计	100			
综合得分（自评得分×10%+互评得分×30%+师评得分×60%）：				
个人任务完成情况小结				

工作任务三

扫码获取业务资料，按要求完成工作任务。

任务完成情况评价表

（第____模块，任务____，工作任务____）

评价项目	满分	自评得分	互评得分	师评得分
正确理解知识	25			
业务分析处理方法得当	25			
表达清晰准确	15			
业务处理结果正确	35			
合计	100			
综合得分（自评得分×10%+互评得分×30%+师评得分×60%）：				
个人任务完成情况小结				

知识点自测

一、单项选择题

1. ________是指船舶出租人向承租人提供船舶或者船舶的部分舱位，装运约定的货物，从一港运至另一港，由承租人支付约定运费的合同。

A. 班轮运输合同　　B. 航次租船合同
C. 定期租船合同　　D. 光船租船合同

2. 定期租船合同，是指船舶出租人向承租人提供约定的由出租人配备船员的船舶，由承租人在约定的期间内按照约定的用途使用，并________的合同。

A. 支付租金　　B. 支付运费
C. 支付运费和装卸费　　D. 支付装卸费

3. 在光船租赁合同中，应由________配备船员。

A. 船舶出租人　　B. 船舶承租人　　C. 发货人　　D. 船长

4. 海运中以完成航次运输为目的，按航次所需的实际天数和约定的日租金率计算租金的运输经营方式是________。

A. 定期租船　　B. 定程租船　　C. 光船租船　　D. 航次期租

5. 当大宗货物采用________运输方式时，为了加快装卸速度，减少船舶在港口停留的时间，通常规定滞期、速遣条款。

A. 班轮运输　　B. 定程租船　　C. 定期租船　　D. 光船租船

6. 在国际不定期船舶运输中，通常情况下，________没有规定租船合同的期限。

A. 航次租船　　B. 光船租船　　C. 定期租船　　D. 包运租船

二、判断题

1. 航次租船租期的长短取决于完成一个航次或几个航次所用的时间，为此航次租船合同规定完成一个航次或几个航次所需的时间。

2. 租船运输有固定的装卸港口和船期。

3. 航次租船合同中通常都对船舶完成一个航次或几个航次所需的时间做出规定；对超出规定的时间，租船人应支付滞期费。

4. 采用定期租船时，在租赁期间，船舶的营运调度及船员的薪金由租船人负担。

拓展阅读与思考

郑和远航开启中非文明互鉴新面貌

丝绸之路上的铃声和风帆是和平的信号、友谊的象征，连接着中非人民的心灵，开启了中非文明互鉴的新面貌。这条路上曾经穿梭着络绎不绝的人群，他们不知疲倦，运输着货物，同时将语言、思想、知识、技术、宗教、观念等传递到沿途地区。郑和传递了“不可欺寡，不可凌弱”的理念，尊重各国语言、风俗和宗教信仰，使得异曲同工的中非文化理念和声共鸣、同频共振。

非洲政学两界对郑和远航非洲的评价，科学诠释了中非友好和平交往的本质。南非学者鲍勃·韦克萨（Bob Wekesa）提出，郑和在西方人之前就与东非接触的事实，势将否定

“中国是最近才进入非洲大陆的贪婪商人”的观念。南非总统姆贝基认为：“历史告诉我们，在几百年前，无论是非洲人还是亚洲人，都没有把对方看成野蛮人。虽然远隔重洋，但双方都认为自己的福祉依赖于另一方的幸福生活。15 世纪中国船队到访非洲港口带来的是互惠互利的合作。”肯尼亚女作家伊冯·阿蒂安波·欧沃尔（Yvonne Adhiambo Owuor）创作长篇小说《蜻蜓海》（The Dragonfly Sea），书中主人公艾雅娜以肯尼亚帕泰岛郑和船员后裔、“中国学生”姆瓦玛卡·沙里夫（Mwamaka Shariff，中文名叫夏瑞馥）为原型，表达了当代中非交流的“回归”主题，反映了非洲作家对郑和开辟的中非民间交往及其意义的探寻。

中非两大文明的和平理念的深层根源是双方背后的哲学默契、对话与交融。乌班图（Ubuntu）是奠定诸多非洲社会信仰体系基础的一个概念，其团结友爱的处事方式在南部、中部和东部非洲的社会与群体中延续，包括科萨人、祖鲁人、斯威士人和恩德贝勒人。这些社会信奉在共同体环境或者称之为“在金合欢树”下解决政治事务的传统，被誉为“大树下的民主”。这一传统理念对非洲解决冲突的方式影响至深。乌班图思想认为，人类始终存在着内在关联性，即人与人之间必然发生密切关系，“我”与“他”、个人与集体相互依赖、相互成就。科萨人认为，“一个人只有通过他人才能最终获得完满”。祖鲁人认为，“我之所以成为人，是因为我归属于一分子，我参与，我分享”。乌班图思想关联性的基础理念中，首先是平等；其次是博爱和宽容，强调人性中的友爱同情；最后是责任与团结。在非洲传统部落，人们将遵守自然规律与遵守部落内部规则和文化有机统一起来，以慷慨之心分享所得所有，建立稳固的团体关系。很显然，这些基本理念与传统中国哲学特别是儒家的诸多理念颇为契合。例如，孔子讲仁者爱人，孟子讲恻隐之心，等等。一言以蔽之，和合、友善、团结、包容、尊重自然、重视规则，是中非共同的深层精神要素。郑和精神中融合凝聚了这些要素，最终指向儒家的大同思想。“乌班图思想是非洲人的传统理念，与非洲复兴的理想密切相关，其含义是‘天下共享的信念，连接起每个人’。‘一带一路’倡议似乎呼应并扩大了乌班图思想，旨在通过加快基础设施投资实现非洲与世界各地的连接。”由此可见，中非传统理念与现实确实相通相应，是顺利推进“一带一路”倡议的宝贵资源。随着“一带一路”倡议与非洲联盟“2063 年议程”及非洲各国发展战略的深度对接，古老而融通的中非传统理念也会在中国梦和非洲梦的实现过程中成就新的时代升华。

中非文明之间的共同性与共通性，建基于双方古老生产方式的独特性与融通性之上。双方对集体利益的高度重视，均植根于古代的农业文明。换言之，中非古代文明均重视陆权以及土地作为生产资料第一要素的作用，在此基础上追求天、地、人之间的贯通和谐，将道德标准与公共利益放在首位。这与追求海权与扩张、崇尚武力与征服、重视金钱与利益的殖民主义价值观形成鲜明反差。从思想根源追溯，西方二元对立的形而上学思维传统注重对立，轻视和合，很容易导致极端的排他性。与此不同，亚非文明则崇尚多元与包容，追求各美其美、美美与共，认为只有尊重文明多样性才能避免走向单向度的、互相对立、互相排斥、互相摧毁的世界，人类才有未来和光明前途。就此而言，郑和远航非洲的意义也就进入文明互鉴的范畴和层次了。

资料来源：李新烽. 郑和远航非洲与中非文明互鉴[J]. 中国社会科学，2022（5）：162-182.

3

模块 3
集装箱业务

知识目标

- 理解集装箱运输的优越性。
- 掌握标准集装箱的规格、分类与标志；掌握集装箱标志蕴含的主要作业要求。
- 掌握集装箱装载量计算的基本方法，掌握集装箱运输各种交接方式中各相关方责任的划分。
- 熟悉集装箱船舶配积载要求与基本程序，掌握箱位编号的含义。

能力目标

- 能够识别集装箱，能够计算标准集装箱的核对数字。
- 能够计算普通货物在集装箱的装载量。
- 能够区分整箱运输与拼箱运输的承运人责任。
- 能够读取配积载图的箱位编号。

素质目标

- 培养系统思维方式。
- 培养吃苦耐劳、遵纪守法、服从指令的职业道德和敬业精神。
- 培养良好的专业素质和风险意识。
- 培养团结协作、同舟共济的集体主义精神。

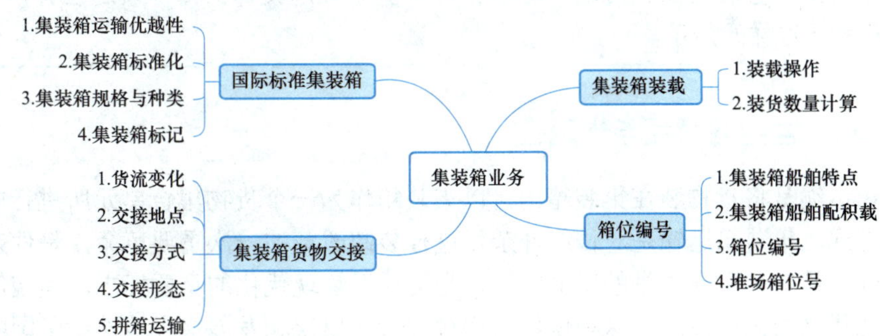

任务 3.1　国际标准集装箱

集装箱如何改变世界

情境导入

A 公司以 CPT 条件出口 1×20’GP 的机电产品，货物装船出运后，按时发送了装船通知，表明货物被装于箱号为 MSKU773 804 的集装箱中，装船日期符合合同要求。买方收到通知，即表示该箱号有误，无法查询运输进程。等效数值表如表 3-1 所示。

经查，出口现场操作员记录箱号时，漏记了最后一位数字。

作为 A 公司的单证员，应如何处理？

附：表 3-1 等效数值表

表 3-1　等效数值表

字母	等效数值	字母	等效数值	字母	等效数值	字母	等效数值
A	10	H	18	O	26	V	34
B	12	I	19	P	27	W	35
C	13	J	20	Q	28	X	36
D	14	K	21	R	29	Y	37
E	15	L	23	S	30	Z	38
F	16	M	24	T	31		
G	17	N	25	U	32		

业务知识

1956 年 4 月 26 日，新泽西州的纽华克港，一架起重机每 7 min 将一个 33 ft 长的集装箱装到改装旧油轮“理想 X 号”（Ideal-X）上。5 d 之后，美国泛大西洋轮船公司这艘载着 58 个这种 33 ft 长的集装箱的船舶驶入休斯敦，58 辆卡车正在港口等着装上这些金属货柜并把它们运往目的地。马尔科姆·麦克莱恩设想的海陆联运拉开序幕，一次运输革命就这样开始了。

3.1.1　集装箱运输的特点与优越性

集装箱运输是将货物装在集装箱内，以集装箱作为一个货物集合单元所进行的新型现代化运输方式。集装箱运输是对传统件杂货进行装卸改革的一次重要革命，是件杂货运输的发展方向，是当代世界先进的运输方式，是交通运输现代化的重要标志，集装箱物流水平是物流现代化的重要标志。这种现代化运输方式的出现和发展极大地推动了国际贸易和海上运输事业的发展。

1. 集装箱运输的特点

（1）消除了所运货物外形差异的成组化运输。货物装入集装箱后，其物理、化学特性全部被掩盖，变成了千篇一律的标准尺寸、标准外形的箱子，可以使用统一的机械进行无差异的装卸作业，基本不受天气影响，有效地解决了传统件杂货作业的弊病。

（2）适用范围广。集装箱适宜大多数的件杂货，这一点是托盘运输不能比拟的。集装箱种类繁多，除了适宜装载一般件杂货的干货集装箱外，还根据货物的不同形状、性质设计了相应的特殊集装箱，从而使集装箱的适用范围大大扩大。罐柜、液袋的出现，使它的适用范围继续向液体货、散货延伸，从而为集装箱运输提供充足而又广泛的货源。

（3）标准化的运输方式。为充分发挥集装箱的优势，在有关国家的讨论、磋商、博弈中，落实了标准化的问题，形成了集装箱运输的第三个特点：一种标准化的运输方式。集装箱的尺寸、结构高度标准化，与之配合的装卸机械、不同的运输工具也符合该标准，在各种运输方式之间卸载、换装与加固都极为迅捷，大大节省了运输时间，有利于在全球各国间的交接与周转。同时，集装箱标记的标准化便于记录、传递信息与及时运输。

2. 集装箱运输的优越性

由于集装箱运输的内在特点，能够克服传统件杂货装卸速度慢、运输效率低、经济效益差的难题，具有其他运输形式无可比拟的优越性，使其得以迅速发展。具体如下。

（1）提高装卸效率，减轻劳动强度。由于集装箱运输扩大了运输单元，规范了单元尺寸，强化了单元结构，为实现货物的装卸和搬运机械化提供了条件，机械化乃至自动化的发展明显提高了货物装卸和搬运的效率。托盘成组化的装卸效率高于单件货物，集装箱又高于托盘。集装箱化给港口场站的货物装卸、堆码的全机械化和自动化创造了条件。标准化的货物单元使装卸搬运动作变得简单和有规律，因此，在作业过程中能充分发挥装卸搬运机械设备的能力，便于实现自动控制的作业过程。

集装箱运输在提高装卸效率的同时，使工人的劳动强度大幅度降低，而对作业人员的知识和技能的要求则在不断提高。对港口和场站来说，较高的装卸效率意味着生产率的提高，从而使相关设施、设备利用率提高，利润得到增加。

（2）节省包装费用，简化理货手续。从功能上来讲，可以把集装箱箱体看作一种可以反复使用的包装，虽然一次性投资较高，但与常规的一次性包装方式相比，其长期的单位货物运输分摊的包装费用反而降低。例如采用集装箱装运电视机可比原先杂货运输节省包装费用约 50%。在码头场站，由于集装箱对环境要求不高，节省了场地在仓库方面的投资。此外，集装箱运输也促使许多货物的包装标准和集装箱相适应，推动了货物包装的标准化。

件杂货由于包装单元较小，形状各异，理货核对较为困难。而采用标准集装箱，理货按箱清点，大大节省了检查时间，同时也节约了理货费用。

（3）减少货损货差，提高货运质量。采用件杂货运输方式时，由于在运输和保管过程中货物不易得到保护，尽管也采取了一些措施，但货损、货差情况仍有一定比例，特别是在运输环节多、品种复杂的情况下尤其如此。采用集装箱运输后，由于强度高、水密性好的箱体对货物有很好的保护作用，从发货人装箱、铅封到收货人收货的整个过程。这样，一票到底，整个运输过程不再倒载，不仅减少了装卸搬运的次数，又有利于防盗，还能防止恶劣天气对货物的侵袭。因此，货物在整个运输、装卸和保管过程中，不易被损坏，也不易产生缺失，货物的完好率得到大大提高，保证了货运的安全和质量。

利用集装箱运输，减少货损货差，具有以下重要意义。

① 对货主来说，由于货损货差少，自己的商业信誉得到提高，为以后的贸易成交创造了有利的条件；而且，随着货损货差率的降低，货物的保险费用也会下降，降低了运输成本。

② 对船公司来说，日益降低的货损货差率在很大程度上反映了它运输服务质量的提高，从营销层面来讲，这比它的揽货广告更为有效。

③ 货损货差率的降低减少了社会财富的浪费，具有很大的社会、经济效益。

（4）提高运输能力，降低运输成本。

机械化和自动化装卸可以大大缩短集装箱运输过程中车船在港站停留时间，且集装箱船航行速度也远高于传统的件杂货船，船舶周转能力的提高，其营运效率大大高于传统的件杂货船舶。在集装箱船进入北大西洋国际航线的前 5 年间，大约 50 艘集装箱船所提供的运力，就比 5 年前在这一航线上营运的 170 艘传统的件杂货船舶所提供的运力还多三分之一。

集装箱船舶周转加快，降低了运输单位成本；装卸环节的效能大大提高，降低了装卸成本；运输时间缩短，货主的资金占用时间大幅下降，降低了资金成本；货物安全性明显提高，保险费用有所下降。从总费用上分析，由于货物的快速送达，货损货差减少，包装费用和仓储费用得到节省，保险费降低，集装箱运输的全程费用比较低廉。据英国有关方面的报道，英国在大西洋航线上开展集装箱运输后，运输成本仅为普通杂货船的 1/9。

（5）简化货运手续，便于开展“门到门”的货物联运。

就托运人或收货人而言，他们总是希望承运人能够提供运费低廉、运输时间短、货运质量高的运输服务，这个要求从来都是运输理论界探讨的重要课题之一。其实在理论上早就证明进行联运是提供安全、价廉、优质运输的重要方法，承运人能够系统地统筹安排，但由于运输工具各自独立地发展，装载容积无统一考虑的依据，而且传统的运输方式给货物的换装带来了困难，这都需要在运输过程中存在一种通用的运输标准单元。集装箱作为一种运输标准单元应运而生，使各种运输工具的运载尺寸统一向满足集装箱运输需要的方向发展，并且在各种运输工具的换装点也配备了能使换装作业迅速进行的专用场地和设备。

根据标准化集装箱设计的各种运输工具将使运输工具之间的换装衔接变得更加便利。集装箱作为运输单元，由一种运输方式换装到另一种运输方式时，只需装卸集装箱而不需移动集装箱内的货物，大大地简化和加快换装作业，最适于组织多式联运。另外，集装箱具有坚固和密封的特点，进行国际贸易时，一国的口岸监管部门检验加封放行后，另一国的口岸监管部门只需验封，即可转关放行。这样就有可能通过国际运输中各国法规的统一，简化货物过境报关手续，而使迅速、安全、价廉的“门到门”运输成为可能。

随着物流的发展，人们已经意识到运输是商品成本的重要组成部分，并迫使班轮公司把运输费用降到最低点。面对这一挑战，班轮公司面临两种选择：一种是集中发展港到港运输，增大运输规模，以价格取胜；另一种是采取差异性战略，转向发展多式联运和物流服务。集装箱运输能够提供这些可能性并满足需要。

相对于载驳船运输或其他形式的运输而言，集装箱运输不仅是运输的改革，它更是克服了陆、海、空各种方式的特异性，使得系统优化成为现实。

正是由于以上诸多优势，集装箱运输导致了货物的运输方式、经营方式和管理方式的变化，带来了运输界的一场革命。

3.1.2 集装箱的标准化

集装箱（container），是指具有足够强度、可长期反复使用，适于多种运输工具且容积在 1 m^3 或以上的集装单元器具。当集装箱运输进入国际领域的时候，规格的混乱就妨碍了交换使用和推广。为此，出现了标准化的要求。所谓标准化，就是形成和实施标准的过程，其目的是所有有关方面的利益，特别是为了求得最佳的、全面的经济效果，并适当考虑到产品使用条件与安全要求。

1. 集装箱国际标准化的必要性

（1）国际运输的要求。

集装箱运输是一种国际运输方式，同一种运输设备在全球各个国家间运输、装卸与存储，其外形、结构、标志等就必须标准化，以使各国的装卸设备、运输工具能够适应。

（2）多式联运的要求。

多式联运是集装箱运输优越性的体现，也是集装箱运输这种运输方式所追求的目标。集装箱货物通常要经过两种或两种以上运输工具的运输，所以集装箱的外形和结构必须标准化，才能方便地在船舶、火车、卡车等交通工具之间实施快速的换装，并且便于紧固和绑扎。

（3）集装箱运输自身特点的要求。

集装箱运输最根本的特点在于消除了所装货物的外形差异，特征各异的具体货物都装在千篇一律的集装箱中，从而便于在物流节点、运输工具之间相互识别，便于记录与传递信息，这就要求集装箱有一些标准化的标记。

（4）集装箱运输过程安全的要求。

集装箱承载较大的负荷，经常需要在恶劣的环境下运营，如承受远洋运输途中船舶的剧烈摇晃；火车、卡车启动、刹车的冲击；装卸的撞击等。所以集装箱在结构和强度上应有标准规定，符合运输全程安全的要求。

2. 集装箱国际标准化的进程与结果

国际标准化组织（International Standards Organization，ISO）成立于 1947 年，是世界上最大的非政府标准化专门机构，是联合国甲级咨询机构。它的主要活动是制定 ISO 国际标准和协调各国的标准化工作。1961 年 6 月，根据美国提议设置的国际标准化组织第 104 技术委员会成立，专门负责讨论与制订集装箱的国际标准。我国于 1978 年 9 月 1 日成为 ISO 组织的正式会员，并积极参与 TC-104 的工作。

尽管各方都知道标准化的好处，但协调利益是艰难的过程。ISO TC-104 的前九次全体大会就是争议与协调的过程。从一开始，各国矛盾激烈，经历了最初 10 年左右“北北对立”，即发达国家之间矛盾协调，如美国、欧洲与日本的意见对立，美国、欧洲与苏联的意见对立；又经历了发达国家与发展中国家的“南北冲突”，各国都希望采用更靠拢本国的标准，以便降低集装箱化的初始投资。标准多样化的阶段就是各国角力的阶段。

集装箱运输是初始投资非常大的运输方式，既包括昂贵的集装箱本身，还包括集装箱船舶、集装箱装卸机械、集装箱码头堆场、集装箱卡车、火车等。如果国际标准变化，这些相应设施都要重新投资，集装箱运输的优越性就大打折扣。各国逐渐认识到集装箱国际标准稳定的重要性并在 1978 年 ISO TC-104 第十次全体大会通过了集装箱基本标准五年不变的提案。而系列 1 的集装箱由于通用性好，逐渐被广泛使用。从此，以系列 1 集装箱为主的标准集装箱虽在结构和装卸工艺配套方面不断得到完善，但其主要尺寸等标准不再有大的变化。

按国际标准化组织第 104 技术委员会的规定，集装箱应具备下列条件。

（1）能长期地反复使用，具有足够的强度。

（2）途中转运不用移动箱内货物，就可以直接换装。

（3）可以进行快速装卸，并可从一种运输工具直接方便地换装到另一种运输工具。

（4）便于货物的装满和卸空。

（5）具有 1 m^3（即 35.32 ft^3）或以上的容积。

满足上述 5 个条件的大型装货容器才能称为集装箱。

除了 ISO 外，《集装箱海关公约》（CCC）、《国际集装箱安全公约》（CSC）和北美太平洋班轮公会等对集装箱的定义，在内容基本上大同小异。世界各国基本上都引进了国际标准化组织的定义，并制定相关国内标准。我国先后制定如下相关国家标准。

GB 1992—1985　　集装箱名词术语（已作废）；
GB 1834—1980　　通用集装箱最小内部尺寸（已作废）；
GB 1835—1985　　集装箱角件的技术条件（已作废）；
GB 1835—1995　　集装箱角件的技术条件（已作废）；
GB 1835—2023　　系列 1 集装箱　角件技术要求；
GB 1836—2017　　集装箱　代码、识别和标记；
GB 3220—1982　　集装箱吊具的尺寸和起重量系列（已作废）；
GB 3220—2011　　集装箱吊具；
GB 3220—2011E　　集装箱吊具（英文版）；
GB/T 1413—2023　　系列 1 集装箱　分类、尺寸和额定质量。

3.1.3　集装箱规格与种类

集装箱在中国香港和中国台湾又被称为“货箱”“货柜”，故在某些地区集装箱业务也称为做柜。集装箱通常是由承运人提供的一种运输设备，即承运人集装箱（carrier's owned container，COC）；而货主自有箱（shipper's owned container，SOC），即指由货主或发货人拥有、管理或租赁的集装箱，在运输中可以看作货物的组成部分。

1. 集装箱规格

目前通用的国际标准系列 1 集装箱，其外部尺寸主要有以下几种。

（1）40 ft 集装箱。

这类集装箱的长度均为 40 ft（12 192 mm），宽度均为 8 ft（2 438 mm），根据高度不同又可以分为 4 种：① 1AAA，高度为 9 ft 6 in；② 1AA，高度为 8 ft 6 in；③ 1A，高度为 8 ft；④ 1AX，高度小于 8 ft。

（2）30 ft 集装箱。

这类集装箱的长度均为 30 ft（9 125 mm），宽度均为 8 ft（2 438 mm），根据高度不同又可以分为 4 种：① 1BBB，高度为 9 ft 6 in；② 1BB，高度为 8 ft 6 in；③ 1B，高度为 8 ft；④ 1BX，高度小于 8 ft。

（3）20 ft 集装箱。

这类集装箱的长度均为 20 ft（6 058 mm），宽度均为 8 ft（2 438 mm），根据高度不同又可以分为 3 种：① 1CC，高度为 8 ft 6 in；② 1C，高度为 8 ft；③ 1CX，高度小于为 8 ft。

（4）10 ft 集装箱。

这类集装箱的长度均为 10 ft（12 192 mm），宽度均为 8 ft（2 438 mm），根据高度不同又可以分为 2 种：① 1D，高度为 8 ft；② 1DX，高度小于 8 ft。

系列 1 集装箱公称长度尺寸和总重量如表 3–2 所示。

表 3–2 系列 1 集装箱公称长度尺寸和总重量列表

集装箱箱型	公称长度		最大总重量	
	m	ft	kg	lb
1EEE 1EE	13.7[a]	45[a]	30 480	67 200
1AAA 1AA 1A 1AX	12.2[a]	40[a]	30 480	67 200
1BBB 1BB 1B 1BX	9.1	30	25 400	56 000
1CCC 1CC 1C 1CX	6.1	20	24 000	52 900
1D 1DX	3	10	10 160	22 400

[a] 某些国家对车辆的总长度和装载量有法律限制。

需要说明的是：由于火车、卡车的车皮、堆场、船舶的同一个箱位，即装载/堆存 40 ft 集装箱的位置，必须可以同时装载（堆存）两个 20 ft 集装箱，或一个 30 ft 集装箱与一个 10 ft 集装箱，所以，除了 40 ft 集装箱的长度正好为 40 ft 外，B、C、D 类的集装箱，其长度必须小于其公称尺寸。国际标准规定：各集装箱长度之间的间距必须为 3 in（76 mm）。

集装箱制造材料与结构不同，其内部尺寸略有差异。为了使国际标准集装箱能合适地装载一定数量的货物，对集装箱内部尺寸也规定了标准。如表 3–3 所示。

表 3–3 国际标准集装箱内部规格尺寸列表 单位：mm

<table>
<tr><th rowspan="2">集装箱型号</th><th colspan="3">最小内部尺寸</th><th colspan="2">最小箱门开口尺寸</th></tr>
<tr><th>高度，H</th><th>宽度，W</th><th>长度，L</th><th>高度，H</th><th>宽度，W</th></tr>
<tr><td>1AAA</td><td rowspan="9">箱体外部尺寸减 241</td><td rowspan="9">2 330</td><td>11 998</td><td>2 566</td><td rowspan="9">2 286</td></tr>
<tr><td>1AA</td><td>11 998</td><td>2 261</td></tr>
<tr><td>1A</td><td>11 998</td><td>2 134</td></tr>
<tr><td>1BBB</td><td>8 931</td><td>2 566</td></tr>
<tr><td>1BB</td><td>8 931</td><td>2 261</td></tr>
<tr><td>1B</td><td>8 931</td><td>2 134</td></tr>
<tr><td>1CC</td><td>5 867</td><td>2 261</td></tr>
<tr><td>1C</td><td>5 867</td><td>2 134</td></tr>
<tr><td>1D</td><td>2 802</td><td>2 134</td></tr>
</table>

最新的国际标准 ISO 668—2020 增加了 E 型集装箱，即 45 ft 集装箱。在国际集装箱运输中，目前使用最多的是 1AAA 型、1AA 型和 1CC 型集装箱。

为了便于计算集装箱数量，国际上通行以 20 ft 的集装箱作为换算标准箱（twenty-foot equivalent unit，TEU），又称 20 ft 标准箱，换算关系为：45 ft 集装箱=2.25 TEU，40 ft 集装箱=2 TEU，30 ft 集装箱=1.5 TEU，20 ft 集装箱=1 TEU，10 ft 集装箱=0.5 TEU。因此，TEU 是集装箱的国际计量单位，也称国际标准箱单位，通常用来表示船舶装载集装箱的能力，也是集装箱和港口吞吐量的重要统计、换算单位。

有时也以 40 ft 集装箱作为计量单位，称为 FEU，即 forty-foot equivalent unit；另外，在实践中也会用到自然箱（natural unit，NU）的概念。自然箱也称实物箱，自然箱是不进行换算的实物箱，即不论是 40 ft 集装箱、30 ft 集装箱、20 ft 集装箱或 10 ft 集装箱均作为一个集装箱统计。自然箱也是统计集装箱数量时用到的一个术语。

2. 集装箱种类

为适应不同货物的装载要求，出现了多种类型的集装箱。以下仅介绍在海上运输中常见的不同用途的集装箱类型。

（1）通用集装箱（general purpose container，GP）。又称为干货集装箱、杂货集装箱、普通箱，用来运输无需控制温度的件杂货。通用集装箱是最常用的集装箱，使用范围极广，绝大多数的件杂货都可使用这种集装箱，如文化用品、化工用品、电子机械、工艺品、医药、日用品、纺织品及仪器零件等。在各类集装箱中，通用集装箱所占的比重达九成以上。这种集装箱通常为封闭式，在一端、两端或侧面设有箱门。高度为 9 ft 6 in 的通用集装箱称为超高集装箱（high cube container，HQ/HC），可以装载更多轻货。

（2）开顶集装箱（open top container，OT）。又称敞顶集装箱，开顶集装箱除箱顶可以拆下外，其他结构与通用集装箱类似。开顶集装箱又分“硬顶”和“软顶”两种。“硬顶”是指箱顶用一整块硬质材料制成；“软顶”是指箱顶用帆布、塑料布等篷布遮盖，用可拆式扩伸弓梁支撑。这种集装箱适于装载大型货物、重货和超高货，如钢铁、木材，特别是像玻璃板等易碎的重货，利用吊车从顶部将货物吊入箱内时不易发生损坏，而且也便于在箱内固定货物，然后加顶覆盖。

（3）框架集装箱（flat rack container，FR）。又称台架式集装箱，它的箱体设有能承受载荷的四个角柱，但箱顶、侧壁和（或）端壁可以拆除或根本不设的一种非水密型集装箱。这种集装箱可以从前后、左右及上方进行装卸作业，适合装载一定限度超标准尺寸的货物，如重型机械、废钢铁、卡车、叉车等。

（4）平台集装箱（platform container，PF）。又称平板式集装箱，这种集装箱是在框架集装箱的基础上再简化，四个角柱被去掉或可折叠而只保留具有较强承载能力的下底板组成的一种特殊结构集装箱。平台的长度与宽度与国际标准集装箱的箱底尺寸相同，可使用与其他集装箱相同的紧固件和起吊装置。在集装箱船的舱面上，可将多个平台式集装箱组成一个大平台，适合于装载重大件货物。这一集装箱的采用打破了过去一直认为的集装箱必须具有一定容积的概念。

（5）冷藏集装箱（reefer container，RF）。以运输冷藏货为主、能保持所需温度的保温集装箱。它专为运输如鱼、肉、新鲜水果、蔬菜等食品而特殊设计的。目前国际上采用的冷藏集装箱基本上分两种：一种是集装箱内带有冷冻机的叫机械式冷藏集装箱（又称内置式冷藏集装箱），只要供电就能运行；另一种箱内没有冷冻机而只有隔热结构，即在集装箱端壁上设有进气孔和出气孔，箱子装在船舱中，由船舶的冷冻装置供应冷气，这种叫作离合式冷藏集装箱（又称外置式或夹箍式冷藏集装箱）。在国际冷藏货运量中，使用冷藏集装箱方式的比重不断上升，并已超过使用冷藏船方式的比重。

（6）通风集装箱（ventilated container，VT）。为装运不需要冷藏但具有呼吸作用的水果、蔬菜等货物，在端壁和侧壁上设有通风孔的集装箱，如将通风口关闭，同样可以作为杂货集装箱使用。

（7）罐式集装箱（tank container，TK）。专用以装运酒类、油类（如动植物油）、液体食品以及化学品等液体货物的集装箱。罐式集装箱主要由罐体和箱体框架两部分构成，箱体框架的尺寸符合国际标准的要求，角柱上也装有国际标准角件，装卸时与国际标准箱相同；罐体顶部设有装货口，装货口的盖子具有水密性，罐底设有排出阀。

（8）散货集装箱（bulk container，BK）。主要用于装运谷物、化肥、硫黄等散装货物。其外形与通用集装箱相近，一般在顶部设有 2～3 个装载口，装载口有圆形和方形两种，一端下方还设有卸货口，装载口与卸货口应有良好的水密性，可以防止雨水浸入。

除以上种类外，还有动物集装箱、汽车集装箱、服装集装箱、组合式集装箱等，随着国际贸易的发展，商品结构不断变化，今后还会出现专用或多用途的集装箱。当然，流动舱室集装箱、流动办公室集装箱、战地医院集装箱等非物流用途的集装箱不在此列。

3.1.4　集装箱标记

为了方便集装箱的识别、交接和管理，国际标准化组织（ISO）对集装箱标记制定了国际标准，规定了集装箱标记的内容、标记字体的尺寸、标记位置等。我国依据该标准制定了国家标准《集装箱　代码、识别和标记》（GB/T 1836—2017）。

集装箱标记有必备标记和自选标记两类，每一类中又分为识别标记和作业标记两种。每类标记都必须按规定标识在集装箱规定的位置上。此外还有在各国间通行使用的通行标记。

（一）必备标记

1. 识别标记

识别标记通常称为集装箱箱号，由箱主代码、顺序号和核对数字三部分组成。

（1）箱主代码。集装箱所有者的代码，它由 4 位大写拉丁字母表示；前 3 个字母由箱主自己规定，并向国际集装箱局登记，登记时不得与登记在先的箱主有重复。第 4 个字母表示设备识别代码，“U”表示集装箱，“J”表示集装箱所配置的挂装设备，“Z”表示集装箱专用车和底盘车。如“COSU、CCLU、CBHU”为中国远洋海运集团所有；“MSKU、MAEU、COZU”为马士基公司所有；“MSCU、MSDU、MEDU”为地中海航运公司所有；“APLU、CMAU、ECMU”为法国达飞海运集团所有。

（2）顺序号。为集装箱编号，用 6 位阿拉伯数字表示，由箱主自行编制，通常箱主会将其划分为类型、尺寸、制造批次等。如数字不足 6 位时，在数字前加“0”补足 6 位。

（3）核对数字。也称校验码，用 1 位阿拉伯数字表示，位于顺序号之后，置于方框之中，用于核对箱主代码与顺序号记录的正确性。

核对数字是由箱主代码的 4 位字母与顺序号的 6 位数字通过以下方式计算得到。

① 将箱主代码的 4 位字母转换成相应的数字，字母与数字的对应关系如表 3-4 所示。

表 3-4 集装箱箱主代码等效数值表

字母	A	B	C	D	E	F	G	H	I	J	K	L	M
数字	10	12	13	14	15	16	17	18	19	20	21	23	24
字母	N	O	P	Q	R	S	T	U	V	W	X	Y	Z
数字	25	26	27	28	29	30	31	32	34	35	36	37	38

② 将前 4 位字母对应的数字加上后面顺序号的数字，共计 10 位。例如，以中国远洋海运集团的某箱为例，箱主号与顺序号为 CBHU 804779，对应的数字是：13－12－18－32－8－0－4－7－7－9。

③ 采用加权系数法进行计算，10 个数字分别乘以 20～29 的加权系数。计算公式为：$S=\Sigma C_i\times 2^i$，式中，C_i 为 10 个数字中第 i 个数字。

④ 将计算所得的值 S 除以模数 11，再取其余数，即得核对数字（若余数为 10 或 0，则核对数字为 0）。

仍以 CBHU 804 779 箱为例。

$S=13\times 2^0+12\times 2^1+18\times 2^2+32\times 2^3+8\times 2^4+0\times 2^5+4\times 2^6+7\times 2^7+7\times 2^8+9\times 2^9=8\,045$，8 045 除以 11 的余数为 4，所以核对数字为 4。

2. 作业标记

作业标记包括以下 3 种。

（1）最大总重、自重与最大净货载。最大总重（max gross）又称额定质量（rating），指集装箱的自重与最大载货重量之和。自重（tare）指集装箱的空箱重量。最大总重与自重之差即为集装箱的最大载货重量（payload），又称最大净货载（net）。上述重量的单位用千克（KG）和磅（LB）同时表示，通常标识于箱门右侧，在集装箱箱号之下。如表 3-5 所示。

表 3-5 集装箱最大总重、自重与最大净货载标记

MAX GROSS	30 480 KGS
	67 200 LBS
TARE	2 120 KGS
	4 670 LBS
NET	28 360 KGS
	62 530 LBS

（2）空陆水联运集装箱标记。此类集装箱具有与飞机机舱内相匹配的系固装置，适用于空运，并可与地面运输方式相互交接联运。为适合于空运，该类集装箱自重较轻，结构强度较弱，海上运输禁止在船舶甲板上堆装，舱内堆码时只能堆装 1 层，在陆上堆码时最多允许堆码二层。国际标准化组织对该集装箱规定了特殊的标志，该标记为黑色，位于侧壁和端壁的左上角，并规定标记的最小尺寸为：高 127 mm，长 355 mm；字母标记的字体

高度至少为 76 mm，具体如图 3–1 所示。

（3）登箱顶触电警告标记。如图 3–2 所示，凡装有登箱顶梯子的集装箱都应设置，一般设在罐式集装箱上，位于邻近登箱顶的扶梯处，以警告登箱顶者有触电的危险。标志在黄色底上标出黑色三角形和闪电箭头。

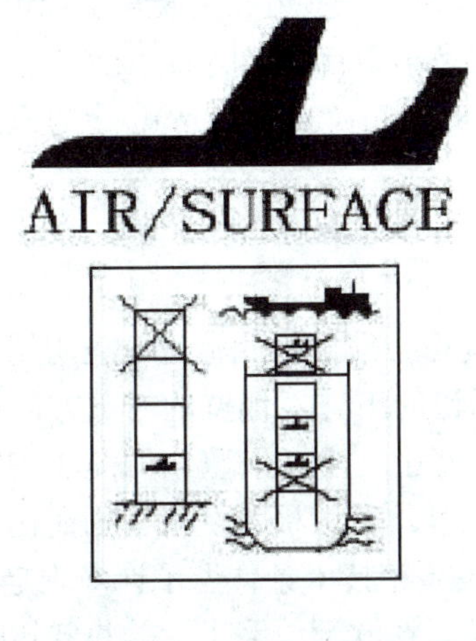

图 3–1　空陆水联运集装箱标记

图 3–2　登箱顶触电警告标记

（二）自选标记

1. 识别标记

自选标记主要由尺寸代码和类型代码组成。

（1）尺寸代码。尺寸代码由 2 个字符组成，用于表示集装箱的尺寸大小。

第一个字符表示箱长。以阿拉伯数字表示标准箱箱长，例如 10 ft 箱长代码为“1”，20 ft 箱长代码为“2”，30 ft 箱长代码为“3”，40 ft 箱长代码为“4”；以英文字母 A～P 表示特殊箱长的代码，例如 45 ft 箱长代码为“L”。

第二个字符表示箱宽和箱高。以阿拉伯数字表示箱宽 8 ft 集装箱的不同高度，例如 8 ft 箱高代码为“0”，8.5 ft 箱高代码为“2”，9 ft 箱高代码为“4”，9.5 ft 箱高代码为“5”；以英文字母表示箱宽不是 8 ft 的特殊宽度的集装箱。

尺寸代码通常被标示于集装箱箱号下面。常见箱型的尺寸代码如表 3–6 所示。

表 3–6　常见箱型的尺寸代码表

尺寸代码	箱长/ft	箱宽/ft	箱高/ft
22	20	8	8.5
42	40	8	8.5
45	40	8	9.5
L5	45	8	9.5

（2）类型代码。类型代码表示集装箱的用途与特征，由 2 个字符组成，其中第一个字符为拉丁字母，表示集装箱的类型，例如，G（general）表示通用集装箱，V（ventilated）

表示通风集装箱，B（bulk）表示散货集装箱，R（reefer）表示冷藏集装箱，H（heated）表示隔热集装箱，U（up）表示开顶集装箱，P（platform）表示平台集装箱，T（tank）表示罐式集装箱，A（air）表示空陆水联运集装箱；第二个字符为阿拉伯数字，表示某类型集装箱的特征，如通用集装箱，一端或两端有箱门，类型代码为 G0。

按照 ISO“标记的标志方法”，尺寸和箱型代码应作为一个整体在集装箱上标识。其组配代码结构为：××××，前 2 位是尺寸代码，后 2 位是箱型代码。例如：22G1 指箱长为 20 ft（6 068 mm），箱宽为 8 ft（2 438 mm）和箱高为 8 ft6 in（2 591 mm），上方有透气罩的通用集装箱。

2. 作业标记

作业标记主要有以下两种。

（1）超高标记。凡高度超过 2.6 m（8.5 ft）的集装箱必须标示此标记，表明超高实际高度，如 2.9 m（9.5 ft）。此标记应设在集装箱主要标记的下方及侧壁的右下方。该标记的上部的高度数字以 m 表示，下部的高度数字为英制尺寸，按 ft 取整，如图 3–3 所示。

（2）国际铁路联盟标记。各国铁路有各自的规章制度，手续极为复杂。为简化手续，国际铁路联盟制定了《国际铁路联盟条例》。该条例对集装箱技术条件做了许多规定，凡符合其规定技术条件的集装箱，可获得国际铁路联盟标记。在欧洲铁路上运输集装箱时，必须有该标记。

国际铁路联盟标记以方框标出，方框上部的“ic”表示国际铁路联盟，“i”和“c”是法文“internationale”和“chemin defer”的字头，意为国际铁路；下部的数字为各国铁路公司的代号，例如，33 代表中国，81 代表德国，87 代表法国，70 代表英国等。如图 3–4 所示。

图 3–3　超高标记

图 3–4　国际铁路联盟标记

3. 通行标记

除上述必备标记与自选标记外，集装箱还必须拥有一些在各国间通行的牌照，称为通行标记。主要有安全合格牌照、海关加封运输批准牌照和检验合格徽等。

（1）安全合格牌照。又称 CSC 牌照，表示集装箱已按照《国际集装箱安全公约》（简称 CSC 公约）的规定，经检验合格，符合有关的安全要求，允许在运输中使用。安全合格牌照是一块长方形的金属牌，标有“CSC SAFETY APPROVAL”（CSC 安全合格）字样，其尺寸不得小于 200 mm×100 mm。

（2）海关加封运输批准牌照。《集装箱海关公约》（Customs Convention on Containers,

CCC）是对集装箱本身的报关作出规定的国际公约。最早的集装箱海关公约是由联合国欧洲经济委员会（ECE）于 1956 年 5 月 18 日在日内瓦制定的，1972 年在日内瓦经修订后，1975 年 12 月 6 日起生效。《集装箱海关公约》的宗旨是为简化并协调各国海关对集装箱国际运输的管理手续，以推进集装箱国际化的进程。我国于 1986 年 7 月加入了该公约。

《集装箱海关公约》要求经批准符合运输海关加封货物技术条件的集装箱增加标有“APPROVED FOR TRANSPORT UNDER CUSTOMS SEAL”（经批准作为海关加封货物运输）字样的金属标牌（常与“CSC 安全合格牌”合二为一），以便于集装箱进出各国国境时，不必开箱检查箱内货物，以加速集装箱的流通。

（3）检验合格徽。检验机构根据 ISO 的要求对集装箱进行各种试验，确认集装箱在运输过程中不对运输工具的安全产生威胁，试验合格后在箱门贴上代表该检验机构的检验合格徽。中国船级社的检验合格徽如图 3-5 所示。

图 3-5　中国船级社检验合格徽

工作任务一

东莞三敏国际货运代理有限公司接到客户委托，拟出运一批机电设备至德国汉堡，货物装于 3 个木箱，单件规格如下：

A. 货号 YUM-NO.1，ONE WOODEN CASE WITH GW 5 900 KGS AND DIMENSIONS 304 cm×208 cm×260 cm（$L\times W\times H$）

B. 货号 YUM-NO.2-3，TWO WOODEN CASES WITH EACH GW 2 100 KGS AND DIMENSIONS 230 cm×108 cm×117 cm（$L\times W\times H$）

客户要求通过赫伯罗特海运公司（Hapag-Lloyd）运出，作为东莞三敏国际货运代理有限公司的业务员，请为客户选择合适的集装箱。

赫伯罗特海运公司的在港集装箱规格表如表 3-7 所示。

表 3-7　赫伯罗特在港集装箱规格表

Container Specification											
Type	Exterior			Interior			Door Opening		Weight(KGS)		
	Length	Width	Height	Length	Width	Height	Width	Height	Gross	Tare	Payload
20’GP	20’ 6 058 mm	8’ 2 438 mm	8’6” 2 591 mm	5 898 mm	2 350 mm	2 390 mm	2 340 mm	2 280 mm	28 280	2 200	26 060
40’GP	40’ 12 192 mm	8’ 2 438 mm	8’6” 2 591 mm	12 032 mm	2 350 mm	2 390 mm	2 340 mm	2 280 mm	26 740	3 740	23 000
40’HQ	40’ 12 192 mm	8’ 2 438 mm	9’6” 2 896 mm	12 032 mm	2 350 mm	2 695 mm	2 340 mm	2 585 mm	26 650	3 830	22 820
45’HQ	45’ 13 716 mm	8’ 2 438 mm	9’6” 2 896 mm	13 556 mm	2 352 mm	2 697 mm	2 340 mm	2 585 mm	25 700	4 780	20 920
20’OT	20’ 6 058 mm	8’ 2 438 mm	8’6” 2 591 mm	5 898 mm	2 350 mm	2 348 mm	2 340 mm	2 280 mm	28 100	2 380	25 720
40’OT	40’ 12 192 mm	8’ 2 438 mm	8’6” 2 591 mm	12 022 mm	2 350 mm	2 348 mm	2 340 mm	2 280 mm	26 600	3 880	22 720
40’H OT	40’ 12 192 mm	8’ 2 438 mm	9’6” 2 896 mm	12 032 mm	2 352 mm	2 653 mm	2 340 mm	2 585 mm	28 440	4 060	24 380
Remarks: Door header can be swung out on all open top containers,and disposable tarpaulins can be provided if required.											

工作任务二

扫码获取业务资料，按要求完成工作任务。

____

____

____

任务完成情况评价表

（第____模块，任务____，工作任务____）

评价项目	满分	自评得分	互评得分	师评得分
正确理解知识	25			
业务分析处理方法得当	25			
表达清晰准确	15			
业务处理结果正确	35			
合计	100			
综合得分（自评得分×10%+互评得分×30%+师评得分×60%）：				
个人任务完成情况小结				

工作任务三

扫码获取业务资料，按要求完成工作任务。

任务完成情况评价表

（第____模块，任务____，工作任务____）

评价项目	满分	自评得分	互评得分	师评得分
正确理解知识	25			
业务分析处理方法得当	25			
表达清晰准确	15			
业务处理结果正确	35			
合计	100			
综合得分（自评得分×10%+互评得分×30%+师评得分×60%）：				
个人任务完成情况小结				

知识点自测

一、单项选择题

1. 国际海运集装箱按用途不同可以分成不同类型的集装箱，其中“RF”代表________。

A. 干货箱　B. 超高箱　C. 冷藏箱　D. 框架箱

2. 国际海上集装箱班轮运输实践中可能使用“货主箱”（SOC）。该类箱在海上运输过程中灭失或者损坏时，可以认为它是一种________。

A. 货物的包装　B. 运输设备　C. 运输工具　D. 货物

3. 下列属于海运集装箱识别标记的是________。

A. CCLU8747654　B. CCL8747654　C. CCLU874765　D. CCLK8747654

4. 国际海运集装箱按用途不同可以分成不同类型的集装箱，其中“GP”代表________。

A. 通用箱　B. 罐式箱　C. 冷藏箱　D. 框架箱

二、多项选择题

1. 国际标准集装箱的标记由以下________部分组成。

A. 箱主代码　B. 顺序号　C. 核对数　D. 承运人代码

2. ISO 第一系列集装箱主要分为 10、20、30、40 ft 四种箱型，其中 20 ft 的箱型包括________。

A. 1A　B. 1AA　C. 1C　D. 1CC

3. 国际标准化组织（ISO）第一系列集装箱长度主要分为 10、20、30、40 ft 四种类型，集装箱宽度为 8 ft 类型的包括________。

A. 1A　B. 1B　C. 1C　D. 1D

三、判断题

1. 在集装箱运输中，“TEU”和“FEU”二者在集装箱船的载箱量、港口集装箱吞吐量、允许装载的货物重量和体积等方面都按照两倍关系来进行计算。

2. 在国际海上集装箱运输中，目前使用的国际集装箱规格尺寸主要是第一系列的四种箱型，即 A 型、B 型、C 型和 D 型。标准箱（TEU）通常就是指这四种箱型。

2. 集装箱船载箱量、港口集装箱吞吐量、集装箱保有量等的计算单位通常是以 20 ft 的集装箱作为换算标准箱。

任务 3.2　集装箱装载

情境导入

广东农营化工公司将于近日出口 240 桶桐油至德国，拟委托深圳振华国际货运代理有限公司办理出运手续。货物规格如下：

240　Iron drums KYBUND brand tung oil

Each drum：diameter 56 cm * height 81 cm

Net weight 169 kgs/Gross weight 185 kgs

作为深圳振华国际货运代理有限公司的业务员，根据拟装班轮公司集装箱规格（表 3-8），请选择集装箱类型及计算所需集装箱数量。

——2020 年全国职业院校技能大赛改革试点赛高职组货运代理项目试题

表 3-8 拟装班轮公司集装箱规格

CNTR TYPE	LENGTH×WIDTH×HIGHT（M）	PAYLOAD（M/T）
20 GP	IN-GAUGE：5.867×2.330×2.350 OUT GAUGE：6.058×2.438×2.591	22.50
40 GP	IN-GAUGE：11.998×2.330×2.350 OUT GAUGE：12.192×2.438×2.591	27.00

业务知识

集装箱装载指货物装箱，包括装载安全和装载数量。装载安全不仅需要考虑静态的集装箱结构与强度，如箱顶板、侧壁、端壁、箱门等保护货物不受风雨袭击和阳光直射影响的外表面非承重结构，难以经受较大的外力作用；还应考虑动态运输环境导致的作用力，如集装箱在陆路车辆上运输时将受到纵向惯性力、横向惯性力、垂直惯性力、摩擦力等作用，在海上受到风浪做周期性的摇摆运动，可能导致货物的倾斜，使其倒向集装箱端侧壁板或相邻货物。货物装载数量直接关系货物运输费用，并影响商品价格与竞争力。

3.2.1 集装箱装载操作

采用集装箱运输可以节省包装费用，减少货损货差，提高货运质量，但在实际的操作中，有些货主和货运代理公司走到了另一面：过于迷信集装箱的保护作用，过于依赖集装箱的坚固外壳，反而使他们的货物无法安全到达彼岸。在集装箱运输过程中，由于装载不当和货物固定方法不良所致的货损事故，甚至大于运输途中受巨大外力和意外影响导致的货损事故。因此，正确的检查、装载、衬垫、固定等装箱方式才能保证货物、船舶、车辆及装卸的安全，从而维护货主、港口、船公司等各运输有关方的利益。

1. 集装箱使用前的检查

集装箱在装载货物之前，必须经过严格检查。一只有缺陷的集装箱，轻则导致货损，重则在运输、装卸过程中造成箱毁人亡事故。所以，对集装箱的检查是货物安全运输的基本条件之一。

发货人、收货人等用箱人与承运人（供箱人），以及其他相关人员在相互交接时，应共同对集装箱进行检查，并以设备交接单等书面形式确认集装箱交接时的状态。

对集装箱的检查应包括以下内容。

（1）集装箱的外部检查。对集装箱外部的检查，主要是检查集装箱的 4 个角柱、6 个壁、8 个角外表有无损伤。如发现有弯曲、凹痕、擦伤等痕迹时，应在其损伤周围进行仔细检查，同时对该损伤处的内侧也应进行检查。有时因铆钉松动和断裂，箱顶部分有气孔等原因容易引起货物污损事故；对于经过修理的地方也要进行检查。

（2）集装箱的内部检查。对集装箱的内部进行检查时可将集装箱关闭，在其内部查看有无漏光现象，以确认是否存在破孔。也可通过内衬板上有无水湿痕迹判断其有无破孔现象。对集装箱的内表面进行检查时，应注意检查其有无凸出物，以免对货物造成伤害。

（3）集装箱箱门的检查。对箱门必要的检查，主要是检查其门锁装置是否处于正常状态，箱门是否严密关闭，周围的风雨密封是否完整。

（4）属件、附件的检查。集装箱属件、附件的检查是指对货物的加固环节状态，如：板架式集装箱的支柱状态，平板集装箱、敞篷集装箱的专用篷布有无破损，通风集装箱、冷藏集装箱的通风口是否处于正常状态等。

（5）清洁检查。在集装箱使用前，除检查其有无破损情况外，还应对集装箱进行必要的清洁检查，主要包括集装箱内有无残留物、污染物、锈蚀、污渍、异味、水湿等。若不符合要求，应对集装箱进行清扫或洗箱，甚至提出调换。特别需要注意的是集装箱用水冲洗以后，从表面上看好像已经干燥，但箱底板和内衬板里面却含有大量的水分，这可能造成货物湿损。

2. 一般货物装箱操作指南

集装箱所装载货物种类繁多、性质不同、形状各异，货物对装卸的要求也不一样，但无论装载什么类型的货物，一般都应满足以下基本要求。

1）重量的合理分布

首先，在任何情况下所装的货物重量都不能超过集装箱的最大载货重量（又称允许净载重量），集装箱的最大载货重量由集装箱的总重减去自重求得，这三个重量在集装箱的标记上都有注明。重量标记标在集装箱箱门上，无箱门的特种箱标在后角柱或下底梁上。同时，集装箱总重应满足航线集装箱总重限制要求。

其次，在装载货物时要使集装箱箱底的负荷均衡，不要使负荷偏在一端或一侧，特别是要严格禁止货物重心偏在一端的情况。要避免造成集中负荷，如装载机械设备、石材、卷钢等重货时，货物底部应加木头或底座、卷钢衬垫专用草垫或其他类似的废轮胎、橡胶垫等符合收、发货地法规要求的衬垫材料，尽量使负荷分散。采用普通干货箱装运时单重超过 3 t 的卷钢类等重货必须采用能保证运输安全的托盘方式装箱或木架衬垫方式装箱，并妥善绑扎固定。若载重不均衡，如箱子某一部位装载的负荷过重，则有可能使箱子底部结构发生弯曲或脱开的危险；在吊机和其他机械作业时，箱子会发生倾斜，致使作业不能进行；在陆上运输时，如拖车前后轮的负荷因差异过大，也容易会发生故障。所以，严格禁止负荷重心偏在一端，60%的货重不得装于半个箱长范围内。

2）货物的合理固定

货物的形状千差万别，一般不会完完整整地填满箱，都会剩下一些空隙。而在运输的过程中，可能由于道路的不平或起动、制动时造成晃动，尤其是海上运输过程中由于船体摇摆而造成货物坍塌与破损，因此必须对箱内货物进行固定处理，以减少不必要的损失。常用的固定货物方法主要有以下几种。

（1）绑扎。用钢丝绳、纤维索、钢带、尼龙带等索具捆绑货物，与集装箱上的环、孔眼等附件进行系紧的一种固定方法，如用集装箱运输汽车、卷钢等。

（2）网罩。用钢制网或其他材料制成具有一定强度的网状物罩住货物，网一般用于框架集装箱上。冷冻集装箱对门端的货物进行固定时，有时也采用这种方法。

（3）支撑。用方形木条、木块、厚木板等支柱将货物与集装箱固定。支撑适用于大部分有空隙的箱装货。

（4）塞紧。用方木、缓冲垫、楔子等支柱将货物与集装箱侧壁之间在水平方向加以固定，在货物之间及货物与集装箱之间插入填塞物、缓冲垫、楔子等防止货物移动。如果装载像线圈、滚筒等静止状态下不稳定的货物时，一般先要用钢丝绳等拉紧将其固定，然后在货物下面垫上木楔子。

需要特别注意的是，由于集装箱的侧壁、端壁、门板处的强度较弱，在集装箱内对货物进行固定作业时要注意支撑和塞紧的方法，不要直接撑在这些地方，应设法使支柱撑在集装箱的上下横梁柱等主要构件上。如果货物装载以后，其所留的间隙不大，可用空气垫填充，尽量不使用木材，这样更方便、经济。

货物的合理固定是为了防止货物移动，以免在运输中产生摇晃对货物及箱体造成损坏；同时，货物系固方法本身也不应导致货物或集装箱的损坏。

3）对货物进行必要的衬垫

装载货物时，由于货物的包装材料各异，要根据包装的强度和货物的性质来决定对其进行必要的衬垫。对于外包装脆弱的货物、易碎货物应加衬缓冲材料，防止货物之间相互碰撞、挤压。为填补货物之间和货物与集装箱侧壁之间的空隙，有必要时在货物之间插入垫板、覆盖物之类的隔货材料。

对于出口集装箱货物，若其衬垫材料属于植物检疫对象的，进口国如检疫严格，应改用非植物检疫对象材料。

4）叉车装箱注意事项

正确使用装货工具，装货时避免拖拽。装卸卷钢类重货的叉车必须货物匹配，悬空叉进叉出，严禁拖拽。比如 10 t 的卷钢必须配备至少承重 10 t 的叉车，避免拖拽对货物及地板造成损坏。

用叉车装卸会受到叉车的自由提升高度、门架高度等条件的限制，但在条件许可的情况下，可以一次装两层货物，但上下应留有一定的间隙：一般上面应留有 20 mm 左右的间隙，下面应留有 100 mm 左右间隙。如条件不允许一次装两层，则在箱内装载第二层时，要考虑到叉车的自由提升高度和叉车门架的可能提升高度，避免损伤箱顶。一般用起重量为 2 t 的普通叉式装卸车，这种叉式装卸车的自由提升高度为 50 cm 左右，但还有一种是全自由提升高度的叉式装卸车，这种机械只要箱内高度允许，就不受门架起升高度的影响，能很方便地堆装两层货物。

另外还要注意：货物下面如没有托架或叉槽，一定要另加垫木，以便货叉能顺利抽出，避免损伤货物及地板。

5）货物合理混装

不同种类货物在混装时要注意下列事项。

（1）应做到重货装于轻货下面，固体货物不应装于液体货物下面。

（2）包装强度较弱的货物要置于包装强度较强的货物之上。

（3）不同形状、不同包装的货物尽可能不放在一起。

（4）会从包装中渗漏出灰尘、液体、潮气、异味等的货物尽量不要与其他货物装在一起。如不得不混装时，就要用帆布、塑料薄膜或其他衬垫材料将其完全隔开，地板也要用衬垫材料铺好，避免对地板造成无法清洗的损坏，造成不必要的损失。

（5）带有尖角或其他突出物的货物，要把尖角或突出物保护起来，防止其损坏其他货物和箱体。

对冷藏货物和危险货物的装箱，要严格按有关货物的装载要求进行。海运危险货物的装箱操作和运输应符合由国际海事组织（IMO）制定的《国际海运危险货物规则》和中华人民共和国交通运输部颁布实施的《海运危险货物集装箱装箱安全技术要求》（GB 40163—2021）等相关规定。

3.2.2 集装箱装箱数量

国际标准化组织和有关国家标准规定了集装箱的最小内部尺寸。集装箱装载是一个空间优化分解的布局问题，以求达到充分利用集装箱装载空间、减少亏舱、降低运输费用并提升商品竞争力的目的。

1. 集装箱规格种类的选择

国际标准集装箱有多种不同箱型，包括通用集装箱、开顶集装箱、台架式集装箱、平台集装箱、冷藏集装箱、通风集装箱、罐式集装箱、散货集装箱、动物集装箱等，这些不同种类的集装箱是根据不同类型货物及运输的实际要求而设计制造的。

首先，在运输过程中应根据货物的种类、性质、包装形式和运输要求选择合适的集装箱。

其次，除了通用集装箱，其他集装箱一般存在调配或运价提高的问题，因而在经济上优先选择通用集装箱。

最后，在运输实务中除了考虑集装箱的容积和载重是否可以容纳下所托运的货物，还要考虑尽可能地节约运费。通常一个 40 ft 箱的运费是 20 ft 箱的 1.7 倍，如果两个 20 ft 的集装箱或一个 40 ft 的集装箱都可以承载该批货物，那么应首先选择使用一个 40 ft 的集装箱。

2. 集装箱的装箱数量的计算

集装箱的装箱数量的计算要考虑以下两方面。

（1）充分利用承重。对于通用集装箱而言，计算集装箱所能装载货物的数量，应先判定其是重货还是轻货，若是砂轮、轴承、金属块、金属矿、袋装化肥等积载因数小、亏舱率低的重货，则用集装箱的最大载货重量及航线集装箱重量限制的最大货载除以货物单件重量，即得该集装箱所装货物的数量。

如某航线 20 ft 集装箱最大载货重量 21 t，装载袋装滑石粉，每袋 50 kg，其积载因数为 1.05 M^3/MT，则每箱可以装载：21 000/50=420 袋，该批装箱货物所需集装箱的数量则用货物总件数除以单箱件数可得。

对于装运重货，20 ft 的集装箱一般优于 40 ft 的集装箱。

（2）充分利用箱容。集装箱容积不可能完全被货物所占用，存在一些不能利用的空间，称为剩余空间。箱容利用率取决于箱容的大小、货物的尺度和形状以及货物的包装方式和装载方式。

积载因数较大、亏舱率较高的同类货物的集装箱装载数量问题，甚至是多种货物拼箱的集装箱装载数量问题，是一个多约束、多目标的组合优化问题，属于多项式复杂程度的非确定性问题（NP-完全问题或 NP-hard 问题）。这类问题可以通过穷举法找到解决方案，逐个检验直至找到最优解；但这种方法的算法复杂度是指数级别的，随着问题规模的增长，计算时间会呈指数增长，因此在有限时间内找到最优解通常非常困难。因此，市场上出现了诸如“悠闲装箱”“装箱大师”等装箱软件，这些软件可以提供集装箱装载方案的优化服务。

下面以不可倒置的同类货物为例阐述解答思路。

【例 3-1】有一批出口陶瓷制品，需从深圳运往德国汉堡。该批货物纸箱包装，单件毛重为 40 kg，其尺寸为 50 cm×45 cm×30 cm（$L×W×H$，不可倒置）。拟装某船公司 20 ft 集装箱，该集装箱内部尺寸为 586.7 cm×233 cm×235 cm（$L×W×H$），最大装载量 21 MT。请确定一个 20 ft 集装箱可以装进多少件货物。

① 直放，货物的长沿箱长方向。

箱长：586.7/50≈11（排）

箱宽：233/45≈5（列）

箱高：235/30≈7（层）

总数：11×5×7=385（件）

② 横放，货物的长沿箱宽方向。

箱长：586.7/45≈13（排）

箱宽：233/50≈4（列）

箱高：235/30≈7（层）

总数：13×4×7=364（件）

③ 横直交互。以横放纸箱数量为 X，直放纸箱数量为 Y。

则在箱宽方向的函数为：

MAX Q=50X+45Y（X、Y 为非负整数）

MAX Q≤233（cm）

以剩余空间最小为目标，可得 X=1，Y=4，如图 3-6 所示。

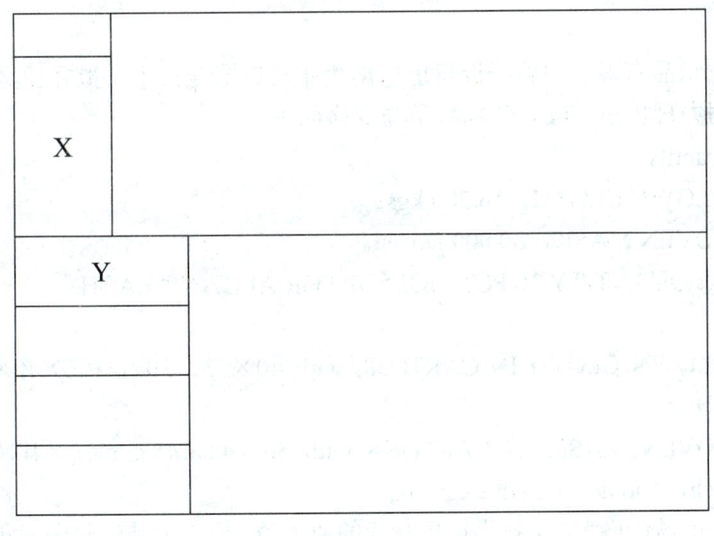

图 3-6　集装箱装箱示意图

总数：13×1×7+11×4×7=399（件）

此时，货物重量为：399×40=15 960（kg）＜21 000（kg）。

比较①②③三种装法，理论上应采用第三种，可以最大限度利用集装箱的箱容。

【例 3-2】广西南宁机电设备公司出口一批电工器材，从防城港运往马来西亚关丹港。货物被装于纸箱，共 1 152 箱，每箱重 30 kg，然后置于标准托盘上，托盘尺寸为 1 200 mm×800 mm，托盘自重 18 kg，每个托盘可堆放 16 箱，托盘与货物高度 1.1 m。

拟向东方海运公司订舱，经联系，了解到该公司在港通用集装箱尺寸为：20 ft 集装箱内部尺寸为 586.7 cm×233 cm×235 cm（$L×W×H$），最大装载量 21 MT；40 ft 集装箱内部尺寸为 1 199.8 cm×233 cm×235 cm（$L×W×H$），最大装载量 26.82 MT。且该航司报价为：USD900/20 GP，USD1 600/40 GP。

请确定选用的集装箱规格及数量。

① 20 ft 集装箱可装货物数量。

托盘交错摆放，高度可放 2 层。

20 ft 集装箱可装：（4+8）×2=24 个托盘。

重量为：24×16×30+24×18=11 952（kg）。

该批货物可装于 3 个 20 ft 集装箱。

② 40 ft 集装箱可装货物数量。

托盘交错摆放，高度可放 2 层。

40 ft 集装箱可装：（9+15）×2=48 个托盘。

重量为：48×16×30+48×18=23 904（kg）。

该批货物可装于 1 个 20 ft 集装箱与 1 个 40 ft 集装箱。

③ 运价比较。

3 个 20 ft 集装箱：900×3=USD 2 700。

1 个 20 ft 集装箱与 1 个 40 ft 集装箱：900+1 600=USD2 500。

基于运费的节省，该批货物应装于 1 个 20 ft 集装箱与 1 个 40 ft 集装箱。

工作任务一

福建依达纺织品有限公司将于近日出口熔喷布与口罩至日本，拟委托深圳振华国际货运代理有限公司办理出运手续，货物数量与规格如下：

Cargo & Quantity：

1. MELT-BLOWN CLOTH，16 200 kgs；
2. NON-WOVEN MASK，30 000 Dozen。

AMOUNT & QUANTITY 10 PCT MOLSOP FOR ALL AND EACH.

Packing：

1. MELT-BLOWN CLOTH IN CARTONS with 40×35×30 cm（$L×W×H$）and gross weight 18 kgs each.
2. NON-WOVEN MASK IN CARTONS with 56×43×45 cm（$L×W×H$）and gross weight 15 kgs each，150 dozen in one carton.

鉴于口罩的市场价格大跌，作为振华货代的业务员，根据拟装班轮公司集装箱规格（表 3-9），请为客户选择适合的集装箱类型及计算所需集装箱数量。

——2021 年全国职业院校技能大赛高职组货运代理项目试题

表 3-9　拟装班轮公司集装箱规格

CNTR TYPE	LENGTH×WIDTH×HIGHT（M）	PAYLOAD（M/T）
20 GP	IN-GAUGE：5.867×2.330×2.350 OUT GAUGE：6.058×2.438×2.591	21.00
40 GP	IN-GAUGE：11.998×2.330×2.350 OUT GAUGE：12.192×2.438×2.591	26.82
40 HQ	IN-GAUGE：11.998×2.330×2.655 OUT GAUGE：12.192×2.438×2.896	26.61

工作任务二

扫码获取业务资料，按要求完成工作任务。

任务完成情况评价表

（第____模块，任务____，工作任务____）

评价项目	满分	自评得分	互评得分	师评得分
正确理解知识	25			
业务分析处理方法得当	25			
表达清晰准确	15			
业务处理结果正确	35			
合计	100			
综合得分（自评得分×10%+互评得分×30%+师评得分×60%）：				
个人任务完成情况小结				

工作任务三

A 公司欲从广州出口一批不锈钢厨具至鹿特丹，货号 SA1012，装于纸箱，拟出运一个 20 ft 集装箱，货物包装情况与 FOB 报价为：

ARTICLE NO.SA1012，2 SETS IN A CARTON WITH DIMENSION OF 56 CM×32.5 CM×45 CM（L×W×H）AND GW 38.5 KGS，FOB GUANGZHOU USD15.8/SET.

因客户不熟悉出口货运事宜，遂要求 A 公司报 CIF 价格，经查：

OCEAN FREIGHT：GUANGZHOU-ROTTERDAM，USD2 200 PER 20 GP

Insurance shall be covered by the seller for 110%of the invoice value against All Risks and War Risks as per Ocean Marine Cargo Clause of the People's Insurance Company of China. Premium Rate for All Risks and War Risks is 0.8%& 0.2%.

同时，20 ft 集装箱尺寸及载重如表 3-10 所示。

请据此报价。

表 3-10　20 ft 集装箱尺寸及载重数据

CNTR TYPE	LENGTH×WIDTH×HIGHT（M）	PAYLOAD（M/T）
20 GP	IN-GAUGE：5.867×2.330×2.350 OUT GAUGE：6.058×2.438×2.591	21.00
40 GP	IN-GAUGE：11.998×2.330×2.350 OUT GAUGE：12.192×2.438×2.591	26.82

知识点自测

一、单项选择题

1. FCL 提箱时，如用箱人发现集装箱外表有些破损，堆场应在______上作批注。

A. D/R　　B. B/N　　C. EIR　　D. CLP

2. 以下______尺寸（$L\times W$）的货物（印有 THIS WAY UP 标志）不能装入通用集装箱。

A. 3 m×2 m　　B. 2.5 m×2.35 m　　C. 4 m×1.5 m　　D. 2.5 m×2.1 m

3. 以下______高度的货物（印有 THIS WAY UP 标志）装载时应选择超高集装箱。

A. 1.5 m　　B. 2.35 m　　C. 1.8 m　　D. 2 m

4. 液体货散装运输一般应选择______集装箱。

A. BK　　B. RF　　C. TK　　D. HQ

5. 海产品冰鲜运输时一般应选择______集装箱。

A. DC　　B. RF　　C. OT　　D. VH

二、多项选择题

1. 集装箱在装载货物之前应进行严格检查，通常对集装箱的检查有______。

A. 箱门检查　　B. 内部检查　　C. 外部检查　　D. 附属件检查

2. 为防止货物摇晃、坍塌与破损，集装箱货物主要的固定方式主要有______。

A. 绑扎　　B. 塞紧　　C. 支撑　　D. 网罩

三、判断题

1. 为了稳定，装箱时重货应该压在轻货上面。

2. 如果集装箱是通风的，气味重的产品可以与敏感产品（如食品）装箱在一起。

3. 20 ft 集装箱的内容积 32 m^3，有效荷载 21 MT。因此，只要所装货物的单件体积与重量之和不超过上述限度，即可选用该集装箱进行装载。

任务 3.3 集装箱货物交接

情境导入

中国甲公司从德国进口一批西门子医疗设备，装于 3×20'GP，委托东方国际航运公司运到钦州，承运人签发了清洁提单，交接方式为 CY/CY。

收货人在目的港提货时，发现有一个集装箱中设备的数量比提单数量少了 5 台，另外一个集装箱箱顶破洞漏水，导致 10 台设备湿损，失去使用价值。

作为收货人的业务员，请考虑：

1. 哪些损失应向承运人索赔？为什么？
2. 哪些损失应向发货人索赔？为什么？
3. 若交接方式为 CFS-CFS，情况有何变化？

业务知识

由于集装箱运输可在不触及货物的情况下从一艘船方便地换装到另一艘船，从一种运输工具高效地换装到另一种运输工具，使得集装箱运输货物流通的途径发生了变化，其运输组织方式和货物交接方式也随之发生变化。

3.3.1 集装箱货流的改变

在传统的国际货物运输中，托运人要从内陆各地用公路、铁路等运输方式将货物集中到发运港，再租船订舱而后装船出运；货物运到目的港卸船后，再通过公路、铁路等运输方式将货物运到交货地点。在货物运输的全过程中，各运输区段的运输批量、运输线路和实际承运人的选择及各段之间的衔接等运输组织工作都是由众多的托运人独立进行的。从总体来看，运输组织是散乱的。由于各托运人托运货物的批量都较小，各阶段运输特别在内陆运输中无法实现经济规模，而集装箱运输的出现则克服了这些缺点。

集装箱运输是在大规模生产方式的基础上开展起来的，它必须将分散的小批量货物预先在某几个点加以集中，等组成大批量的货源后通过干线运输，将这些货物运送至码头堆场，然后再疏散到目的地。集装箱货流使得原有货流按照集装箱装载与运输的要求重新进行分解与整合，运输方式的分工更加明确、合理，集装箱化使运输能力得到提升，运输效率有了显著提高。只有采用这样的货流组织方式，才能使运输总成本最小。

3.3.2 集装箱货物的交接地点

为了适应集装箱运输的特点，充分发挥这种运输方式的优越性，货物的交接方式出现了许多变化，不再如传统方式那样仅限于在码头库、场、船边交接，而且可以深入到内陆货主单位、中转站进行交接。

1. 集装箱堆场

集装箱堆场（container yard，CY）一般有两种含义：广义的集装箱堆场可理解为进行装卸、交接和保管重箱、空箱的场地，包括前方堆场、后方堆场和码头前沿在内；狭义的集装箱堆场是指除码头前沿以外的堆场，其中也包括存放底盘车的场地。

集装箱前方堆场（marshalling yard）是在集装箱船进港前，须将准备装船的出口集装箱按配载图事先堆叠好；在将进口集装箱从船上卸下时按交货的要求排列在堆场上，为进行这种编排而预留的场地。简而言之，集装箱前方堆场在集装箱码头前方，是为加速船舶装卸作业暂时堆放集装箱的场地。

集装箱后方堆场（contanier yard）是指用来堆存与船舶装卸作业没有直接关系的集装箱的堆场。一般后方堆场远离集装箱码头，甚至有的后方堆场设在港区范围以外，是重箱或空箱进行交接、移管和堆存的场所。

有些港口对集装箱堆场并不分前方堆场或后方堆场，将集装箱堆场统称为堆场。

2. 集装箱货运站

集装箱货运站（container freight station，CFS）是集拼经营人、无船承运人接受货主的委托进行装箱、拆箱工作，并完成货物的交接、分类和短时间保管等辅助工作的场地和仓库。

从集装箱货运站的任务看，它实际上起到了货物集中、疏散的作用。集装箱货运站一般包括集装箱装卸港的货运站、内陆城市、内河港口的内陆货运站和中转站。为了能很好地完成货运站的任务，集装箱货运站通常应满足以下几个要求。

（1）便于货物进行装箱和拆箱作业。

（2）便于对卡车进行非成组货的装卸。

（3）为了便于货物疏运和分类，应有充分的操作面积。

（4）为暂时保管进出口货物应有适当的堆存保管设施。

（5）要有办理海关、检疫等手续的资质和相关设备。

3. 发货人或收货人的工厂或仓库

如果是在“门”（door，即门）交货，就表示在发货人或收货人的工厂或仓库交接的货物。

3.3.3 集装箱货物的交接方式

集装箱改变了货物的流通途径，也改变了船、货双方传统的货物交接方式。在集装箱运输中，根据实际交接地点不同，集装箱货物的交接主要有九种。在不同的交接方式中，契约承运人（无船承运人或集拼经营人）、实际承运人、发货人与收货人各自承担的义务、责任不同，集装箱运输的组织内容、范围也不同。主要表现在以下几点。

1. 门到门交接

门到门交接（DOOR/DOOR，door to door）是指承运人在发货人的工厂、仓库接收所托运的货物并负责全程运输，直到在收货人的工厂、仓库完成交货为止。

2. 门到场交接

门到场交接（DOOR/CY，door to CY）是指承运人在发货人的工厂、仓库接收所托运的货物并负责全程运输，直到在目的港的集装箱堆场完成交付货物为止。

3. 场到门交接

场到门交接（CY/DOOR，CY to door）是指承运人在装运港的集装箱堆场并接收所托运的货物并负责全程运输，直到收货人的工厂、仓库交付货物为止。

4. 门到站交接

门到站交接（DOOR/CFS，door to CFS）是指承运人在发货人的工厂、仓库接收所托运的货物并负责全程运输，直到目的地集装箱货运站交付货物为止。

5. 场到场交接

场到场交接（CY/CY，CY to CY）是指由承运人在装运港的集装箱堆场接收所托运的货物并负责全程运输，直到目的港集装箱堆场交付货物为止。

6. 场到站交接

场到站交接（CY/CFS，CY to CFS）是指承运人在装运港的集装箱堆场接收所托运的货物并负责全程运输，直到目的地的集装箱货运站交付货物为止。

7. 站到门交接

站到门交接（CFS/DOOR，CFS to door）是指承运人在收货地的集装箱货运站接收所托运的货物并负责全程运输，直到收货人的工厂、仓库交付货物为止。

8. 站到场交接

站到场交接（CFS/CY，CFS to CY）是指承运人在收货地的集装箱货运站接收所托运的货物并负责全程运输，直到目的港集装箱堆场交付货物为止。

9. 站到站交接

站到站交接（CFS/CFS，CFS to CFS）是指承运人在收货地的集装箱货运站接收所托运的货物并负责全程运输，直到目的地的集装箱货运站交付货物为止。

其中，场到场交接（CY to CY）最为常见，门到门交接（Door to Door）最能体现集装箱运输的优越性。

3.3.4　集装箱货物的交接形态

集装箱货物的交接主要有两种基本的形态：整箱货和拼箱货。

整箱货（full container load，FCL）指箱内货物只有一个提单号，也即一票货物。当发货人的货物能装满或接近装满集装箱，或者即使装不满，但整箱运输低于拼箱运费，或急于出运时，则采用整箱运输。

拼箱货（less than container load，LCL）指箱内货物有两个或两个以上提单号，也即有两票或两票以上货物。当发货人将各自小批量货物交给承运人，承运人根据流向相同、货物相容的原则将这些货物装入同一个集装箱进行运输。

1. 根据集装箱货物的交接形态，交接方式可以分为以下四类

（1）整箱交，整箱接（FCL/FCL）。发货人把整箱货交给承运人，收货人在目的地同样整箱接货，换言之，承运人以整箱为单位负责交接。DOOR/DOOR、DOOR/CY、CY/DOOR、CY/CY 即属于整箱交、整箱接。

（2）拼箱交、拼箱接（LCL/LCL）。发货人将不足整箱的小批量货物交给承运人，收货人在目的地接收货物，换言之，承运人以货物的实际单位负责交接。CFS/CFS 属于拼箱交、拼箱接。

（3）整箱交，拼箱接（FCl/LCL）。发货人把装满货后的整箱交给承运人，在目的地的集装箱货运站由承运人负责拆箱后，各收货人凭单接收各自的小批量货物。DOOR/CFS、CY/CFS 属于整箱交、拼箱接。

（4）拼箱交，整箱接（LCI/FCL）。发货人将不足整箱的小批量货物交给承运人，由承运人分类调整把同一收货人的货集中拼装成整箱，运到目的地后，承运人以整箱交付，收货人以整箱接。CFS/DOOR、CFS/CY 则属于拼箱交、整箱接。

2. 整箱货与拼箱货的区别

整箱货与拼箱货的区分有重要意义，涉及承托双方的责任、义务及作业模式具体表现在以下几方面。

（1）关系方不同。对于货主，整箱货一般只有一个托运人、一个收货人，拼箱货通常有几个发货人、几个收货人。对于承运人，通常船公司较少直接开展拼箱业务，拼箱货一般由集拼经营人或无船承运人接受托运，集拼经营人或无船承运人再以发货人名义向船公司托运整个集装箱。

（2）装拆箱责任人不同。整箱货由发货人自行装箱，办理货物出口报关手续，通关后施加铅封，运抵目的地后由收货人负责拆箱，承运人与货主之间的交接都是以整箱为单位进行；拼箱货由承运人（契约承运人，通常是集拼经营人或无船承运人）在接货地拼箱（mixed stuffing）和装箱（stuffing）（vanning），在目的地拆箱（devanning），货物的装箱和拆箱均由承运人负责。

（3）交接地点不同。所有在 CY、DOOR 交接的货物都是整箱货，所有在 CFS 交接的货物都是拼箱货，反之亦然。

（4）交接状态不同。整箱货按照集装箱数量的正确和箱体外表的良好交接；拼箱货按照货物的实际状况和提单记载交接。

（5）交接责任不同。承运人在全程运输中保证整箱货箱体外表状况良好、铅封完整状态下交接，对集装箱内部装载不负责任，故整箱提单通常加注“发货人装箱、计数与铅封”等不知条款，且这些条款能够有效保护承运人；拼箱货与非集装箱运输的传统货运相似，承运人须交付与提单记载相同的且表面状况良好的货物。

3.3.5 集装箱拼箱运输的注意事项

集装箱拼箱运输作为一种灵活且经济实惠的运输方式，特别适用于数量较少的货物或小型企业的出口运输。多个货主的货物通过合理拼装，使集装箱空间得到充分利用，从而降低每个货主的运输成本。但拼箱货与整箱货相比，无论是在手续、时间还是运价上的差别都很大。作为出口方，在业务中应注意以下几方面。

（1）不接受指定船公司。船公司通常只接受整箱货物的订舱，而不直接接受拼箱货的海运订舱，因此只有通过货运代理公司将拼箱货拼整后才能向船公司订舱。一般的货运代理公司由于货源的局限性，只能集中向几家船公司订舱，很少能满足指定船公司的需求，因此，出口方在成交拼箱货时尽量不要接受指定船公司，以免在办理托运时无法满足要求。

（2）不禁用货代单。贸易合同与信用证不能要求船东单，如规定拼箱货不接受货运代理公司签发的提单（HOUSE B/L），将无法满足要求。因船公司不直接接受拼箱货的订舱，所以船公司的海运提单（船东单）是签给货运代理公司的，而由货运代理公司再签发 HOUSE B/L 给发货人。如果规定不接受货代单，那么实际运输办理时就没有选择空间。

（3）航线与船期确认。对于较偏僻的航线及港口，客户提出要交货到内陆点的拼箱货物，成交签约前应咨询清楚，确认有货运代理公司或物流公司可以提供这些偏僻港口、内陆点的拼箱交货服务并能确认相关费用。

（4）标记和唛头清晰。整箱运输时如有个别包装的标记和唛头不清，不会影响整批货物的提取。但拼箱货就不同了，集装箱里装着多个发货人的货物，一旦标志不清就很难辨认，容易导致短交（short delivery）和纠纷。

（5）注意货物计费吨的精确。对于拼箱货主来说，交货之前应该尽可能准确地测量货物的重量和尺寸，因为集装箱货运站通常会重新测量，并将重新测量的尺寸和重量用于收费。所以，提供准确的包装尺寸、重量等信息，可以有效避免最后产生的费用和最初的报价不符以及货物超标不能发运的情况。

（6）小心最低计费标准。有些港口由于拼箱货源不足、成本偏高等原因，有些拼箱公司对货量较少的货物采取最低收费标准，如最低起算为 2 个运费吨，即不足 2 个运费吨，按 2 个运费吨计价收费。因此，对货量较小的拼箱货物，在其成交时要多考虑到这些因素，以免日后被动。

工作任务一

扫码获取业务资料，按要求完成工作任务。

____

____

____

____

任务完成情况评价表

（第____模块，任务____，工作任务____）

评价项目	满分	自评得分	互评得分	师评得分
正确理解知识	25			
业务分析处理方法得当	25			
表达清晰准确	15			
业务处理结果正确	35			
合计	100			
综合得分（自评得分×10%+互评得分×30%+师评得分×60%）：				
个人任务完成情况小结				

工作任务二

扫码获取业务资料，按要求完成工作任务。

任务完成情况评价表

（第____模块，任务____，工作任务____）

评价项目	满分	自评得分	互评得分	师评得分
正确理解知识	25			
业务分析处理方法得当	25			
表达清晰准确	15			
业务处理结果正确	35			
合计	100			
综合得分（自评得分×10%+互评得分×30%+师评得分×60%）：				
个人任务完成情况小结				

工作任务三

扫码获取业务资料，按要求完成工作任务。

任务完成情况评价表

（第____模块，任务____，工作任务____）

<table>
<tr><td>评价项目</td><td>满分</td><td>自评得分</td><td>互评得分</td><td>师评得分</td></tr>
<tr><td>正确理解知识</td><td>25</td><td></td><td></td><td></td></tr>
<tr><td>业务分析处理方法得当</td><td>25</td><td></td><td></td><td></td></tr>
<tr><td>表达清晰准确</td><td>15</td><td></td><td></td><td></td></tr>
<tr><td>业务处理结果正确</td><td>35</td><td></td><td></td><td></td></tr>
<tr><td>合计</td><td>100</td><td></td><td></td><td></td></tr>
<tr><td colspan="5">综合得分（自评得分×10%+互评得分×30%+师评得分×60%）：</td></tr>
<tr><td>个人任务完成情况小结</td><td colspan="4"></td></tr>
</table>

知识点自测

一、单项选择题

1. CFS/CFS 运输条款下，_______负责提取空箱。

A. 发货人　　B. 船公司
C. 堆场　　D. 货运站

2. 在国际集装箱海运实践下，国际货运代理人作为 CONSOLIDATOR 时与收发货人所采用的集装箱货物交接方式主要是_______。

A. CY/CY　　B. CY/CFS
C. CFS/CFS　　D. CFS/CY

3. 在集装箱运输中，能够实现“门到门”运输的集装箱货物交接方式是______。

A. LCL/LCL　　B. FCL/FCL
C. LCL/FCL　　D. FCL/LCL

4. 集装箱货物交接方式中 LCL/FCL 的意思是______。

A. 整箱交，整箱接　　B. 整箱交，拆箱接
C. 拼箱交，拆箱接　　D. 拼箱交，整箱接

5. 集拼经营人作为承运人时对集装箱货物的交接方式通常是______。

A. CY/CY　　B. CFS/CFS
C. CFS/CY　　D. CY/CFS

6. LCL 由______负责装箱施封。

A. 托运人　　B. 收货人
C. 海关　　D. 承运人

二、多项选择题

1. 国际货运代理企业在海运拼箱货的操作中，下列表述正确的有______。

A. 拼箱货操作一般不能接收指定货（即指定船公司的货物）
B. 拼箱货操作一般应接收指定货
C. 收到拼箱货时不要核定丈量货物的尺码及重量
D. 收到拼箱货时要核定丈量货物的尺码及重量

2. 下列______不属于集装箱整箱接收、整箱交付方式。

A. DOOR TO CY　　B. CY TO CY
C. CY TO CFS　　D. CFS TO DOOR

三、判断题

1. 在国际海上集装箱货物运输中，整箱货（FCL）是指由货方负责装箱和计数并加封的集装箱货物，通常只有一个发货人和收货人。

2. 当使用集装箱运输货物时，卖方通常将货物在集装箱码头移交给承运人，而不是交到船上，这时不宜使用 FOB 术语，而应使用 FCA 术语。

任务 3.4　集装箱船舶配积载

集装箱箱位编号

情境导入

广西太茧丝绸公司拟在暮春时节从广州出口一批 6A 级高级生丝至意大利，装于 1×20’GP 和 2×40’GP。由于担心汗湿，发货人要求集装箱不能装载于甲板上，承运人对此予以确认。

船舶抵达装港预配后，承运人发函告知广西太茧丝绸公司所述货物装于船舶的位置为：180608、220312、231084。

作为广西太茧丝绸公司的业务员，请在图 3–7 中标注上述货物的位置，并判断是否满足要求。

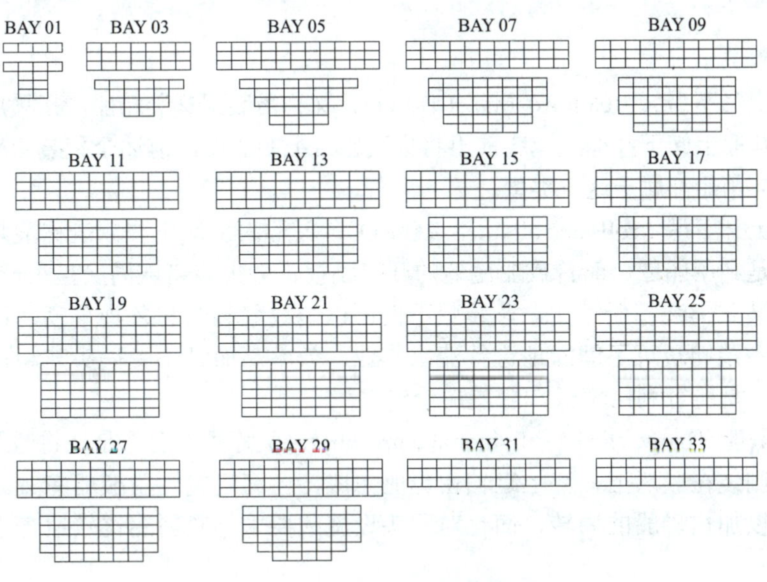

图 3–7　货物的位置示意图

业务知识

船舶配积载就是要按照船舶既定的技术规范，科学合理地分配所载运货物在船舶上的具体位置，以保证船舶的航行安全和货物的运输安全，并兼顾码头堆场的作业要求。根据海牙规则、海牙维斯比规则与《中华人民共和国海商法》的规定，承运人积载不当构成管货不当、违反法定义务，须承担由此导致的货物灭失或损坏的赔偿责任。

3.4.1 集装箱船舶的类型与特点

集装箱船舶又称货柜船，指专门或主要用于装运国际标准集装箱的船舶。

（一）集装箱船舶类型

集装箱船舶根据其用途、装卸方式、发展历程等差异可分为如下几种类型。

1. 按用途分类

（1）半集装箱船（semi-container ship）。指可同时装载集装箱和普通杂货的船舶。集装箱专用舱一般是选择设置在船体的中央部位，船首和船尾因现状不规则，用于装载普通杂货。半集装箱船一般适用于集装箱货源不足但有较多的特种货（如钢材、木材等）的航线。

（2）兼用集装箱船（convertible container ship）。又称为可变换的集装箱船，船舶在舱内备有简易可拆装的设备用于装运集装箱，当装运普通杂货或其他散货时，可将相关设备拆下。散/集两用船（bulk/container carrier）或多用途货船（multipurpose cargo ship）都属于兼用集装箱船。

（3）全集装箱船（full container ship）。船舶的所有货舱是专门为装运集装箱而设计的，不能装载其他货物，这种船也称为集装箱专用型船。全集装箱船的船舱和甲板均可用于装载集装箱。

2. 按装卸方式分类

（1）吊上吊下型（lift on/lift off，LO/LO）。又称吊装式集装箱船，指采用集装箱起重机将集装箱从船上卸下并能从码头前沿将集装箱装上的船舶。前述全集装箱船、兼用集装箱船和半集装箱船都属于这一类型。

（2）开上开下型（roll on/roll off，RO/RO）。又称滚上滚下型，统称滚装船、滚装式集装箱船，是利用船舷、船首或船尾处的开口跳板，将集装箱连同底盘车一起拖进（出）船舱。与吊装式集装箱船相比，滚装船不仅可以装载集装箱和各种车辆，还可装运其他超大件货物；装卸货可不间断地进行流水作业，效率高而且不受码头装卸设备的限制。其主要的缺点是舱容利用率低，船舶造价较高。

（3）载驳船（barge carrier；lighter aboard ship）。又称子母船，是指将驳船装入母船体内，集装箱则装在驳船上，海上运输由母船完成，内河运输则由驳船完成。采用载驳船方式运输可以加快母船的周转，简化对码头设施的要求。载驳船比较适合于江海联运的情况。

（二）集装箱船的结构特点

考虑到使用的广泛性和典型性，这里的集装箱船仅指吊装式全集装箱船，又称集装箱专用船。其结构特点如下。

（1）大舱口。集装箱船的机舱基本上设置在尾部或偏尾部。这样布置主要是为了使货舱尽可能地方整，以便更多地装载集装箱。船体由水密横舱壁分隔为若干货舱，货舱口大，货舱口宽度等于货舱宽度，可达船宽的70%～90%，以便于集装箱的装卸和充分利用货舱容积。

（2）船型尖瘦。集装箱船船体线型较尖瘦，外形狭长，船宽及甲板面积较大，以保证较高的航速和合理的甲板装载。为防止波浪对甲板上集装箱的直接冲击，设置较高的船舷或在船首部分设置挡浪壁。

（3）单甲板。集装箱船为单甲板，上甲板平直，无舷弧和梁拱，一般不设置起货设备，在甲板上可堆放集装箱，直接堆装在舱口盖上，并有专用的紧固件和绑扎装置，以利于固定货箱。

（4）格栅结构。货舱内装有固定的格栅结构，以便于集装箱装卸和防止船舶摇摆时箱子产生移动。格栅结构由角钢立柱、水平桁材和导箱轨组成。在装卸时，集装箱可通过导箱轨顶端的喇叭口形的导槽，顺着导箱轨顺利地出入货舱。装在舱内的集装箱被放置在格栅结构的箱格中，因此无需对其进行紧固。

（5）双层船体。船体为双层结构，具有两重侧壁和双层底。通常在船体两侧和船底部不能装载集装箱的部位设置边深舱和双层底舱，可装压载水以调整船舶的稳性。这种结构大大地增强了船舶的纵向强度。

由于集装箱船在港停泊时间短，提高船舶航速能加快船舶的周转，而且船舶大型化可以实现规模经济，因此，远洋航行的吊装式全集装箱船正在朝日趋大型化、高速化的方向发展。目前全球最大的集装箱船，船体总长达 399.99 m，船体型宽 61.30 m，甲板面积达 24 000 m^2，最大单 bay 堆箱层可达 25 层，相当于 22 层楼的高度，一次可装载近 25 000 个 20 ft 标准集装箱，载重量近 240 000 t。

3.4.2 集装箱船舶配积载

集装箱船与普通货船一样，为了船舶的航行安全和货物的运输安全，减少在中途港的倒箱，缩短船舶在港停泊时间，保证班期相对准时和提高经济效益，需要进行配积载。

1. 集装箱船舶配积载的含义与作用

船舶的配载和积载有不同的含义。集装箱船舶的配载，就是根据船舶航线、船舶装载条件及装载情况、集装箱货物的性质与目的港等因素对将要装载上船的集装箱进行船上箱位预配；集装箱船舶配载图即集装箱船装船的计划图，又称计划配载图、配载计划。

码头根据配载图进行装船，在装船过程中实际箱位可能会有调整，根据实际装箱情况而编制的船图称为积载图，又称最终积载图或主积载图。换而言之，积载图是根据配载图在集装箱装船以后，按每个集装箱在船上的实际位置所画的图。

集装箱船舶配载的作用包括以下几方面。

① 结合船舶稳性、吃水差、负荷强度、抗剪强度等技术规范，保证船舶的安全航行。

② 满足不同货物的装运要求，保证货物运输的安全。

③ 充分利用船舶的运输能力，提高船舶的箱位利用率。

④ 合理安排堆场进箱计划，减少翻箱倒箱，提高堆场利用率。

⑤ 有效组织码头的装船作业，提高生产作业效率。

2. 集装箱船舶配积载的基本要求

集装箱船舶的合理配积载对确保船舶安全、防止货损货差、充分利用船舶载货容积和载重能力，以及提高装卸效率和提高船舶运输的经济效益等都具有重要意义。船舶配积载应满足以下基本要求。

（1）保证集装箱船舶具有适度的稳性。稳性是指船舶受外力作用发生倾斜，外力消失后船舶自行恢复到原来平衡位置的能力。集装箱船舶甲板载货后，船舶重心高，受风面积大，配积载时应合理搭配集装箱在上下层的轻重，保证船舶适当的稳性。

（2）保证集装箱船舶具有适当的吃水差。吃水差指船首与船尾吃水的差值，适当的吃水差可使船舶具有良好的操纵性，减少甲板上浪。配积载时应注意集装箱重量在船舶纵向上的分配，特别是集装箱船舶在吃水受限港口时。

（3）保证集装箱船舶的安全强度。集装箱船舶大多为艉机型，油舱、淡水舱一般也集中于艉部，在开航满载时容易出现中拱，且集装箱船为大舱口，纵向强度本来就弱，因此配积载时要适当在船中多配重箱。同时也应注意堆积负荷，即舱底、甲板和舱盖上所允许堆积集装箱的最大重量。

（4）充分利用船舶箱位。由于集装箱船舶箱位容量和净载重量的相互制约，配积载时须充分利用集装箱船舶的载重量和容积，尽量达到满载满舱。

（5）保证货物运输质量。根据货物的生物及理化性质选定装载舱位，对危险品箱必须满足限制规定和隔离要求；对冷藏箱要保证电源接通等。

（6）满足航线港口作业要求。对集装箱船配积载要有全航线整体观点，应考虑沿线挂靠各港的装卸作业需要，避免在中途港翻舱、倒箱，避免同港卸箱过分集中，避免船舶左右舷失衡；同时在港口应符合堆场取箱规则，符合船舶作业计划要求，保证港口机械能够合理、有序移动。

3. 集装箱船舶配积载过程

集装箱船舶配积载由船公司和港口装卸公司共同完成，其编制过程如下。

（1）根据本航次集装箱装货清单上拟装载的货物，船公司配载中心、船舶大副或船舶代理人依据船舶装载能力和航行条件等，按不同卸货港顺序，编制集装箱预配图。

（2）船公司或其代理人通过传真、电传、电子邮件或电子数据交换等方式将集装箱预配图递交港口装卸公司。

（3）港口装卸公司收到预配图后，根据码头集装箱的实际进箱情况和堆放情况编制集装箱配载图（又称实配图）。

（4）待集装箱船舶靠泊后，装船前港口装卸公司将实配图送交船长或大副审核，经船方同意后签字认可。

（5）港口装卸公司按船方签字认可的配载图装船，在装船过程中若需要进行调整，由船方、港方协商，同时，集装箱船现场理货员对实际情况进行记录。

（6）装船完毕后，理货公司按船舶实际装载情况，编制最终积载图。

集装箱船舶预配图、实配图及积载图通常包括全船行箱位总图（封面图，如图 3-8 所示）和每行位一张的行箱位图（BAY 位图，如图 3-9 所示）。

图 3-8 和图 3-9 中显示每一个集装箱的箱位安排，可用 6 个阿拉伯数字表示，即集装箱船舶箱位编号。

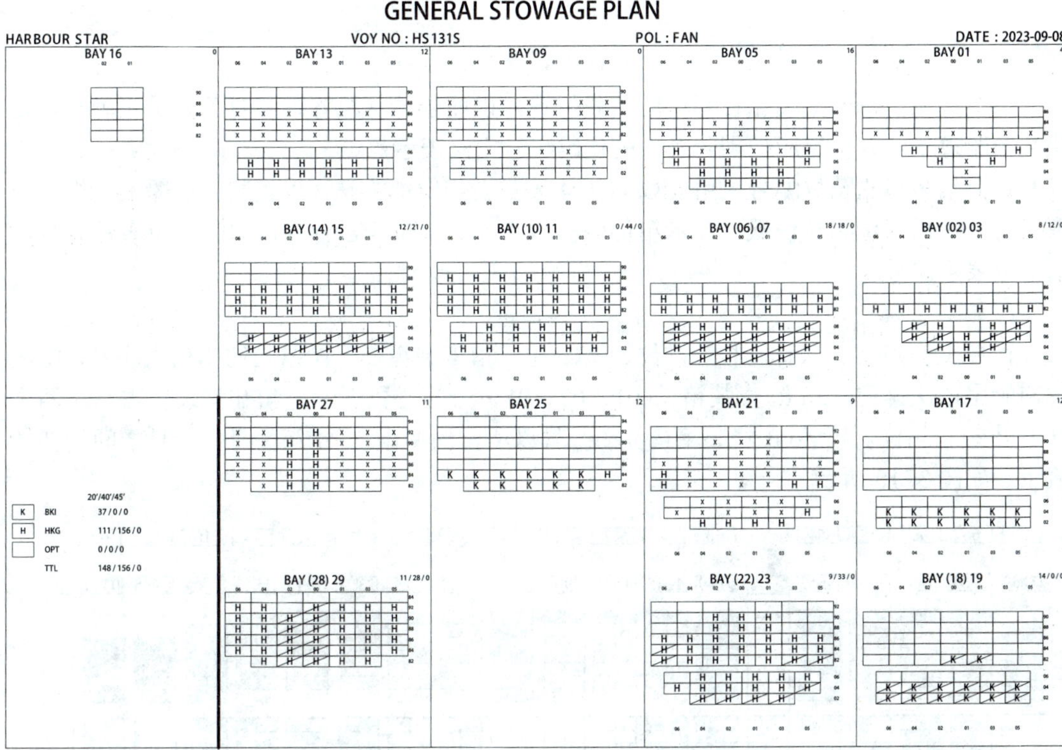

图 3-8 全船行箱位总图（封面图）

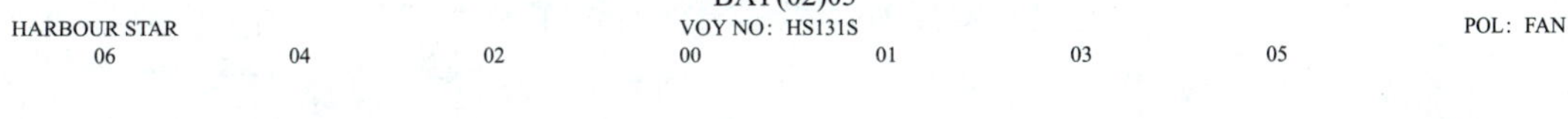

	06	04	02	00	01	03	05
86							
84							
82	HKG/HKG*MUA DFSU7508390 HLK B 4.0 4510 ……020682	HKG/HKG*MUA TCLUB009954 HLK E 4.0 4510 ……020482	HKG/HKG*MUA WFHU5200546 HLK E 4.0 4510 ……020282	HKG/HKG*MUA TRLU6860537 HLK E 4.0 4510 ……020082	HKG/HKG*MUA DFSU7043749 HLK E 4.0 4510 ……020182	HKG/HKG*MUA TCNU7119255 HLK E 4.0 4510 ……020382	HKG/HKG*MUA DFSU6828819 HLK E 4.0 4510 ……020582
08		HKG/STN*BTU TCKU2409149 HLK F22.9 2210 ……030408	HKG/HKG*BTU TCLU6615269 HLK F26.1 4510 ……020208		HKG/HKG*BTU CIPU5279322 HLK F26.1 4510 ……020108	HKG/STN*BTU GAOU2135140 HLK F22.9 2210 ……030308	
06		HKG/STN*BTU DRYU2064814 HLK F22.9 2210 ……030406	HKG/SHE*BTU TCLU2645769 HLK F23.0 2210 ……030206	HKG/HKG*BTU TCNU4328971 HLK F26.1 4510 ……020006	HKG/STN*BTU DRYU2046240 HLK F22.9 2210 ……030106	HKG/SHE*BTU FCIU5687939 HLK F23.0 2210 ……030306	
04			HKG/XMN*BTU TGBU3684406 HLK F27.0 2210 ……030204	HKG/HKG*BTU CAIU8072631 HLK F24.4 4510 ……020004	HKG/XMN*BTU TGBU2397084 HLK F27.0 2210 ……030104		
02				HKG/HKG*BTU DFSU7505908 HLK F24.5 4510 ……020002			

04 02 00 01 03

图 3-9 行箱位图（BAY 位图）

3.4.3 集装箱船舶箱位编号

为准确表示每一集装箱在船上的装载位置，以便于计算机管理和有关人员正确辨认，集装箱船每一装载位置应按国际统一的代码编号方法表示。

目前集装箱船箱位编号采用 ISO/TC104 委员会规定的方法。以集装箱在船上呈纵向布置为前提，以 6 位阿拉伯数字表示箱位坐标，其中前 2 位表示行号，中间 2 位表示列号，后 2 位表示层号。

1. 行号

行号（Bay No.）又称行位、排位、BAY 位，指集装箱在船舶纵向的排列次序号，由船首向船尾依次排列，20 ft 集装箱以 01、03、05……的奇数表示，40 ft 集装箱占用了两个 20 ft 集装箱箱位，该 40 ft 集装箱箱位的行号以所占的两个 20 ft 箱位奇数行号之间的偶数表示。如图 3-10 所示。

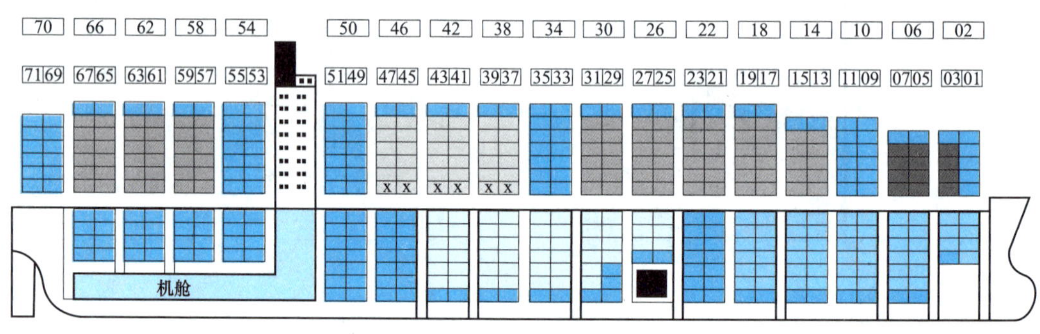

图 3-10 集装箱箱位编号行号示意图

2. 列号

列号（Row No.or Slot No.）又称列位，指集装箱在船舶横向（左右方向）的排列顺序号。列号从船舶中间向两侧展开，自船中向右舷以 01、03、05…的奇数表示，自船中向左舷以 02、04、06…的偶数表示。若列数为奇数时，中间一列以 00 表示。如图 3-11 所示。

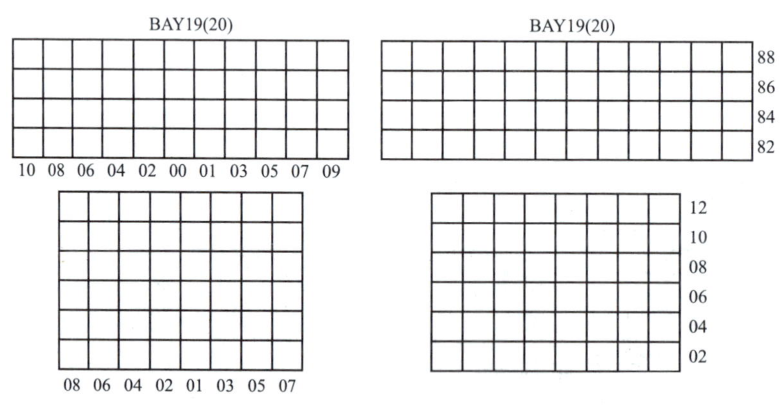

图 3-11 集装箱箱位编号列号、层号示意图

3. 层号

层号（Tier No.）又称层位，指集装箱在船舶垂向（上下方向）的排列序号，层号用偶数编号，需要注意的是，舱内和舱面分开编号，舱内从船舱最底层开始，自下而上以 02、04、

06 …的偶数表示；舱面也从甲板上最底层开始，自下而上以 82、84、86 …的偶数表示。如图 3-11 所示。

以行号、列号和层号的组合表示的箱位编号，对应于船舶的一个三维坐标。每艘船的每一个装载位置都会对应于唯一的以该 6 位数字表示的箱位坐标；反之，一定范围内的某一箱位坐标，必定对应于船上的一个特定且唯一的装载位置。例如，箱位 050382 表示这个 20 ft 集装箱装载于船舶的第 3 排（贝）左舷第 2 列甲板第 1 层。

3.4.4 集装箱堆场箱位号

集装箱码头是海运与陆运的连接点，是水陆联运的枢纽，是换装转运的中心和货物的交接点。集装箱码头包括锚地、航道、泊位等水域及码头前沿、堆场、控制室、闸口等陆域场所；堆场是集装箱码头堆放集装箱的场地，是用于交接和保管集装箱的场所。

1. 堆场箱区的划分

码头箱管人员在安排箱区时，原则上是相对固定的，但会根据码头进出口箱的情况、实际堆存情况、船舶到港情况和船公司用箱情况等因素，适当调整各箱区的比例。堆场箱区可按不同标准划分：按进出口业务可分为进口箱区、出口箱区和中转箱区；按集装箱货种可分为普通箱区、冷藏箱区、危险品箱区和特种箱区；按装载状态可分为空箱区和重箱区；按货物流向可分为外贸箱区和内贸箱区。因危险品箱区、冷藏箱区、中转箱区有特殊设备或特殊要求，该箱区通常相对固定。

2. 堆场的箱位号

堆场的箱位号指用一组代码来表示集装箱堆放在码头堆场的位置，又称为场箱位。场箱位还没有统一的编码规则，各港口略有差异，但大同小异。

场箱位由箱区、贝位、排、层组成。

（1）箱区。用英文字母或者阿拉伯数字表示，第 1 个字符表示泊位号，第 2 个字符表示堆场从海侧到陆侧后方堆场的顺序号。例如 A3 箱区表示 A 泊位第 3 箱区；31 箱区表示 3 号泊位第 1 箱区。

（2）贝位。又称位、间，指集装箱在箱区的长度位置。一般用两位阿拉伯数字表示，与集装箱船舶行箱位号表示类同，奇数 01、03、05…依次表示 20 ft 集装箱箱位，偶数 02、04、06…表示 40 ft 集装箱箱位。

（3）排。用一位阿拉伯数字表示，指集装箱在箱区的宽度位置。常用的龙门起重机一般跨度为六箱一车道，因而排数的编码从 1 到 6 即可，一般从车道的另一侧开始。

（4）层。用一位阿拉伯数字表示，指集装箱堆放的高度位置。堆场的龙门起重机一般通常最高能堆 6 层，因而层数的编码也只要 1 位，从 1 到 6 即可，从底层开始。

因此，集装箱的场箱位一般由 6 位字符表示，例如 C30246 表示该 40 ft 集装箱所在位置为 C3 箱区 02 贝位 4 排 6 层。

工作任务一

A 货运代理公司接受客户委托，办理 2×20’GP 和 1×40’GP 货物的出运，从中国钦州经中国香港至德国汉堡。适值圣诞出货旺季，货物在中国香港遇上爆舱，两次预配均被甩柜，被滞留了近 10 d，造成客户极大焦虑，且客户对 A 货运代理公司的信任感日渐降低。

后经过积极争取，货物终于在中国香港装上船，A 货运代理公司取得了如下的配载图，如图 3-12 所示。

请发函告知客户货物的箱位编号，以更好地取信于客户。

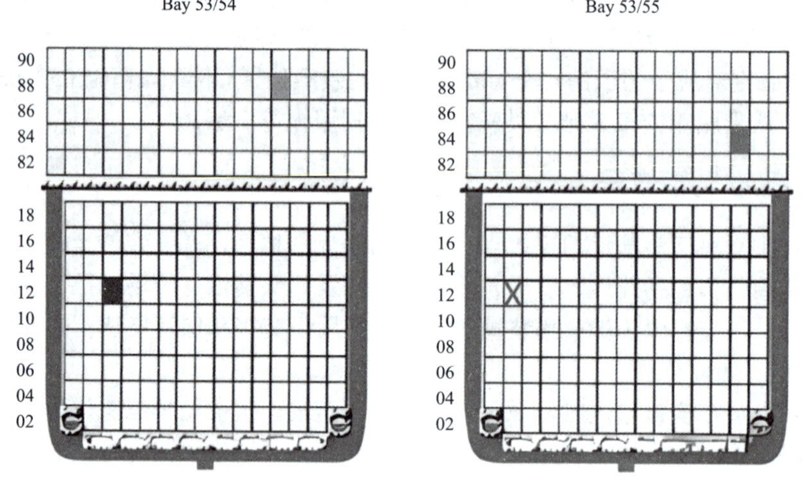

图 3-12 货物配载图

工作任务二

我国 B 外贸公司从马来西亚进口两个集装箱的特级烟片胶，用于生产农业飞机的轮胎。为避免高温、潮湿加速橡胶的老化，订舱时 B 公司要求集装箱远离船舶机舱，在甲板上不能堆积于最上层及两侧最外部，此要求得到了订舱货运代理公司的确认。

装船后，B 公司获知了方位图，如图 3-13 所示。作为 B 公司的业务员，请写出该货物的箱位编号，并判断是否满足要求。

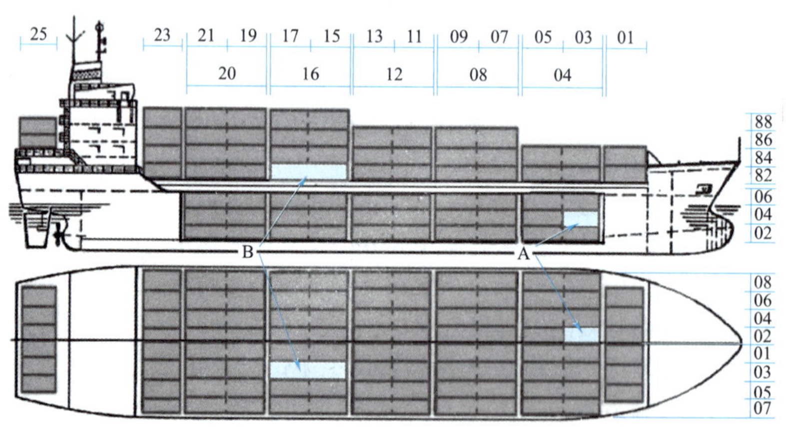

图 3-13 装载特级烟片胶的集装箱方位图

工作任务三

三季度是集装箱运输市场的传统旺季，通常会出现运价上升、舱位紧张的现象。尽管全球供应链的众多环节仍不畅通，但 C 货运代理公司还是感受到了外贸增速，用箱难、订舱难再现，不时遇上甩货。

由于 C 货运代理公司实力雄厚，且与班轮公司签订了合作协议，舱位紧张反而成为彰显公司实力的机会。故 C 货运代理公司要求发送装船通知时增加箱位编号，以使客户放心。

下列船舶已装载完毕，货运代理公司代理的货物装于如图 3-14 所示的位置。作为货运代理公司的业务员，请写出图示三个箱的箱位编号，以告知相关客户。

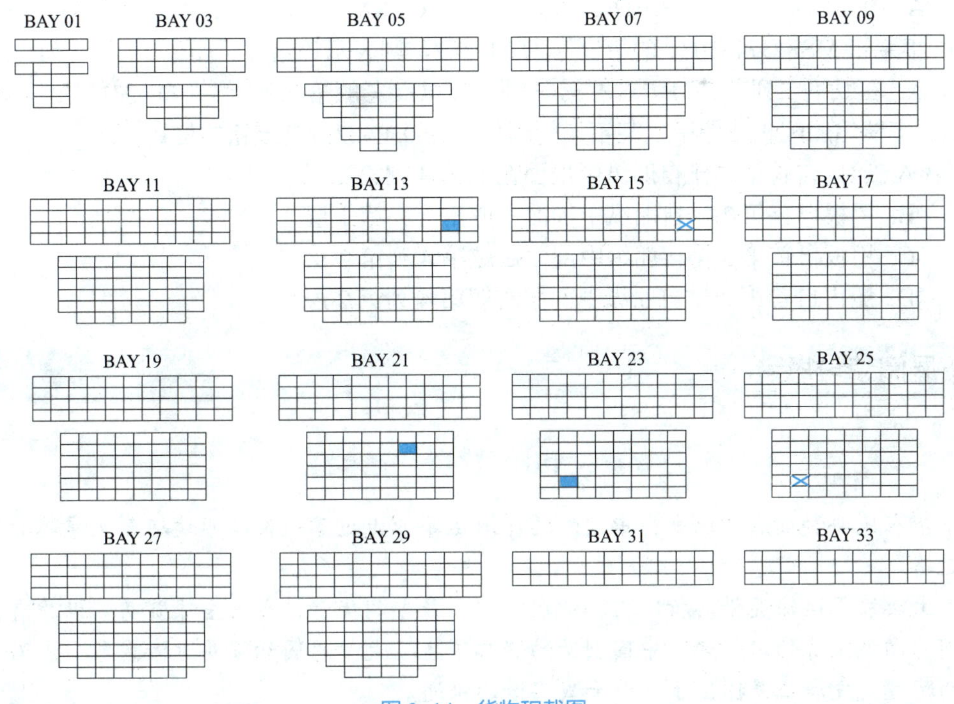

图 3-14　货物积载图

◆ 知识点自测

单项选择题

1. BAY 位图的 340284 表示该集装箱长度为________。

　A. 10 ft　　B. 20 ft　　C. 30 ft　　D. 40 ft

2. BAY 位图的 150688 表示装在甲板上的第________层。

　A. 1　　B. 2　　C. 3　　D. 4

3. ________会显示集装箱箱位编号。

　A. 托运单　　B. 集装箱设备交接单

　C. 配载图　　D. 场站收据

4. 在集装箱配载图箱位编号的列位，自船中向右舷用________表示。

　A. 偶数　　B. 奇数　　C. 小数　　D. 负数

5. 集装箱在船上的装载位置可以用________表示，其中前两位表示________的位置。

　A. 六位字母；沿船长方向　　B. 六位数字；沿船长方向

　C. 六位字母；沿船宽方向　　D. 六位数字；沿船宽方向

6. 集装箱在船上的装载位置可以用________表示，其中中间两位表示________的位置。

A. 六位数字；沿船宽方向　　B. 六位数字；沿船长方向
C. 六位字母；沿船宽方向　　D. 六位字母；沿船长方向

7. 集装箱船预配图由________完成。
A. 托运人　　B. 承运人　　C. 码头　　D. 海关

8. 集装箱 CCLU3664664 配载于 010282 处，此集装箱的 bay 位是________。
A. 01　　B. 02　　C. 82　　D. 64

9. 集装箱 MSKU7451031 的箱位号为 040382，则表示该箱位于船中_______列。
A. 右舷第二列　　B. 右舷第三列　　C. 左舷第二列　　D. 左舷第三列

10. 集装箱船配积载图中，某箱子的箱位号为 030482，则该箱的位置在_______。
A. 舱内自首第 3 排自船纵中剖面左舷第 4 列第 2 层
B. 甲板自首第 2 排自船纵中剖面左舷第 2 列第 1 层
C. 甲板自首第 3 排自船纵中剖面右舷第 4 列第 2 层
D. 舱内自首第 2 排自船纵中剖面右舷第 4 列第 2 层

◆ 拓展阅读与思考

徐斌：中国远洋船长的梦想

中华人民共和国成立以来，中国的远洋海运事业走过了一条崎岖坎坷而又卓越非凡的发展道路。

海上集装箱运输凭借其标准化、低成本、高效率的优势，成为全球贸易的助推者，也是中国外向型经济的助推者。中国制造的崛起催生了大量的国际贸易运输需求，中国远洋海运的跨越式发展正是抓住了这个千载难逢的机遇。

在越织越密的跨洋航线上、星罗棋布的国际港口间，曾任职于中远海运所有的集装箱船型、从一个充满热血的实习生成为中国远洋船长中优秀一员的徐斌，亲历了中国集装箱航运由初创到强大的发展历程。

今非昔比的巨变

给远洋航运业带来革命性变革的集装箱船从 20 世纪 50 年代开始出现，到 1978 年欧美不少国家已经有大型集装箱船，装卸速度远快于传统的散杂货船。但彼时，绝大多数国人还不知集装箱为何物。

由于西方国家贸易封锁，20 世纪 60 年代初，中国远洋事业才蹒跚起步，最初只有 8 艘小型杂货船，航线也仅限于中日、中朝航线，涉及 10 多个港口。在 20 世纪 80 年代初，经采取投资建新船、贷款买新船和“二手船”相结合的办法，中远航运的船队发展到 100 多艘，形成由杂货船、散装船、多用途船、半集装箱船和滚装船等多类型船组成的综合性远洋运输船队。

1978 年 9 月 26 日，中国第一艘集装箱船“平乡城”运载 162 个集装箱从上海启航前往澳大利亚。首航前，上海远洋公司先买来两个集装箱作为“样品”给员工“启蒙”，几天后被码头工人改造成了厕所……这些都是前辈们讲给徐斌的故事。

“平乡城”首航后的第 2 年 4 月 18 日，紧随着中美建交的脚步，“柳林海”号首航，从上海开到了美国西雅图。“柳林海”在西雅图靠港后，美国港口史无前例地出现了挂有五星红旗的商船，在当时成为中国改革开放的一个象征。

“平乡城”首航10年后，徐斌从航海专业的学生成为一名远洋船员。“我上的第一艘大船叫‘塔河’，是从国际航运巨头马士基公司买来的老二手船。”徐斌对这艘老船最深的印象就是“经常坏”。他告诉《中国报道》记者，一旦在海上碰到恶劣天气就更糟糕，不是舷梯被打坏、就是舷墙被撕开，各种状况层出不穷，海员们总是得在船上忙前窜后。这是最初的船员生活给徐斌留下的最深刻印象，那时看到停靠在同一港口的马士基等国外巨头航运公司的大船、新船，他就羡慕得不得了，心里也暗暗攒着一股劲：“以后，我们也能有这样的大船、新船。”

早年的中国远洋船员与家人沟通基本靠写信，船员都提前写好信，等船只一靠港，就赶紧找最近的邮筒把信寄了。家人想寄信给船员要先打听好船舶挂靠港口的日期，提前把信寄出去，船开走了信才到港的事情经常发生。后来才有了越洋电话，但是因为价格太贵，很多船员都不舍得打。“如今，很多先进的集装箱船上都配备VSAT通信系统，可以为船员提供每天与家人视频对话的服务。”徐斌说。

作为远洋船员，当年最大的福利就是每年可以按规定免税从国外购买电器等商品带回国，这也成为船员这份职业当年最受老百姓羡慕的一点。日立电视机、东芝冰箱、三洋洗衣机、夏普录像机、健伍音响……这些现在的90后可能都不熟悉的品牌，都是徐辉们当年千里迢迢往国内带的稀罕玩意儿，国外的那些饼干、巧克力、服装就更不用说了。而在今天，这些事情都成了“笑谈”。

徐斌说，那些当年在国民心目中近乎崇拜的洋品牌要么没落了，要么被国内的品牌收购了，而本土家电品牌则在国际上拥有了响当当的知名度。中国的商品市场早已告别短缺、走向丰裕，国内消费者没见过、买不到的商品越来越少。中国船员的“福利”早就是老黄历了。

船在变大变新，生活的变化更是日新月异，远洋船员的足迹也在不断向远方延伸。

不断见证历史

“我们这一代船员的确幸运，有机会不断见证历史。”徐斌对《中国报道》记者说。以徐斌为代表的一批船长经历了中国远洋航运全面改革创新的大发展。

徐斌进入公司时，随着国际海上集装箱运输的发展和造船技术的进步，中国远洋船队进行了大规模的更新换代，相继开辟了中国至欧洲、美洲、大洋洲、东南亚、非洲等几乎覆盖世界所有地区的定期班轮，组建了环太平洋集装箱运输网络，越来越多的新船大船被陆续投入运营，越来越多的特色品牌航线应运而生。

2008年，中远海运集团获得希腊最大港口——比雷埃夫斯港2、3号集装箱码头特许经营权，这也是破天荒、头一遭。“在自己公司的码头停靠就是爽！沟通更顺畅、手续更便捷、交接效率更高，这在我们前辈们那时来说是不可想象的。”徐斌深有感触。

徐斌清晰地记得，当他2008年第一次踏上中国首制的万箱船“中远亚洲”时被震撼了，“太大了！”全长349 m、型宽45.6 m的“中远亚洲”让已经有了20年远航航行经验的徐斌甚至隐隐有些担心：“这么大，操纵起来会不会特别难？”“这么多集装箱，能不能装得满？”……

此后10年间，中国自己的超大型集装箱船如同雨后春笋般涌现接连不断入列。特别是2016年中国远洋与中国海运重组成立中国远洋海运集团，中远海运实现了综合运力、干散货船队、油轮船队和杂货特种船队经营规模的“4 个世界第一”，以及码头经营、集装箱租赁、集装箱船队、燃油供应、船舶代理、海工制造规模等“6 个世界前列”。

2018 年，徐斌成为中国首制 2 万箱船的首任船长。当年 1 月，中国自己制造的第一艘 2 万箱集装箱船“中远海运白羊座”交付运营，进入当时全球最大的集装箱船行列。“白羊座”轮是中国第一艘自主知识产权、自行设计建造的世界当时最先进的现代化集装箱船，具有船速快、船舶的自动化程度高、导航定位电子化、避碰自动化、海图电子化、航海资料数字化、通信与航行记录自动化等特点。

在世界上任何一处港口，“白羊座”都是当之无愧的“巨星”，吸引着无数人拍照留念。48 岁的船长徐斌既自豪又无比淡定，此时中国已拥有世界上最大的远洋运输船队。

“白羊座”是个名副其实的“巨无霸”。船长 400 m，型宽 58.6 m，最大高度 71.125 m，最大载重量 197 021 t，货舱与甲板均能装 11 层高标准集装箱，甲板面积比 4 个标准足球场还要大，被业内比作“海上珠穆朗玛”。

船员的生活也是今非昔比。在“白羊座”上，船员都有独立房间，有着最先进的通信设备，可随意在世界上任何一个角落进行微信视频通话，船上还设立了娱乐室、健身房、图书室，甚至还有一个标准篮球场，在浩瀚的太平洋上打一场国际标准的篮球比赛不在话下。

首航“新”巴拿马运河

对徐斌而言，职业生涯迄今为止最大的荣耀是他作为船长首航扩建启用的巴拿马运河。

2016 年 6 月 26 日，举世瞩目的巴拿马运河新船闸开通启用。徐斌驾驶着中远海运巴拿马轮平稳地从大西洋经运河驶入太平洋，成为第一艘通过新建船闸的船舶并载入国际航运史册。

“当天，运河两岸礼炮齐鸣，当地民众载歌载舞，不停热情高呼‘COSCO SHIPPING’‘PANAMA’!”当时的盛况，徐斌依然历历在目，“当天，满载标有‘COSCO’和‘CHINA SHIPPING’集装箱的中远海运巴拿马轮披着朝霞平稳驶入第一级船闸，运河两侧成千上万的民众夹道欢迎，载歌载舞、礼炮齐鸣。在热烈的掌声中，中远海运集团董事长许立荣代表中远海运向巴拿马巴雷拉总统赠送纪念船模，巴雷拉总统向许立荣授予新运河开通纪念银牌，同时，巴雷拉总统接见了我，并赠送了首航纪念牌。”

徐斌海还告诉记者：“在中巴建交后，巴雷拉总统首次来华国事访问期间，带领政府官员和商贸团队拜访中远海运集团总部，当他在集团总部楼下的欢迎人群中看到我时，马上和我握手并向大家介绍说‘徐船长是我的老朋友’。”

“巴拿马运河扩建是国际航运界的一件大事。由中国船舶首先通过，是对中国航运实力的证明。”徐斌深有感触，“我体会到了当地人民对远洋船员、对航海人的热情与尊重，更真切地感受到了中国在世界上的巨大影响力和国家‘一带一路’倡议对当地民众的吸引力!”

从 20 世纪 60 年代初那 8 艘旧船，到小小的“平乡城”轮上那 162 个集装箱，再到今天中国远洋海运集装箱班轮航线已覆盖全球 90 个国家和地区的 294 个港口，每时每刻，都有“COSCO SHIPPING”的船舶航行在地球的每个海域。这一切，是一代代中国远洋船长们传承的梦想。

资料来源：王哲，徐斌. 中国远洋船长的梦想[EB/OL]. 中国报道网，http：//www.chinareports.org.cn/djbd/2019/1008/11308.html.

4

模块 4 进出口货运业务

知识目标

- 掌握国际海上货物进出口业务的一般流程。
- 掌握装货单、场站收据等出口单证的填制与使用方法。
- 掌握提货单等进口单证的使用方法。
- 熟知进出口货物运输中货、船、港方的业务。

能力目标

- 能够制作装货单、场站收据等相关单证。
- 能够辨识与使用流程中的单据。
- 能够根据既往的单据检视业务。

素质目标

- 培养严谨认真的工作态度。
- 培养精诚细致的服务精神。
- 培养担当负责的职业精神。
- 培养全局视野和国际视野。

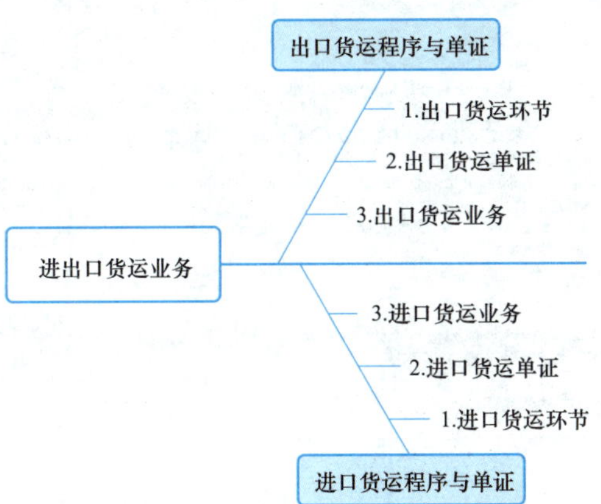

任务 4.1 出口货运程序与单证

情境导入

深圳化工进出口公司拟出口一批货物至巴西，贸易合同签订后，面临装船付运问题。经与中远海运集装箱运输有限公司询价与联系，初步确认可以配装 MV COSCO SHIPPING THAMESESA V.027W。由于装运时间较急，作为跟单业务员，请缮制托运单向船公司订舱，合同、发票与装箱单如图 4-1～图 4-4 所示。

HC21C24C046

1/1

ZHECHEM

SHENZHEN CHEMICALS IMPORT AND EXPORT CORPORATION

NO.37 QINGCHUN ROAD SHENZHEN,310009,CHINA

SALES CONTRACT

Tel:	+8675500000000	S/C No.	HC21C24C046
Fax:	+8675511111111	P/O No.	024. 3744/2021
E-Mail:		Date:	2021-04-15

This Contract s made by SHENZHEN CHEMICALS IMPORT AND EXPORT CORPORATION(here in affer called the Sellers)and MIHA NUODEX INDUSTRIA QUIMICA LTDA AVENIDA RICARDO BASSOLICEZARE,5-JARDIM DAS BANDEIRAS13050-080-CAMPINAS/SP BRAZIL(here in after called the Buyers)whereby the Sellers agree to sell and the Buyers agree to buy the undermentioned commodity(ies)according to the terms and conditions stipulated below:

1.Name of Commodity Specification & Packing	Quantity	'Unit Price	Total Value
			CFR SANTOS BY SEA
CARBENDAZIM 98% max HAP and DAP3.5 ppm NCM:29339959 20mt in BigBags 250kgWITH PLASTIC PALLETS	20000 KGS	USD6.08/KG	USD 121600.00
		Total Amount:	USD 121600.00)

2.Shipping Mark; N/M

3.Insurance: To be covered by the Buyers.

4.Terms of Shipment:

Port ofShipment: YANTIAN CHINA Port of Destination: SANTOS BRAZIL

Time of Shipment: AROUND3 WEEKS FROM THE ORDER

5.Terms of Payment: TT WITHIN 90 DAYS FROM B/L DATE

6.Warranty:

The buyer guarantees that the imported products comply with the laws and regulations of the importing country and are not involved any infringement issues such as intellectual property infringement issues.Otherwise all losses caused by the infringement ssues aforementioned shall be borne by the buyer.

7.Arbitration:

Any dispute arising from or in connection with this Contract shall be submitted o China International Economic and Trade Arbitration Commission(CIETAC) Zhejiang Sub-Commission for arbitration which shall be conducted in accordance with the CIETAC's arbitration rules in effect at the time of applying for arbitration. The arbitral award is final and binding upon both parties.

8.In case that the Buyer has no objection to the quality of the goods 60 days after the B/L date, it shall be deemed as his acceptance of the goods.

9.The Seller's Bank information:

Bank: Bank of China,Zhejiang Branch
321 Feng Qi Road,Hangzhou,Zhejiang Province 310003 P.R.China

Account No:

Beneficiary: SHENZHENCHEMICALS IMPORT AND EXPORT CORPORATION
401358326670 SWIFT NO: BKCHCNBJ123

10.Remarks(Should any other clause in this Contract be in conflict with the following Remarks, the Remarks should be taken as final and binding):

In case this Contract(s) have not been duly countersigned by the Buyers and faxed to the Sellers befbre Apr-25-2021.this Contract(s)will not become effective.

SELLERS: SHENZHENCIEMTCALS IMPORT IND EXPOBT CORPORATIO
深圳化工进出口有限公司
on behalf of

BUYERS:MIHA-NLGDEXINDNSTRIAQUMICALTDA

图 4-1 贸易合同

深圳化工进出口有限公司

SHENZHEN CHEMICALS IMPORT AND EXPORT CORPORATION

NO.37 QINGCHUN ROAD SHENZHEN, 310009, CHINA

发票编号 Invoice Number: HC21C24C046-01

售货确认书号数 Sales Confirmation No.: HC21C24C046

日期 DATE: Apr-21-2021

TO 致: MIHA NUODEX INDUSTRIA QUIMICA LTDA
AVENIDA RICARDO BASSOLI CEZARE, 5 - JARDIM SAO JOSE
13050-080 - CAMPINAS/SP BRAZIL,CNPJ:46.040.242/0001-00

COMMERCIAL INVOICE

唛头 Marks	品名及数量 Description	单价 Unit Price	总价 Amount
			CFR SANTOS BY SEA
	CARBENDAZIM 98% max HAP and DAP 3.5 ppm NCM:29339959 PO:024.3744/2021 WOODEN PACKING: NOT APPLICABLE. 250KG/BAG 20000.00 KGS	USD 6.08	USD 121600.00

Total: 80 BAGS NW 20000 KGS Total Amount: USD 121600.00

Say Total: U.S.DOLLARS.ONE HUNDRED AND TWENTY ONE THOUSAND SIX HUNDRED ONLY

KIND OF PACKAGES: 250KG/BAG,QUANTITY: 20000KGS
N/M

BATCH NO.	MANUFACTURE DATE	EXPIRY DATE	NET WEIGHT	GROSS WEIGHT
20210425	APR.2021	APR.,2023	20000.00KGS	20160.00KGS

COUNTRY OF ORIGIN: CHINA
COUNTRY OF PROVENANCE: GUANGXI/CHINA
COUNTRY OF ACQUISITION: CHINA
UNIT PRICE: CFR SANTOS USD 6.08/KG
PAYMENT TERMS AND CURRENCY: T/T 90 DAYS FROM BL DATE.IN USD
BANK:BANK OF CHINA LTD.,ZHEJIANG BRANCH
321 FENGQI ROAD,HANGZHOU CHINA 310003
TELEX:35016 BOCHZ CN
SWIFT NO:BKCHCNBJ123

MR. LAN LEIXIANG- CHAIRMAN
SHENZHEN CHEMICALS IMPORT AND EXPORT CORPORATION

图 4-2 商业发票

深圳化工进出口有限公司

SHENZHEN CHEMICALS IMPORT AND EXPORT CORPORATION

NO.37 QINGCHUN ROAD SHENZHEN, 310009，CHINA

PACKING LIST

TO: MIHA NUODEX INDUSTRIA QUIMICA LTDA
AVENIDA RICARDO BASSOLI CEZARE, 5 - JARDIM SAO JOSE 13050-080 - CAMPINAS/SP BRAZIL,CNPJ:46.040.242/0001-00

发票编号 Invoice Number	HC21C24C046-01
售货确认书号数 Sales Confirmation No.	HC21C24C046
日期 Date	Apr-21-2021

Marks	Description	Quantity	Gross WT.	Net WT.	Measurement
					CFR SANTOS BY SEA
	CARBENDAZIM 98% max HAP and DAP 3.5 ppm NCM:29339959 PO:024.3744/2021 WOODEN PACKING: NOT APPLICABLE. 250KG/BAG	80BAGS	@252KGS 20160KGS	@250KGS 20000KGS	50M³
		Total: 80 BAGS	20160KGS	20000KGS	50M³

Say Total: EIGHTY BAGS ONLY

KIND OF PACKAGES: 250KG/BAG,QUANTITY: 20000KGS
N/M

BATCH NO.	MANUFACTURE DATE	EXPIRY DATE	NET WEIGHT	GROSS WEIGHT
20210425	APR.2021	APR.,2023	20000.00KGS	20160.00KGS

COUNTRY OF ORIGIN: CHINA
COUNTRY OF PROVENANCE: GUANGXI/CHINA
COUNTRY OF ACQUISITION: CHINA
INCOTERMS: CFR SANTOS BY SEA
UNIT PRICE: CFR SANTOS USD 6.08/KG
PAYMENT TERMS AND CURRENCY: T/T 90 DAYS FROM BL DATE,IN USD
BANK:BANK OF CHINA LTD.,ZHEJIANG BRANCH
321 FENGQI ROAD,HANGZHOU CHINA 310003
TELEX:35016BOCHZ CN
SWIFT NO:BKCHCNBJ123

MR. LAN LEIXIANG- CHAIRMAN

SHENZHEN CHEMICALS IMPORT AND EXPORT CORPORATION

图 4-3 装箱单

集装箱货物托运单

Shipper（发货人）	D/R No.（提单号）
Consignee（收货人）	第一联 集装箱货物托运单 货主留底
Notify Party（通知人）	
Pre-carriage by（前程运输） Place of Receipt（收货地点）	

Ocean vessel（船名）	Voy. No.（航次）	Part of Laoding（装货港）
Part of Discharge（卸货港）	Place of Delivery（交货地点）	Final destination for the Merchant' reference（目的地）

Container No.（集装箱号）	Seal No.（封志号） Marks & No.（标记与号码）	No.of Containers or P' kgs（箱数或件数）	Kindof Packages: Description of Goods（包装种类与货名）	Gross Weight（毛重/千克）	Measurement（尺码/立方米）

Total Number of Containers or Packages（In Words）（集装箱数或件数合计）	

Freight&Charges（运费与附加费）	Revenue Tons（运费吨）	Rate（运费率）	Per（每）	Prepaid（运费预付）	Collect（到付）

Ex.rate（汇率）	Prepaid at（预付地点）	Payable at（到付地点）	Place of Issue（签发地点）
	Total Prepaid（预付总额）	No.of Original B（S）/L（正本提单份数）	

Service Type On Receiving	Service Type On Delivery	Reefer-Temperature Required（冷藏温度）	℉	℃
□—CY □—CFS □—DOOR	□—CY □—CFS □—DOOR			

Type of Goods（种类）	□Ordinary 普通	□Reefer 冷藏	危险品	Class:
	□Dangerous 危险品	□Auto 裸装车辆		Property:
	□Liquid 液体	□Live Animal 活动物		IMDG Code Page:
	□Bulk 散装	□________		UN No.:
可否转船		可否分批		
装运时间		有效期		
金额				

图 4-4　集装箱货物托运单

业务知识

海运出口货物运输业务与贸易合同中所使用的贸易术语关系密切：如果是以 C 组、D 组术语签订的出口合同，则由卖方租船订舱，安排运输；如果以 E 组、F 组术语成交的出口合同，则由买方负责办理租船订舱并支付主要运费，此时卖方仍需完成货物集港、报关等工作。那么在实际业务的操作过程中，应当如何来安排运输呢？

4.1.1 出口货物运输业务环节

下面就以在 CIF 或 CFR 条件下，由卖方安排运输工作为例，介绍出口货物运输业务环节。

1. 确定办理运输的责任方

如前所述，如果是以 CIF 或 CFR 成交的合同，则应当由出口方负责租船订舱并支付运费，因此合同中的贸易术语就决定了办理出口运输的责任方。

2. 备货、报验

出口方应当按照合同规定，按时、按质、按量地准备好应交运的货物。对有法定商检、卫检、动植检要求的货物向海关申请报检，取得出境货物通关单等必要的文件。

非法定商检和 CISS 业务可根据贸易合同与相关规定委托公证行办理。CISS 指“全面进口监管计划”（comprehensive import supervision scheme），是 20 世纪 60 年代初期发展起来的一种非关税贸易措施。为防止外汇流失、确保国家关税收入，实行 CISS 的国家通常由政府有关部门（如中央银行、财政部、商业部、外贸部）联合颁布法令，指定一家或数家跨国公证行对其进口货物实行强制性的装船前检验，买方凭指定的国际公证行签发的清洁报告书作为银行付汇、海关放行和征税的有效凭证之一。根据世贸组织有关文本，“全面进口监管计划”又可称为装船前检验（pre-shipment inspection，PSI）。

世界上实行 CISS 的国家约有 50 个，主要有：赞比亚、利比里亚、牙买加、加纳、马里、卢旺达、布隆迪、塞内加尔、墨西哥、乌拉圭、坦桑尼亚、海地、厄瓜多尔、危地马拉、多哥、玻利维亚、秘鲁、委内瑞拉、阿联酋、菲律宾、沙特阿拉伯、哥伦比亚、莫桑比克、塞拉利昂、孟加拉国、贝宁、尼日利亚、阿根廷、尼日尔、布基纳法索、柬埔寨、肯尼亚、马拉维、白俄罗斯、伊朗、安哥拉、喀麦隆、中非、刚果共和国、科特迪瓦、几内亚、马里、巴拉圭、乌干达、马达加斯加、巴基斯坦等，这些实行 CISS 的国家主要是分布在亚非拉的一些经济不发达或发展中国家。

目前 CISS 业务的具体执行由少数几个跨国公证行垄断着，这些跨国公证行主要有 ITS（中国香港天祥公证行）、BV（法国船级社）、SGS（瑞士通用公证行）、COTECNA（瑞士泰纳集团）和 OMIC（日本海外货物检查株式会社）等。实行“全面进口监管计划”的国家有选择地与上述跨国公证行签订合约。

中国检验认证（集团）有限公司（CCIC，前身为中国进出口商品检验总公司）是 CISS 业务在国内的总代理。由于实行“全面进口监管计划”不是针对某一个国家而特殊制定的，因此我国外贸出口也不例外地受到 CISS 业务有关规定的限制。为了使我国出口商品顺利进入实行 CISS 的国家，配合对这些国家的出口，中国检验认证（集团）有限公司（中国进出口商品检验总公司）分别与 COTECNA、OMIC、BV 等检验机构签署了委托代理协议，对我国输往有关实行 CISS 国家的货物实行装船前检验和价格比较，并出具清洁报告书（Clean Report of Findings）。

3. 审核信用证中与装运和提单有关的各种要求

如果买卖合同当中约定以信用证来进行付款，出口方还应当催促进口方及时开立出信用证，认真审核信用证的装运条款。需要审核的与运输有关的主要内容包括以下几部分。

（1）装运港与目的港。审核信用证当中的装运港与目的港是否与合同约定的相一致。

（2）是否允许分批交运和转船。对于大宗的散货应当尽量争取到允许分批交运的条款。根据《跟单信用证统一惯例》（简称《UCP600》）的规定，运输单据表明使用同一运输工具并经由同次航程运输，即运输单据上注明的装运日期不同或装货港、接管地或发送地点不同，只要运输单据注明同一目的地，将不被视为分批装运。

转船是指在信用证规定的装货港到卸货港之间的运输过程中，将货物从一船卸下并装到另一船的行为。在传统的散杂货运输中，转船会增加进口方的风险，因此进口方一般不太愿意接受。出口方在签合同前应核实启运港与目的港之间是否有直达船，如果没有，则应当争取允许转船。但在集装箱运输中，由于转船不会触及箱内货物，集装箱航线通常设计为干线加支线，转船往往不可避免，故《UCP600》第 20 条规定：即使信用证禁止转运，注明将要或可能发生转运的提单仍可接受，只要其表明货物由集装箱、拖车或子船运输。

（3）信用证规定的最迟装运期。信用证规定的最迟装运期对于出口方来说有着重要作用，出口方必须在信用证规定的最迟装运期之前将货物装运出口；信用证当中规定的最迟装运期是否合理是出口方审查信用证的一个关键。通常对于信用证最迟装运期的审核是结合信用证的有效期一起来综合考虑的，最迟装运期与信用证的有效期必须有一个合理时间差以便出口方进行制单结汇。在实际业务中如果信用证规定的最迟装运期与信用证有效期是同一天，称为“双到期”，这种信用证对受益人极为不利，在业务中应当不要接受。

（4）正本提单的份数和提单的填制要求。正本提单一般都是签发一式几份，每一份具有同等效力，一份如果已完成提货手续，其余各份均告失效。此外，受益人还要仔细研读信用证当中关于提单的各种要求，如发现信用证中的有关条款与贸易合同内容不符或对自己不利或不能接受的条款，应及时要求进口方修改信用证。

4. 订舱

履行以 CIF 或 CFR 价格条件成交的出口贸易合同，出口方应当完成租船订舱的事宜：负责安排运输的一方向船东具体洽租一条船装载，称为租船；如仅向船方洽订部分舱位装货，称为订舱。两者往往对应海上货物运输的两种营运模式——租船运输和班轮运输，而订舱一般出现在班轮运输中。

5. 货物集港

将出口货物运抵港口，集中到码头堆放，等待装船，称为集港。大宗货物的集港是一个较长期的过程，班轮运输的集港有特定的时间限制，船公司通常会在船期表公布开港与截重时间，即船公司规定的允许集港和停止的日期，通常在船舶靠港前的 1～5 d，把所有要装船的集装箱集中到码头，等待装船。

在现实操作中，只要不爆仓或其他特殊原因，截港之后只要船舶还没有离泊，有些港口和船公司可以办理加急集港，通常也被称为申请晚集（late come）——不能在截港前集港，但是在不影响装船的时间范围内船公司一般也会批准合理的 late come 申请。当然，late come 一般都会有费用。

集装箱装箱又称为做箱、做柜。集装箱装箱（做箱）一般分为两种：内装和外拖。

内装又称港装，是指由发货人把货物送到指定的场站或仓库，由场站或仓库装箱并集港的操作方式。内装原限于海运拼箱（LCL），后来扩展到了整箱（FCL），即发货人把货送到指定场站，由场站安排打单、提箱、装箱、集港等。有些货物只能内装，如由于海事局的规定，一些港口的危险品货物进仓只能在有资质的危险品仓库做内装。

外拖又称产装，也就是我们平常所说的“拖车”，是指直接把空集装箱拉到产地、工厂或物流仓库进行装箱，装完货后，再拖回港口堆场，等待报关、装船、出运。这种方式不需要发货人先把货送到场站，而是直接把货柜拉到工厂进行装箱。发货人可以自己找车队拖柜到工厂装货，也可以委托订舱货代安排拖车去工厂装货。

在国际海运中整箱基本是外拖为主，内装为辅。因为外拖是直接把空箱拉到工厂，一次性装箱。而内装则多了一次装载和一次卸货，即先在工厂装车，到了内装地点卸车，然后再装到集装箱里，这不仅增加了成本，多次装卸还容易导致货损。

6. 出口报关

按照《中华人民共和国海关法》的有关规定，出口货物的报关时间为货物运抵海关监管区后、装货的 24 小时以前，因此货物进入港区后，出口方或其代理人必须按照海关的要求，提交有关的文件向海关申报出口。海关人员对出口货物进行抽查查验，签印放行，表示放行该批货物。发货人可以凭放行通知单/装货单向承运人办理货物船的有关事宜。

7. 装船

装船方式一共有三种：一是码头作业，即港方提供足够的劳务和机械，按照配载图进行装船作业，在正常情况下应保证 24 小时连续装船；二是货物过驳，即货物由驳船集港，装船时，驳船直接靠海轮外舷，货物由驳船吊到海轮上；三是现装船，即用车辆将货物直运到码头船边进行装船作业。

在杂货班轮装船中，发货人应派人进行监装，随时掌握装船情况和处理装船过程中所发生的问题。货物装船后，船上的大副在装货单上办理签收手续，即成为大副收据，发货人凭副收据向承运人、船长或其代理人换取提单。集装箱运输向装船、卸船的两端延伸，集装箱货物的装船由承运人负责，承运人与发货人对于货物的交接通常在集装箱堆场或集装箱货运站进行，发货人凭场站收据向承运人或其代理人换取提单。

8. 出口方发出装船通知

在 CFR/CPT 条件下，由于保险是由买方办理的，出口方应当及时地发出装船通知，以利买方及时办理保险转移风险。如因发货人延迟或没有发出装船通知，致使收货人不能及时或没有投保而造成损失，发货人应承担责任。

9. 支付运费

船公司或其代理人通常在收取运费后给托运人签发运费预付的提单。如属于到付运费货物，则在提单上注明运费到付，运费由船公司卸港代理在收货人提货前向收货人收取。

4.1.2 出口货运单证

在海洋出口运输中，从办理货物托运手续、装船，直到卸货和交货的整个过程，需要涉及各种货运单证。这些单证主要对货、船、港三方划分责任有着重要的作用。下面介绍在海洋货物运输当中常见的货运单据。

1. 托运单

托运单（Booking Note，B/N）又称订舱委托书，是由托运人填制的，向承运人或其代理人办理货物托运的单据。其内容包括托运人、起运港、目的港、货名、标记及唛头、件数、重量、体积、装运日期、运费支付方式、能否转船及分批装运等项目。

2. 装货联单

装货联单是杂货班轮运输出口货运最主要单证，一般是一式三联：第一联留底为船方缮制装货清单之用；第二联是装货单（shipping order，S/O）；第三联即为收货单（mate's receipt，M/R）。

装货单是船公司或其代理人在接受托运申请，提供提单号、船名、航次，由托运人填制后交船公司或其代理人审核并签章，故 S/O 一经签发，意味着承运人已接受运输要约，运输合同成立，承运托运双方即受其约束。装货单也是海关对出口货物进行监管的单据之一，通常海关放行后凭以通知船方、港方装船的凭证，俗称关单、下货纸，如图 4–5 所示。

收货单是船方收到货物的凭证，在货物装船后由大副（Chief Mate）签署给托运人，故也称为大副收据，如图 4–6 所示。托运人凭此向船公司换取正本已装船提单，如果装船时，船方发现货物包装不良或有其他残损等缺陷，就当在 M/R 上作出批注，这些批注如转移到提单上，则其将成为不清洁提单。

Tallied By ____________ Approved By____________

中国外轮代理公司

CHINA OCEAN SHIPPING AGENCY

装货单

SHIPPING ORDER　S/O NO.________

船名 S/S____________　目的港 For ____________

托运人 Shipper____________

受货人 Consignee____________

通知 Notify____________

兹将下列完好状况之货物装船并签署收货单据。

Received on board the under mentioned goods apparent in good order and condition and sign the accompanying receipt for the same.

标记及号码 Marks & Nos.	件数 Quantity	货名 Description of Goods	毛/净重量（公斤） Weight In Kilos		尺码 Measurement 立方公尺 CBM
			Net	Gross	
共计件数（大写） Total Number of Packages in writing					

日期 Date ____________　时间 Time ________

装入何舱 Stowed ____________

实收 Received ____________

理货员签名　经办员

图 4–5　装货单

Tallied By ______________________ Approved By______________________

中国外轮代理公司
CHINA OCEAN SHIPPING AGENCY
收货单
MATES RECEIPT S/O NO.__________

船名 目的港
S/S______________________ For ______________________
托运人
Shipper____
受货人
Consignee____
通知
Notify____

兹将下列完好状况之货物装船并签署收货单据。
Received on board the under mentioned goods apparent in good order and condition and sign the accompanying receipt for the same.

标记及号码 Marks & Nos.	件数 Quantity	货名 Description of Goods	毛/净重量（公斤） Weight In Kilos		尺码 Measurement 立方公尺 CBM
			Net	Gross	
共计件数（大写） Total Number of Packages in writing					

日 期 时 间
Date ______________________ Time ______________________
装入何舱
Stowed ____
实 收
Received ____
理货员签名 大 副

图 4–6 收货单

装货联单的流转程序如图 4–7 所示。具体步骤如下。

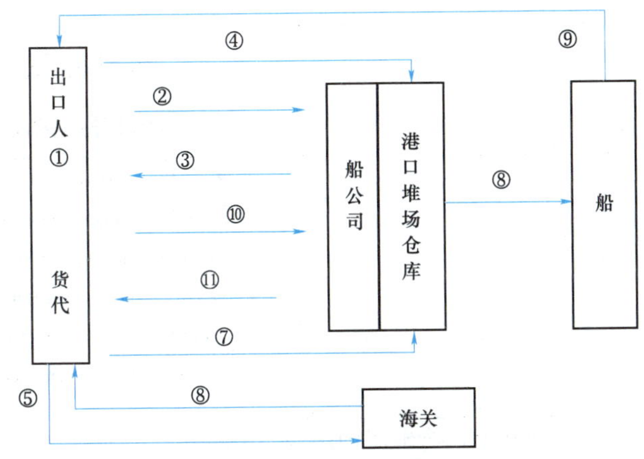

图 4–7　装货联单流转程序

① 托运人缮制托运单，委托货运代理人办理运输。

② 货运代理人填制装货联单，向船公司托运。

③ 船公司在装货单签章，留下留底联，将装货单、收货单退回货运代理人。

④ 托运人将货物集港，取得货物到港证明。

⑤ 货运代理人向海关申报出口，随附装货单。

⑥ 海关放行，在装货单签章或者在系统生成出口放行通知书。

⑦ 凭装货单或出口放行通知书通知船方、港方装船。

⑧ 船方编制装货清单、配载图等，船抵港后港方装船。

⑨ 货物装上船，大副签署收货单，加注批注，并交给货运代理人。

⑩ 货运代理人将收货单交给船公司以换取提单。

⑪ 船公司向托运人或者货运代理人签发提单。

3. 场站收据联单

在集装箱运输中，以场站收据联单取代杂货班轮运输中的装货联单，这是集装箱运输出口货运的最主要单据。场站收据（dock receipt，D/R）的主要作用如下。

（1）船公司或船代确认订舱并在场站收据联单的装货单联签章后，交还托运人或其代理人，意味着运输合同成立并开始执行。

（2）是出口货运报关的凭证之一。

（3）承运人已收到托运货物并对货物开始负有责任的证明。

（4）是船公司、港口组织装卸、理货、配载的资料。

（5）是换取提单的凭证。

作为我国“七五”国家重点工业性实验项目——国际集装箱运输系统（多式联运）工业性试验推行的单证之一，场站收据联单在全国得到了全面的应用。场站收据格式如图 4–8 所示。

Shipper（发货人）	D/R NO.（编号）
Consignee（收货人）	**场站收据** **DOCK RECEIPT** 第七联
Notify Party（通知人）	Received by the Carrier the Total number of containers or other packages or units stated below to be transported subject to the terms and conditions of the Carrier's regular form of Bill of Lading (for combined Transport or Port to Port Shipment) Which shall be deemed to be Incorporated herein. Date : 场站章

Pre-carriage by(前程运输)	Place of Receipt(收货地点)
Ocean Vessel(船名) Voy. No. (航次)	Port of Loading(装货港)

Port of Discharge(卸货港)	Place of Delivery（交货地点）	Final Destination for the Merchant's Reference (目的地)

Container No. (集装箱号)	Seal No.(铅封号); Marks & Nos.(标记与唛码)	No. of Container / Packages / Description of Goods (箱数、件数与货名)	Gross Weight (毛重/公斤)	Measurement (尺码/立方米)

TOTAL NUMBER OF CONTAINERS OR PACKAGES (IN WORDS)（集装箱数或件数合计,大写）	

Container No.（箱号）	Seal No.(封志号)	Pkgs(件数)	Container No.（箱号）	Seal No.(封志号)	Pkgs(件数)
			Received(实收)	By Terminal clerk(场站员签字)	

FREIGHT & CHARGES	Prepaid at (预付地点)	Payable at (到付地点)	Place of Issue(签发地点)
	Total Prepaid (预付总额)	Number of Original Bs/L(正本提单份数)	BOOKING APPROVED BY (订舱确认)

Service Type on Receiving			Service Type on Delivery		
CY	**CFS**	**DOOR**	**CY**	**CFS**	**DOOR**

图 4–8 场站收据

为了适应不同口岸的具体情况，不同的港、站使用的场站收据联数有所不同，主要有 7 联、10 联、12 联等。以下以标准格式十联单为例说明。场站收据十联单的各联内容如表 4–1 所示。

表 4-1 十联单的场站收据内容

序号	联单序列	内容说明	联单颜色
1	第一联	集装箱货物托运单——货主留底	白色
2	第二联	集装箱货物托运单——船代留底	白色
3	第三联	运费通知（1）	白色
4	第四联	运费通知（2）	白色
5	第五联	场站收据副本——装货单（关单）	白色
6	第六联	场站收据副本——大副联	粉红色
7	第七联	场站收据（正本联）	淡黄色
8	第八联	货运代理人留底	白色
9	第九联	配舱回单（1）	白色
10	第十联	配舱回单（2）	白色

在集装箱货物出口托运过程中，场站收据要在多个机构和部门之间流转。在流转过程中涉及的有托运人、货代、船代、海关、堆场、理货公司、船长或大副等。如图 4-9 所示，以十联单为例说明场站收据的流程。

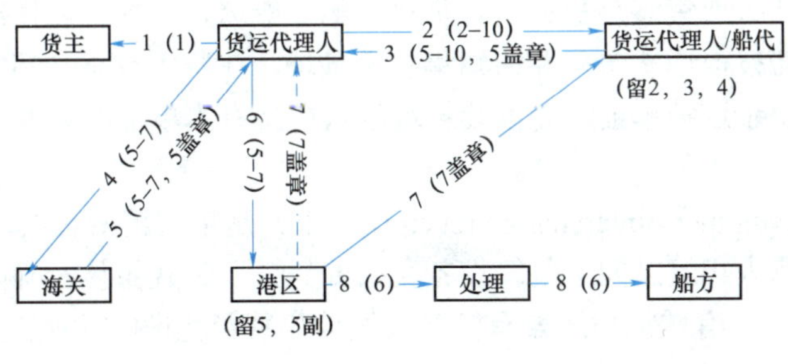

图 4-9 场站收据流程图

（1）货运代理人接受托运人委托，填制集装箱场站收据十联单，将第一联即货主联退还托运人备查。

（2）货运代理人持剩余的九联单到船公司或船代处办理托运与订舱手续。

（3）船公司或其代理人接单后进行审核，同意接收托运则在第五联即装货单上签章，确认订舱承运货物，并加填船名、航次和提单号，留下第二至第四联共三联后，将余下的第五至第十共六联退还给货运代理人。

（4）货运代理人留存第八联货代留底，以第九联打单办理货物集港，将第十联退托运人作配舱回执。

（5）货运代理人持第五至第七共三联：装货单、大副联和场站收据正本，随同出口货物报关单和其他有关货物出口单证至海关办理货物出口报关手续。

（6）海关审核有关报关单证后，同意放行，在系统生成出口放行通知书（无纸化报关改革前在第五联场站收据副本即装货单上加盖放行章），并将各联退还货运代理人。

（7）货运代理人将此三联送交集装箱堆场，第五联装货单作为装船的依据，签发场站收据给托运人或货运代理人。

（8）集装箱装船，大副联交理货送大副签署；港口场站留下装货单用作结算费用及以后查询。

（9）发货人或其货运代理人持场站签收的正本场站收据到船公司或船代处，办理换取提单手续，船公司或其代理人收回场站收据，签发提单。在集装箱装船前可换取船舶代理签发的待装提单，或在装船后换取船公司或船舶代理签发的已装船提单。

其中，场站收据与大副收据的区别如下。

（1）使用情境不同。大副收据是散杂货运输的单证；场站收据是集装箱运输中特有的单证。

（2）签发人与签发时间不同。大副收据是在货物装船后由大副签发；场站收据是由代表承运人的场站业务人员在接收货物的地点（如 CY、CFS）签发。

（3）换取提单的性质不同。大副收据换取的是已装船提单；而场站收据可以在装船前换取收货备运提单，也可以在装船后换取已装船提单。

（4）承运人责任期间不同。大副收据的签发，承运人的责任期间从货物装船开始至卸船为止；场站收据的签发，承运人的责任期间从接收货物开始至交付货物为止。

4. 集装箱发放通知单

集装箱发放通知单（container release order）又称空箱提交单，是船公司指示集装箱堆场交空集装箱及其他设备给予本单持有人的书面凭证。在集装箱运输中，空集装箱通常由船公司提供，供发货人或集装箱货运站将货物装箱。船公司根据订舱情况向发货人或集装箱货运站签发集装箱发放通知单，并通知集装箱堆场。在货主或集装箱货运站向集装箱堆场提出空箱时，须出示这种单证，而集装箱堆场只向持有本单证的人发放空箱。

5. 设备交接单

设备交接单（equipment interchange receipt，EIR）是集装箱所有人、用箱人/运箱人及码头（场、站）经营人相互之间集装箱设备交接的凭证，记载箱体及其附属设备交接时的状态，如图 4-10 所示。有些港口还兼有管箱人发放集装箱凭证的功能，又称集装箱发放与设备交接单；有些港口则会另行使用集装箱发放通知单。

设备交接单分出场（OUT）和进场（IN）联，进出场时用箱人/运箱人与码头应联合检查集装箱，并做损坏记录，交接后双方共同签字。

根据我国国家标准 GB/T 16561—2023《集装箱设备交接单》的要求，集装箱进出场检查后应明确记录正常（SOUND）或异常（DEFECTIVE）状态，损坏记录主要包括破损（BROKEN）、凹损（DENT）、丢失（MISSING）、污箱（DIRTY）与危标（DGLABEL）等。设备交接单明确规定：除列明者外，集装箱设备交接时完好无损，箱封完整无误。

值得注意的是，集装箱设备的完好不仅关乎箱体本身，也关乎货物运输责任的划分。

钦州

中远海运集装箱运输有限公司
COSCO SHIPPING LINES CO.,LTD.
集装箱设备交接单
EQUIPMENT INTERCHANGE RECEIPT

IN 进场

EIR NO.

用箱人 / 运箱人(CONTAINER USER/HAULIER)			提箱地点(PLACE OF DELIVERY)
来自地点(WHERE FROM)		返回 / 收箱地点(PLACE OF RETURN)	
船名/航次(VESSEL / VOYAGE NO.)	集装箱号(CONTAINER NO.)	尺寸 / 类型(SIZE/TYPE)	营运人(CNTR. OPTR.)
提单号(B / L NO.)	铅封号(SEAL NO.)	免费期限(FREE TIME PERIOD)	运载工具牌号(TRUCK, WAGON, BARGE NO.)
出场目的 / 状态(PPS OF GATE-OUT/STATUS)	进场目的 / 状态(PPS OF GATE-IN/STATUS)	进场日期(TIME-IN) 年 月 日	
进场检查记录(INSPECTION AT THE TIME OF INTERCHANGE)		□ 正常 (SOUND)	□ 异常 (DEFECTIVE)

损坏记录及代号(DAMAGE & CODE) 破损 (BROKEN) BR 凹损 (DENT) D 丢失 (MISSING) M 污箱 (DIRTY) DR 危标 (DG LABEL) DL

左侧 (LEFT SIDE) 右侧 (RIGHT SIDE) 前部 (FRONT) 集装箱内部 (CONTAINER INSIDE) 顶部 (TOP) 底部 (FLOOR BASE) 箱门 (REAR)

用箱通知(NOTICE):	如有异状，请注明程度及尺寸(REMARK):

①中远留底

注意背面条款(CLAUSE ON THE REVERSE SIDES)　中远海运分部箱管部联系电话：　有效日期：

除列明者外，集装箱及集装箱设备交接时完好无损，铅封完整无误。
THE CONTAINER/ASSOCIATED EQUIPMENT INTERCHANGED IN SOUND CONDITION AND SEAL INTACT UNLESS OTHERWISE STATED.

用箱人 / 运箱人签署
(CONTAINER USER / HAULIER'S SIGNATURE)
____年____月____日____时____分

放箱码头 / 放箱堆场值班员签署
(TERMINAL / DEPOT CLERK'S SIGNATURE)
____年____月____日____时____分

图 4-10 设备交接单

6. 集装箱装箱单

集装箱装箱单（container load plan，CLP）是指记载每一个集装箱内所装货物名称、数量、重量、尺码、标志和箱内货物积载情况的单证；对于特殊货物还应加注特定要求，比如冷藏货物要注明温度、危险货物注明等级与编号等，如图 4-11 所示。对每一个集装箱制作一份集装箱装箱单，由装箱人缮制；在整箱货的情况下，装箱单由发货人或其代理缮制；

在拼箱货的情况下，装箱单则由集装箱货运站编制。装箱单上所记载的货运资料必须与订舱单及港站收据上所记载的内容一致。

集装箱装箱单的主要作用如下。

（1）是向承运人提供集装箱内所装货物的明细表。

（2）是计算船舶吃水和稳性的数据来源。

（3）当货物有货损时，是处理货损索赔事故的原始单据之一。

（4）是目的地集装箱货运站安排拆箱、理货的单据之一。

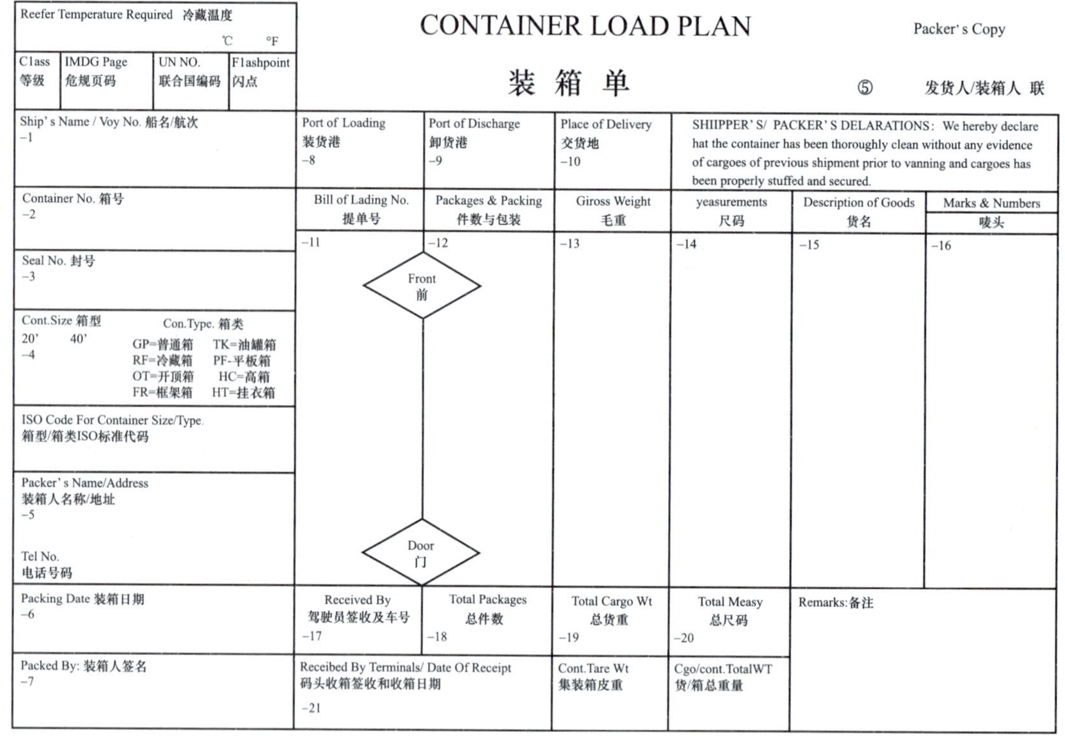

CONTAINER LOAD PLAN　　Packer' s Copy

装　箱　单　　⑤　　发货人/装箱人 联

Reefer Temperature Required 冷藏温度 ℃ °F

Class 等级	IMDG Page 危规页码	UN NO. 联合国编码	Flashpoint 闪点

Ship' s Name / Voy No. 船名/航次 -1

Container No. 箱号 -2

Seal No. 封号 -3

Cont.Size 箱型 20' 40' -4

Con.Type. 箱类 GP=普通箱 TK=油罐箱 RF=冷藏箱 PF-平板箱 OT=开顶箱 HC=高箱 FR=框架箱 HT=挂衣箱

ISO Code For Container Size/Type. 箱型/箱类ISO标准代码

Packer' s Name/Address 装箱人名称/地址 -5

Tel No. 电话号码

Packing Date 装箱日期 -6

Packed By: 装箱人签名 -7

Port of Loading 装货港 -8	Port of Discharge 卸货港 -9	Place of Delivery 交货地 -10	SHIPPER' S/ PACKER' S DELARATIONS: We hereby declare hat the container has been thoroughly clean without any evidence of cargoes of previous shipment prior to vanning and cargoes has been properly stuffed and secured.		
Bill of Lading No. 提单号	Packages & Packing 件数与包装	Giross Weight 毛重	yeasurements 尺码	Description of Goods 货名	Marks & Numbers 唛头
-11	-12	-13	-14	-15	-16

Received By 驾驶员签收及车号 -17	Total Packages 总件数 -18	Total Cargo Wt 总货重 -19	Total Measy 总尺码 -20	Remarks:备注
Receibed By Terminals/ Date Of Receipt 码头收箱签收和收箱日期 -21		Cont.Tare Wt 集装箱皮重	Cgo/cont.TotalWT 货/箱总重量	

图 4-11　集装箱装箱单

7. 装货清单

装货清单（loading list，L/L）是承运人根据装货单留底的信息，将全船待装货物按目的港和货物性质加以归类，依航次靠港顺序排列而制成的全船装运货物的汇总清单。装货清单是编制配载图/积载图的重要依据，其内容包括装货单编号、货名、件数、包装种类、毛重、尺码以及对装运的要求（如不可承压，不可靠近机舱）等。

此外，装货清单还是现场理货人员进行理货、港口安排驳运、货物进出仓库、货场安排以及承运人掌握备货情况的业务单证。

8. 配载图和积载图

配载图又称预配图、计划积载图（pre-stowage plan），是货物装载的重要文件，船舶在装载前，大副根据装货清单按货物装运要求和船舶性能编制的受载计划。该计划列明各批货物应装入船舶的具体舱位，用以指导安排泊位、出舱、下驳、搬运等工作。

积载图在货物装船后编制，以各种不同的颜色或醒目的方式，准确绘出各种货物装在各舱的部位，并详细标明货名、重量等，如图 4-12 所示。

目的港	第一舱	第二舱	第三舱	第四舱	第五舱	甲板	总 计
伦敦	354	1117	1400	350	579		3800
汉堡	630	1670	1600	2010	1000		6910
总 计	984	2787	3000	2360	1579		10710

中 国 远 洋 运 输 公 司

CHINA OCEAN SHIPPING COMPANY

货 物 积 载 图

STOWAGE PLAN

船名(M.V./S.S.) Q 轮

航次(VOY.) 038 自(FROM) SHA 至(TO) LONDON

水尺(DRAFT)：首(F.) 8.16 后(A.) 9.09 平均(M.) 8.66

舱 位	底 舱	二层舱	甲板	总计件数/吨数
第一舱	630	354		11950/984
第二舱	1470	1317		32017/2787
第三舱	2233	767		108424/3000
第四舱	1810	550		11631/2360
第五舱	1000	579		19385/1579
总 计	7143	3567		183411/10710

NO. 5

L S/O② 瓷器 82t 2733ctns

L S/O② 瓷器 497t 16567ctns

H S/O⑦ 重烧镁 700t 560m³

H S/O⑨ 钢 板 300t 85sheet

NO. 4

H S/O⑤ 罐 头 200t 100ctns

L S/O① 五金 350t 8750C/S

H S/O⑥ 新闻纸 610t 2440rolls

H S/O⑨ 钢 板 1200t 341sheet

NO. 3

L S/O④ 葵花籽 367t 8810bags

L S/O③ 亚硝酸钠 400t 82000bags

L S/O④ 葵花籽 633t 17618bags

H S/O⑦ 重烧镁 1600t 1280m³

NO. 2

H S/O⑥ 新闻纸 200t 800rolls

L S/O② 瓷 器 167t 5567ctns

L S/O① 五 金 950t 23750C/S

H S/O⑤ 罐 头 600t 300ctns

H S/O⑦ 重烧镁 370t 296m³

H S/O⑧ 肠 衣 500t 1600drums

NO. 1

L S/O② 瓷器 354t 11800ctns

H S/O⑤ 罐头 300t 150ctns

H S/O⑦ 重烧镁 330t 265m³

备 注 1. 吊杆负荷量 5 吨； 2.申请理货； 3.No.1、No.2、No.3 舱中重烧镁上面铺塑料布；4.No.2 舱肠衣上面和No.2 舱二层舱新闻纸上铺塑料布；5. No.3 二层舱葵花籽上面铺帆布。

大副签章（SIGNATURE OF C/O.）______

图 4-12　杂货船积载图

船舶配积载必须对航线、港口、货物、船舶的情况充分了解：如船舶本航次所去航区的气候、风浪、航道水深，港口装卸设备及能力和有关装卸运输规定，货物的理化性质、包装情况及装载特殊要求，船舶的装载能力、船舶结构、各舱装货条件等。合理配积载不仅要考虑船舶的稳性、纵向强度和船舶的操纵性能，还要考虑在最大限度利用船舶装载能力情况下减少中途港的倒舱，加速船舶周转，保证船期，提高营运效益；还要考虑港口泊位的装卸与货物安全。安全、优质、快速、经济是对船舶配载图的基本要求。

9. 载货清单

载货清单（manifest，M/F）又称出口舱单，是承运人或其代理人在货物装船完毕后，根据收货单或提单信息，按卸货港的顺序分票制作的全船载运货物的汇总清单。其内容包括船名、航次、起运港和目的港、开航日期、发货人、收货人、货名、包装、标记及号码、件数、毛重、尺码等项。

载货清单是国际航运中非常重要的通用单证，它是海关对进出口货物监管的凭证之一，是船舶进出口报关单证之一，也是随船单证之一，证明船舶载运所列的货物。

10. 运费清单

运费清单（freight manifest，F/M）又称运费舱单，是船舶装载出口货物有关货运资料及其运费的汇总清单，也是船方的随船单证之一。这是船舶代理向船公司结算代收运费明细情况的单证，特别是卸货港代理人用于收取到付运费或处理有关业务的凭据。

除此之外，装运特殊货物还可能有危险货物清单（dangerous cargo list）、冷藏货物清单（reefer container list）等。

4.1.3 相关方出口货运业务

前述货运业务主要从贸易出口方视角出发，而出口货运牵涉各相关方。以下从船公司、码头和货运代理人的角度，对集装箱出口货运业务进行分析。

（一）船公司在出口货运中的业务

船公司作为国际集装箱运输中枢，不同船公司虽然在运输链的职能和定位不同，但做好集装箱的配备、掌握货运情况、在各港口之间合理调配集装箱、接受订舱，并以集装箱码头堆场、货运站作为自己的代表向发货人提供各种服务是极为重要的。因此，除了航线规划与布局、航线调度与定价销售等前期工作，船公司在出口货运中共性的主要工作如下。

1. 配备集装箱

不管是陆运还是海运，集装箱运输都要使用集装箱，而绝大多数都使用承运人的集装箱。因此，要进行集装箱运输，首先要配备集装箱，经营集装箱专用船舶的船公司需要配备适合专用船装载运输的集装箱。

当然，并不是所有的集装箱都由船公司配备，有的货主自己也配有集装箱（SOC）。此外，还有专门供出租使用的集装箱出租公司。要有效地利用船舶的载箱能力，船公司就必须配备最低数量的集装箱。在进行特殊货物运输时，有时还备有特殊种类、规格的集装箱。

2. 接受订舱

发货人根据贸易合同以及信用证条款的有关规定，在货物装运期限前向船公司或其代理人，以口头或书面形式提出订舱。船公司根据所托运的货物运输要求和配备集装箱的情况，决定是否接受这些货物的托运申请。船公司或其代理在订舱单或装货单上签署后，则表示已同意接受该货物的运输。

船公司在接受货物托运时，一般都应了解下述一些情况：订舱的货名、运输要求；装卸港、交接货地点；有关货物的详细情况（货物名称、数量、包装、特殊货物的详情等）；由谁负责安排内陆运输等。船公司接受客户订舱后，将反馈订舱预配信息，提供包括提单号、设备交接单等，以便客户安排后续装箱、集港等各项工作。

3. 发放空箱

集装箱班轮运输中使用的集装箱，除少数是货主自有或向第三方租赁的外，绝大多数都是由船公司提供的。船公司发放空箱一般通过指定代理或协议堆场完成，船公司应事先了解到：① 所需集装箱的规格、种类、数量；② 领取空箱的时间、地点；③ 由谁负责内陆运输；④ 货物具体的装箱地点；⑤ 有关特殊事项。然后，船公司再根据自己了解到的情况开具集装箱发放通知单及集装箱设备交接单通知港口、场站发放空箱。

4. 接收货物

船公司应根据运输条款确定的交接方式接收货物，船公司接收货物的地点通常是集装箱码头或内陆堆场（CY）及发货人的工厂或仓库（DOOR），都是由发货人或集装箱货运站负责装箱的整箱货。在拼箱货中，集装箱货运站往往作为无船承运人拼箱，然后再将整箱货交船公司。

5. 协助装船

对通过各种方式接收的货物按编制的堆场计划堆放。货物清关后，船公司、船舶或其代理制作装货清单、配载图，与码头堆场合作，在船舶靠泊后即可实施装船，装船由码头堆场负责。由于码头装卸作业需要提前准备与时间，未进场的货物就不再接收，相应的集装箱重箱进港的截止时间被称为“截港日”，又称“截重柜”。

6. 制送装船单证

为了目的港码头堆场编制卸船计划、安排转运和进行有关内陆运输等工作的需要，在集装箱货物装船离港后，船公司或其代理应即行缮制有关装船单证，并将装船单证从速送至卸船港。通常，由装运港代理缮制和寄送的单据有：提单副本或场站收据副本；载货清单；载货运费清单；积载图；特殊货物清单等。

（二）港口码头在出口货运中的业务

在集装箱进出口货运流程中，港口码头是重箱集港、空箱管理、航线船舶靠泊、装卸货、不同运输方式进行中转衔接的重要场所（有些港口码头还提供集装箱修理、清洗等各项服务），是集装箱运输链的重要一环。

1. 编制出口作业计划

根据船公司提供的船期预报、船期确报、预配清单、预配船图等资料，港口码头编制船舶计划和堆场计划。船舶计划确定船舶靠泊的泊位安排、靠泊时间、作业任务、作业要求、作业持续时间和船舶离泊时间，是集装箱码头作业的核心计划，应充分发挥码头泊位及其装卸桥的作用；堆场计划确定集装箱重箱进港集结后堆存的区域和位置，便于快速实施船舶计划，提升效率。

2. 箱管与空箱发放

船公司的集装箱在港时通常由港口码头管理，根据船公司或船代的集装箱空箱放箱通知，港口码头接受发货人的提空箱申请后，通常由集装箱卡车司机到码头堆场提取空箱。

3. 重箱进场

发货人装箱后，在截港日前将重箱送入港口码头。港口码头核对场站收据、设备交接单等单据，检查集装箱数量、集装箱箱号、铅封号等是否与单据一致；集装箱外表是否异常；铅封是否完整等，然后代表船公司接收货物，并将重箱堆存于指定箱区。港口码头接收重箱进港后，应在场站收据上签章并随后将签章后的场站收据退还给发货人或货运代理人。

4. 编制装船顺序单

根据船公司提供的预配船图，按照船舶既定的技术规范和码头作业特点，进行调整和协商，编制航次出口箱在船舶上的具体船箱位的计划（即配载图），既要满足船舶安全和货物安全，也要兼顾码头作业要求，从而更好地提高码头作业效率，保证船期；进而根据已进场并清关的所有准备装船出口集装箱的情况，按照配载图确定装船顺序，编制装船顺序单，便于堆场发箱和岸边装船。

5. 装船与理箱

船舶抵港后，由港口码头根据船舶计划、配载图、装船顺序单等作业计划，有序地指令堆场发箱、集装箱卡车运输、岸边装船，并对整个装船作业进行监控和协调。在装船作业过程中，外理应在现场理货，见证港方与船公司办理集装箱交接，并在场站收据大副联签字；如有异常，则如实记录，以明确责任。

6. 装船结束工作

装船作业后，港口码头将编制装船作业签证、系解缆作业签证作为向船公司收费的凭证；缮制装船作业小结，详细列明实施装船作业的船名航次、靠泊时间、离泊时间、装卸作业集装箱数量及类别；编制船舶离港报告，包括船名航次、靠泊时间、离泊时间、装卸箱量、作业时间等内容，船舶离港报告提供给船公司或其指定船舶代理公司，以便其掌握船舶动态情况。

（三）货运代理人在出口货运中的业务

海上货物运输环节多、业务范围广，任何一个货主或者船公司都很难亲自处理好每一环节的具体业务，且限于人力和物力，货主或者船公司也不可能在世界范围广设分支机构。在这种情况下，如果将有关业务委托代理人办理，对货主来说，有利于贸易合同的履行与交易费用的节省；对船公司来说，还扩大了揽货网络，有利于增加或集中货源。因此，国际货运代理广泛存在，其在出口货运中的业务主要有以下几种。

1. 报价接单

国际货运代理通过揽货与客户（发货人）取得联系，接受客户询价和向客户报价。报价是和客户建立代理合同关系的重要部分，故报价人员应熟悉业务，掌握发货港至各航线常用港口、价格，掌握船公司船期信息，及时向货主了解必要的货运信息与特殊要求，及时、准确地处理询报价，这些都是日常经营中的重要一环。价格得到确认后，货运代理人将与客户签订货运委托代理合同，或者客户向货运代理人提交托运单（booking note）、代运委托书等。托运单、代运委托书相当于发货人（委托方）向货运代理人（被委托方）提出的一种要约，一经确认意味着双方之间的委托代理关系成立。随后，客户将本票货物的随附单据（如贸易合同、商业发票、装箱单等）交与货运代理人。

2. 向船公司订舱

国际货运代理人接受客户委托后，及时向船公司或者船舶代理公司申请订舱（space booking）。以 E 组、C 组、D 组术语成交的贸易合同，订舱工作多数在装运港或出口地办理；以 F 组术语成交的合同，订舱工作多在目的地办理，在出口地则把以下组术语成交的货称为指定货。

货运代理人缮制场站收据联单，送交船公司或其代理人订舱，船公司或其代理人在接受订舱后便加填船名、航次、提单号并在第五联装货单上盖章，表示确认订舱。

货运代理人在选择船公司和订舱时应注意船、货的要求，如有些港口船公司不接受运费到付；有些箱型如冷藏箱、超高箱、挂衣箱等特种箱船公司能否供应；船公司的中转航线安排货主能否接受等。

有些大型货运代理公司在取得船公司的配舱回单后，分船归类立卡，做好每批货物的记录，这种记录称为船卡（shipping list by vessel）。船卡的内容可根据货运代理人内部管理的需要而定，船卡一般为表格式，标头为船名、航次、预离日期、作业港区、截单期等，表格内容有每批货物的运编号、提单号、货名、件数、尺码、重量、目的港、集装箱类别和数量以及信用证装期和效期、装箱地点等。船卡是货运代理人在某一条船上的全部货物清单，可据以检查通关情况、装箱情况、集港情况以及提单签发是否满足信用证的装运期和有效期等情况。它对货运代理人掌握工作进度、实现跟踪检查、加强有效管理极为有用。

3. 装箱集港

订妥舱位后必须在船舶截港期以前将货物装箱运到港口堆场，其方式大致有以下几种。

（1）货运代理人到货主指定的工厂、仓库接货。货运代理人提取空集装箱到货主指定的货物储存场所，由储存场所安排劳动力自行装箱、理货、加封，集装箱装箱完毕后由货运代理人将装好货物的集装箱送到港口堆场备装。此种方式又称“拖车”“产装”。

（2）当然，也可以由货主自行送货至指定的港口堆场。由货主自行安排集装箱卡车提取空箱到货物储存场所装箱、理货、加封，然后直接送入指定的港口作业区备装，此种方式俗称“自拉自送”，也属于“门到门”范畴。这里所谓的“自”并不是货主或发货人自己直接提箱、装箱、集港，绝大多数货主或发货人并没有这些能力，也不从事这些业务，而是委托其他货运代理人、车队完成这些环节。

（3）对于整箱货物，有些港口堆场可以提供装箱服务。发货人把货物送到订舱货运代理人指定的场站或仓库，由场站或仓库装箱并集港，又称“内装”。内装来源于海运拼箱（LCL），后来扩展到了整箱（FCL）。

（4）对于拼箱货物，通常由货主备车送货到货运代理人指定的装箱点（CFS）装箱。货运代理人在订妥舱位后以书面通知装箱点，装箱点按书面通知上的商品名称、件数、所配船名、航次、关单号以及货主名称及托运编号等接收货主送来的货物，点验后签收送货回单。在港区集港期间由货运代理人安排集装箱卡车，凭船公司或其代理人发给的“设备交接单”向指定场所提取集装箱空箱并送到装箱点，由装箱点将货物装入这些集装箱内，在装箱点装箱完成后并在箱门上加具封志，再将货物送到港口堆场以备装船。使用这种方式进行装箱集港的货运代理公司通常是无船承运人、签约承运人。

4. 报关报检

除订舱外，如果货主委托货运代理人办理报关、报检等事宜，则国际货运代理人可以代货主报关、报检。

在实践中，货运代理业务的“三自”，一般指货主自己装箱（产装或送货）、自己集港、自己报关，也称客人自拖自报，即订舱货运代理人不负责提箱、装箱、报关、集港，而是由货主/发货人另外找其他货运代理人或车队或报关行负责这些环节。

“三自”这种操作方式，在 FOB 指定货，即国外客户指定货运代理人的情况下比较多见。在 FOB 成交，国外指定货运代理人时，出口方的货主或发货人通常会委托自己找的其他货运代理人、车队、报关行安排提箱产装（或送货内装）、集港以及报关。

5. 换取提单与费用收付

货物装箱、集港、通关后，船舶抵港即可装船。货物装船后，港区堆场将场站收据或收货单传送给船公司或其代理人，船公司凭已签发的已装船提单或其他运输单据，由货运代理人转送给发货人（出口方）以便于发货人向银行结汇。

在整个出口货运过程中，货运代理人垫付的运费、港口费、文件费等费用，加上约定的佣金或代理费用，应及时开单向委托人（发货人）全额收取。根据客户的资信情况，收费主要有见款交单或账期结算两种方式。

（1）对于新客户、小客户一般采取见款交单的方式，即付清费用后才提交提单或其他运输单据。

（2）对于老客户、大客户一般采取账期结算的方式，即货物装船转交提单后的一段时间，客户付清相关费用。常见的账期有 30～45 d，30 d 的账期又称月结。

货运代理人应该严格审查客户的信用评级，根据实际情况制定相应的策略和政策。

6. 出口退关

货物订妥舱位、已集港并办妥通关手续，但在装运过程中因故中止装运，由发货人或货运代理人向海关办理退运手续，叫作退关（shut out）。退关的原因多种多样，有的是由于发货人货物问题或贸易原因（如信用证没有如期开到）；有的是货已进港，通关时单证不全或存在问题，错过了装船时间；也有的是船公司超载配舱或船只漏装造成，需改配其他船舶。

发生退关后应弄清情况，分清责任，迅速做好善后处理。若由于发货人主动提出退关的，货运代理人在接到通知后须尽快转告船公司或其代理人，以便对方在舱单上注销此批货物，并向海关办理退关手续，将注销的报关单及相关单证（出口许可证、商检证件、来料或进料登记手册等）尽早取回退还委托方。

若由于船方、港方或海关手续不完备等各种原因造成退关的，货运代理人在办理退关与再申报之前，须向委托方说明情况并听取处理意见，但不宜轻率作出承诺，因为装船时间很紧，情况多变，往往不易控制。

工作任务一

广西金桥国际货运代理有限公司接到客户委托，代理出口一批货物至意大利。经询价、报价与联系，初步确认可以配装 MV CSCL VENUS V.0489W，从广西钦州港出运。

客户为生产企业，外贸经验较为缺乏。本次出口扬声器组件共 212 套，装于 212 个纸箱，货物总重 8 t，体积 25 m^3。

由于客户的跟单员新上岗，拟请广西金桥国际货运代理有限公司全权负责缮制相关货运单据，并提交该票货物的信用证副本。

作为广西金桥国际货运代理公司的操作员，请缮制场站收据十联单（如图 4–13 所示）向船公司中远海运订舱。

Shipper（发货人）		D/R NO.（编号）
Consignee（收货人）		**场站收据** **DOCK RECEIPT** 第七联
Notify Party（通知人）		Received by the Carrier the Total number of containers or other packages or units stated below to be transported subject to the terms and conditions of the Carrier's regular form of Bill of Lading (for combined Transport or Port to Port Shipment) Which shall be deemed to be Incorporated herein. Date :
Pre-carriage by(前程运输)	Place of Receipt(收货地点)	
Ocean Vessel(船名) Voy. No. (航次)	Port of Loading(装货港)	场站章

Port of Discharge(卸货港)	Place of Delivery（交货地点）	Final Destination for the Merchant's Reference (目的地)	

Container No. (集装箱号)	Seal No.(铅封号)；Marks & Nos.(标记与唛码)	No. of Container / Packages / Description of Goods (箱数、件数与货名)	Gross Weight (毛重/公斤)	Measurement (尺码/立方米)

TOTAL NUMBER OF CONTAINERS OR PACKAGES (IN WORDS)（集装箱数或件数合计,大写）	

Container No.（箱号）	Seal No.(封志号)	Pkgs(件数)	Container No.（箱号）	Seal No.(封志号)	Pkgs(件数)
			Received(实收)	By Terminal clerk(场站员签字)	

FREIGHT & CHARGES	Prepaid at (预付地点)	Payable at (到付地点)	Place of Issue(签发地点)
	Total Prepaid (预付总额)	Number of Original Bs/L(正本提单份数)	BOOKING APPROVED BY (订舱确认)

Service Type on Receiving			Service Type on Delivery		
CY	**CFS**	**DOOR**	**CY**	**CFS**	**DOOR**

图 4-13　场站收据

附：信用证

SWIFT Message Type：MT：700 Issue of Documentary Credit

F27：　SEQUENCE OF TOTAL：　1/1

F40A：　FORM OF DOCUMENTARY CREDIT：　IRREVOCABLE

F20：　DOCUMENTARY CREDIT NUMBER：　2024005000586631

F31C：　DATE OF ISSUE　：　240601

F40E：　APPLICABLE RULES　：　UCP LATEST VERSION

F31D：　DATE AND PLACE OF EXPIRY：　240711　IN CHINA

F50：　APPLICANT

VCF S.P.A.

VIA RAFFAELLO，23-53125

REGGIO EMILIA，ITALY

F59：　BENEFICIARY

FAST-HIGH INDUSTRIES LTD

178，MINZU ROAD，NANNING，

GUANGXI，CHINA.

F32B：　CURRENCY CODE，AMOUNT

USD　12045，04

F41D：　AVAILABLE WITH...BY.

ANY BANK IN CHINA

BY NEGOTIATION

F42C：　DRAFTS AT...

AT SIGHT

F43P：　PARTIAL SHIPMENTS：NOT ALLOWED

F43T：　TRANSHIPMENT：ALLOWED

F44E：　PORT OF LOADING/AIRPORT OF DEPARTURE：

ANY SEAPORT OF CHINA

F44F：　PORT OF DISCHARGE/AIRPORT OF DESTINATION

LA SPEZIA，ITALY

F44C：　LATEST DATE OF SHIPMENT：240625

F45A：　DESCRIPTION OF GOODS AND/OR SERVICES

AMPLIFIER ASSEMBLY HDL30-A

MODEL：33110627

HS CODE：8518.90

TOTAL VALUE FOR USD 12045.04 ONLY.

TRADE TERMS：CFR LA SPEZIA ITALY.（INCOTERMS 2020）.

F46A：　DOCUMENTS REQUIRED

01. BENEFICIARY'S SIGNED INVOICE IN FOUR COPIES CERTIFYING MERCHANDISE TO BE OF CHINA ORIGIN.

02. FULL SET ORIGINAL CLEAN SHIPPED ON BOARD BILL OF LADING DRAWN TO THE ORDER OF SHIPPER MARKED 'FREIGHT PREPAID'，NOTIFY APPLICANT.

03. CERTIFICATE OF ORIGIN FROM THE CHAMBER OF COMMERCE/ CONCERNED GOVERNMENT AGENCY/BENEFICIARY OF THE EXPORTING COUNTRY CERTIFYING THAT THE MERCHANDISE ARE OF CHINA ORIGIN..

04. DETAIL PACKING LIST IN TRIPLICATE AND MUST SHOW GROSS AND NET WEIGHT OF MERCHANDISE.

05. SHIPMENT UNDER THIS CREDIT MUST BE ADVISED BY THE BENEFICIARY WITHIN TWO WORKING DAYS FROM THE DATE OF SHIPMENT DIRECT TO APPLICANT.

F47A: ADDITIONAL CONDITIONS

01. ALL DOCUMENTS MUST SHOW EXPORT SALES CONTRACT NO.DC FCB200483 DT.29.05.2024，H.S.CODE NO.8518.90.

02. SHORT FORM，BLANK BACK BL NOT ACCEPTABLE.

03. TRANSPORT DOCUMENTS AND OTHER DOCUMENTS DATED PRIOR TO THE DATE OF THIS LETTER OF CREDIT ARE NOT ACCEPTABLE..

04. COUNTRY OF ORIGIN SHOULD CLEARLY BE MENTIONED ON EACH AND EVERY GOODS/PACKING OF GOODS/CONTAINER/BAGS/ CARTONS ETC.AND CERTIFICATE TO THIS EFFECT SHOULD ACCOMPANY THE ORIGINAL SHIPPING DOCUMENTS.

05. COMMERCIAL INVOICES EXCEEDING THIS CREDIT AMOUNT ARE NOT ACCEPTABLE.

F71D: CHARGES

ALL CHARGES OUTSIDE ISSUING BANK'S COUNTER INCLUDING REIMBURSEMENT CHARGES ARE ON BENEFICIARY'S ACCOUNT.

F48: PERIOD FOR PRESENTATION IN DAYS：15 DAYS AFTER THE DATE OF SHIPMENT

F49: CONFIRMATION INSTRUCTIONS：WITHOUT

//THIS CREDIT IS SUBJECT TO UCP 600

工作任务二

扫码获取业务资料，按要求完成工作任务。

任务完成情况评价表

（第____模块，任务____，工作任务____）

评价项目	满分	自评得分	互评得分	师评得分
正确理解知识	25			
业务分析处理方法得当	25			
表达清晰准确	15			
业务处理结果正确	35			
合计	100			
综合得分（自评得分×10%+互评得分×30%+师评得分×60%）：				
个人任务完成情况小结				

工作任务三

扫码获取业务资料，按要求完成工作任务。

任务完成情况评价表

（第____模块，任务____，工作任务____）

评价项目	满分	自评得分	互评得分	师评得分
正确理解知识	25			
业务分析处理方法得当	25			
表达清晰准确	15			
业务处理结果正确	35			
合计	100			
综合得分（自评得分×10%+互评得分×30%+师评得分×60%）：				
个人任务完成情况小结				

◆ 知识点自测

单项选择题

1. 装货联单（又称三联单）是一式多联的装船单据，其中一联是________，俗称关单（下货纸）。

A. 装货单　　B. 收货单　　C. 大副收据　　D. 提货单

2. 装货联单（又称三联单）是一式多联的装船单据，其中的一联是十分重要的单据，发货人凭以换取提单，是________。

A. 装货单　　B. 收货单　　C. 提货单　　D. 装箱单

3. 杂货班轮运输中的收货单由________签署。

A. 托运人　　B. 收货人　　C. 船长　　D. 大副

4. 集装箱发放通知单是船公司指示集装箱堆场将集装箱及其他设备交给本单持有人的书面凭证，英文名称为________。

A. container release order　　B. container load plan

C. equipment interchange receipt　　D. shipping order

5. 集装箱站场收据的作用，相当于传统杂货班轮运输中的________，它是发货人向船公司换取提单的凭证。

A. 大副收据　　B. 提货单

C. 装货单　　D. 海运单

6. Shipping order 是指________，其一经签发，承运托运双方即受其约束。

A. 装货清单　　B. 装货单

C. 收货单　　D. 大副收据

7. 承运人将全船拟装货物按目的港和货物性质加以归类，依航次靠港顺序排列而制成的全船待装运货物的汇总清单，形成 loading list，指的是________。

A. 装货单　　B. 收货单

C. 装货清单　　D. 载货清单

8. 出口载货清单，又称载货清单或出口舱单，是分票制作的全船出口货物的汇总清单，是海关进行船舶监管工作的依据之一，英文名称为________。

A. export manifest　　B. loading list

C. shipping order　　D. mate's receipt

9. 货物积载计划是船舶在装载前，大副根据装货清单按货物装运要求和船舶性能编制的一个受载计划，列明各批货物应装入船舶的具体舱位，用以指导安排泊位、出舱、下驳、搬运等工作，英文名称为________。

A. export manifest　　B. stowage plan

C. loading list　　D. mate's receipt

10. 关于海运提单、航空运单、铁路运单、多式联运单据的表述正确的是________。

A. 它们都是运输合同的证明　　B. 它们都是物权凭证

C. 它们都是收货凭证　　D. 它们都可以流通转让

任务 4.2　进口货运程序与单证

情境导入

广西路通公司从新加坡南洋公司进口 1 套德国设备，合同价格条件为 CFR 广西梧州，集装箱运输，装运期为开出信用证后 90 d 内，提单通知人是卸货港的外运公司。合同签订后，广西路通公司于 8 月 15 日开出信用证，10 月 28 日新加坡南洋公司发来装船通知，11 月上旬新加坡南洋公司将全套议付单据寄交开证行，提单显示装运港是德国汉堡，卸货港广西梧州，广西路通公司业务员经审核未发现不符并议付了货款。

梧州是内河港口，船运从汉堡到广西梧州包括在新加坡转船，正常时间应在 35～40 d 之间。12 月上旬，广西路通公司屡次查询梧州外运公司都没有收货物的消息，开始怀疑卖方倒签提单，随即电询新加坡南洋公司，新加坡南洋公司却答复已如期装船。12 月下旬，广西路通公司仍未见到货物，再次电告卖方要求联系德国发货方协助查询货物下落。卖方回电说德国正处于圣诞节假期，德方无人上班，没法联络。广西路通公司无奈，等到第 2 年元月上旬，新加坡南洋公司来电，称货物早已在去年 12 月初运抵广州南沙港，请速派人前往广州南沙港办理报关提货手续。

此时货物在广州南沙港已滞报 40 多天，初步估计发生的滞期费、仓储费、海关滞报金及其他相关费用接近 5 万元。

作为广西路通公司的业务员，你应向公司主管提出何种处理建议？

业务知识

海运进口业务在订舱环节与海运出口业务有不少相似的地方，如果以 E 组、F 组术语成交的进口合同，则由买方负责派船前往国外港口接运，即办理运输工作并支付主要运费。

4.2.1　进口货物运输业务环节

若从出口方交付货物装船后计，则进口货物运输主要业务环节应包括以下几点。

1. 掌握货运动态

接到卖方发送的装运通知后，进口方需掌握运输进口货物的船舶动态信息，这对装卸港的工作安排，尤其对卸货港的卸货、报关、陆运等工作安排极为重要。船舶动态信息主要包括船名、航次、装卸港顺序、预抵港日期及是否中转等方面的信息。船舶动态信息主要来源来自各船公司提供的船期表、国外发货人寄来的装船通知、单证资料、发货电报以及有关单位（如外贸运输公司、外轮代理公司及相关货运代理人、物流公司等）编制的进口船舶动态资料等。

2. 付款赎单

在信用证业务当中，进口方要及时地到开证银行办理付款赎单的手续，取得代表物权的提单；以汇付、托收等其他方式进行结算的，进口方也应及时地按贸易合同要求支付货款，取得提单。

3. 卸船理货

船舶抵达卸货港，由码头组织卸货作业。如果是件杂货班轮，进口方应安排监卸，以及时掌握货物运输质量，处理残损与短少问题；在集装箱班轮业务中，卸船由理货公司进行理货，记录集装箱与集装箱货物的外部状况。

4. 换单

接到船公司的到货通知，或者确认货物已经抵港卸下，收货人或其代理人凭正本提单到船公司或者船舶代理公司处换取提货单，作为船方指令场站交货的凭证。

5. 报关报检

按照《中华人民共和国海关法》的有关规定，进口货物自进境起到办结海关手续止，应当接受海关监管。进口货物的收货人应当自运输工具申报进境之日起十四日内，向海关申报；进口货物的收货人超过前款规定期限未向海关申报的，由海关征收滞报金。进口货物的收货人应当向海关如实申报，交验有关单证，如属国家限制进口的货物，应及时办理进口许可证，否则海关不予放行。在实际操作中，报关通常由收货人指定的代理公司完成。

进出口货物应当接受海关查验。海关查验货物时，进口货物的收货人应当到场，负责搬移货物以及开拆和重封货物的包装。海关认为必要时，可以径行开验、复验或者提取货样。进口货物的收货人自运输工具申报进境之日起超过 3 个月未向海关申报的，其进口货物由海关提取变卖处理。

对有法定商检、卫检、动植检要求的进口货物应向海关申请报检，对货物的质量、规格、卫生、安全、数量等进行检验、鉴定，并出具证书。非法定商检货物，应按照贸易合同检验条款的约定，向商检机构申请检验，以确定其是否与贸易合同、有关标准规定一致。

6. 提取货物

海关放行后，根据运输条款收货人凭提货单到港口码头堆场（CY 条款交付）或指定地点（DOOR 条款交付）提货，签署交货记录。若是整箱运输，收货人对集装箱货物进行拆箱后，需按约定的还箱条款将集装箱空箱归还至港口码头堆场或指定的其他内陆堆场；若为拼箱货物，收货人应到集装箱货运站提取货物。收货人提货时应向船方、港方缴清相关费用，如到付运费、集装箱超期使用费、码头费、堆存费等。

7. 货损索赔

收货人在接收货物时，对于发生货损货差的，应及时向有关责任方（发货人、承运人或保险公司等）提出索赔，并提供有效单据和证明。

由发货人负责的主要情形有：货物品质不良、数量短少，包装不牢、标志不清，整箱货装载不当及其他发货人的过失。

由承运人负责的主要情形有：承运人积载不当，管货不当，船舶不适航，未按提单记载交货及其他承运人不能免责的情形。

4.2.2 进口货运单证

班轮运输进口货运中所涉及的主要单证，有些在装运港编制，比如载货清单、运费清单、装箱单等。在卸货港编制的货运单证主要有到货通知书、提货单、交货记录等，而设备交接单在装运港和卸货港都会得到使用。

1. 到货通知书

到货通知书（advice of delivery）是在卸货港或交货地的船公司代理人将集装箱卸入集装箱堆场，或移至集装箱货运站，向收货人或收货人指定的通知人发出的要求收货人及时提取货物的书面通知。

若货到后较长时间未有提货的，船公司或其代理人一般会再次寄发到货通知书或电报、电传、电话催提。

到货通知书一般包括提单号码、到港时间、货物名称、货物数量、费用提醒与联系方式等，船公司或其代理依据提单或舱单所提供的地址投递，因此，很多货物的到货通知由口头形式完成，有些甚至无法通知到位。

到货通知的意义在于提醒收货人及时到港口提货，以免造成货物滞留和额外费用支出。

2. 提货单

提货单（delivery order，D/O）俗称小提单，是收货人或其代理人凭正本提单向承运人或其代理人换取的可向港区堆场、货运站等现场提货的凭证，也是船公司或其代理人对码头堆场、货运站发出交货的通知。

提货单不具备流通作用，一般记有“不可转让”（Non-negotiable）字样。提货单在件杂货班轮运输中单独使用，在集装箱班轮运输中作为交货记录的一联，其作用完全相同。在进口报关时，有些港口需要提交正本提单，有些港口则需要提交提货单。如图 4-14 所示。

3. 交货记录

根据我国国际集装箱（多式联运）工业性试验推广的单证，交货记录（delivery record）是承运人把货物交付给收货人共同签署的证明货物已经交付且承运人对货物责任已告终止的单证，提货单和交货记录是一套四联单证中的第二联和第四联，其余两联是提货通知和费用账单。

船舶抵港前，由船舶代理依据装货港航寄或传真得到的提单副本提前制作。在集装箱卸船并做好交货准备后，船舶代理向收货人发出提货通知，收货人接到提货通知后凭正本提单到船舶代理部门换取提货单，随付费用账单和交货记录两联，并付清运费及附加费用。收货人持上述单证随进口货物报关单一起送海关报关；海关放行后，在提货单上盖放行章或生成进口放行通知书。收货人持提货单、费用账单和交货记录共三联到场站提货，提货单由收货人留底，费用账单由场站凭此结算费用。交货记录由收货人签收后留给场站，证明收货人已收到货物，承运人责任到此终止。

上海中远海运集装箱船务代理有限公司

COSCO SHIPPING LINES AGENCY(SHANGHAI) CO., LTD.

进口集装箱货物提货单　　№ 00310666

船档号 VRRX5

港区场站

收货人名称 (SHANGHAI) CO., LTD.		收货人开户银行与帐号 GANG TAI PLAZA, HUANGPU DISTRICT CN 200001 SHANGHAI		
船名 COSCO SHIPPING	004E	起运港 汉堡	目的港 在港内	船舶预计到港时间 2019-06-19
提单号 RPIO COSU4515491030	交付条款 CY-CY	卸货地点 （洋山一期）上海盛东国际集装箱码	进库场日期	第一程运输

标记与集装箱号	货名	集装箱数或件数	重量(KGS)	体积(M³)
NO MARK	CONTAINER LABELLING MACHINE CONTAINER LABELLING MACHINE CONTAINER LABELLING MACHINE	40	42191.000	

CTN TOTAL: 0×12′ 1×20′ 0×24′ 0×30′ 8×40′ 0×45′ 0×48′ 0×53′

CXSU1151823/no seal OOLU8718748/SB091741 TCNU2342179/SB091727 MAGU5640453/SB091725
CCLU7011708/SB091758 FCIU9846258/SB091737 CSNU6828097/SB091756 FCIU9642167/SB091726
CAIU8626097/SB091732

船代公司重要提示：

(1) 本提货单中有关船、货内容按照提单的相关显示填制；

(2) 请当场核查本提货单内容错误之处，否则本公司不承担由此产生的责任和损失；(Error And Omission Excepted)

(3) 本提货单仅为向承运人或承运人委托的雇佣人或替承运人保管货物订立合同的人提货的凭证，不得买卖转让；(Non-negotiable)

(4) 在本提货单下，承运人代理人及雇佣人的任何行为，均应被视为代表承运人的行为，均应享受承运人享有的免责、责任限制和其他任何抗辩理由；(Himalaya Clause)

(5) 本提货单所列的船舶预计到港时间，不作为申报进境和计算滞报金、滞箱费、疏港费等经费的依据，货主不及时换单和提货造成的损失，责任自负；

(6) 本提货单中的中文译文仅供参考。

上海中远海运集装箱船务代理有限公司

地址：上海市虹口区东大名路558号B1-106

（盖章有效）

年　月　日

收货人章	海关章
1	2
检验检疫章	
3	4
5	6

注意事项：

1. 本提货单需盖有船代放货章和海关放行章后方始有效。凡属法定检验、检疫的进口商品，必须向检验检疫机构申报。
2. 提货人到码头公司办理提货手续时，应出示单位证明或经办人身份证明。提货人若非本提货单记名收货人时，还应当出示提货单记名收货人开具的证明，以表明其为有权提货的人。
3. 货物超过港存期，码头公司可以按《上海港口货物疏运管理条例》的有关规定处理。在规定期间无人提取的货物，按《海关法》和国家有关规定处理。

图 4-14　集装箱货物提货单

4.2.3 相关方进口货运业务

前述货运业务主要从贸易进口方视角出发，而进口货运牵涉各相关方。以下从船公司、码头和货运代理人的角度，对集装箱进口货运业务进行分析。

（一）船公司在进口货运中的业务

1. 接收装船单证，做好卸船准备

集装箱班轮运输要求在最短的时间内装卸集装箱，如果没有周密的准备，集装箱有可能滞留码头，使码头工作陷入混乱，影响船舶装卸，导致延迟交货，从而在相当程度上削弱集装箱运输快速、高效的优越性。因此，船舶装船离港后，船公司的目的港代理将做好装船单证文件接收工作，制订船舶预计到港计划、卸船计划，并与港口码头、收货人、通知人、海关和其他有关部门沟通，办理各项手续，做好卸船、交货准备工作。从装船港取得的主要单证有提单副本、舱单、积载图、特殊货物清单等。

2. 协助卸船

船舶抵达卸货港口后，协助港口码头制订卸船计划，将货物从船舶卸下，并堆存在码头内堆场，等待客户提货或中转至其他港口或目的地门点。

随着港口营商环境与跨境贸易便利化改革措施的推进，有些港口可以实行船边直提或卸船直提方式，即进口货物在船边直接交给进口商（收货人）的提货方式，这种方式通常适用于冷藏货物、重大件等对物流效率要求较高的货物。

3. 到货通知与催提

为防止货物积压，使集装箱能有效地得到利用而不发生闲置，加速集装箱周转，承运人或其代理在船舶抵港卸货后，通知收货人货物到达的情况并催促其尽快提货。

应当注意，由于海上运输的特殊性与提单的可转让性，船公司发送到货通知存在一定的困难，故通知不到收货人的责任往往由发货方承担，船公司的提单一般列有通知条款："本提单所载关于应将货物到达一事通知有关方的叙述，完全是为使承运人了解情况，若未能发出此项通知时，并不得引起承运人承担任何责任或解除发货方根据本提单所应承担的任何义务。""Except as provided by tariff，any mention herein of notify parties is solely for the Carrier's information, and failure to give notification shall not render the Carrier liable nor relieve the Merchant of any obligation to the Carrier."

4. 签发提货单

船公司根据收货人出具的正本提单，审核背书情况，如电报放货应审核收货人提交的保函，在结清到付运费、集装箱超期使用费或其他费用后，签发提货单。

集装箱超期使用费又称滞箱费，出口环节偶有出现，主要发生在进口阶段。航运实践中由于贸易环节、运输环节出现问题收货人延迟、拒绝提货，或提货后未及时还箱等原因以致超过约定期限而继续占用承运人集装箱的，承运人有权依据法律规定或合同约定主张集装箱超期使用费。集装箱超期使用费的性质属于违约金，通常承运人会在网站上公布其集装箱超期使用费费率，致使业内广为知晓，如东方海外货柜航运有限公司公布的进口免费用箱时间及滞箱费费率如表 4-2 所示。

表 4-2 Inbound D/D Tariff and Free Time Scheme for All Trades

Inbound Combined Demurrage and Detention（DD2in1）							
Cargo Nature/Equipment Type	Free Time	Day Range	20' per day	40' per day	40'HQ per day	45'HQ per day	Currency
Dry Container	7 D	8～14	90	170	200	220	CNY
		15～21	180	360	380	440	CNY
		Thereafter	360	720	780	880	CNY
Special Equipment	7 D	8～14	180	300	300	-	CNY
		15～40	360	600	600	-	CNY
		Thereafter	500	1 000	1 000	-	CNY
Reefer Container	5 D	6～10	350	-	660	-	CNY
		11～15	660	-	1 320	-	CNY
		Thereafter	950	-	1 880	-	CNY

5. 归档

船公司完成提货单签发后，收货人或收货人指定的代理人凭提货单到指定地点提取重箱，船公司交付货物，如有货损与货差事故，船公司根据索赔要求进行处理。

相关单证文件，包括进口舱单、提货单留底联、有效背书的正本提单、电放保函等，连同货物放货时有关沟通确认文件应一并归档，并在档案封面上登记有关归档材料信息。

（二）港口码头在进口货运中的业务

集装箱码头在进口货运环节中，主要业务包括编制进口作业计划、卸船理箱、卸船工作结束小结、交付重箱、制作交货报告与未交货报告、回收空箱等各项工作。具体说明如下。

1. 编制进口作业计划

港口码头在集装箱船舶靠泊前，从船公司或其船舶代理公司获得船期预报和船期确报、进口舱单、进口船图和装运港理货报告。港口码头根据以上信息编制船舶作业计划、堆场计划和卸船顺序单。其中，船舶作业计划确定每一艘船舶靠泊的泊位、靠泊时间、作业任务、作业要求、作业时间期限和船舶离泊时间；堆场计划是根据进口船图、进口舱单以及集装箱码头堆场可利用的情况等编制的作业计划，以确定集装箱卸船后在码头内堆场堆放的位置和作业计划；卸船顺序单是港口码头根据进口船图和进口舱单编制的集装箱船舶卸船作业顺序单，是集装箱船舶卸船的作业计划书。

2. 卸船与堆放

在船舶靠泊后，由港口码头根据卸船顺序单对需要卸港的集装箱（包括重箱和空箱）安排卸货，并按照堆场计划，确定水平搬运和堆场堆放位置。同时，理货公司代表船公司与港口码头进行集装箱交接，对于发生损坏的集装箱，如集装箱外表损坏或铅封不完整等，填制残损记录单，以明确责任。

3. 交付货物

根据船公司指示，港口码头向收货人、无船承运人或内陆承运人交付货物，交付货物通常采用交付重箱的方式。在 CY 等整箱交接方式，交付重箱的对象主要是收货人或其代理人，在 CFS 等拼箱交接方式，交付重箱的对象主要是无船承运人或集装箱货运站，此时提取重箱应出具在船公司换取的提货单。

如果重箱原封不动运往内陆门点，则交付货物对象为内陆承运人。如船公司是全程多式联运承运人，码头堆场和内陆承运人只需办理内部交接手续，在集装箱货物运至最终交货地点后再办理交货记录；如船公司仅是海运承运人，则在港口码头内堆场凭交货记录进行交接，船公司的责任终止于码头。

港口码头在交付货物时，应核查并收取仓储、保管、搬运等费用。

4. 制作交货报告与未交货报告

港口码头交付重箱后，应根据实际交货情况制作交货报告和未交货报告，提交船公司或其代理公司。船公司可以根据已经卸船未交付货物的清单，及时做好重箱催提，避免由于客户延期提箱产生高昂的集装箱超期使用与堆存等费用。

5. 回收空箱与堆存保管

收货人或其指定的通知人提取重箱后，根据合同约定的还箱条款，需要将集装箱空箱还至港口码头，港口码头堆场业务应负责集装箱回收工作，办理设备交接单手续，回收集装箱空箱。

空箱一般在港口堆场、货运站等地进行堆场与保管。各堆场经营人应将不同船公司的集装箱分别堆放，同公司的集装箱按不同箱型分别堆放，以便于船公司提箱。集装箱空箱的堆存与保管是船公司箱务管理的重要组成部分。

（三）货运代理人在进口货运中的业务

作为订舱代理人，货运代理人在进口货运中的业务与出口货运业务类似。在 E、F 组术语条件下，货运代理人办妥订舱手续后，应在规定的期限内将船名、船期等事项及时通知卖方，跟踪货物如期装船。但进口代理的类型众多，除订舱外，还涉及接货、报关、代运等各方面，在进口货运中的业务主要如下。

1. 揽货和接受货主委托

揽货是指货运代理人揽取货源，与客户建立业务关系的行为。货运代理人与收货人双方建立的委托关系可以是长期的，也可以是就某一批货物而签订的。货运代理人接受货主委托，达成委托代理合同，应明确委托事项，委托事项一般有代理仓储、代理报关或清关、代理内陆运输、代理收付汇、代理国际保险、进口税款垫付等。

2. 跟踪货物动态

掌握运输进口货物的船舶船期、进口货物动态对于做好港口工作，及时、合理安排进口各项事宜，尽快把货物交到收货人手中极为重要。货运代理人应跟踪货物动态，特别是转船货物与非基本港卸货的货物，以免发生延误与产生额外费用。

3. 收集、整理单证

进口货物涉及的单证一般包括贸易合同、发票、提单、装箱单等，通常由收货人提供，这些单证是卸货、报关、报检、交接等项工作不可缺少的资料，货运代理人应及时收集并进行核对。

4. 报关报检

货物卸船后，根据国家有关法律法规，进口货物必须在办理报关、报检手续后，收货人或货运代理人才能提取货物。因此，货运代理人应根据代理委托事项的要求及时办理。

若是卸船直提的货物，货运代理人应提前办理各项手续，以免衔接不畅。

5. 换单提货

货运代理人从委托人处取得正本提单，交还船公司或其代理人，据以换取提货单，并凭借提货单、设备交接单等向港口码头办理提货手续。

6. 进口代运

货运代理人接受委托，代为办理进口货物至国内内陆点的转运业务，称为进口代运。

货运代理人可以使用自有车辆，也可以外包，通过铁路、公路与水运等方式将货物运抵最终目的地。

工作任务一

扫码获取业务资料，按要求完成工作任务。

任务完成情况评价表

（第____模块，任务____，工作任务____）

评价项目	满分	自评得分	互评得分	师评得分
正确理解知识	25			
业务分析处理方法得当	25			
表达清晰准确	15			
业务处理结果正确	35			
合计	100			
综合得分（自评得分×10%+互评得分×30%+师评得分×60%）：				
个人任务完成情况小结				

工作任务二

扫码获取业务资料，按要求完成工作任务。

任务完成情况评价表

（第____模块，任务____，工作任务____）

评价项目	满分	自评得分	互评得分	师评得分
正确理解知识	25			
业务分析处理方法得当	25			
表达清晰准确	15			
业务处理结果正确	35			
合计	100			
综合得分（自评得分×10%+互评得分×30%+师评得分×60%）：				
个人任务完成情况小结				

工作任务三

浙江海怡国际货运代理有限公司（ZHEJIANG OCEANEASY FREIGHT FORWARDING CO.，LTD.）接到客户浙江农佳对外贸易有限公司（ZHEJIANG FARM WELL FOREIGN TRADE CO.，LTD.）咨询，其进口的 1 个 20 ft 集装箱货物延迟抵达，且卸港与提单不符。作为专业货运代理人，请提出处理意见，相关单据有附件一（客户来函）、附件二（贸易合同）、附件三（提单副本如图 4-15 所示）、附件四（相关提单背面条款）。

——2021 年省级职业院校技能大赛高职组货运代理项目试题

附件一：客户来函

TO：ZHEJIANG OCEANEASY FREIGHT FORWARDING CO., LTD.

Dear Cassie，

We would like to appoint your good company as discharging agent to handle the import formality for above mentioned shipment，before entering details your professional assistance will be highly appreciated.

Following shipment by Orient Overseas Container Line.from LEIXOES，PORTUGAL has been shipped on board MV SAFMARINE NAKURU V.012S on 26th Jan 2021，and estimated to arrive at POD NINGBO in the beginning of March.The Bill of Lading is attached for your reference.

B/L No.	No.of Package	Description of Goods	Trade Terms
LXNBC2568155	2329 CASES	WINE	CFR NINGBO

We have been looking for the container in NINBO last week and failed，yesterday OOCL SHANGHAI office informed us that the cargo was discharged in SHANGHAI on 2nd/mar and demurrage/storage charge are incurred 10 days after discharging，then urged us to go through the procedures.

We would appreciate to have your comments about the liability and responsibility in this case，what should we do now.

Thanks in advance for prompt reply.Best regards.

Very truly yours，

Lawrence Tang

ZHEJIANG FARM WELL FOREIGN TRADE CO., LTD.

Email：Lawrence@zjfw.com

15th，Mar.2020

附件二：贸易合同

浙江农佳对外贸易有限公司

ZHEJIANG FARM WELL FOREIGN TRADE CO., LTD

NO. 36, North Yingxi Road, Deqing County, Huzhou, Zhejiang, China

TEL: 86-572-5544332　　FAX: 86-572-5544332

SALES CONTRACT

The Buyer: ZHEJIANG FARM WELL FOREIGN TRADE CO., LTD.　　No. G317-2012

NO.36，NORTH YINGXI ROAD,DEQING COUNTY, HUZHOU, ZHEJIANG, CHINA　　Date: JAN. 5,2021

The Seller: SANTOS & BROTHERS

2106-2107, SUN PLAZA, WIND ROAD, PORTO, PORTUGAL

This contract is made by and between the Buyer and the Seller, whereby the Buyer agree to buy and the Seller agree to sell the under-mentioned commodity according to the terms and conditions stipulated below:

Name Of Commodity & Specifications	Quantity	Unit Price USD/BOTTLE	Amount & Price Terms
DOM JOSEL PRESTIGE RED WINE	13974 BOTTLES (750ml each)	8.5	CFR NINGBO 118,779.00

Total Value：USD118,779.00(SAY U.S.DOLLARS ONE HUNDRED AND EIGHTEEN THOUSAND SEVEN HUNDRED AND SEVENTY-NINE ONLY)

Packing：6 BOTTLES IN A CASE

Time of Shipment：Before Feb.15,2021

Port of loading: main port of PORTUGAL

Port of descharging: Ningbo, CHINA

Partial shipment and Transhipment are prohibited.

Insurance：to be covered by the buyers.

Payment：30% by T/T before shipment，the remaining balance by T/T 15 days after shipment.

All disputes in connection with this contract or the execution thereof shall be settled in hong kong and English law applied.

The signature of Buyers　　The signature of Sellers

ZHEJIANG FARM WELL FOREIGN TRADE CO., LTD　　SANTOS & BROTHERS

附件三：提单副本

Shipper SANTOS & BROTHERS COMPANHIA DE VINHOS, S.A ALTO DO SEIXINHO - EM 1055 2560-112 TORRES VEDRAS		**COMBINED TRANSPORT BILL OF LADING** B/L No. LXNBC2568155 OOCL We take it personally Orient Overseas Container Line	
Consigned to order of TO ORDER OF THE SHIPPER			
Notify Party and Address ZHEJIANG FARM WELL FOREIGN TRADE CO., LTD.			
Ocean Vessel SAFMARINE NAKURU	Voyage No 012S	Port of Loading LEIXOES	Place of Receipt
Port of Discharge NINGBO	Place of Delivery	Freight payable FREIGHT PREPAID	Number of original Bills of Lading 3/THREE

Marks and Nos.	Quantity and description of goods | **SAID TO CONTAIN | PARTICULARS FURNISHED BY SHIPPER**		Gross Weight, kgs.	Measurements, cbm
MRKU 694 198-0 SEAL-NO.: PT0917795	1 20' GP CONTAINER 2329 CASES	S.T.C. WINE	19330.000KGS	

DRAFT DRAFT

SHIPPED ON BOARD 26-JAN-2021
SHIPPERS LOAD, STOW AND COUNT

SERVICE: FCL/FCL
FREIGHT PREPAID

All particulares above declared by Merchant

Loaded into Container(s)	RECEIVED for shipment the above mentioned goods in apparent good order and condition as far as could be ascertained by exercising reasonable means of checking or as stated above. The Carrier in accordance with the provisions contained on this side and on the reverse side of this document; a) undertakes to perform or to procure the perfomance of the entire transport from the place at which the goods are taken in charge to the place designated for delivery in this document, and b) assumes liability as prescribed in this document for such transport. **One of the Bills of Lading to be surrendered duly endorsed in exchange for the goods or delivery order.** IN WITNESS whereof three (3) original Bills of Lading have been signed , if not otherwise stated above, one of which being accomplished the other(s) to be void.
For delivery of cargo please apply to	Place and date of issue MOREIRA DA MAIA 26-JAN-2021
Declared value of the goods (see clause 12) **US$** **Ad valorem freight paid:** **Note:** The merchant's attention is called to the fact that according to clauses 11 to 14 of this Bill of Lading, the liability of the Carrier is, in most cases, limited in respect of loss of or damage to the Goods and delay.	Signed for Carrier Orient Overseas Container Line by A.HARTRODT, PORTUGAL LDA. as Agent for the Carrier

EXPRESS

图 4-15 提单副本

附件四：相关提单背面条款

13. NOTIFICATION AND DELIVERY

Except as provided by tariff，any mention herein of notify parties is solely for the Carrier's information，and failure to give notification shall not render the Carrier liable nor relieve the Merchant of any obligation to the Carrier.

18. METHODS AND ROUTES OF TRANSPORTATION

The Carrier may at any time and without notice to the Merchant：

（a） use any means of transport or storage whatsoever；

（b） for any purpose whatsoever tranship the Goods or carry same on a substituted vessel or otherwise transfer the Goods from one conveyance to another even though transhipment or forwarding of the Goods may not have been contemplated or provided for herein.

——2021 年省级职业院校技能大赛高职组货运代理项目试题

◆ 知识点自测

一、单项选择题

1. ________是集装箱进出港区、场站时，用箱人、运箱人与管箱人或其代理人间交接集装箱及其他机械设备的凭证，如果发现集装箱等设备有异常状况时，则应将异常状况记入本单据。

A. container release order　　B. container load plan

C. equipment interchange receipt　　D. shipping order

2. 设备交接单的英文简称为________。

A. S/O　　B. D/R　　C. M/R　　D. EIR

3. 表明承运人已将集装箱货物交给收货人的单据是________。

A. 正本提单　　B. 场站收据　　C. 交货记录　　D. 大副收据

4. 对进口商而言，首选的结算方式是________。

A. 前 T/T　　B. D/A　　C. D/P at Sight　　D. 信用证

5. 根据《INCOTERMS2020》，下列贸易术语中卸货费由卖方承担的是________。

A. CIF　　B. FCA　　C. DDP　　D. FOB

6. 以 CFR 术语、信用证支付方式进口一批货物，业务环节不包括________。

A. 申请开证　　B. 交单议付　　C. 付款赎单　　D. 接货报关

7. 提货单亦称小提单，简称为________。

A. S/O　　B. D/R　　C. P/O　　D. D/O

二、判断题

1. 如果全套正本提单不止一份的话，收货人提货时应提交全套正本提单。

2. 提货单亦称小提单，是收货人凭以向现场（码头仓库或船边）提取货物的凭证，它与提单的性质完全相同，具有流通的作用。

3. 集装箱超期使用费的性质属于违约金，因此，由于承运人原因导致的延误时间，收货人无须支付该费用。

拓展阅读与思考

听老部长讲中国水运改革开放的那些“第一次”

中华人民共和国自己培养的第一位船长、原中远总公司总经理、原交通部（2008 年，交通部改为交通运输部）副部长……林祖乙推动和见证了中国水运改革开放史上的许多“第一次”。

细至船舶分线制、“五定”班轮、集装箱工业性试验，大到国际海事组织 A 类理事国地位的争取与维护，林祖乙锐意改革、开拓创新。

“改革是一个系统工程，不是简单的事，因为有很多思想上的问题要解决，有很多细节问题要处理。但不要一直放在争论上，看准了就要下决心做，用实践来检验。”87 岁的林祖乙脑海中清晰地装着改革开放 40 年来的水运业改革发展的大局、大势、大事，如图 4-16 所示。

图 4-16　原交通部（交通运输部）副部长林祖乙接受采访

1.“五定”班轮用实践消除争论

对事物发展趋势保持敏锐洞察力，是开拓者的特质。几十年前，正是这种洞察力推动了“五定”班轮的诞生。

我国 1978 年正式开展海上国际标准集装箱运输，到 1985 年已经有集装箱船 38 艘、滚装船 13 艘，箱位 4 万多个标准集装箱，先后开辟了中日、中美、中欧等集装箱运输航线。林祖乙回忆：“然而由于往往要等待货物集中、等泊位以及经营管理理念的差异，一直无法开辟正规的班轮运输，严重地影响了航运信誉，削弱了我国在国际航运市场上的竞争力。”

1985 年初，我国尝试中欧集装箱班轮航线，但因为压港严重、货物未能按时集中等原因，班期不能得到保证。

“国务院要求我国远洋运输部门要开好班轮，就是赔钱，跑几次空船也要坚持下去，下决心创出信誉。”林祖乙回忆。

当时争论得很厉害，有人认为多装两三百箱货，多等一天有什么关系？

在国务院有关领导同志的关心支持下，多方协调，港航签约，把争论作为学术问题继续研究，但运作上坚决按照“宁可甩货也要保班期”原则按时开航，要创诚信品牌。1986年初，交通部（2008 年，交通部改为交通运输部）印发通知，将美加线、欧洲线、澳洲（澳大利亚）线、地中海线、波斯湾线的部分航班定为“五定”（定航线、定船舶、定货种、定泊位、定时间）核心班轮，按照班期表按时运行。

对船员调配、伙食供应、物料供应、航次修理等一系列后勤服务和调度跟踪等都相应进行改革，以适应班轮的快速运转。

各港务局、远洋运输公司、外轮代理公司都建立了专人负责制。港口对班轮指定泊位。远洋公司固定了班轮船舶，并实行运行跟踪；发现船舶不能按时返回，及时调整船舶。为确保班轮准班开航，各港务局还建立了定期联系制度，由船公司、外代、外运以及货主等单位共同参加，统一安排和落实运输计划。

林祖乙：

实行半年，效果很好，在国际上引起强烈反响，原来只有发达的航运大国才能开出准期的班轮航线，中国也能做到了。

外贸厂商纷纷按照班轮班期表组织生产，效益大为提高，甚至一些工厂因此摆脱了因为无法按时交货濒临倒闭的困境。因为班期有保障，货源也不断增加，中国至美国东部航线从原来 6 艘船 90 d 一个往返改为 5 艘船 75 d 一个往返。

“大家也不争了。如果一直停留在争论中，则一事无成。看准了，以实践检验其是非，不断完善，争论自然消失。”说到这儿，林祖乙笑了。

2. 集装箱工业性试验首创联合办公

集装箱运输需要软硬件配套，需要社会大协作，是整体性很强的综合运输系统工程。20 世纪 80 年代末，我国虽然已开辟了一些集装箱班轮和不定期集装箱船航运，但许多方面仍在沿用传统的散货运输管理方法，有许多环节还不配套。

船长出身的林祖乙特别关注海运管理水平的提升。1989 年底，林祖乙领导了一场国际集装箱多式联运的管理变革，当时首创的许多经验做法获得广泛应用，为我国国际集装箱运输的正规化、现代化开辟了道路。

林祖乙：

以运输系统为对象的工业性试验在我国尚属首次。当年，在国家计委（中华人民共和国国家计划委员会，于 2003 年改组为中华人民共和国国家发展和改革委员会）批准和支持下，由交通部主持，交通部水运所和上海港、上海市政府交通办公室承担，在上海港启动了国际集装箱运输系统（多式联运）工业性试验（简称“工试”），由交通、铁道、经贸等部门所属的 50 多个单位参加。这次“工试”用了 1 年半时间，国家计委验收时表示取得了巨大的成功，给予了充分肯定。

工业性试验的成功，提高了生产力，实现了各方多赢，建立起了一个具有推广、应用价值的较好的示范模式。“联合办公，现在不稀奇了，很多地方都有联合办公，但是这是由我们首创的。”林祖乙说，“工试”之前跟集装箱运输有关的单位有 30 多家，分散在全市很多地方，办这些手续要跑 3 天。“工试”过程中，30 多家单位在一个两层楼的房子里都设办公点，集装箱进出口业务半天就办完了所有手续。

不仅如此，“工试”还确定了多式联运各个环节的作业程序和业务手续；改变了集装箱运输沿用传统件杂货运输单证的做法，推行了集装箱运输单证；整顿了乱收费行为……

“工试”使以上海港为枢纽港的国际集装箱运输系统发生深刻变化，迈上了一个新台阶，为上海浦东开发、开放和长三角外向型经济发展提供了有效的运输保证和有力支持。随后，“工试”积累的经验在全国各港得到推广实施。

3. 让世界认同海运大国的地位

在林祖乙的心中，1989 年还有一个意义非凡的突破令他难以忘怀。因为在这一年，我国正式走上世界海运舞台中央，跻身于国际海事组织中当时仅有的 8 个 A 类理事国行列。林祖乙是这一里程碑事件的主要推动者之一。

国际海事组织成立于 1959 年，成立初期有 24 个理事国，1983 年这一数字扩大为 32 个。我国 1973 年正式加入国际海事组织，仅在 1977 年、1979 年、1981 年、1985 年当选为 B 类理事国。20 世纪 80 年代末，我国海运船队运力规模已经达到世界第七、八位，拥有竞选 A 类理事国的实力基础。

“A 类理事国只有 8 个席位，有国家新当选，就意味着有国家落选，而这 8 个国家中每一个都有不凡的海运实力。”林祖乙回忆，1989 年 3 月，我国向国际海事组织提交了竞选 A 类理事国的申请。初期只有 40 多个国家对我国表示支持，我国在当时 150 多个成员国中声音相当微弱。

对国际海事组织 A 类理事国的竞选，是国家实力的较量，也是竞选团队集体和个人智慧的比拼。面对竞选的被动局面，林祖乙和他率领的中国代表团力挽狂澜。

“为了国家荣誉，不能退，一定要争。”林祖乙回忆道，“当时我们与尽可能多的国家沟通意见，全力以赴做好每一项工作，不放弃任何一个可能带来转机的机会。”就在投票前一天，出现了一个重大转折。林祖乙抓住机会，决定调整竞选策略，中国最终赢得了国际海事组织 8 个 A 类理事国之一的宝贵席位，在参与世界海事事务方面逐步发挥更大的作用。

“竞选成功，标志着我国海运大国的地位正式得到国际认同，为我国在国际海运界赢得了十分珍贵的话语权。我国总是本着平等互利、公平公正的原则，从广大发展中国家的角度出发，积极为发展中国家争取权益。”林祖乙说，从 1989 年至今，我国已连续 15 次当选为国际海事组织 A 类理事国，成为无可争议的世界海运大国。如图 4–17 所示。

图 4–17　2017 年 12 月 7 日，中国代表首次当选国际海事组织理事会主席

4. 不忘初心向着光荣与梦想

“前天我看了一个报道，2 万 t 矿砂船‘江海直达 1’轮从浙江宁波直接开到安徽马鞍山港……”（如图 4–18 所示）。

“昨天我看了一个报道，中远海运又一艘 20197 标箱集装箱船交付了……”

采访过程中，林祖乙常常穿插“新闻”，这样的今昔巨变的对比，让交流在 40 多年的跨度中轻松穿越。

图 4–18 我国首艘 2 万吨级江海联运散货船“江海直达 1”轮开启了江海联运新时代

“中国远洋是对外开放的先驱，因为国际运输一定要按照国际规则来办。远洋运输是对外贸易的压舱石。我们的船队拥有国际上最先进的各种类型船舶：2 万标箱的集装箱船，30 万吨级的油轮和 40 万吨级的矿石船……世界上最先进的船舶由中国人驾驶，中国的引航员可以引航任何一艘超级巨轮，为我国海运事业的迅猛发展和航海教育的持续进步培养了世界上最优秀的高级船员！”林祖乙自豪地说。

林祖乙还特别关注“21 世纪海上丝绸之路”建设，认为在推动共建“一带一路”国家互联互通的进程中，交通人责任重大、使命光荣。

“海运是经济的生命线。我国外贸运输量的 90%依靠海运来完成。共建‘一带一路’不仅为我国经济发展开辟新的路径，而且要秉持共商共建共享的理念，为世界经济发展创造条件。”林祖乙说，当前，在全球港口货物吞吐量和集装箱吞吐量排名前十名的港口中，中国港口占有七席，全自动码头等新技术大大提高了装卸效率。同时，沿着“一带一路”，新加坡、印度、巴基斯坦、斯里兰卡、希腊……港口合作大棋局正一步步落子。如图 4–19 所示。

图 4-19　2017 年 11 月 9 日“北部湾港—印度（中东）”远洋航线首航暨“北部湾港—新加坡”天天班公共航线开通

展望未来，林祖乙信心满满。

资料来源：卢锐，赵鹏飞. 激荡改革创新的时代力量：访原交通部副部长林祖乙[EB/OL]. 中国交通新闻网，http://www.zgjtb.com/zhuanti/2018-10/12/content_213745.html.

5

模块 5
提单业务

知识目标

- 掌握提单的内容。
- 熟悉提单作用与提单业务。
- 掌握常见的提单类型。
- 掌握提单的主要条款；熟记与提单有关的国际公约及我国海商法有关规定。
- 掌握集装箱提单特点。

能力目标

- 能够正确填制提单。
- 能够处理提单签发、转让与提货等业务。
- 能够辨识与使用不同种类的提单。
- 能够制作、使用集装箱运输中的货代单与船东单。

素质目标

- 培养较强的责任心和吃苦耐劳的职业精神。
- 培养良好的专业素质和风险意识。
- 培养全局视野和国际视野。
- 培养开拓创新精神。

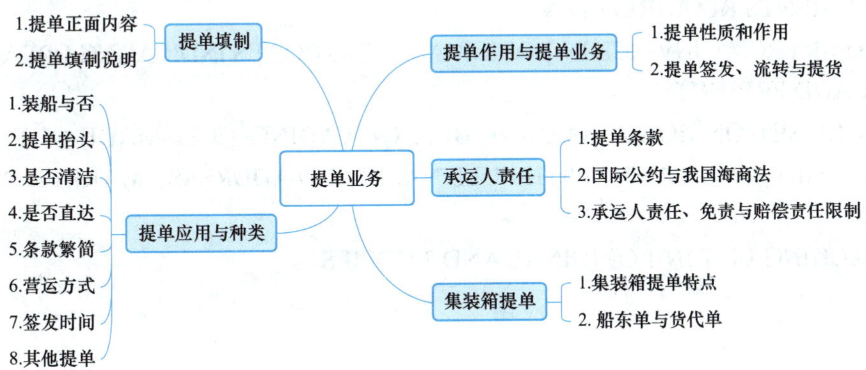

任务5.1 提单填制

情境导入

深圳振华国际货运代理有限公司受广东省农汇对外贸易有限公司委托，出运2个集装箱货物至美国波士顿，相关贸易与订舱单据如图5-1～图5-6所示。作为深圳振华国际货运代理有限公司的单证员，请缮制提单交客户审核。

——2020年全国职业院校技能大赛改革试点赛高职组货运代理项目试题

LETTER OF CREDIT

DOC.CREDIT NUMBER *20：SN7890

DATE OF ISSUE 31 C：20200823

EXPIRY *31 D：DATE 20200925 AT BENEFICIARY'S COUNTRY

APPLICANT *50：DELPHY CO.，LTD.

5725 DELPHY TROY，NEW JERSEY 48098-2815，USA

BENEFICIARY *59：GUANGDONG NONGHUI FOREIGN TRADE CO., LTD.

51 MINZU ROAD，SHENZHEN，GUANGDONG，CHINA

AMOUNT *32 B：CURRENCY USD AMOUNT USD 492 480.00

TRADE TERM CFR BOSTON

AVAILABLE WITH/BY *41 D：ANY BANK BY NEGOTIATION

DRAFTS AT...42 C：DRAFT AT 30 DAYS AFTER SIGHT FOR FULL INVOICE COST

PARTIAL SHIPMENTS 43 P：NOT ALLOWED

TRANSHIPMENT：NOT ALLOWED

LOADING IN CHARGE 44 A：SHENZHEN，CHINA

FOR TRANSPORT TO...44 B：BOSTON，MA，USA

LATEST DATE OF SHIPMENT.44 C：20200910

DESCRIPT.OF GOODS 45 A：NON-WOVEN MASK（NON-MEDICAL）

DOCUMENTS REQUIRED 46 A：

1. COMMERCIAL INVOICE IN 1 ORIGINAL AND 5 COPIES INDICATING BREAKDOWN OF COST AND FREIGHT

2. FULL SET ON BOARD MARINE BILL OF LADING（3/3）MADE OUT TO THE ORDER NOTIFY APPLICANT（WITH FULL NAME AND ADDRESS）MARKED FREIGHT PREPAID.

3. PACKING LIST IN 1 ORIGINAL AND 3 COPIES

图5-1 信用证

广东省农汇对外贸易有限公司

GUANGDONG NONGHUI FOREIGN TRADE CO.，LTD.

51 MINZU ROAD,SHENZHEN,GUANGDONG,CHINA

TEL: 86-755-58885541　　FAX: 86-755-58885542

SALES CONTRACT

The Buyer:　DELPHY CO., LTD.　　No. G317-2020

5725 DELPHY TROY, NEW JERSEY 48098-2815，USA　　Date: JUL.5TH,2020

The Seller: GUANGDONG NONGHUI FOREIGN TRADE CO., LTD.
51 MINZU ROAD,SHENZHEN,GUANGDONG,CHINA

This contract is made by and between the Buyer and the Seller, whereby the Buyer agree to buy and the Seller agree to sell the under-mentioned commodity according to the terms and conditions stipulated below:

Name Of Commodity & Specifications	Quantity	Unit Price USD/DOZEN	Amount & Price Terms
NON-WOVEN MASK　(NON-MEDICAL)	228000 Dozen	2.16	CFR BOSTON 492,480.00

Total Value：USD492,480.00 (SAY U.S.DOLLARS FOUR HUNDRED AND NINETY-TWO THOUSAND FOUR HUNDRED AND EIGHTY ONLY)

1. Packing：380 dozen in each carton, total 600 cartons
2. Time of Shipment：Before Sept.10th,2020
3. Port of Loading: Shenzhen, China
4. Port of Destination: Boston, MA, USA
5. Insurance：to be covered by the buyers.
6. Payment：100% of the total value will be paid by L/C at 30 days after sight.
7. Shipping advice: The seller shall advise by fax the buyers of the quantity, invoice value, gross weight, name of vessel and date of sailing within 7 days after the completion of the loading of the goods
8. Inspection: The Seller shall have the goods inspected by 15 days before the shipment and have the Inspection Certificate issued by German Machinery I/E Inspection Corporation Shenzhen Branch. The Buyer may have the goods reinspected by America I/E Inspection Bureau after the goods arrived at the destination.
9. Arbitration: All disputes in connection with this contract or the execution thereof shall be settled in hong kong and English law applied.
10. Other terms: This contract is made in two originals, one original to be held by each party. The original pieces have the same law effect to each party.

The signature of　Buyers　　The signature of　Sellers

DELPHY CO., LTD.　　GUANGDONG NONGHUI FOREIGN TRADE CO., LTD.

图 5-2　贸易合同

<table>
<tr><td colspan="2">ISSUER
GUANGDONG NONGHUI FOREIGN TRADE CO., LTD.
51 MINZU ROAD,SHENZHEN,GUANGDONG,CHINA</td><td colspan="3" rowspan="2">商业发票
COMMERCIAL INVOICE</td></tr>
<tr><td colspan="2">TO
DELPHY CO., LTD.
5725 DELPHY TROY, NEW JERSEY 48098-2815，USA</td></tr>
<tr><td colspan="2" rowspan="3">TRANSPORT DETAILS
FROM Shenzhen, China TO Boston, MA, USA BY VESSEL</td><td colspan="2">NO.
ZHHD-P2001</td><td>DATE
SEP.5, 2020</td></tr>
<tr><td colspan="2">S/C NO.
G317-2020</td><td>L/C NO.</td></tr>
<tr><td colspan="3">TERMS OF PAYMENT
100% of the total value will be paid by L/C at 30 days after sight.</td></tr>
<tr><td>MARKS AND NUMBERS</td><td>NUMBER AND KIND OF PACKAGE
DESCRIPTION OF GOODS</td><td>QUANTITY</td><td>UNIT PRICE</td><td>AMOUNT</td></tr>
<tr><td>NO MARKS</td><td>NON-WOVEN MASK (NON-MEDICAL)
380 DOZEN IN EACH CARTON
CARTON SIZE: 58 cm×58 cm×41 cm</td><td>600 CARTONS</td><td>USD 2.16
PER DOZEN</td><td>USD 492,480.00</td></tr>
<tr><td colspan="2">TOTAL:</td><td>600 CARTONS</td><td></td><td>USD 492,480.00</td></tr>
<tr><td>SAY TOTAL:</td><td colspan="4">SAY U.S.DOLLARS FOUR HUNDRED AND NINETY-TWO THOUSAND FOUR HUNDRED AND EIGHTY ONLY</td></tr>
<tr><td colspan="5">REMARKS:</td></tr>
</table>

图 5-3 商业发票

Issuer GUANGDONG NONGHUI FOREIGN TRADE CO., LTD. 51 MINZU ROAD,SHENZHEN,GUANGDONG,CHINA	PACKING LIST					
To DELPHY CO.,LTD. 5725 DELPHY TROY, NEW JERSEY 48098-2815，USA			Invoice No. ZHHD-P2001		Date SEP.5, 2020	
Marks and Numbers	**Number and kind of package Description of goods**	**Quantity**	**Package**	**G.W. (KG)**	**N.W. (KG)**	**Meas. (CBM)**
NO MARKS	NON-WOVEN MASK (NON-MEDICAL) 380 DOZEN IN EACH CARTON CARTON SIZE: 58 cm×58 cm×41 cm	600 CARTOONS	CARTOONS	9 000.00	8 400.00	82.75
Total:		**600** CARTOONS		9000.00	8400.00	**82.75**
Say Total:	SAY SIX HUNDREDS CARTOONS ONLY					

图 5-4　装箱单

BOOKING CONFIMATION

订舱确认书

TO: SHENZHEN ZHENHUA FREIGHT TRANSPORTATION CO., LTD.
FROM: COSCO SHIPPING YANTIAN OFFICE
DATE: SEPT 5, 2020
TEL: 86-0755-88888888-8888

B/L NO.: 8YTBSN2KN476
FORWARDER REFERENCE:
预配头程船名航次：COSCO PHILIPPINES 056E　　航线：AWE-5
预配二程船名航次：　　航线：

发货人：GUANGDONG NONGHUI FOREIGN TRADE CO., LTD.
装港：YANTIAN, CHINA
卸港：NEW YORK, MA, USA　　最终卸港：Boston, MA, USA
箱量：1×20’GP　1×40’GP
箱号：CBHU2661423　HBSU 4008859　　交货地：Boston, MA, USA
货物：NON-WOVEN MASK　(NON-MEDICAL)
条款：CY-DOOR
货类：
备注：
敬请留意：
预计开舱时间：2020/09/02 10:00
预计截重时间：2020/09/06 23:00
预计截关时间：2020/09/07 17:00
预计开航时间：2020/09/08 21:00
预计截文件时间：2020/09/09 17:00
预计到目的港时间：2020/10/08 08:00
*以上时间如有变动，以另行通知为准。
*如贵公司自行安排拖车报关，请仔细阅读下列事项。
打单提箱地点：盐田国际集装箱码头
放行条交接地点：盐田国际集装箱码头
空箱提取地点：盐田国际集装箱码头
重箱返回地点：盐田国际集装箱码头

TEL:86-0755-88888888-8888　　**FAX:** 86-0755-88888888-8888

图 5–5　订舱确认书

B/L NO. （4）

Shipper

（1）

Consignee

（2）

Notify Party

（3）

COSCO Shipping Co.

Bill of Lading

中远海运集装箱运输有限公司 COSCO SHIPPING LINES CO., LTD.

Pre-carriage by	Place of Receipt
Ocean Vessel （5） Voy. No. （6）	Port of Loading （7）
Port of Discharge （8）	Place of Delivery

Container No. （9）	Seal No. Marks & Nos. （10）	No. of Containers or P kgs （11）	Kinds of Packages; Description of Goods （12）	Gross Weight kgs	Measurement

TOTAL NUMBER OF

CONTAINER OR PACKAGES（IN WORD）

Freight & Charge （13）	Revenue Tons	Rate	Per	Prepaid	

Ex. Rate.	Prepaid at	Payable at	Place and Date of Issue
	Total Prepaid	No. of Original B（s）/L （14）	Signed for Carrier,

LADEN ON BOARD THE VESSEL

DATE （15）

（TERMS PLEASE FIND ON BACK OF ORIGINAL B/L）

图 5-6　提单

业务知识

运输单据是承运人收到承运货物并签发给发货人的证明文件，它是交接货物、处理索赔与理赔以及向银行结算货款或进行议付的重要单据。

在国际货物运输中，运输单据种类繁多，不同的运输方式使用不同的运输单据，包括海运提单、海运单、铁路运单、航空运单、邮政收据及多式联运单据等。其中，海运提单是应用最广泛的一种。《UCP600》第 20 条明确规定了对提单的要求。

5.1.1 提单正面内容

各航运公司都有自己的提单格式，这些提单格式大同小异。一般地，提单正面记载有关货物和货物运输的事项，提单背面列出运输合同的详细条款。提单样本如图 5-7 所示。

提单正面记载事项既有法定必须记载的，也有满足运输业务需要而记载的，通常贸易合同和信用证对此有规定，其主要记载内容如下。

（1）承运人（carrier）：通常印制于提单右上方，或在右下方标注。

（2）托运人（shipper）：一般是贸易合同的卖方或信用证的受益人，也可以是除受益人以外的第三方。

（3）收货人（consignee）：即提单的抬头人，通常有三种写法：第一种是写明收货人的名称；第二种是写明“凭某某人指示”（to the order of×××）或者只写明“凭指示”（to order）；第三种是收货人栏内留空或写：交提单持有人。

（4）被通知人（notify party）：一般填写船到目的港后承运人可通知到货的人，信用证项下一般填写开证申请人及详细地址。

（5）收货地与装货港（place of receipt & port of loading）。

（6）卸货港与目的地（port of discharge & final destination）。

（7）船名及航次（vessel/voyage No.）。

（8）货物的名称、标志、包装、件数、重量、体积。

（9）正本提单的份数（number of original Bs/L）。

（10）提单签发的地点及日期（place and date of issue）。

（11）承运人或船长或经授权的代理人的签名。

5.1.2 提单填制说明

提单填制涉及以下内容。

（1）托运人（shipper）。填写托运人及发货人（consignor）的名称和地址。信用证项下此栏的写法有以下三种。

① 信用证无指定，则信用证的受益人就是提单的发货人。在此栏填写受益人的名称和地址。

② 信用证规定发货人是受益人以外的第三者，此栏不可填写受益人，这种提单被称为第三方提单（third party B/L）或中性提单（neutral AWB）。这种提单往往在信用证和合同中做相应的规定“THIRD PARTY B/L ACCEPTABLE”。根据《UCP600》的规定，运输单据上“shipper”一栏是允许填写受益人以外的第三方的。实务中，部分中间商或无船承运人会将自己公司名称填写在这一栏中。

<table>
<tr><td>Shipper</td><td rowspan="3">B/L NO.

PIL

PACIFIC INTERNATION LINES (PTE) LTD.
(Incorporated in Singapore)

COMBINED TRANSPORT BILL OF LADING
Received in apparent good order and condition except as otherwise noted the total number of container or other packages or units enumerated below for transportation from the place of receipt to the place of delivery subject to the terms hereof. One of the signed Bills of Lading must be surrendered duly endorsed in exchange for the Goods or delivery order. On presentation of this document (duly) Endorsed to the Carrier by or on behalf of the Holder, the rights and liabilities arising in accordance with the terms hereof shall (without prejudice to any rule of common law or statute rendering them binding on the Merchant) become binding in all respects between the Carrier and the Holder as though the contract evidenced hereby had been made between them.

SEE TERMS ON ORIGINAL B/L</td></tr>
<tr><td>Consignee</td></tr>
<tr><td>Notify Party</td></tr>
</table>

Vessel and Voyage Number	Port of Loading	Port of Discharge
Place of Receipt	Place of Delivery	Number of Original Bs/L

PARTICULARS AS DECLARED BY SHIPPER – CARRIER NOT RESPONSIBLE

Container Nos/Seal Nos. Marks and/Numbers	No. of Container / Packages / Description of Goods	Gross Weight (Kilos)	Measurement (cu-metres)

<table>
<tr><td rowspan="4">Freight & Charges</td><td>Number of Containers/Packages (in words)</td></tr>
<tr><td>Shipped on Board Date:</td></tr>
<tr><td>Place and Date of Issue:</td></tr>
<tr><td>In witness whereof this number of Original Bills of Lading stated Above all of the tenor and date one of which being accomplished the others to stand void.

for PACIFIC INTERNATIONAL LINES (PTE) LTD. as Carrier</td></tr>
</table>

图 5-7　提单样本

③ 托收或汇付项下一般填写卖方的名称和地址。

（2）收货人（consignee）。收货人栏即提单的抬头，是提单的要项。此栏的填写与海运托运单“收货人”一栏的填写完全一致，应严格按贸易合同或信用证的有关规定填写。信用证项下，通常以“Made out to/Consigned to/Issued to/In the name of”引出收货人，缮制提单时，将“To/of”后的内容填入收货人栏中。提单的抬头有记名抬头，不记名抬头和指示抬头三张缮制方法。其写法如下。

① 记名提单。如信用证规定：“Full set of clean on board B/L consigned to the applicant（ABC Company，Seoul，Korea）…”。则在收货栏内填写成“ABC Company，Seoul，Korea”（交给 ABC 公司）。

② 不记名提单。如信用证规定：“Full set of clean on board B/L consigned to the bearer…”。则在收货栏填写“the bearer”（交给来人）。

③ 指示性提单。如信用证规定：“Full set of clean on board B/L made out to order…”。则在收货人栏内填写“To order”（凭指示）；或信用证规定“Full set of clean on board B/L made out to the order of ×××…”。则在收货人栏内填写“To the order of ×××”（凭×××的指示）。

一般信用证支付方式多使用指示抬头。一般将托收或汇付方式做成不记名（空白）指示或托运人指示提单，即在此栏填写“To order”或“To order of shipper”等字样。

（3）被通知人（notify party）。此栏是货物到达目的港船方发送到货通知的对象。具体的填写方法如下。

① 如是记名或收货人指示提单，收货人一栏已有详细地址，此栏可不填或填 SAME AS CONSIGNEE。

② 如是空白指示或托运人指示提单，则必须填写被通知人名称和详细地址，否则船方无法与收货人联系。

③ 在信用证项下的提单，当信用证对提单被通知人有具体规定时，必须严格按信用证规定填写。如信用证规定：“Full set of clean on board B/L made out to order notify the applicant…”，则应将开证申请人的名称和详细地址填入本栏。

④ 若信用证中无规定涉及被通知人时，正本提单被通知人一栏可留空不填（如船方要求一定要填写，可填开证申请人的名称及地址，银行可以接受但不必进行审核），但无论如何副本提单要注明开证申请人（applicant）的名称及详细地址，否则船方无法发送到货通知。

（4）前程运输（per-carriage by）。如货物需转运，填写第一程船的船名；若货物不需转运，则此栏留空。

（5）接货地（place of receipt）。如货物需转运，填写收货的港口名称和地点；如货物不需转运，则此栏留空。

（6）船名和航次（name of vessel，Voy.No）。填实际装运的船名，如系班轮，要加注航次号。如货物需转运，填写货物所装第二程的船名和航次；若货物不需转运，填写货物所装第一程的船名和航次。

（7）装运港（port of loading）。按信用证规定填写实际的装运港口名称，如信用证没有规定具体港口，只规定了装货港的地理区域或港口范围（例如，“任一欧洲港口”或“汉堡港、鹿特丹港、安特卫普港”）时，提单应当显示实际的装货港，且其应当位于该地理区域或港口范围之内。提单无需显示该地理区域。如果信用证列出几个装运港及选择港，货运代理人制单时，不得照抄，而应填入实际的装船港口。

若货物需转运，前程运输已填写第一程船的船名，则此栏填写货物中转港的名称。

（8）卸货港（port of discharge）。填写货物实际卸下的港口名称。卸货港应具体化，如是同名港口须加注国别或地区。如信用证规定卸货港为“欧洲港口”（european port）时，通常填写具体的卸货港名称，如“Hamburg”。又如信用证规定选择港为“Seattle/Los angeles/Oakland”（西雅图/洛杉矶/奥克兰），如卖方选港，只填写其中一个港口；如买方选港，应依次全部照填。

根据《UCP600》的规定，使用租船提单时，卸货港可显示为信用证规定的港口范围或地理区域。

（9）交货地点（place of delivery）。填写最终目的地名称，如最终目的地就是卸货港，则此栏留空。

（10）集装箱号、铅封号与唛头（container No.，seal No.，and marks and Nos.）。按实际情况填写集装箱号、铅封号与唛头。唛头应与发票等单据相同栏目一致，信用证无规定时，若是件杂货，可按发票上的唛头填写；若是散装货，则写上“N/M”。

（11）货物包装及件数（number and kind of packages）。填写实际装运的最大包装数量和包装单位，如“100 cartons”（100 纸箱）；同时在大写合计栏内填写英文单词表示的总件数“SAY ONE HUNDRED CARTONS ONLY”。

如货物包括两种以上不同包装单位，应分别填列不同的包装单位的数量，再表示总合计数。例如。

300 CARTONS，

500 DRUMS，

800 PACKAGES.

同时在大写合计栏填写“SAY EIGHT HUNDRED PACKAGES ONLY”。

散装货物件数栏只填“IN BULK”，大写合计栏填货物重量。

（12）货物的描述（description of goods）。一般只填写货物的名称，应与托运单相应栏目填写相同。货名应符合信用证规定，并与发票及其他单据一致。对此，《UCP600》第 14 条 e 款规定：除商业发票外，其他单据中的货物、服务或履约行为的描述，如果有的话，可使用与信用证中的描述不矛盾的概括性用语。

应注意的是，货物描述使用统称或概括性用语，不能将其理解为使用商品的集合名称，如“garments”（服装），“footwear”（鞋类）等。在有些国家，提单如使用类似商品的集合名称描述，在货物进口清关时会遇到麻烦。

又如，商业发票中货物描述栏分别显示“Men’s training trousers；Children’s training trousers”，提单货物名称不能简单合并为“Men’s/Children’s training trousers”。因为符号“/”既可表示为“和”，也可表示为“或”，用于货物描述容易产生歧义。

（13）毛重（gross weight）。填写总毛重。毛重一般用千克（KGS）作为计量单位，按四舍五入处理，通常保留两位小数。

（14）尺码（measurement）。填写总体积。体积一般以立方米（m^3）为计量单位，通常保留三位小数。按体积计算货物时，一定要填写体积。

（15）大写包装单位数量（TOTAL NO.OF PACKAGES IN WORDS）。把小写包装件数

用英语单词表示填入本栏。开头一般写“SAY”，结尾写“ONLY”。如小写总数为“100 CARTONS”，则本栏填写为“SAY ONE HUNDRED CARTONS ONLY”。如果信用证规定货物有包装同时又要求集装箱运输，则同时注明大写的包装件数和集装箱个数。如“SAY FOUR HUNDRED CARTONS IN ONE TEU ONLY.”（一个 20 ft 标准集装箱，共 400 纸箱）。

（16）运费支付（FREIGHT & CHARGES）。填写运费支付情况。应参照发票中的价格术语填写。

如 CIF、CFR 条件下，应填写“运费已付”（FREIGHT PAID）或“运费预付”（FREIGHT PREPAID）；FOB 条件下，填写“运费到付”（FREIGHT COLLECT/FREIGHT PAYABLE AT DESTINATION）。

（17）正本提单份数（No.of original BS/L）。信用证项下提单正本份数一定要按信用证规定的份数出具，并用英文单词（大写）填写。如“ONE”；“TWO”；“THREE”。

（18）提单签发地点与时间（place and date of issue）。指承运人接管货物的地点与时间。提单签发日期除收妥备运提单外均应为装船日期，装船日期不能迟于信用证规定的装运期。在此，根据有关的国际惯例规定，应掌握以下几点。

① 每张提单必须有签发日期。其日期一般为货物装船完毕的日期。

② 银行接受签发日期早于信用证开证日期的提单。

③ 提单签发地点一般与装运港一致；如提单签发地点与装运港不一致，银行也可以接受。

（19）承运人签字（Signed for the Carrier）。提单须注明承运人名称，并由承运人或其具名代理人、船长或其具名代理人签字。根据《UCP600》第 20 条的规定，提单在签署的同时还需注明签署人的身份“As Carrier”（作为承运人）或“As Agent”（作为代理人）。此外，如果签署人是代理人身份，必须注明其是承运人、船长或代理人，承运人的代理人需要有承运人的名称，船长的代理人无需有船长姓名。例如提单的承运人为“SINOTRANS”；承运人的具名代理人为“WAN HAI SHIPPING COMPANY”。提单的签署具体写法如下。

① 显示承运人为：SINOTRANS。

本栏签章为：SINOTRANS（章）。

XXX，As Carrier（作为承运人）。

② 提单签署人为承运人的具名代理人。

显示承运人为：SINTRANS。

本栏签章为：DA HAI SHIPPING AGENCY CONMPANY（章）。

XXX，As Agent for and on behalf of the Carrier SINOTRANS。

船长或船长的具名代理人签字时以此类推。

（20）提单号（B/L NO.）。提单上必须注明承运人或其代理人指定的编号。一般将提单号列在提单右上角，由提单的签发人统一编制，提单号通常与船公司签发的装货单和收货单所用号码相一致。提单号是查询、报检、报关、跟踪货物、收运杂费、归档等环节中不可缺少的一项重要内容。

工作任务一

根据下面相关资料指出提单填制错误的地方。

1. 贸易方：

买方：QINGDAO ECONOMIC TRADE INT'L CO., LTD.
　　　NO.19，ZHUZHOU ROAD，QINGDAO

卖方：VICTOR MACHINERY INDUSTRY CO., LTD.
　　　NO.338，BA DE STREET，SHU LIN CITY，TAIBEI
　　　TEL/FAX：886-2-26689666/26809123

2. 信用证对海运提单的要求：

FULL SET（INCLUDING 3 ORIGINALS AND 3 NON-NEGOTIABLE COPIES）OF CLEAN ON BOARD OCEAN BILLS OF LADING MARKED "FREIGHT PREPAID" MADE OUT TO ORDER AND BLANK ENDORSED NOTIFYING APPLICANT WITH ITS FULL NAME AND ADDRESS.

3. 基本资料：

发票号：FU1011103
提单号：KEETAO100933
船名、航次：YM HORIZON UT018NCNC
装船日期：MAY 10，2013
开航日期：MAY 12，2013
装运港：TAIWAN MAIN PORT
目的港：QINGDAO
唛头：E.T.I
　　　QINGDAO
　　　NOS.1-2
货物描述：ONE COMPLETE STE OF SHEET CUTTER
毛重：15600KGS
体积：51CBM
包装：PACKED IN TWO WOODEN CASES
贸易术语：CIF QINGDAO
投保险别：
COVERING ALL RISKS AND WAR RISK AS PER CIC.
赔付地点：QINGDAO

4. 填制的提单如表 5-1 所示。

表 5-1 提单

<table>
<tr><td colspan="4" rowspan="2">SHIPPER （COMPLETE NAME AND ADDRESS）
TO ORDER</td><td>BOOKING NO.</td><td colspan="2">BILL OF LADING NO.
KEETAO100935</td></tr>
<tr><td colspan="3">EXPORT REFERENCES</td></tr>
<tr><td colspan="4" rowspan="2">CONSIGNEE （COMPLETE NAME AND ADDRESS）
VICTOR MACHINERY INDUSTRY CO.,LTD.
NO.338，BA DE STREET,SHU LIN CITY, TAIBEI
TEL/FAX:886-2-26689666/26809123</td><td colspan="3">FORWARDING AGENT / F M C NO.</td></tr>
<tr><td colspan="3">BILL OF LADING</td></tr>
<tr><td colspan="4">NOTIFY PARTY COMPLETE NAME AND ADDRESS)
VICTOR MACHINERY INDUSTRY CO.,LTD.
NO.338，BA DE STREET,SHU LIN CITY, TAIBEI
TEL/FAX:886-2-26689666/26809123</td><td colspan="3">In witness where of 3 original bills of lading all the same tenor and date one of which being accomplished the others to stand void, have been issued by Sea-land Service. Inc. or its designated agent on behald of itself, other participating carriers, the vessel, her master and owners or charters.</td></tr>
<tr><td colspan="2">VESSEL VOY
YM HORIZON UT018NCNC</td><td colspan="3">PORT OF LOADING
QINGDAO</td><td colspan="2">ORIGINAL(S) TO BE RELEASED AT</td></tr>
<tr><td colspan="3">PORT OF DISCHARGE
KEELUNG</td><td colspan="4">PLACE OF DESTINATION</td></tr>
<tr><td colspan="7">PARTICULARS FURNISHED BY SHIPPER</td></tr>
<tr><td>MKS. & NOS/ CONT.NOS</td><td>NO. OF PKGS.</td><td colspan="3">DESCRIPTION OF PACKAGES AND GOODS</td><td>GROSS WEIGHT</td><td>MEASUREMENT</td></tr>
<tr><td>E.T.I
QINGDAO
NOS.1-5</td><td>5 WOODEN CASES</td><td colspan="3">ONE COMPLETE OF SHEET CUTTER

FREIGHT COLLECT
Description of Contents for Shipper's Use Only (Not part of This B/L Contract)</td><td>15 600 KGS</td><td>51CBM</td></tr>
<tr><td>DECLARED VALUE</td><td colspan="6">TOTAL NUMBER OF CONTAINERS AND/OR PACHKAGES (IN WORDS):
SAY TWO WOODEN CASES ONLY</td></tr>
<tr><td>FREIGHT CHARGES</td><td colspan="2">PREPAID AT</td><td colspan="2">PAYABLE AT</td><td colspan="2">PLACE AND DATE OF ISSUE</td></tr>
<tr><td></td><td colspan="2"></td><td colspan="2">QINGDAO</td><td colspan="2">QINGDAO, MAY. 12,2013</td></tr>
<tr><td colspan="2">TOTALS</td><td colspan="3">NO. OF ORIGINAL BS/L</td><td colspan="2">SIGNED FOR THE CARRIER :</td></tr>
<tr><td colspan="2"></td><td colspan="3">THREE (3)</td><td colspan="2" rowspan="2">TONY
EASY LINK OCEAN FREIGHT FORWARDER CO.,LTD</td></tr>
<tr><td colspan="5">LADEN ON BOARD THE VESSEL YM HORIZON UT018NCNC DATE: MAY.13, 2013</td></tr>
</table>

工作任务二

请根据如下信息，缮制提单，如表 5-2 所示。

1. 本批货物共 600 套（SET），装于 150 个纸箱（CARTON），放在 15 个托盘（PALLET）上，每箱毛重 28 KGS，每箱体积 0.04 m^3，装于 1×20'GP。

2. 装运信息如下。

B/L NO.P123456；船名：SUN ROYAL，航次 086E.

CONTAINER NO.CAXU6518860，SEAL NO.S07113.

装船日期：2021.08.01

3. 信用证内容如下。

THE FIRST NATIONAL CITY BANK，TOKYO BRAHCH.

DATE：14 JULY 2021.

EXPIRY：31st AUG 2021.

L/C NO.：978332.

APPLICANT：ABC CO.，LTD.

88 AW，MAY FLOWER ROAD，TOKYO，JAPAN.

BENEFICIARY：SHANGHAI GREAT WALL CO., LTD.

ADVISING BANK：BANK OF CHINA，SHANGHAI.

AMOUNT：USD120 000.00.

FULL SET OF CLEAN ON BAORD BILL OF LADING MADE OUT TO ORDER AND BLANK ENDORSED IARKED "FREIGHT PREPAID"，NOTIFY APPLICANT.

SHIPMENT FROM SHANGHAI TO TOKYO NOT LATER THAN AUG.25，2021.

COVERING 600 SETS "SEWING MACHINE" ART NO.007@ USD200.00/SET CIF TOKYO.

PARTIAL AND TRANSSHIPMENT ARE NOT ALLOWED.

SHIPPING MARK：N/M.

表 5-2 提单

<table>
<tr><td colspan="2">Shipper</td><td colspan="3">B/L NO.
PIL
PACIFIC INTERNATION LINES (PTE) LTD.
(Incorporated in Singapore)
COMBINED TRANSPORT BILL OF LADING
Received in apparent good order and condition except as otherwise noted the total number of container or other packages or units enumerated below for transportation from the place of receipt to the place of delivery subject to the terms hereof. One of the signed Bills of Lading must be surrendered duly endorsed in exchange for the Goods or delivery order. On presentation of this document (duly) Endorsed to the Carrier by or on behalf of the Holder, the rights and liabilities arising in accordance with the terms hereof shall (without prejudice to any rule of common law or statute rendering them binding on the Merchant) become binding in all respects between the Carrier and the Holder as though the contract evidenced hereby had been made between them.
SEE TERMS ON ORIGINAL B/L</td></tr>
<tr><td colspan="2">Consignee</td></tr>
<tr><td colspan="2">Notify Party</td></tr>
<tr><td>Vessel and Voyage Number</td><td colspan="2">Port of Loading</td><td colspan="2">Port of Discharge</td></tr>
<tr><td>Place of Receipt</td><td colspan="2">Place of Delivery</td><td colspan="2">Number of Original Bs/L</td></tr>
<tr><td colspan="5">PARTICULARS AS DECLARED BY SHIPPER – CARRIER NOT RESPONSIBLE</td></tr>
<tr><td>Container Nos/Seal Nos.
Marks and/Numbers</td><td colspan="2">No. of Container / Packages / Description of Goods</td><td>Gross Weight
(Kilos)</td><td>Measurement
(cu-metres)</td></tr>
<tr><td></td><td colspan="2"></td><td></td><td></td></tr>
<tr><td colspan="2" rowspan="4">Freight & Charges</td><td colspan="3">Number of Containers/Packages (in words)</td></tr>
<tr><td colspan="3">Shipped on Board Date:</td></tr>
<tr><td colspan="3">Place and Date of Issue:</td></tr>
<tr><td colspan="3">In witness whereof this number of Original Bills of Lading stated Above all of the tenor and date one of which being accomplished the others to stand void.

for PACIFIC INTERNATIONAL LINES (PTE) LTD. as Carrier</td></tr>
</table>

工作任务三

浙江海怡国际货运代理有限公司受浙江东华科技有限公司委托，出运 1 个 20 ft 集装箱货物至马来西亚巴生港。订舱获得船公司确认后，作为浙江海怡国际货运代理有限公司业务人员，请缮制提单以便客户确认，相关单据如下：

——2021 年省级职业院校技能大赛高职组货运代理项目试题

（1）装箱单，如表 5-3 所示。

表 5-3 装箱单

<table>
<tr><td colspan="2">Issuer
ZHEJIANG DUOHUA TECHNOLOGY LIMITED
NO. 36, NORTH YINGXI ROAD, DEQING COUNTY,
HUZHOU, ZHEJIANG, CHINA</td><td colspan="5" rowspan="2">PACKING LIST</td></tr>
<tr><td colspan="2" rowspan="2">To
MAXDO MARKETING SDN BHD
8,JALAN 4C/5,TAMAN RASA SAYANG, 47301 PETALING JAYA, SELANGOR,MALAYSIA.</td></tr>
<tr><td colspan="3">Invoice No.
FW-B38-01</td><td colspan="2">Date
MAR.06.2021</td></tr>
<tr><td>Marks and Numbers</td><td>Number and kind of package
Description of goods</td><td>Quantity</td><td>Package</td><td>G.W.
(KG)</td><td>N.W.
(KG)</td><td>Meas.
(CBM)</td></tr>
<tr><td>BM
PORT
KELANG
1-30
MADE IN
CHINA</td><td>SOLAR POWER SUPPLY
SYSTEM,
MODEL DH-PFM333L-D5
30 UNITS IN WOODEN CASES
CASE SIZE:
108 cm×102 cm×70 cm

H.S CODE: 8541.40

THE COUNTRY OF ORIGIN:
CHINA</td><td>30 CASES</td><td>WOODEN
CASES</td><td>10 215.00</td><td>9 900.00</td><td>23.13</td></tr>
<tr><td>Total:</td><td></td><td>30 CASES</td><td></td><td>10215.00</td><td>9900.00</td><td>23.13</td></tr>
<tr><td>Say Total:</td><td colspan="6">SAY THIRTY CASESE ONLY</td></tr>
<tr><td colspan="7">Remarks: SHIPMENT HAS BEEN EFFECTED IN EXPORT STANDARD SEAWORTHY PACKING.</td></tr>
</table>

（2）货物出口合同。货物出口合同如下所示。

浙江东华科技有限公司

ZHEJIANG DUOHUA TECHNOLOGY LIMITED

NO. 36, North Yingxi Road, Deqing County, Huzhou, Zhejiang, China

SALES CONTRACT

Date: FEB.18TH,2021

No.: FWBM21-38

The Buyer: MAXDO MARKETING SDN BHD

8,JALAN 4C/5,TAMAN RASA SAYANG, 47301 PETALING JAYA, SELANGOR,MALAYSIA.

The Seller: ZHEJIANG DUOHUA TECHNOLOGY LIMITED

NO. 36, NORTH YINGXI ROAD, DEQING COUNTY, HUZHOU, ZHEJIANG, CHINA

This contract is made by and between the Buyer and the Seller, whereby the Buyer agree to buy and the Seller agree to sell the under-mentioned commodity according to the terms and conditions stipulated below:

Name Of Commodity & Specifications	Quantity	Unit Price (USD/UNIT)	Amount & Price Terms
SOLAR POWER SUPPLY SYSTEM, MODEL DH-PFM333L-D5	30 UNITS	682	CFR PORT KELANG , MALAYSIA 20 460.00

Total Value：USD20,460.00 (SAY U.S. DOLLARS TWENTY THOUSAND FOUR HUNDRED AND SIXTY)

CFR PORT KELANG INCOTERMS 2010, AMOUNT & QUANTITY 5PCT MOLSOP

1. Packing: in wooden cases (one unit in one case)

2. Time of Shipment: First half of March. 2021

3. Port of Loading: NINGBO, CHINA

4. Port of Destination: PORT KELANG, MALAYSIA

5. Partial shipment and Transhipment are prohibited.

6. Insurance: to be covered by the buyer.

7. Payment: 100% of the total value will be paid by L/C at 30 days after sight.

8. Shipping advice: The seller shall advise by fax the buyers of the quantity, invoice value, gross weight, name of vessel and date of sailing within 3 days after the completion of the loading of the goods

9. Inspection: The Seller shall have the goods inspected by 15 days before the shipment and have the Inspection Certificate issued by German Machinery I/E Inspection Corporation Guangzhou Branch. The Buyer may have the goods reinspected by Italy I/E Inspection Bureau after the goods arrived at the destination.

10. Arbitration: All disputes shall be settled in hong kong and English law applied.

11. Other terms: This contract is made in two originals, one original to be held by each party. The original pieces have the same law effect to each party.

The signature of Buyers	The signature of Sellers
MAXDO MARKETING SDN BHD	ZHEJIANG DUOHUA TECHNOLOGY LIMITED

（3）信用证。信用证如下所示。

：27：　SEQUENCE OF TOTAL　　DATE：26，FEBRUARY，2021
1/1

：40A：FORM OF DOCUMENTARY CREDIT　　Standard Chartered
IRREVOCABLE

：20：　DOCUMENTARY CREDIT NUMBER
422010445736-L

：31C：DATE OF ISSUE
210226

：40E：APPLICABLE RULES
UCP LATEST VERSION

：31D：DATE AND PLACE OF EXPIRY
210412CHINA

：50：　APPLICANT
MAXDO MARKETING SDN BHD
8，JALAN 4C/5，TAMAN RASA SAYANG，
47301 PETALING JAYA，
SELANGOR，MALAYSIA.

：59：　BENEFICIARY
ZHEJIANG DUOHUA TECHNOLOGY LIMITED
NO.36，NORTH YINGXI ROAD，
DEQING COUNTY，HUZHOU，
ZHEJIANG，CHINA

：32B：CURRENCY CODE，AMOUNT
USD20460.00

：39A：PERCENTAGE CREDIT AMOUNT TOLERANCE
05/05

：41A：AVAILABLE WITH....BY....
PCBCCNBJFJQ
BY PAYMENT AT SIGHT

：42P：NEGOTIATION DETAILS AT ANY BANK

：43P：PARTIAL SHIPMENTS
NOT ALLOWED

：43T：TRANSHIPMENT
NOT ALLOWED

：44E：PORT OF LOADING：ANY PORT OF CHINA

：44F：PORT OF DISCHARGE：PORT KELANG，MALAYSIA

：44C：LATEST DATE OF SHIPMENT
210315

：45A：DESCRIPTION OF GOODS AND/OR SERVICES：

SOLAR POWER SUPPLY SYSTEM，MODEL DH-PFM333L-D5，30 UNITS

：46A：DOCUMENTS REQUIRED

\+ BENEFICIARY'S SIGNED INVOICES（1 ORIGINAL AND 5 COPIES）SHOWING THE CFR VALUE OF THE GOODS，PORT OF LOADING AND AND INVOICE MUST MENTION THE BELOW：

A) PROFORMA INVOICE NUMBER AND DATE：FBWKI-201121 DATED 01.03.2021

B) COUNTRY OF ORIGIN：CHINA

C) H. S.CODE NUMBER：8541.40

D) EXPORT LC/SALES CONTRACT NO.

\+ PACKING LIST：ONE ORIGINAL AND TWO COPIES EVIDENCING SHIPMENT HAS BEEN EFFECTED IN EXPORT STANDARD SEAWORTHY PACKING.AND THAT THE ORIGIN OF THE GOODS HAS BEEN MENTIONED ON THE OUTSIDE OF THE PACKAGES AND MUST MENTION H.S.CODE NUMBER.

\+ CERTIFICATE OF ORIGIN（1 ORIGINAL AND 2 COPIES）ISSUED BY THE CHAMBER OF COMMERCE/CONCERNED GOVERNMENT AGENCY/APPROVED AUTHORITY/ORGANISATION OF THE EXPORTING COUNTRY CERTIFYING

THE COUNTRY OF ORIGIN OF THE GOODS（AS MENTIONED IN CLAUSE NO.1 OF FIELD 46A.）

\+ FULL SET OF CLEAN SHIPPED ON BOARD MARINE PORT TO PORT

BILL OF LADING WITH TWO ORIGIANL AND THREE NON-NEGOTIABLE COPIES

MADE OUT TO ORDER MARKED "FREIGHT PREPAID" AND NOTIFY PARTY

L/C APPLICANT AND MUST MENTION H.S.CODE NUMBER.

\+ SHIPMENT TO BE EFFECTED PER LINER VESSEL WHICH MUST BE SEAWORTHY，A CERTIFICATE TO THIS EFFECT FROM THE CARRIER OR THEIR AGENT MUST ACCOMPANY THE ORIGINAL SHIPPING DOCUMENTS.

\+ THE BENEFICIARY IS REQUIRED TO SEND ONE SET OF NON-NEGOTIABLE SHIPPING DOCUMENTS DIRECT TO THE APPLICANT AFTER SHIPMENT BY EMAIL: MEHEDI@ANANTA-BD.COM AND THE RELEVANT EMAIL COPY MUST THEREOF ATTACHED WITH THE ORIGINAL DOCUMENTS AT THE TIME OF NEGOTIATION.

：47A：ADDITIONAL CONDITIONS

\+ BILL OF EXCHANGES/DRAFTS NOT REQUIRED.

\+ A DISCREPANCY FEE OF USD70.00 WILL BE DEDUCTED FROM THE THE PROCEEDS IF DOCUMENTS ARE PRESENTED WITH DISCREPANCY（IES）AND ACCEPTANCE OF SUCH DOCUMENTS PRESENTED WITH DISCREPANCY（IES）

DOESNOT IN ANY WAY ALTER THE TERMS AND CONDITIONS OF THIS CREDIT.

\+ SHIPPING DOCUMENTS EVIDENCING SHIPMENT DATE PRIOR TO L/C ISSUANCE DATE IS NOT ACCEPTABLE.

\+ ALL DOCUMENTS MUST BE ISSUED IN ENGLISH LANGUAGE.

\+ ALL SHIPPING DOCUMENTS MUST MENTION SALES CONTRACT/EXPORT LC NO.

\+ TOLERANCE：PLUS/MINUS 5（FIVE）PCT ON ACTUAL VALUE AND QUANTITY IS ACCEPTABLE

\+ REIMBUSEMENT INSTRUCTIONS：

ALL DOCUMENTS MUST BE PRESENTED TO STANDARD CHARTERED BANK，SELANGOR，MALAYSIA IN ORDER FOR US TO HONOUR THE SAME AND EFFECT REMITTANCE OF THE PAYMENT AT SIGHT BASIS AS PER REMITTING BANK'S INSTRUCTION THROUGH OUR OFFSHORE BANKING UNIT，DEPZ，SAVAR.WE WILL DEDUCT USD125.00 BEING OUR REIMBURSEMENT CHARGES FROM THE PROCEEDS.

AT MATURITY，ISSUING BANK（STANDARD CHARTERED BANK，SELANGOR，MALAYSIA），WILL EFFECT PAYMENT TO STANDARD CHARTERED BANK，OFFSHORE BANKING UNIT，DEPZ，SAVAR，ALONGWITH INTEREST（WHICH IS ON APPLICANT'S ACCOUNT）

700 INTEREST FOR USANCE PERIOD IS ON APPLICANT'S ACCOUNT.IN CASE OF RE MATURE PAYMENT，INTEREST WILL BE PAID PROPORTIONATELY.

701 SHIPMENT/TRANSHIPMENT SHOULD BE CARRIED OUT BY COMPANIES OPERATING IN ACCORDANCE WITH THE MARITIME LAWS AND PORT REGULATIONS OF MALAYSIA，REGARDING VESSEL FLAG，AIRPORT，SEAPORT SHIPMENT AND TRANSHIPMENT.

+ALL PARTIES TO THIS TRANSACTION ARE ADVISED THAT BANKS MAY BE UNABLE TO PROCESS A TRANSACTION THAT INVOLVES COUNTRIES，REGIONS，ENTITIES，VESSELS OR INDIVIDUALS SANCTIONED BY THE UNITED NATIONS，THE UNITED STATES，THE EUROPEAN UNION，THE UNITED KINGDOM OR ANY OTHER RELEVANT GOVERNMENT AND/OR REGULATORY AUTHORITY AND THAT SUCH AUTHORITIES MAY REQUIRE DISCLOSURE OF INFORMATION.

：71D：CHARGES

ALL CHARGES OUTSIDE MALAYSIA ARE FOR ACCOUNT OF BENEFICIARY INCLUDING REIMBURSEMENT CHARGES.

：48： PERIOD FOR PRESENTATION IN DAYS 015/AFTER THE DATE OF SHIPMENT

：49： CONFIRMATION INSTRUCTIONS

WITHOUT

：78： INSTRUCTIONS TO THE PAYING BANK

DOCUMENTS TO BE DESPATCHED TO STANDARD CHARTERED BANK，SK.MUJIB ROAD，SELANGOR，MALAYSIA.IN ONE LOT BY DHL COURIER OR REPUTABLE COURIER COMPANY IF DHL IS NOT AVAILABLE.

（4）订舱确认书。订舱确认书如下所示。

BOOKING CONFIMATION

订舱确认书

TO: ZHEJIANG OCEANEASY FREIGHT FORWARDING CO.,LTD

FROM: SITC CONTAINER LINES (SHANGHAI) CO., LTD., NINGBO BRANCH

DATE: MAR 08, 2021

B/L NO.: SIT210300023

FORWARDER REFERENCE:

预配头程船名航次： MV. SITC QINZHOU V. 2105N 航线：CVM

预配二程船名航次： 航线：

SHIPPER：ZHEJIANG DUOHUA TECHNOLOGY LIMITED

NO. 36, NORTH YINGXI ROAD, DEQING COUNTY, HUZHOU, ZHEJIANG, CHINA

POL： NINGBO, CHINA

POD： PORT KELANG, MALAYSIA PLACE OF DELIVERY：PORT KELANG, MALAYSIA

QUANTITY： 1×20’ GP

CNTR NO.： ECMU1545810

CARGO： SOLAR POWER SUPPLY SYSTEM

SHIPPING TERMS：CY-CY

备注：

敬请留意：

预计开舱时间：2021/03/08 14:00 **预计截重时间**：2021/03/12 12:00

预计截关时间：2021/03/13 12:00 **预计截文件时间**：2021/03/13 12:00

预计开航时间：2021/03/14 12:00 **预计到目的港时间**：2021/03/18 19:00

*以上时间如有变动，以另行通知为准。

*如贵公司自行安排拖车报关，请仔细阅读下列事项。

打单提箱地点： 宁波梅山岛国际集装箱码头。

放行条交接地点： 宁波梅山岛国际集装箱码头。

空箱提取地点： 宁波梅山岛国际集装箱码头。

重箱返回地点： 宁波梅山岛国际集装箱码头。

TEL: 86-574-27898927 **FAX:** 86-574-27898927

EMAIL: jessica@sitc.com

知识点自测

一、单项选择题

1～3 题根据以下信用证条款回答。

Applicant：Peter Flowers Corp.

231 Merry Street Amsterdam，Netherlands.

Beneficiary：May Flowers Corp.

18 Zhong Shan Road，Shanghai，China.

Documents required：Full set of clean on board ocean bills of lading made out to order and blank endorsed marked “freight prepaid” notify applicant.

1. 该提单的收货人一栏应填制为________。

   A. Peter Flowers Corp.

   B. May Flowers Corp.

   C. to order

   D. Bank of China，Shanghai Branch

2. 该提单的通知人一栏应填制为________。

   A. Peter Flowers Corp. Netherlands
      231 Merry Street Amsterdam，Netherlands

   B. May Flowers Corp. China
      18 Chung Shan Road Shanghai，China

   C. to order

   D. Bank of China. Shanghai Branch

3. 按提单收货人分类，该提单属于________。

   A. 记名提单　　B. 不记名提单

   C. 清洁提单　　D. 指示提单

——以上来自全国国际商务单证员专业考试试题

4. 我国出口的产品，合同采用的贸易术语为 CIF London，提单上运费栏目应为______。

   A. freight prepaid　　B. freight collected

   C. freight to collect　　D. freight to be collected

5. 海运提单中对于货物描述说法正确的是________。

   A. 可以使用货物的统称，但和信用证对于货物的描述应不抵触

   B. 必须使用货物的全称

   C. 必须和信用证中对于货物的描述完全一致

   D. 必须和发票中对于货物的描述完全一致

6. 提单中 shipper 一栏内通常可以记载为________。

   A. 与承运人订立合同的人　　B. 开证申请人

   C. 将货物交给承运人的人　　D. 与托运人订立合同的人

7. 信用证规定到期日为 5 月 31 日，而未规定最迟装运期，通常按《UCP600》的规定，

提单的装运日期最迟可记载为________。

A. 5 月 10 日　　B. 5 月 16 日

C. 5 月 31 日　　D. 该信用证无效

8. 海运提单的抬头是指提单的________。

A. shipper　　B. consignee

C. notify party　　D. carrier

9. 不可以用来表示正本提单第二联的方式有________。

A. 2ND ORIGINAL　　B. 2ND COPY

C. DUPLICATE　　D. SECOND ORIGINAL

二、判断题

信用证规定装运港为 Chinese port，缮制提单时，装运港一栏应照样填 Chinese port 以免单证不符。

任务 5.2　提单作用与提单业务

情境导入

我国 A 外贸公司以 CIF QINZHOU 术语向我国香港 M 公司购进巧克力一批，付款方式为 T/T；港商随即以 FOB KUANTAN 价从马来西亚 H 公司购得货物。货物装运，A 外贸公司付清货款后，收到我国香港 M 公司寄来的提单，但发现正本提单上注明有“FREIGHT COLLECT”字样。经协商，M 公司声称委托 H 公司订舱并已将运费付至其账户，承诺尽快处理。

货物抵港，承运人以运费未付清为由不予放货；而 M 公司因与 H 公司发生贸易纠纷而迟迟未予解决。

作为 A 外贸公司的业务员，请思考：提单运费到付条款能否约束 A 公司？是否可以 CIF QINZHOU 术语向承运人提出异议，要求放货？应如何尽快处理，以避免滞箱、堆存等费用的产生？

业务知识

5.2.1　提单性质和作用

《中华人民共和国海商法》（以下简称《海商法》）第 71 条规定：提单，是指用以证明海上货物运输合同和货物已经由承运人接收或者装船，以及承运人保证据以交付货物的单证。提单中载明的向记名人交付货物，或者按照指示人的指示交付货物，或者向提单持有人交付货物的条款，构成承运人据以交付货物的保证。根据该定义，提单具有以下性质。

1. 货物收据

提单是承运人签发给托运人的收据，表明已按提单上所记载的货物的标志、数量以及表面状况收到了货物，并且有责任在目的港向收货人交付提单所记载的货物。

提单作为货物收据（receipt for goods），不仅证明收到货物的种类、数量、标志、外表状况，而且证明收到货物的时间，甚至证明货物装船的时间。

在某些贸易术语中，习惯地以将货物交给承运人或货物装船来象征卖方将货物交付给买方，货物交给承运人的时间或货物装船时间也就意味着卖方的交货时间。作为履行贸易合同的必要条件，用提单来证明交货时间或装船时间是非常必要的。

对于提单作为收据的法律效力历来是有分歧的。一些海运国家认为，承运人签发的提单只是按照提单上的记载收到货物的初步证据，又称表面证据。即使提单上记载的内容与货物的实际情况不符，只要承运人能充分举证证明确实没有收到货物，或所收到的货物数量或外表状况与提单上的记载情况不相符，仍可否定提单的证据效力。另有一些主要货主国家对于提单的证据效力则偏重最终证据，或称绝对证据，即反证无效；即使提单上的记载有误，承运人也要对此负责。

我国《海商法》第 77 条专门就提单上有关货物记载事项的证据效力作出了明确的规定："除依照本法第 75 条的规定作出保留外，承运人或者代其签发提单的人签发的提单，是承运人已经按照提单所载状况收到货物或者货物已经装船的初步证据；承运人向善意受让提单的包括收货人在内的第三人提出与提单所载状况不同的证据，不予承认。"

2. 运输合同的证明

虽然提单上印就的条款规定了承运人与货物关系人之间的权利、义务，而且提单也是法律承认的处理有关货物运输争议的依据，因而常被人们认为提单本身就是运输合同。但是，提单本身究竟是不是运输合同，在理论界曾有过长期的争议。

按照严格的法律概念，提单并不具有作为经济合同应具备的基本条件原因如下。

（1）它不是双方意思表示一致的产物，约束承托双方的提单条款是承运人单方拟定的。

（2）它履行在前，而签发在后，早在签发提单之前，承运人已经开始接收托运人托运的货物和将货物装船的有关货物运输的各项工作。

因此，如果说提单本身就是运输合同，倒不如说提单只是运输合同已存在的证明更为合理，即运输合同的证明（evidence of contract）。事实上，从海上货物运输的特点看，早在托运人提出订舱要求、承运人对此表示承诺的时候，运输合同即已经成立：承运人、托运人双方就是根据这种约定来安排货物运输的；如果产生争议，当然也应以这种约定作为处理的依据。而承运人签发提单，只不过是证明了这种承托关系的存在。

如果在签发提单之前，承运人、托运人双方另有约定，而这种约定又不同于提单条款规定的内容，那么，就应以提单签发前双方的约定为准。如果提单签发前，双方并无任何约定，在托运人接受提单时又未提出任何异议，这时才可将提单条款推定为合同条款的内容，从而约束承运人、托运人双方，提单才能从运输合同成立的证明转化为运输合同的本身。其理由是，提单毕竟不同于运输合同，运输合同在签发提单前就已经存在，而提单是在货物装船后或承运人接管货物后签发的，并且是由承运人单方签字后交给托运人的，如果在此之前不存在任何运输合同，只要托运人认为他不能接受提单上所列的条款或提单上没有列入他想列入的条款，而时间上又允许的话，托运人就完全可以将货物撤回。此时，提单条款并不能作为合同条款而对托运人产生约束力。但是，如果在此之前，承运人、托运人之间已存在运输合同，则不论提单条款如何规定，承运人与托运人都应按照合同约定进行货物运输的有关活动。

但是，当提单转让到包括收货人在内的善意的第三人手里时，提单事实上成了运输合同本身。我国《海商法》第 78 条明确：承运人同收货人、提单持有人之间的权利、义务关系，依据提单的规定确定。……

3. 物权凭证

在合法地取得提单的条件下，提单的持有人就是货物物权的所有人。对于托运人以外的第三者来说，提单的持有人并不是凭借提单所具有的货物收据的性质，而是根据提单的物权凭证（document of title）的性质，在目的港以提单交换货物。

本来，提单并不具有物权凭证的功能，它除了在目的港用以提取货物外，不能随意转让，但这给国际贸易带来很大的不便。为了便于国际贸易的开展，1855 年英国通过的“提单法”规定，除非在提单中指明，提单的物权可以不经承运人的同意而转让给第三者。这样，就用法律的形式，将提单的可转让性固定下来，确立了提单的物权凭证的功能。这一原则得到了举世公认的确认，提单的转移就意味着物权的转移，提单的合法受让人或提单持有人就是提单上所记载货物的合法所有人。

同时，提单的转让是受到时间上的制约的。即在凭提单办理提货手续前转让才有效，并需办理“背书”手续，而且连续背书可以连续转让，但一经办理提货手续后，该提单就不能再转让了。

5.2.2 提单业务

提单的签发、流转和提货是一项非常重要的工作。提单签发的正确与否、流转的速度快慢、提货是否及时，都影响到各当事方的切身利益。

1. 提单的签发

提单必须经过签署手续才能生效，向托运人签发提单是承运人的一项重要业务。提单内所记载的事项是否正确无误，不但直接关系到承运人和托运人双方的经济利益，而且还影响到各当事方的权利与义务。因此，不但要求所签发的提单字迹清晰、整洁、内容完整、不错不漏，而且在承运人、船长或他们的代理人签发前，还必须对提单所记载的，包括提单的各个关系人的名称，以及货物的名称、包装、标志、数量和外表状况等项内容的必要记载事项都进行认真仔细的核对、审查，使记载不正确的内容及时得到纠正，把可能出现的差错消灭在签发提单之前。

提单的签发重点要解决好签发人、签发时间、正副本的份数以及签发的地点等问题。具体如下。

（1）提单的签发人。我国《海商法》第 72 条规定：货物由承运人接收或者装船后，应托运人的要求，承运人应当签发提单。提单可以由承运人授权的人签发。提单由载货船舶的船长签发的，视为代表承运人签发。

《跟单信用证统一惯例》（简称《UCP600》）第 20 条对提单的签发作了如下的规定：

A bill of lading，however named，must appear to：

indicate the name of the carrier and be signed by：

*the carrier or a named agent for or on behalf of the carrier，or

*the master or a named agent for or on behalf of the master.

Any signature by the carrier，master or agent must be identified as that of the carrier，master or agent.

Any signature by an agent must indicate whether the agent has signed for or on behalf of the carrier or for or on behalf of the master.

其意思是：

提单，无论名称如何，必须明确：

标明承运人名称，并由下列人员签署。

*承运人或其具名代理人，或者

*船长或其具名代理人。

承运人，船长或代理人的任何签字必须标明其承运人、船长或代理人的身份。

代理人的任何签字必须标明其系代表承运人还是船长签字。

我国《海商法》《跟单信用证统一惯例》都明确了哪些人可以签发提单，即承运人、船长或其代理人。承运人或船长的代理人签发提单，必须得到授权；未经授权，代理人无权签发提单。但是船长的提单签发权在各国得到普遍承认，即原则上船长有权签发提单，无需承运人特别委托。在当今的国际航运中，特别是班轮运输中，通常由承运人的代理人签发提单。

承运人或其代理签字，必须表明“承运人”或“代理人”的身份。特别需要注意的是代理人代表承运人或船长签字或证实时，必须表明所代表的委托人的名称和身份。

应当注意，应客户或某些目的港海关的要求（如图 5-8 所示），若提单需要手签，应在装运港提前核对信息，联系船公司或其代理，及时完成对提单的手签。

（2）提单签发的时间。在实务中，提单的签发人在提单的装船日期（shipped on board date）一栏填上货物装船的日期，在提单的签发时间（date of issue）一栏填上签发的时间，这两者通常一致。

《UCP600》第 20 条规定：提单的签发日期将被视为发运日期，除非提单载有标明发运日期的已装船批注，此时已装船批注中显示的日期将被视为发运日期（The date of issuance of the bill of lading will be deemed to be the date of shipment unless the bill of lading contains an on board notation indicating the date of shipment，in which case the date stated in the on board notation will be deemed to be the date of shipment）。

故签发提单的时间至关重要，提单的签发日期应与提单上所列货物实际装船完毕的日期一致。这是因为以下几点原因。

① 在国际贸易中，买卖双方对货物的装运期限事先都有约定，并且都把签发提单的日期看作是承运人接管货物或者货物装船的日期，也就是卖方向买方交货的日期。如果提单签发日期提前于货物装船完毕的日期，有可能导致倒签提单与预借提单，就有可能构成对第三者的欺诈行为，从而引起收货人拒绝提货，收货人进而提出索赔。

② 并且只有将货物交给承运人，才能辨别所述货物外表状况是否良好，件数是否与申报的数字相一致。如果货物尚未装船即签发已装船提单，所签发的提单当然是清洁提单，这样就扩大了承运人的责任。

（3）提单的正副本。提单有正本和副本之分。在实际业务中，承运人在签发提单时，通常都签发若干份正本提单，并将所签发正本提单的份数记载于提单的正面，注明

"ORIGINAL"的字样，每一份正本提单具有同等效力，承运人在目的港凭一份正本提单交货后，其他各份失效。但承运人在提单载明的目的港以外的港口交货的，应当收回全套正本提单。

因托运人要求，承运人可以签发若干份副本提单，副本提单只起参考作用，一般副本提单上会出现"COPY"或者"NON—NEGOTIABLE"的字样。

关于提单手签的通知

致：尊敬的客户/各订舱代理：

接目的港海关通知，以下四国需要手签正本提单，请客户/订舱代理自行将已打印的正本提单，带至我司柜台处办理提单手签，无需其他材料。

（注：目的港放单的客户，无需来办理手签）

1, DOMINICAN REPUBLIC

2, GUATEMALA

3, EL SALVADOR

4, ARGENTINA

对您的业务带来不便，敬请谅解，谢谢配合。

Dear valued customers & all booking agencies:

As per overseas local customs regulations, below 4 countries have Hand Signed OBLs requirements, please carry the printed OBLs to our counter to do OBLs Hand Signature.

（Exception of BL issue at destination）

1, DOMINICAN REPUBLIC

2, GUATEMALA

3, EL SALVADOR

4, ARGENTINA

Please pay your attention and sorry for any inconvenience caused.

图 5-8 关于提单手签的通知

（4）提单的签发地点。提单的签发地点可以是装运地点，也可以是卸货港，但如果在装运港与卸货港以外的其他地方签发，有些承运人会要求提交保函，如图 5-9 所示。

LETTER OF GUARANTEE for BL Release at 3rd Place

To: **Ocean Network Express (East Asia) Ltd.**

In consideration of your acceptance of our request to release the following B/L:

B/L No. : ______________________________

POR : ______________________________

POD : ______________________________

At B/L Issuing Place : ______________________________

To Company : ______________________________

Address : ______________________________

Phone / Email : ______________________________

Contact Person : ______________________________

We understand that:

- The subject B/L will only be released by ONE upon all prepay charges, wherever the place of payment is (are), are fully settled; and
- The issuance of the subject B/L will take a minimum of 2 working days after full payment settlement at all prepay location(s), subject to the holiday schedules at both the prepay location(s) and the B/L issuing location; and
- We hereby undertake and agree to indemnify and hold you, the vessel, her owners, charterers, operators, master and agents harmless from all demands, claims, liabilities, actions and expenses, including legal expenses and attorney fees, and consequences of whatever nature which may arise out of or be connected with such release of bill of lading.

Executed this date: _____(dd) /_____ (mm) /_____ (yy)

Yours faithfully,

Contact Person: ____________________

____

Contact Phone No.: ____________________　　Company Chop & Signature

____

Company Name of Booking Party

图 5-9　异地签单保函

2. 提单的转让

提单的转让又称提单的流转，指提单的流通，意味着货物所有权由原提单持有人转移到提单的受让人手中。在国际贸易中，提单的转让极为普遍，与货物的买卖一样，这是贸易繁荣的现象。国际法及各国立法都对提单的流通及自由转让给予肯定，我国《海商法》第 79 条规定：……记名提单：不得转让；指示提单：经过记名背书或者空白背书转让；不记名提单：无需背书，即可转让。

所谓背书，是指提单所有人在提单背面指定由某人提取货物或者凭某人的指示提取货物，并签字盖章的书面声明。其中，做出背书行为的人称为背书人，提单受让人称为被背书人。

提单的背书可分为记名背书（named endorsement）和空白背书（endorsement in blank）。记名背书不仅需要背书人在提单背面签署自己的名称，而且要写明被背书人的名称。空白背书则只要背书人签署自己的名称，而不需写明谁是提单的受让人。记名背书和空白背书在法律上都是有效的：在记名背书的场合，承运人应将货物交给被背书人；在空白背书时，承运人只需将货物交给提单持有人。

常见的提单背书类型有以下几种。

（1）当收货人一栏填写“凭指示”（to order）时，由托运人进行背书。

（2）当收货人一栏填写“记名指示”（to ×××'s order/to order of ×××）时，由×××进行背书。

（3）当收货人一栏填写凭“托运人指示”（to shipper's order/to order of shipper）时，由托运人背书。

3. 提取货物

我国《海商法》第 71 条规定：……提单中载明的向记名人交付货物，或者按照指示人的指示交付货物，或者向提单持有人交付货物的条款，构成承运人据以交付货物的保证。这个保证分别通过不同的情况，向记名人交货、向被指示的人交货、向提单持有人交货来实现。如果承运人未能按此规定行事，造成根据提单有权提货的人的损失，应当负赔偿责任。在实践中，因承运人或其代理人未凭正本提单放货，即无单放货引起的纠纷时有所闻。常见的未凭正本提单放货包括电放和凭保函无单放货。

（1）电放（telex release）。电放即电报放货，是指在货物装运后，因托运人要求，承运人不签发正本提单，或者托运人将全套正本提单交回承运人，并书面指定收货人，承运人以电报方式授权其在卸货港的代理人，在收货人不出具提单的情况下交付货物（签发提货单、放货）。

在近洋运输中，电放的做法较为常见，它能加速货物的周转，有利于促进贸易。但是，电放的做法，实际上是放弃了提单的正常流转，承运人按托运人的指示把货物交给收货人，至于托运人是否能够收回货款，承运人不承担责任。同时，由于承运人收回了正本提单，货物在航行途中遇到由于承运人的原因而导致货物受损或灭失，收货人也无法凭提单向承运人索赔。采用电放还可能会导致保险公司由于没有正本提单而丧失向承运人行使的代位追偿权，因此收货人面临保险公司拒赔的可能性增加。

为了尽可能降低电放带来的风险，首先卖方在买卖合同的签订合同之前，必须充分了解买方的资信情况及财务状况；其次，发货人最好寻求船公司进行合作，避免无船承运人的电放，这样会使货物更加安全。同时，承运人为了规避自身的风险，通常要求托运人出具电放保函，见下列电放申请（如图 5-10 所示）与电放保函（如图 5-11 所示）。

To: **Ocean Network Express (East Asia) Ltd.**

Telex Release Request with surrender full set of B/Ls

电 放 申 请 函

Dear Sirs/Madams,

Vessel / Voyage (船名 / 航次): ____________________

B/L(s) no. (提单号码): ____________________

Shipper (出货人): ____________________

Name of Consignee (收货人)

(in case of 'To Order'): ____________________

"To Order" 单必须填写此栏

We the undersigned have surrendered full set of Original B/L with proper endorsement. Please kindly help to arrange release above cargo to my Consignee named in B/L(s) or as stated above for 'To Order' shipment without presentation of Original B/L at destination against company guarantee. We hereby undertake the responsibility and indemnify you from all consequences of your so doing.

我司委托贵司安排出运上述货物，因业务需要申请贵司电放此票货物。我司申明已交还全套正本提单连同出货人背书至贵司。请凭我司出具的电放保函，将此票货物放给以上收货人。我司特此承诺由此产生的一切责任和风险由我司承担！

☐ **Authorization for a 3rd party's endorsement** *(if required)*

We hereby appoint (name of company), ____________________ to arrange Cargo Release and endorse full set Original Bills of Lading on behalf of our company.

Yours faithfully,

____________________	____________________
(必须盖上Shipper出货人的公章)	(Booking Party订舱公司的公章)
	若订舱公司与提单显示的出货人非同一公司，那便必须盖上订舱公司的公章
Contact Person: __________	Contact Person: __________
Contact Phone no.: __________	Contact Phone no.: __________
	Date: __________

特别提示：

1. Shipper/出货人必须在正本的提单后面背书及提交以上电放申请后才可安排电放。
2. 若订舱公司与提单显示的出货人非同一公司，我司要求签署两家公司的公章并将原件交回我司。

图 5-10 电放申请函

To: **Ocean Network Express (East Asia) Ltd.**

LETTER OF INDEMNITY

<u>For Cargo Release Against Waybill or B/L Surrender Shipment</u>

Dear Sirs/Madams,

Vessel / Voyage: ____

B/L(s) no.: ____

Place of Delivery:

Please tick where appropriate: -

☐ Sea-Waybill – Whereas the above cargoes were shipped on board the aforesaid vessel as named consignee.

☐ B/L Surrendered elsewhere – Whereas the full set of above original B/L have been surrendered at your overseas office.

We, the consignee of the above shipment(s), hereby request you to release the Import Cargo Release Order. We will undertake to indemnify you for any consequence that may arise as a result of this arrangement. Also, we will take full responsibility if there is any outstanding demurrage, detention and the possible of container loss or damage, if return empty container(s) are not in good condition & accepted by respective Terminal.

Thank you for your kind attention & cooperation.

Yours faithfully,

____

Consignee's Company Chop & Signature

Contact Person: ____________________

Contact Phone no.: ____________________ Date: ____________________

图 5-11 电放保函

（2）凭保函无单放货。凭保函无单放货也称无正本提单放货，是指承运人或其代理人或港务当局等部门在未收回正本提单的情况下，凭保函将提单上载明的货物放给收货人的行为。在航运实践中，短途运输中无单放货较为常见，因航次短、航速快，卸货时正本提单仍未到卸货港，而传统的提单流转方式没有随着船舶运载能力和速度完善也是导致这种时间差产生的主要原因。据国际海事委员会统计数据表明，在班轮运输中存在 15%的无单放货现象，租船运输中可能有 50%左右，在某些重要商品（如矿物、油）交易中甚至高达 100%，而且上述数据呈现上升趋势。

造成无单放货的原因诸多，包括提单流转时间晚于船舶抵达、提单迟延送达、提单遗失被盗等，若是承运人严格要求凭正本提单放货将导致压货、压船、压港等，所以导致了承运人接受凭提货人出具的副本提单加保函的方式交付货物。无单放货是克服提单流转制度弊端的一种无奈选择，是为了加速货物的流转和促进交易的便利，以满足各方的效率和利益需求。

提单的相关国际公约和各国海商立法及司法实践均在不同程度上确立了凭正本提单放货的原则地位。我国《海商法》规定凭单放货是承运人的一项基本权利义务，故除有意欺诈外，承运人可以在一定程度上将因凭保函交付货物而发生的损失转移给收货人或保证银行，但若由于交货不当而违反运输合同的义务，承运人对合法的提单持有人仍负有赔偿责任。

应当指出，承运人不是对所有的无单放货就得承担赔偿责任，而要看无单放货行为与提单持有人所受损失之间是否存在因果关系，应根据每一个案例的具体情况作出恰如其分的判断。一些中、南美洲国家以及亚洲国家和安哥拉、刚果等非洲国家法律存在货交港口或海关的强制性规定，对进口货物实施单方面放货政策，船东对正本提单提取货物的控制被取消。我国《最高人民法院关于审理无正本提单交付货物案件适用法律若干问题的规定》规定：承运人依照提单载明的卸货港所在地的法律规定，必须将承运到港的货物交付给当地海关或者港口当局的，不承担无正本提单交付货物的民事责任。同时，美国、加拿大、英国等国家的法律认定承运人向记名提单的记名人交付货物时，不负有要求提货人出示或提交记名提单的义务，也就是说，收货人可以不凭“正本提单”而仅凭“到货通知”和收货人的身份证明即可提货。

应当特别注意的是，对于我国出口企业，进口商使用 FOB 条款并指定境外货运代理人安排运输时，有些指定的货运代理人心存不善，与进口商串通一气，使用无船承运人提单，进而无单放货，使我国出口企业货、款两空，甚至曾经发现进口商特意设置货运代理人来国内进行骗货的案例。因此，对外贸易应尽量使用 C 组或 D 组术语，谨慎选择付款方式，即使无法改变 FOB 条款，最好接受指定船公司的提单；若是无船承运人提单，应充分了解该无船承运人的资格与资信。

工作任务一

扫码获取业务资料，按要求完成工作任务。

任务完成情况评价表

（第____模块，任务____，工作任务____）

评价项目	满分	自评得分	互评得分	师评得分
正确理解知识	25			
业务分析处理方法得当	25			
表达清晰准确	15			
业务处理结果正确	35			
合计	100			
综合得分（自评得分×10%+互评得分×30%+师评得分×60%）：				
个人任务完成情况小结				

工作任务二

扫码获取业务资料，按要求完成工作任务。

任务完成情况评价表

（第____模块，任务____，工作任务____）

评价项目	满分	自评得分	互评得分	师评得分
正确理解知识	25			
业务分析处理方法得当	25			
表达清晰准确	15			
业务处理结果正确	35			
合计	100			
综合得分（自评得分×10%+互评得分×30%+师评得分×60%）：				
个人任务完成情况小结				

工作任务三

扫码获取业务资料，按要求完成工作任务。

任务完成情况评价表

（第____模块，任务____，工作任务____）

评价项目	满分	自评得分	互评得分	师评得分
正确理解知识	25			
业务分析处理方法得当	25			
表达清晰准确	15			
业务处理结果正确	35			
合计	100			
综合得分（自评得分×10%+互评得分×30%+师评得分×60%）：				
个人任务完成情况小结				

◆ 知识点自测

一、单项选择题

1. 以下关于海运提单的作用，说法不正确的是________。

A. 货物收据　　B. 运输合同的证明

C. 物权凭证　　D. 无条件支付命令

2. 根据我国《海商法》的规定，在国际海上货物运输中，承运人在签发提单之前与托运人另有约定，且该约定有不同于提单条款规定的内容。若提单转让给收货人，则承运人与收货人之间的权利义务以________。

A. 提单条款为准　　B. 该约定为准

C. 托运单条款为准　　D. 运价本条款为准

3. 当提单转让给包括收货人在内的第三人时，提单的记载就成了________，承运人提出与提单所载状况不同的证据，将得不到承认。

A. 初步证据　　B. 表面证据

C. 最终证据　　D. 书面证据

4. 我国《海商法》规定，下列单据中可以转让的是________。

A. 记名提单　　B. 海运单

C. 指示提单　　D. 航空运单

5. 下面是四份海运提单中关于收货人的记载，________经发货人背书可以实现转让。

A. To Order　　B. To ABC Co., Ltd.

C. To Order of ABC bank　　D. To Order of Applicant

6. 根据《UCP600》规定，海运提单的签发日期应理解为________。

A. 货物开始装船的日期　　B. 货物装船完毕的日期

C. 货物装运过程中的任何一天　　D. 运输合同中的装运日

二、判断题

1. 各国和航运习惯都允许签发数份正本提单，并且各份正本提单都具有同等效力，但以其中一份提货后，其余各份自动失效。

2. 副本提单一般标明“副本”（copy）或“不可转让”（non-negotiable）字样，不具有正本提单的效力。

3. 根据我国《海商法》，收货人未在规定的时间内将货物损坏书面通知承运人，视为承运人已经按照运输单证的记载交付以及货物状况良好的初步证据。

4. 国外开来信用证规定最迟装运期为 4 月 30 日，有效期为 5 月 15 日。我国某出口公司于 4 月 12 日将货物装船并取得提单，于 5 月 6 日向银行议付，提交了符合信用证规定的单据。按《UCP600》规定，银行应予议付。

任务 5.3 提单应用与分类

情境导入

H 进出口公司向泰国巴伐利亚有限公司出口一批电容器，国外来证相关条款为：

100 cases electrical condenser shipment from Chinese port to Bangkok.Partial shipment and transshipment are prohibited.Full set clean on board marine bill of lading marked “Freight prepaid” made out to order of shipper endorsed to K.T.Bank notifying applicant.

H 公司以集装箱装运后备妥单据交单议付，却被开证行拒付，理由为：

信用证要求清洁已装船海运提单（Clean on board marine bill of lading），而提交的却是联合运输单据（Combined transport bill of lading），单证不符，我行无法付款，请速告处理意见。

作为 H 公司的业务员，请提出处理意见。

业务知识

海运提单种类繁多，从业务实践的应用出发，大致可从以下不同角度进行分类。

5.3.1 按货物是否已装船划分

1. 已装船提单

已装船提单（shipped or on board B/L）指整票货物已经全部装进货舱或装在甲板后，船长或承运人或其授权的代理人所签发的载明装运船舶和装船时间的提单。

买方为了解货物的装运状况，一般会要求提交已装船提单，并通过合同或信用证条款作出规定。

2. 备运提单

备运提单（received for shipment B/L）又称收货待运提单，是承运人在接管托运人送交的货物后，在装船之前，应托运人的要求签发的提单。由于货物尚未装船，所以提单上未载明装运船名和装船日期。

由于备运提单只说明承运人接管货物而无法说明货物将何时装船、装哪一条船，所以买方对货物能否按时装船无法确定，更不能据此估计货物到港时间。因此，买方一般不愿意接受该种提单。但在集装箱运输中，签发备运提单的做法比较常见，在集装箱进入集装箱堆场或集装箱货运站后，承运人会签发备运提单。

根据《跟单信用证统一惯例》(《UCP 600》) 第 20 条，如信用证要求海运提单作为运输单据，银行将接受表明货物已在信用证规定的装货港装上具名船只的提单。当货物装船后，承运人在备运提单上加注船名和装船时间，备运提单即可成为已装船提单。

5.3.2 按提单的不同抬头划分

1. 记名提单

记名提单（straight B/L）指提单的收货人一栏中具体写明收货人名称的提单。

记名提单项下的货物，只能由提单上写明的特定收货人提取。记名提单不能背书转让，它的流通受到很大限制，给贸易商带来很大不便，在国际贸易当中使用并不多。但记名提单可以避免在转让过程中带来的风险，一般在运输展览品或贵重物品时使用。

2. 指示提单

指示提单（order B/L）指提单收货人一栏内填写“凭指示”（to order）或“凭××指示”（to order of××）字样的提单。

指示提单可以作不记名指示（to order）和记名提示（to order of××）。不记名指示又称为托运人指示（to order of shipper），在提单转让之前，物权仍属于托运人；记名指示可理解为标明指示人，指示人可以是银行。

指示提单经过背书可以转让给第三者，具有良好的流通性，在国际贸易中带来极大的方便，是使用最为广泛的一种提单。

3. 不记名提单

不记名提单（blank B/L or bearer B/L）指提单上收货人一栏空白，不填写任何人的名称，或者在这一栏只填写“持有人（bearer）”字样的提单。

不记名提单转让的手续非常简便，仅凭交付转让，不需要任何背书手续；谁持有提单，谁就可以提货或转让，流通性极强。

但不记名提单在遗失后再转让到善意的第三者手中时，极易引起纠纷。因此不记名提单的风险很大，目前较少使用。

5.3.3　按提单是否有不良批注划分

1. 清洁提单

清洁提单（clean B/L）指在装船时货物的外表状况良好，承运人所签发的提单中记载“外表状况良好（In apparent good order and condition）”或未做相反批注（货损、包装不良等）的提单。

银行结汇、提单转让一般都要求是清洁提单。“清洁”一词并不需要在提单上出现，即使信用证要求运输单据为“清洁已装船”。

2. 不清洁提单

不清洁提单（foul B/L or unclean B/L）指承运人在提单上明确地对有关货物包装状况不良或存在缺陷等情况加以批注的提单。这些批注一般都比较具体，如“8 件破损”“被雨淋湿”等。

银行不接受以不清洁提单办理结汇，通常变通的做法是由托运人出具保函，要求承运人不将大副收据的批注转移到提单上，而根据保函签发清洁提单，保函的效力往往难以得到认定。

3. 凭保函签发清洁提单

我国《海商法》第 75 条规定：“承运人或者代其签发提单的人，知道或者有合理的根据怀疑提单记载的货物品名、标志、包数或者件数、重量或者体积与实际接收的货物不符，在签发已装船提单的情况下怀疑与已装船的货物不符，或者没有适当的方法核对提单记载的，可以在提单上批注，说明不符之处、怀疑的根据或者说明无法核对。”根据该条规定，承运人在下列三种情况下有权在提单上作出批注。

（1）明确知道提单的记载与实际接收或装船的货物不符；

（2）有合理根据怀疑提单的记载与实际接收或装船的货物不符；

（3）没有适当方法核对提单记载。

承运人在提单上做出批注后，即在批注的项目和范围内可以免除承运人的责任；即使对善意受让提单的第三人，提单上的批注也可以作为免除责任的依据。提单上未加货物表面状况批注的，视为货物的表面状况良好，承运人向善意受让提单的包括收货人在内的第三人提出的与提单所载状况不同的证据，法律不予承认。

提单一旦被加上批注，就很可能变成不清洁提单。但在国际贸易中，除非有特别约定，是不接受不清洁提单的，不清洁提单对于托运人而言也就意味着他不可能顺利结汇。有些批注在理论上或者法律上也可能不构成不清洁提单，但由于很容易引起纠纷，这样的提单很难流通，通常托运人也不会接受。所以作为国际贸易的卖方的托运人，都会坚持要承运人签发清洁提单。因此，提单应不应该批注，如何恰当地批注，很容易引起争议。有时候货物在数量、重量和表面状况等方面确有瑕疵，托运人宁愿以出具保函换取清洁提单。一个折中的办法就是由托运人出具保函，承诺赔偿因承运人放弃在提单上批注可能造成的损失；而承运人也因此放弃在提单上批注，签发清洁提单。这就是海运实务中所说的凭保函换取清洁提单。

在租船运输时，凭保函签发清洁提单是在大副已将货物的外表状况批注于收货单的情况下，托运人为了不影响贸易或结汇而向承运人提交一份以承担因签发清洁提单而发生的一切责任由托运人承担为内容的保函，即要求承运人在签发提单时不将收货单上的大副批注转移到提单上，从而使托运人取得清洁提单的变通做法。在集装箱运输中，凭保函签发清洁提单通常出现在拼箱运输中。按要求签发清洁提单的保函格式如图 5-12 所示。

凭保函换取清洁提单的做法在海运实务中相当普遍，它有利于消除承托双方因批注提单的争执产生的僵局，缩短了托运人同承运人对货物表面状况批注的争议时间，客观上能够减少国际贸易中货物运输受阻的时间，避免因此产生损失。这是凭保函换取清洁提单的做法能够长期存在的原因。因此人们将保函称为贸易和航运的润滑剂。

但是，根据保函签发清洁提单，大多数时候会违反单证的不得虚假表示的原则。承运人根据保函签发清洁提单，难免不被认为是与托运人共谋的欺诈行为，而且在许多国家根据法律，这都有使保函无效的危险。所以，接受保函签发清洁提单，对承运人是有一定风险的。承运人对托运人提出的凭保函签发清洁提单的要求应特别审慎。

凭保函签发清洁提单，一般有以下两种情况。

第一种情况是当托运人与承运人之间就货物的数量、重量或包装问题上存在分歧时，如承运人怀疑托运人提供的情况有问题，但又没有合适的方法加以检查，或者承运人认为货物的包装不适合长途运输，而托运人这时已不可能另换包装，承运人会要求托运人出具保函以保护承运人的利益，否则承运人就在提单上记入不利于托运人的批注。

第二种情况是托运人为了某种目的，要求承运人在提单上记入与实际货物情况不一致的内容，承运人为了保护自己的利益而要求托运人出具保函。

对于第一种情况下的保函，各国法律一般都采取认可的态度。这是一种为了使货物及时出运的变通做法，对收货人不存在隐瞒事实的问题。而对于第二种情况的保函，在法律上是无效的。因为这种保函的实际意义在于共同欺骗无辜的第三者。《汉堡规则》第 17 条规定，保函是承运人与托运人之间的协议，不得对抗第三方；承运人与托运人之间的保函，只是在无欺骗第三方意图时才有效；如发现有意欺骗第三方，则承运人在赔偿第三方时不得享受责任限制，且保函也无效。

LETTER OF INDEMNITY

Date:

To: the Owner,Disponent owner,agents,manager,operator,master of　MV

Dear Sirs,

Vessel & Voy. No　　: MV

Port of Loading　　:

Port of Discharging :

Bill of Lading　　:[insert identification number, date]

Cargo Description: [insert cargo name/weight/packages/volume/marks etc.]

The above goods was shipped on the above vessel by [insert name of the shppier] and consigned to [insert name of consignee or party to whose order the bill of lading is made out],for delivery at the port of [insert name of discharge port]. But due to l/c requirement, we [INSERT NAME OF THE REQUESTOR], hereby request you to issue us "Clean on Board" bills of lading without the remarks on the relevant Mate's Receipts:

In consideration of your complying with our above request, we hereby agree as follows:

1. To indemnify you, your servants and agents and to hold all of you harmless in respect of any liability, loss, damage or expense of whatsoever nature which you may sustain by reason of issurance of such Bills of Lading in accordance with our request.

2. In the event of any proceedings being commenced against you or any of your servants or agents in connection with issurance of Bills of Lading as aforesaid, to provide you or them on demand with sufficient funds to defend the same.

3. The liability of each and every person under this indemnity shall in no circumstances exceed 200% of the CIF value of the above cargo.

4. This indemnity shall be governed by and construed in addordance with Chinese law and each and every person liable under this indemnity shall at your request submit to the jurisdiction of the Maritime Court of Justice of Beihai, CHINA .

Yours faithfull,

For and on behalf of

Charterers/Shippers [insert name and address]

Phone :

Person in charge　:

Signature

图 5-12　要求签发清洁提单的保函格式

5.3.4　按运输方式的不同划分

1. 直达提单

直达提单（direct B/L，direct bill of lading）指货物在装运港装上指定船只后，中途不经过转船直接运至目的港卸货的提单。

直达船运输货物可节省费用、减少风险并及早到货。因为各转运港情况不同，非集装箱货物在装卸中很容易出现货损货差，而且转船会延长货物在途时间，给货方带来更大的风险。若收货人不愿意转船，应把这一意向通过合同、信用证表达出来。

2. 转船提单

转船提单（transshipment B/L，transshipment bill of lading）指在起运港装载的货物不能直接运往目的港而需要在中途换装其他船舶转运至目的港的情况下，由承运人签发的提单。

转船提单多为支线港口采用。由于转船往往会增加费用、风险，且货物在中转港停留的时间不易掌控，货方对于运输时间较难掌握。

3. 联运提单

联运提单（through B/L or combined transport B/L）又称多式联运提单，在美国称“intermodal transport B/L”，其他地区也有称 “multimodal transport B/L”。指经过海运和其他运输方式联合运输协同完成时签发的提单。联运提单的签发人可以是承担海运区段运输任务的船公司，也可以是不经营船舶运输的多式联运经营人或无船承运人。

联运提单通常用于集装箱运输。多式联运涉及各种不同的运输工具，经营这些运输工具的承运人的责任和赔偿责任限额受制于相关的国际公约和有关国家的国内法。

5.3.5　按照提单内容、条款的繁简划分

1. 全式提单

全式提单（long form B/L，long form bill of lading）指列有承运人和货方的权利、义务等详细条款的提单，又称详式提单。全式提单既有正面记载的事项，又有背面详尽的条款，在国际贸易业务中应用广泛。

2. 简式提单

简式提单（short form B/L，short form bill of lading）是指只有正面必要的记载项目而没有背面条款的提单。简式提单与全式提单效力都具有相同的法律效力，除非信用证另有规定，银行一般都接受这种提单并予以结汇。

简式提单多用于租船运输业务，如果是在班轮运输的条件下签发的简式提单，大多会注明“本提单货物的接收、保管、运输和运费等事项，均按本公司全式提单的正面、背面的铅印、手写、印章和打字等书面的条款和例外条款办理，该全式提单存本公司，及其分支机构或代理处，可供托运人随时查阅”等字样。

5.3.6　按船舶营运方式划分

1. 班轮提单

班轮提单（liner B/L，liner bill of lading）指在班轮运输的情况下，承运人或其代理人签发的提单。

2. 租船提单

租船提单（charter party B/L，charter party bill of lading）指在租船运输中，作为承运人的船东、船长或定期租船人根据租船合同签发的提单。租船提单通常注明受租船合同约束的条款，如“一切条款、条件和免责事项按照×年×月的租船合同”（All terms and conditions as per charter party dated××）。

若非承租人，买方在接受租船提单时，往往还要了解租船合同的内容，才能确定自己的权利、义务。如果提单规定的承运人责任大于租船合同所规定的责任，在承租人和船东之间

以租船合同为准，若提单已转入第三者手中，则提单所有人与承运人之间应以提单条款为准。

5.3.7　按签发提单的时间划分

1. 倒签提单

倒签提单（anti-dated B/L，anti-dated bill of lading）指货物装船完毕后，承运人应托运人的要求，以早于该票货物实际装船完毕的日期作为提单签发日期的提单。如图 5–13 所示。

倒签提单通常为了满足贸易合同、信用证关于装运期的规定。现实中，有时由于种种原因，货物未能在合同或信用证规定的装船期内装运，修改信用证来不及或是不方便，为结汇的需要，托运人可能会要求承运人倒签提单，以使装船日期符合装运期限。

承运人签发倒签提单所承担的风险很大，特别是当市场上货价下跌时，收货人可以此为借口拒绝收货，并向法院起诉要求赔偿。同时，凭保函倒签提单的做法带有与托运人合谋欺骗收货人的性质，虽然托运人会出具保函，声明倒签提单出于托运人的请求，所造成的一切后果均由托运人承担，与船方无关；但由于保函涉及欺诈，法院一般对保函不会承认，承运人也就无法根据保函免除自身的赔偿责任。

2. 预借提单

预借提单（advanced B/L，advanced bill of lading）是指货物尚未装船或装船完毕前，出口人为及时结汇要求承运人先行签发的已装船提单，相当于从承运人处借用的提单。

预借提单也是为了满足贸易合同、信用证关于装运期的要求。在信用证或买卖合同规定的装运期或信用证有效期到来之时，托运人未能及时备妥货物或者因为船期延误导致货物未能装船完毕，为及时结汇的需要，托运人向承运人预先借用提单。

和倒签提单相比，预借提单的风险性更大：一方面是因为货物尚未装船或未装船完毕，货物能否安全装船、是否能全部装船、将在什么时间装船都不得而知；如果此时提单业已签出，收货人就很容易掌握预借提单的事实。另一方面，货物尚未装船，未经大副检验而签发清洁提单，有可能增加承运人的货损赔偿责任，况且，不少国家规定在预借提单的情况下，承运人不仅要承担货损赔偿责任，还会丧失享受责任限制和援用免责条款的权利。

倒签提单保函

致：×××集装箱运输有限公司　×××国际货运有限公司

兹由我司委托贵司订舱配载出运的出口货物，(货名：　　提单号：　　箱数：　　箱号：　　目的港：　　开船日：　　)，因无法按信用证要求结汇，故我司请求贵司按我司要求予以倒签提单。要求倒签日期：　　年　月　日

考虑到贵司接受我司上述请求，我司同意如下：

1. 赔偿并承担贵司以及贵司雇员和代理因倒签提单而遭受的一切损失和承担的一切责任；

2. 若贵司或贵司雇员或代理因此被起诉，我司将随时提供足够的法律费用；

3. 我司和担保单位在此保函下承担连带责任，贵司可以追究其中的任何一方。

倒签单位名称：　　　　　　　　　　担保单位名称：

（盖章签字）　　　　　　　　　　　（盖章签字）

图 5–13　倒签提单保函

5.3.8 其他种类的提单

1. 舱面货提单

舱面货提单（on deck B/L，on deck bill of lading）又称甲板货提单，指承运人签发的货物装在甲板上的提单，且提单上注明“装于舱面”（on deck）字样。

货物装在甲板上，除易受日晒雨淋影响外，还可能因海上风浪过大被冲入海中，遭受灭失或损坏的可能性很大。因此，除承运人与托运人协商同意装于舱面，和商业习惯允许装于舱面的货物（如原木），承运人不得将其他任何货物积载于舱面。否则，货物一旦遭受灭失和损坏，承运人不但将承担赔偿责任，还将失去享受赔偿责任限制的权利。

2. 交换提单

应托运人的要求，承运人在某一中途港或装运港，凭启运港签发的提单另换发一套以该中途港或转运港为启运港的提单，提单上通常注明“在中途港收回本提单，另换发以该中途港为启运港的提单”或“switch B/L”字样的提单。这种提单称为交换提单（switch B/L, switch bill of lading）。

当贸易合同规定以某一特定港口为装货港，而作为托运人的卖方因备货原因，不得不在这一特定港口以外的其他港口装货时，为了符合贸易合同和信用证关于装货港的要求，常采用这种变通的办法，即要求承运人签发这种交换提单。

交换提单还用于货物转卖的情况，贸易中间商从供货商取得提单后，向承运人换取以中途港或转运港为启运港的提单，换单的实质就是贸易中间商为切断实际供货商和购买商的联系而采取的措施。

3. 电子提单

电子提单（electronic B/L，electronic bill of lading），是指通过电子数据交换系统（electronic data interchange system，EDI）传递的有关海上货物运输合同的数据。电子提单不同于传统提单，它是无纸单证，即按照一定规则组合而成的电子数据。各有关当事人凭密码通过 EDI 进行电子提单相关数据的流转，既解决了因传统提单晚于船舶到达目的港而不便于收货人提取货物的问题，又具有一定的交易安全性，电子提单因而有着广阔的应用前景。但电子提单的普及需要有较先进的技术支持、较完备的法律规定，目前电子提单的使用尚未得到普及。

工作任务一

浙江海怡国际货运代理有限公司受浙江东华科技有限公司委托，出运 1 个 20 ft 集装箱货物至马来西亚巴生港，货物装船后承运人签发了提单，浙江海怡国际货运代理有限公司将提单扫描发给客户，以便得到确认后进行寄送。

然而收到客户回复的邮件如图 5-14 所示。作为浙江海怡国际货运代理有限公司的业务员 Cassie，请提出解决措施并回复客户。

——2021 年省级职业院校技能大赛高职组货运代理项目试题

QUOTE:

Dear Cassie,

Thank you very much for your good job, a/m shipment is laden on MV SITC QINZHOUI V. 2105 N with B/L No. SIT210300023, and we are glad to know that the carrier has signed and released ORIGINAL BS/L this AM.

After checking, I find that only "SHIPPED ON BOARD" is stated on the B/L instead of "CLEAN ON BOARD", however our L/C requires "CLEAN SHIPPED ON BOARD MARINE PORT TO PORT BILL OF LADING", I am afraid that a discrepancy may appear.

Would you please request the carrier to amend the said B/L, your quick response will be highly appreciated.

Yours faithfully,

Lawrence Tang

ZHEJIANG DONGHUA TECHNOLOGY COMANY LIMITED

Email: Lawrence@zjdh.com

UNQUOTE

图 5-14　客户回复的邮件

工作任务二

扫码获取业务资料，按要求完成工作任务。

____

____

____

____

任务完成情况评价表

（第___模块，任务___，工作任务___）

评价项目	满分	自评得分	互评得分	师评得分
工确理解知识	25			
业务分析处理方法得当	25			
表达清晰准确	15			
业务处理结果正确	35			
合计	100			
综合得分（自评得分×10%+互评得分×30%+师评得分×60%）：				
个人任务完成情况小结				

工作任务三

扫码获取业务资料，按要求完成工作任务。

任务完成情况评价表

（第____模块，任务____，工作任务____）

评价项目	满分	自评得分	互评得分	师评得分
正确理解知识	25			
业务分析处理方法得当	25			
表达清晰准确	15			
业务处理结果正确	35			
合计	100			
综合得分（自评得分×10%+互评得分×30%+师评得分×60%）：				
个人任务完成情况小结				

知识点自测

一、单项选择题

1. 海运提单收货人一栏填写：ABC Trading Corp.。该提单是________。

A. 记名提单　　B. 指示提单　　C. 不记名提单　　D. 租船提单

2. 在国际海上货物运输中，下面________是指示提单的空白背书。

A. 提单的收货人一栏内填写“空白”二字，在提单的背面也写上“空白”二字

B. 提单的收货人一栏填写“TO ORDER”，由提单上记载的收货人在提单背面签字，不写明受让人

C. 提单的收货人一栏填写“TO ORDER”，由提单上记载的托运人在提单背面签字，不写明受让人

D. 提单的收货人一栏填写“TO ORDER”，由提单上记载的承运人在提单背面签字，不写明受让人

3. 在国际海上货物运输中使用指示提单，且提单中收货人（consignee）记载为“TO ORDER”的情况下，当该提单背书被转让时，应当由________首先背书。

A. 承运人　　B. 托运人　　C. 收货人　　D. 通知人

4. 因货物包装损坏，承运人接受保函而签发了清洁提单，对此最终可能要承担风险的是________。

A. 托运人　　B. 承运人　　C. 收货人　　D. 信用证收益人

5. 下列________提单在实际业务中的应用最为广泛。

A. 指示提单　　B. 不记名提单　　C. 记名提单　　D. 简式提单

6. 下列构成不清洁提单的批注是________。

A. 货物装二手麻袋

B. 强调承运人对于货物或包装性质所引起的风险不负责任

C. 否认承运人知晓货物的内容、重量、容积、质量或技术规格

D. 五箱水渍

7. 某公司出口的货物于 2025 年 3 月 15 日开始装运，5 d 后装船完毕。应托运人的要求，船公司在 2025 年 3 月 17 日签发了已装船提单用于结汇，该提单又被称为________。

A. 指示提单　　B. 直达提单　　C. 预借提单　　D. 倒签提单

8. 某外贸公司出口的一批货物于 6 月 17 日开始装船，6 月 19 日装船完毕，6 月 20 日船舶开航，该外贸公司于 6 月 23 日凭大副签名的收货单向船公司换取正本提单，提单装运日期为________。

A. 6 月 17 日　　B. 6 月 19 日　　C. 6 月 20 日　　D. 6 月 23 日

二、判断题

1. 倒签提单是指提单签发后，晚于信用证规定的交单期限才交到银行的提单，或晚于货物到达目的港的提单。

2. 清洁提单是指没有任何批注的提单。

任务 5.4　承运人责任

班轮国际运输公约下承运人的责任

情境导入

有 1 份 CFR 出口合同，货物在合同规定的时间和装港装船。受载船舶离港后不久便触礁沉没，由于时间太短且买方延误，该批货尚未购买保险。经查，触礁为大副驾驶过失所致。

两日后，卖方凭提单、发票等装运单据通过银行向买方要求付款时，买方以无法收到合同中规定的货物为由，拒绝接受单据和付款。

发货人转而向船方索赔，亦被拒绝。

作为发货人的业务员，请思考：

1. 买方是否应支付货款？为什么？
2. 承运人是否可以拒绝赔偿？为什么？
3. 若查出船舶触礁是由于海图未更新所致，情况有何不同？

业务知识

提单是海上货物运输合同的证明，提单的条款规定了承运人与发货人、收货人、提单持有人等货物关系人之间的权利和义务。提单条款可以事先印制，也可以打印、签章或者手写。在班轮运输中，承运人相对于托运人具有较强的谈判能力，并能控制提单条款，因此，班轮运输合同的双方当事人的谈判地位处于不平等状态，在国际立法和各国内法中对于班轮运输合同均有强制性立法约束。

《中华人民共和国民法典》（简称《民法典》）第 832 条规定：承运人对运输过程中货物的毁损、灭失承担赔偿责任。但是，承运人证明货物的毁损、灭失是因不可抗力、货物本身的自然性质或者合理损耗以及托运人、收货人的过错造成的，不承担赔偿责任。

5.4.1　提单条款

提单条款包括正面条款和背面条款。

1. 提单的正面条款

各大航运公司都有自己的提单格式，这些提单格式大同小异，提单正面主要记载有关货物和货物运输的事项，提单背面列出运输合同的详细条款。提单正面记载事项既有法定必须记载的，也有满足运输业务需要而记载的。其主要记载内容有：货物的品名、标志、数量，船舶名称，托运人的名称，收货人的名称，装货港和在装货港接收货物的日期，卸货港，提单的签发日期、地点和份数及运费的支付等。此外，还有一些以手写、印章形式记载的事项，以满足承运人在业务上的需要，或为了区分承运人与托运人之间的责任，或为了减轻或免除承运人的责任而加注的内容。其中，属于承运人因业务需要而记载于提单正面的事项，如船长姓名，运费支付的时间、地点，提单编号等；属于区分承运人与托运人之间的责任而记载的事项，如关于数量争议的批注；属于为减轻或免除承运人的责任而加注的内容，如为了扩大或强调提单上已印妥的免责条款，对于一些易于受损的特种货物，承运人在提单上加盖的以对此种损害免除责任为内容的印章等。

同时，有些提单还以印刷条款的形式，将以承运人免责和托运人作出的承诺为内容的条款，列记于提单的正面，通常增列以下条款。

（1）确认条款："外表状况良好的货物已装在上述船舶"（Shipped on board the vessel named above in apparent good order and condition）。

（2）不知条款："重量、尺码、标志、件数、品质、内容和价值是托运人所提供的，承运人在装船时并未核对。"（The weight，measure，marks，numbers，quality，contents and value，being particulars furnished by the Shipper， are not checked by the Carrier on loading）。

（3）承诺条款："托运人、收货人和本提单的持有人兹明白表示接受并同意本提单和它背面所载的一切印刷、书写或打印的规定、免责事项和条件。"（The Shipper，Consignee and the Holder of this Bill of Lading hereby expressly accept and agree to all printed， written or stamped provisions， exceptions and conditions of this Bill of Lading， including those on the back hereof）。

（4）签署条款："为证明以上各节，承运人或其代理人已签署本提单一式____________份，其中一份经完成提货手续后，其余各份失效。"（In witness whereof， the Carrier or his Agents has signed Bills of Lading all of this tenor and date， one of which being accomplished， the others to stand void）。

2. 提单的背面条款

提单的背面印有各种条款，主要规定了承运方和货方之间的权利、义务和责任豁免。这些条款一般分为两类：一类属于强制性条款，其内容不能违反有关国家的海商法规、国际公约的规定，违反或不符合这些规定的条款是无效的。我国《海商法》第 4 章中海上货物运输合同的第 44 条就规定："海上货物运输合同和作为合同凭证的提单或者其他运输单证中的条款，违反本章规定的，无效。……"《海牙规则》第 3 条第 8 款也作了关于"运输合同中的任何条款、约定或协议，凡是解除承运人或船舶由于疏忽、过失或未履行本条规定的责任与义务，因而引起货物或与货物有关的灭失或损害的责任的，或以本规则规定以外的方式减轻这种责任的，都应作废并无效"的规定。不过，无论是海牙规则还是各国有关提单的法规，都未对承运人扩大责任或放弃某些免责的条款加以限制。

除强制性条款外，列记于提单背面的另一类条款，则属于任意性条款，即上述法规、公约没有明确规定，允许承运人自拟的条款，和承运人以印刷、刻制印章或打字、手写的形式在提单背面的印刷条款之外，加列的适用于某些特定港口或特种货物运输的条款，或托运人要求加列的条款。所有这些条款都是表明承运人与托运人、收货人或提单持有人之间承运货物的权利、义务、责任与免责的条款，是解决他们之间争议的依据。

提单的背面条款一般包括首要条款、定义条款、承运人责任、免责与赔偿责任限制条款、特种货条款、共同海损条款、留置权条款、费用条款与法律适用条款等。

5.4.2 有关提单的国际公约与我国《海商法》

提单的签发地或起运港和目的港常分处不同的国家，提单的利害关系人也常分属于不同的国籍，提单又是由各船公司根据本国有关提单的法规自行制定的，其格式、内容和词句并不完全相同，一旦发生争议或涉诉，就会产生提单的法律效力和适用法规的问题。若承运人应负什么责任的问题不解决，将严重动摇提单的信用地位。因此，统一各国有关提单的法规，一直是海运界努力追求的目标。

1. 订立国际公约的历史背景

最初，提单只是货物装船的收据，既没有关于提单记载事项及其法律效力的规定，也无有关承运人责任的条款。关于承运人的责任，按照当时英、美等国的普通法（common law）中的一些默示规定的原则来处理，即承运人应默示保证：签订合同时应保证船舶适航；保证船舶合理速遣（reasonable despatch）；保证船舶不发生不合理的绕航（deviation）。

但是，到了 18 世纪，因货损和赔偿日益增多，为了保护自己，承运人根据合同自由原则，开始在提单上加入免责条款。19 世纪末，承运人纷纷借助自身优越的谈判地位，在提单上加入各种免责条款，甚至出现了承运人除了收取运费外不需对所运货物承担任何责任的情形。在这种情况下，货方所运送货物的安全根本得不到保障，提单的信用也无从谈起，这不但引起货主的强烈不满，也与提单可作为流通凭证在贸易中自由转让的特性也不相适应。于是出现了限制承运人在提单上任意增加免责条款并使提单规范化的要求。

1893 年，美国制定并通过了《船只航行、提单及财产运输的某些义务、责任和权利法》（简称《哈特法》），规定：（1）在美国国内港口之间，或美国港口与外国港口之间承运货物的船东在提单上加注条款，表明可以使他免除对装船、积载、保管、照料货物的疏忽所负责任的条款均属非法，所注条款无效；（2）在提单上加注的任何减少、减轻或避免船东在谨慎处理使船舶适航方面所负责任的条款，均属无效；（3）如果船东尽到谨慎处理使船舶适航和配备适当船员、装备和供应船舶的责任，那么，对在驾驶或管理船舶中的过失所导致的货物灭失或损坏，船东或他的代理人无须负责；（4）因天灾、海上救助等方面的原因所引起的货物灭失或损坏，船东或他的代理人也无须负责；（5）船东或船长或代理人有义务签发提单，并注明货物的主要标志、包数或件数或数量或重量，以及外表状况，而这个提单应作为收到提单上所载明货物的初步证据。《哈特法》确定了承运人应承担的最低限度的责任，并明确了提单的法定记载事项及其证据效力。

《哈特法》的成功，使澳大利亚、新西兰、加拿大等英联邦国家纷纷效仿，认可《哈特法》的法理精神。对此，英国感到非常被动，作为一个拥有当时世界相当大部分船舶的国家，从一国利益出发考虑到限定船东应负责任，无疑会增加经营成本，势必使英国船东的对外竞争能力下降，而让其他未有立法规定船东责任的国家（主要是希腊、荷兰、法国等）的船东占尽便宜。英国的态度是：要么不立法，要么就订立国际法，使得大家（当然主要针对竞争对手）都遵守。这就产生了《海牙规则》。

2. 海牙规则

1921 年在海牙举行的国际法协会的会议上，由有关各方组成的代表团草拟并通过了规则的主体，即 1921 年的海牙规则（Hague Rules）。1923 年 10 月，又在布鲁塞尔对这个规则继续作了一些修改，完成了海牙规则的制定工作。随后，1923 年 11 月英国帝国经济会议通过决议，一方面建议各成员国政府和议会采纳这个修订后的规则使之国内法化；另一方面，英国率先通过国内立法，使之国内法化，由此产生了 1924 年英国《海上货物运输法》（COGSA，1924）。这个法律在 1924 年 8 月获英皇批准。稍后，1924 年 8 月 25 日，各国政府的代表也在布鲁塞尔通过了《1924 年统一提单若干法律规定的国际公约》（简称《海牙规则》)。

欧、美许多国家都加入了这个公约。有的国家还通过国内立法使之国内法化;有的国家则根据这一公约的基本精神,另行制定相应的国内法;还有些国家虽然没有加入这一公约,但他们的一些船公司的提单条款也采用这一公约的精神。所以,这一公约是海上货物运输中有关提单的最重要和目前仍普遍被采用的国际公约。1936 年,美国政府也以这一公约作为国内立法的基础制定了《1936 年美国海上货物运输法》,并在很大程度上使之取代了原有的《哈特法》。

《海牙规则》共有 16 条,其中第 1 条至第 10 条是实质性条款,主要内容包括:承运人的责任、免责、赔偿责任限制、诉讼时效及公约适用的强制性等。

海牙规则自生效以来,得到航运业界的普遍采用。它在使有关提单的法律得以统一,对促进国际贸易、发展国际航运等起到了积极的作用。但在几十年的实践中,特别是第三世界国家在国际政治、经济社会中越来越占有重要地位之后,人们越来越多地发现它存在着许多问题,需要进行修订。

3.《维斯比规则》和《汉堡规则》

修订《海牙规则》的工作是从 20 世纪 60 年代开始。当时,在第三世界国家的强烈要求和反复斗争下,虽然修改海牙规则的要求已为航运发达国家所接受,但是,对于应如何修改,却存在两种不同的意见。

一种意见是以广大第三世界国家为代表,他们从货主的地位出发,认为《海牙规则》过多地维护了承运人的利益,危害了第三世界国家的贸易和航运的发展,修改海牙规则也应基于改变旧的经济体系、建立新的世界经济秩序的原则进行,因而主张彻底修改海牙规则,取消不合理、不明确的条款,使货主和承运人能够真正公平地重新分配双方在海上运输中应承担的风险,建立国际航运新秩序,以利于促进第三世界国家的贸易和航运的发展。《汉堡规则》就是以这种思想为主导,在第三世界国家反复斗争下经过各国代表多次磋商,并在某些方面作出妥协后获得通过的。

另一种意见是以北欧国家和英国等航运发达国家为代表,认为虽然有关提单法律的修订不能墨守成规,但是,如果不顾现实情况,急于求成,也不易为各方所接受。更何况,不顾现实的修订,有可能冲击已经形成的国际航运习惯和现行的各种航运制度,反而会造成新的混乱。因而,他们主张折中各方面的意见,只对海牙规则中明显不合理或不明确的条款作局部的修订和补充。他们于 1968 年 2 月 23 日在比利时布鲁塞尔召开的外交会议上通过了《关于修订统一提单若干法律规定的国际公约的议定书》(Protocol to Amend the International Convention for the Unification of Certain Rules of Law Relating to Bills of Lading),简称为"1968 年布鲁塞尔议定书"。在这次会议期间,与会代表前往参观过曾是 15 世纪有名的海法《维斯比海法》编纂地的维斯比城。所以,这个议定书也就又被称为《维斯比规则》(Visby Rules)。由于议定书对海牙规则没有进行根本性的修改,只是对海牙规则中明显不合理或不明确的条款作了修订、补充,仍保持原有的承运人责任制度。因此,议定书又常被称为《海牙－维斯比规则》。《维斯比规则》已于 1977 年 6 月生效。目前已有英、法、丹麦、挪威、新加坡、瑞典等多个国家和地区参加了这一公约。在此之前,英国还以这一公约作为国内立法的基础,制定了《1971 年海上货物运输法》,并已生效。

1976 年 5 月,联合国国际贸易法委员会草拟了《联合国海上货物运输公约草案》。联合国于 1978 年 3 月 6 日至 31 日在汉堡召开的联合国海上货物运输外交会议对该“草案”进行审议。有 78 个国家派出了代表出席这次会议，经与会代表对“草案”逐条进行认真的审议后获得通过，并将其正式定名为《1978 年联合国海上货物运输公约》(United Nations Convention on the Carriage of Goods by Sea，1978)。由于这次会议是在汉堡召开的，所以这个公约又称为《汉堡规则》。

《汉堡规则》(Hamburg Rules) 对《海牙规则》进行了全面、实质的修改，大大加重了承运人的责任。虽然《汉堡规则》于 1992 年 11 月生效，但世界上主要的航运国家都没有加入，因此《汉堡规则》目前在世界上的影响还不是很大。

4.《鹿特丹规则》

由于以上 3 个公约同时并存，加之还有一些国家（如中国、美国等）并未加入任何一部公约，他们的国内法的规定虽然或多或少地参照了上述公约的内容，但与其中任何一部公约相比又不完全相同，这导致在国际海上货物运输领域存在着较为激烈的法律冲突。此外，随着造船技术、航运技术的发展，海上风险与以往相比已有所降低，因此，近几十年来，国际上要求重新平衡船货双方之间利益的呼声一直较为强烈。

在 2008 年 12 月 11 日联合国大会第 63 届会议第 67 次全体会议上，审议通过了《联合国全程或部分海上国际货物运输合同公约》(United Nations Convention on Contracts for the International Carriage of Goods Wholly or Partly by Sea)。2009 年 9 月 23 日，公约的签字仪式在荷兰鹿特丹举行，因此，该公约又被称为《鹿特丹规则》(Rotterdam Rules)。

《鹿特丹规则》的主要变化有：为平衡船货各方利益，承托双方的义务和责任均有所加重；为适应“门到门”运输方式日益普及的现状，适用范围发生了变化；为明确海运活动主体的法律地位，引入了“海运履约方”“单证托运人”等新的概念；为解决实践中广受关注的一些问题，创设或完善了控制权制度、货物交付制度、权利转让制度、承运人识别制度管辖和仲裁制度等新的制度。

截至目前，已经有 26 个国家签署了《鹿特丹规则》，但其中只有西班牙、多哥、刚果、喀麦隆和贝宁这 5 个国家完成了国内批准程序，尚未达到《鹿特丹规则》第 94 条规定的生效条件之“至少 20 个国家批准加入该公约”。《鹿特丹规则》的前景还有待观察。

提示：关于《鹿特丹规则》更多内容，请扫右边二维码。

5.《中华人民共和国海商法》

《中华人民共和国海商法》(简称《海商法》) 于 1993 年 7 月 1 日正式生效。这是我国第一部在海上运输和船舶方面的专门立法。我国制订的《海商法》，既包括海上货物运输、旅客运输的内容，又包括对海上运输管理、船舶经营、建造、抵押、买卖、海上碰撞、海上救助等多方面的规定。它从我国国情出发，以我国 40 多年的海上运输和经贸实践为基础，并充分考虑到国际海运立法中追求统一的趋势，广泛吸收了目前国际通行的国际公约和惯例的规定，是一部比较成熟的立法。

《海商法》中有关提单的部分主要遵循了《海牙－维斯比规则》的精神，并吸收了《汉堡规则》中的合理部分，从世界范围来看也是一个创新。《海商法》中关于承运人适航责任，妥善和谨慎管理货物的责任，不做不合理绕航责任以及承运人免责，责任限制的规定与《海牙－维斯比规则》相一致；承运人责任期间，活动物和甲板货物运输、货物迟延交付等事项则参照了《汉堡规则》。

5.4.3 承运人的责任

（一）承运人的法定责任

《海牙规则》《海牙–维斯比规则》确认的承运人的责任（carrier's responsibility）被各国广为接受，是带有强制性的规定，影响至今。结合我国《海商法》和上述国际公约中的规定，承运人基本责任主要有两条：保证船舶适航的责任和管理货物的责任。

1. 保证船舶适航

承运人有义务在开航前和开航时克尽职责使船舶适航；妥善配备船员，装备船舶，配备供应物资；使货舱、冷藏舱、冷气舱和该船其他载货处所适用并能安全收受、载运和保管货物(The carrier shall be bound before and at the beginning of the voyage to exercise due diligence to（a）Make the ship seaworthy;（b）Properly man，equip and supply the ship;（c）Make the holds, refrigeration and cool chambers, and all other parts of the ship in which goods are carried, fit and safe for their reception，carriage and preservation，海牙规则第 3 条第 1 款)。

关于承运人保证船舶适航的要求是有条件的，不是绝对的，这是现行规则区别于《哈特法》规定的重要特征之一。具体应理解如下。

1）适航的内容

判断船舶是否适航（seaworthiness）的标准，并不是绝对的、划一的，而是随着货物种类、船舶特点、航线情况不同而有所不同。比如，装运粮食和装运铁矿，对船舶适航的要求就不相同；船舶航行于北大西洋和航行于我国沿海，对船体的强度和结构的要求也有很大差别。但承运人至少要在狭义的适航能力、航海能力和适货能力等三个方面使船舶满足预定航次的要求。

（1）首先，需要船舶有狭义的适航能力，即指船体坚固、水密，船舶的结构、性能，船上的机器、部件等均能适应特定航线和特定时间所能遇到的一般风险的要求，使船舶处于安全行驶状态。这种状态要求船舶在海上航行应具有以下几种性能。

① 船舶浮性，就是在水面上具有浮起的性能。

② 船舶稳性，就是船舶因受到外力影响而倾斜，但在外力消失后，具有恢复原状的能力。

③ 船舶抗沉性，就是在破舱入水后，仍保持一定的浮性和稳性。

④ 船舶操作性，就是船舶按驾驶员的意图保持或改变航向和航速的能力。

⑤ 船舶快速性，就是船舶在一定主机功率下以较快速度航行的性能。

⑥ 货物的积载也不能影响船舶的稳定、安全，否则同样可能导致船舶不适航。

（2）其次，需要船舶具有航海能力，即船员配备、船舶配备和船舶供应适当。船员配备适当，是指船舶必须配备足够的合格船员。合格船员的含义包括以下两点。

① 这些船员必须持有相应的职务证书，如船长持有船长证书、大副持有大副证书等。

② 船员除持有相应的合格证书外，还必须具有相应的知识技能和工作经验，也就是要能够胜任工作。船员只能担任职务证书指定的职务，或担任低于职务证书指定的职务。

船舶配备适当是指船舶要适当地备有航海所需要的雷达、回声探测仪、磁罗经或电罗经、通信信号灯、救生信号装置、引航员登船的绳梯等各种航行设备，以及必要的文件如海图、灯塔表、航行通告等。船舶究竟应当装有哪些仪器和设备有哪些文件才算适当，是一个技术性很强的问题。尽管科学技术的发展使船舶使用的各种仪器日臻完善，但法律并不要求船舶必须装有最新、最好的仪器设备。因此，即使船东没有使用最新、最好的设备，船舶仍然可以适航。例如，在20世纪60年代，船舶未装雷达，还不能说是船舶装备不适当，因为当时船舶使用雷达还处于过渡时期，但在“国际海事组织”提出的《1974年国际海上人命安全公约》修正案中有一项1984年9月1日生效的条款：即日起，一切远洋商船都必须安装雷达。船舶在初次下水、试航阶段，邀请船检部门就船舶结构、性能、系统、装置、设备和材料等在安全质量方面做技术鉴定，并据以办理船舶入级，以后还要进行定期或临时检查，以使各种设备处于有效状态。

船舶供应适当是指船舶在航行中要备有适当的燃料、淡水、粮食、药品及其他供应品。燃料不足或燃料质量不合要求，都可视为不适航。在长途航行中，自然不可能将整个航程中所需的燃料一次备足，但至少要备足从启航港到下一个停靠港所需的燃料。承运人这时应在启航港安排好以后各航段燃料的补给事宜。在考虑燃油等供给时，短途可计算全程，长途可以以中途加油港为界分成几段计算所需的油量。在满足正常油耗的基础上还要根据本航次中的季节、风浪、燃油的质量等情况增加一个安全系数。

（3）最后，船舶一定要适货（cargo worthiness）。承运人应使货舱、冷藏舱、冷气舱和该船其他载货处所适于并能安全收受、载运和保管货物，就是《海牙规则》对承运人保证使船舶适货能力所提出的具体要求。如果船舶缺乏这种能力，就是不适航。

按照这个要求，承运人和船舶应根据不同货物的特性，和它们对运输管理的要求，对货舱进行处理。比如，装运粮食应使货舱保持无异味、清洁、干燥、无虫鼠害；装杂货应事先做好衬垫；装重大件时，货舱内应有固定货物的设备；冷藏舱应保持无异味、清洁并使舱内温度符合冷藏货物的要求等。

2）保证适航的时间是在开航前和开航时

《海牙规则》对承运人适航的义务的时间要求是在开航前和开航时（before and at the beginning of the voyage）。“开航前和开航时”指的不是两个时点，而是一个期间，至少指的是从开始装货到开航这一段时间。船舶应适于在港区安全浮泊、等待或进行装卸；开航时的适航主要指船舶应具有抵御该航线一般可预见的风险的要求。

开航前和开航时对承运人的要求不同：一方面是因为在不同时间船、货所承受的风险不同；另一方面，这也符合航运中的现实需要。因为在不影响货方利益的前提下对船舶的小修小补完全可以在货物装卸的同时完成。但在开航后则不同了，海上风险多种多样，很多情况即使在技术现代化的今天也是无法预料的，所以根本不可能要求船在航程的任何阶段都是既安全又适宜航行的，只要承运人在事故出现后能及时采取措施，尽快使船舶恢复适航状态就可以了。

3）克尽职责、谨慎处理

在以前，普通法对承运人的要求是使船舶绝对适航，也就是说区别是否适航是以客观情况为标准，根本不去理睬船东是否有过失或者船东是否可以事前预见。1893年，美国《哈特法》制定时考虑到当时的现实需要，为维护承运人的利益，将承运人的绝对适航义务放松为克尽职责的相对适航义务，具有很大进步意义。《海牙规则》继承了《哈特法》的精神，也将承运人的适航责任限定在克尽职责范围内，同时将承运人克尽职责仍不能发现的潜在缺陷明确规定为承运人的免责事项。如果承运人做到克尽职责，即使货物因不适航所引起的灭失或损坏，他也没有责任；反之，他就应对他的疏忽行为负责。对于已克尽职责的举证责任，应由要求免责的承运人承担。

2. 管理货物

承运人应当妥善而谨慎地装载、搬运、积载、运输、保管、照料和卸载所运货物（……the carrier shall properly and carefully load，handle，stow，carry，keep，care for，and discharge the goods carried，海牙规则第 3 条第 2 款）。

在管理货物时，承运人必须做到“适当和谨慎”。“适当”和“谨慎”是两个不同的概念。“适当”是指从装货到卸货的各个作业环节中，承运人应对每一个环节建立一套良好的工作系统。比如，冬季时从北欧至远东地区的纸筒运输，装船时，当地气温可能很低，而航行中途要经过炎热地带。如果运输途中通风不当，常会因货舱内温度急剧变化而使纸筒表面产生大量汗湿，直接影响货物质量。在这种情况下，承运人要做到“适当”地保管和照料货物，就必须建立一整套调节温、湿度的通风和更换压舱水的作业程序，按照预先制定的计划，定时定点地进行通风和调换压舱水，以调节舱内的温、湿度，使舱内温、湿度逐渐变化，以保证货物质量。

而所谓“谨慎”，是指承运人应该采用通常合理的方法来处理货物。比如，在货物搬运、装卸过程中，使用手钩就不是通常合理的方法，如果使用了手钩，就不能算尽到“谨慎”的责任；再如，对已经发生的货损，即使承运人可以援引免责条款而不承担责任，但是，他如果没有采取可能的合理措施来防止损失扩大，也可以看作是没有尽到“谨慎”的责任，而需对扩大损失的部分承担赔偿责任。

承运人管货责任的内容，从装货到卸货，包括以下几个作业环节。

（1）装载，指承运人要对货物的装船工作负责。

（2）搬运、积载，指承运人对货物在船上的放置要加以合理的注意。如果在不能承受重压的货物上堆放其他重物，或者在食品旁放置散发异味的货物等，都可视为承运人未适当和谨慎地搬运及积载货物。

（3）运送。从货物装船到卸船的整个运输过程中，承运人都需承担运送责任。至于船舶在运输途中作不合理的绕航，则无疑会被视为不适当和不谨慎的运送。

（4）保管、照料。承运人在货物运输途中负有保管及照料货物的责任，保管主要在于防止货物失窃、遗失，照料主要在于防止货物变质、受损。

（5）卸货。承运人的卸货责任，按“钩到钩”惯例至货物卸下船舶脱离吊钩时为止。如果船舶抵达目的港后不能直接停靠码头卸货，而需将货物先卸往驳船，再由驳船运往岸边卸货，那么，只有当船上货物卸到驳船上而且驳船准备离开该船驶往码头时，承运人的卸货责任方告终止。

（二）承运人责任期间

承运人责任期间（period of responsibility of carrier，duration of liability）为承运人对货物运输承担责任的起止时间。根据《海牙规则》规定责任期间为从货物装上船舶时起到货物卸离船舶时为止。

我国《海商法》第 46 条将承运人责任期间分成责任人对集装箱装运的货物和对非集装箱装运的货物责任期间的两种情况作出不同的规定。第一种情况是“承运人对集装箱装运的货物的责任期间，是指从装货港接收货物时起至卸货港交付货物时止，货物处于承运人掌管之下的全部期间”。这是适应集装箱运输的发展而设。第二种情况是“承运人对非集装箱装运的货物的责任期间，是指从货物装上船时起至卸下船时止，货物处于承运人掌管之下的全部期间”，这种情况的规定与海牙规则的规定相同。

（三）承运人的免责条款

《海牙规则》中规定了 17 条免责事项，大体可归纳为四类：（1）因除外危险而免责；（2）因除外责任而免责；（3）因托运人责任而免责；（4）因货物本身性质而免责。承运人的免责条款（exceptions clause）具体包括天灾，海难，战争，船长、船员、引水员或承运人雇佣人员驾驶或管理船舶行为免责，以及火灾，公敌，罢工免责等。

当所运送的货物出现灭失或损坏时，承运人可以援引这些条款要求责任豁免。这在一定程度上放宽了对承运人的要求。

我国《海商法》第 51 条规定：在责任期间货物发生的灭失或者损坏是由于下列原因之一造成的，承运人不负赔偿责任：

（1）船长、船员、引航员或者承运人的其他受雇人在驾驶船舶或者管理船舶中的过失；

（2）火灾，但是由于承运人本人的过失所造成的除外；

（3）天灾，海上或者其他可航水域的危险或者意外事故；

（4）战争或者武装冲突；

（5）政府或者主管部门的行为、检疫限制或者司法扣押；

（6）罢工、停工或者劳动受到限制；

（7）在海上救助或者企图救助人命或者财产；

（8）托运人、货物所有人或者他们的代理人的行为；

（9）货物的自然特性或者固有缺陷；

（10）货物包装不良或者标志欠缺、不清；

（11）经谨慎处理仍未发现的船舶潜在缺陷；

（12）非由于承运人或者承运人的受雇人、代理人的过失造成的其他原因。

承运人依照前款规定免除赔偿责任的，除第（二）项规定的原因外，应当负举证责任。

（四）承运人赔偿责任限制条款

承运人赔偿责任限制条款（limit of liability）指已明确承运人对货物的灭失和损坏负有赔偿责任应支付赔偿金时，承运人对每件或每单位货物支付的最高赔偿金额。

有关提单的法规之所以要把承运人的赔偿责任限定在一定的水平上，一方面是为了减轻承运人的责任，避免承运人承担不堪负担的损失；另一方面也为了禁止承运人随意减轻应承担的赔偿责任。

《海牙规则》规定的赔偿责任限制为：每包或每单位不超过 100 英镑或与其等值的其他货币。由于英镑的贬值，显然已不合理。《维斯比规则》将最高赔偿金额提高为每件或每单位 10 000 金法郎或按灭失或受损货物毛重计算，每千克 30 金法郎，两者以较高金额的为准。同时明确一个金法郎是一个含有 66.5 毫克黄金，纯度为千分之九百的单位。

我国《海商法》第 56 条规定：承运人对货物的灭失或者损坏的赔偿限额，按照货物件数或者其他货运单位数计算，每件或者每个其他货运单位为 666.67 计算单位（SDR，特别提款权），或者按照货物毛重计算，每公斤（千克，kg）为 2 计算单位，以二者中赔偿限额较高的为准。

工作任务一

扫码获取业务资料，按要求完成工作任务。

任务完成情况评价表

（第____模块，任务____，工作任务____）

评价项目	满分	自评得分	互评得分	师评得分
正确理解知识	25			
业务分析处理方法得当	25			
表达清晰准确	15			
业务处理结果正确	35			
合计	100			
综合得分（自评得分×10%+互评得分×30%+师评得分×60%）：				
个人任务完成情况小结				

工作任务二

扫码获取业务资料，按要求完成工作任务。

任务完成情况评价表

（第____模块，任务____，工作任务____）

<table>
<tr><td>评价项目</td><td>满分</td><td>自评得分</td><td>互评得分</td><td>师评得分</td></tr>
<tr><td>正确理解知识</td><td>25</td><td></td><td></td><td></td></tr>
<tr><td>业务分析处理方法得当</td><td>25</td><td></td><td></td><td></td></tr>
<tr><td>表达清晰准确</td><td>15</td><td></td><td></td><td></td></tr>
<tr><td>业务处理结果正确</td><td>35</td><td></td><td></td><td></td></tr>
<tr><td>合计</td><td>100</td><td></td><td></td><td></td></tr>
<tr><td colspan="5">综合得分（自评得分×10%+互评得分×30%+师评得分×60%）：</td></tr>
<tr><td>个人任务完成情况小结</td><td colspan="4"></td></tr>
</table>

工作任务三

扫码获取业务资料，按要求完成工作任务。

任务完成情况评价表

（第____模块，任务____，工作任务____）

<table>
<tr><td>评价项目</td><td>满分</td><td>自评得分</td><td>互评得分</td><td>师评得分</td></tr>
<tr><td colspan="2">正确理解知识</td><td>25</td><td></td><td></td><td></td></tr>
</table>

评价项目	满分	自评得分	互评得分	师评得分
正确理解知识	25			
业务分析处理方法得当	25			
表达清晰准确	15			
业务处理结果正确	35			
合计	100			
综合得分（自评得分×10%+互评得分×30%+师评得分×60%）：				
个人任务完成情况小结				

知识点自测

一、单项选择题

1.《海牙规则》《维斯比规则》与我国《海商法》对海运承运人规定的两大基本义务是________。

A. 航行和管货义务　　B. 适航和管船义务

C. 适航和管货义务　　D. 管船和管货义务

2.《海牙规则》和《维斯比规则》所指的 “货物”不包括活牲畜以及装载于________的货物。

A. 集装箱　　B. 船舱里　　C. 舱面上　　D. 二层柜

3. 海牙规则规定，承运人对在其责任期间内因船长船员在驾驶和管理________的过失造成货物损坏和灭失，不需负赔偿责任。

A. 船舶　　B. 车辆　　C. 货物　　D. 合同

4. 依据我国《海商法》，承运人对下列________原因造成的货损应负赔偿责任。

A. 管船过失　　B. 管货过失　　C. 驾驶过失　　D. 火灾

5. 收货人在目的地收到货物后，打开集装箱后发现箱内货物受损，且数量少于提单所记载的数量。依据我国《海商法》的规定，收货人应当在集装箱货物交付的次日起________内向承运人提交索赔通知。

A. 3 日　　B. 7 日　　C. 15 日　　D. 21 日

6. 在国际海上集装箱货物运输中，由于港口装卸工人操作不当致使货物受损，根据我国《海商法》的规定，________承担对货主的赔偿责任。

A. 海关　　B. 承运人　　C. 发货人　　D. 收货人

7. 国际海上货物中，规定了承运人赔偿责任限额的最高的是________。

A. 我国《海商法》　　B.《维斯比规则》　　C.《汉堡规则》　　D.《海牙规则》

8. 承运人对货物的灭失和损坏负有赔偿责任应支付赔偿金时，根据我国《海商法》，承运人对每件货物支付的最高赔偿金额为________。

A. 100 英镑　　B. 10 000 金法郎　　C. 666.67 SDR　　D. 835 SDR

二、判断题

1. 集装箱装船后，承运人有权中途将集装箱换船运输，托运人不再追加费用。

2. 根据《海牙规则》，承运人有义务克尽职责使船舶适航。所以承运人要保证船舶从装货港到卸货港都是适航的。

任务 5.5　集装箱提单

情境导入

发货人向吉布达伟士物流（中国）有限公司委托出运一批电器，吉布达伟士物流（中国）有限公司作为无船承运人（NVOCC）接受托运，集拼成整箱后向马士基航运委托出运。根据吉布达伟士物流（中国）有限公司签发的提单（如图 5-15 所示），请向客户解答下列问题：

1. 该提单是整箱运输还是拼箱运输？
2. 该提单是否可以转让？应由谁首先背书？
3. 该提单由谁签署？以什么身份签署？
4. 该提单的承运人是谁？
5. 该票货物是否已装船？装船日期是几号？
6. 卸货港和交货地分别是哪里？
7. 收货人在目的地应找谁提货？
8. 该提单有几份正本？提货时应交出几份正本？
9. 收货人提货时是否应支付海运费？
10. 当收货人持该提单提货时，提单条款是否可以约束收货人？

ORIGINAL

GEBRUDER WEISS CHINA LIMITED　　**BILL OF LADING NO.** 6040197117

Shipper
QING QUAN HUA DEVELOPMENT LIMITED
RM：1101，11F，LEADER INDUSTRIAL CENTER 7-9，
AU PUI WAN STR，FOTAN，SHATIN N.T.HONGKONG

Export Reference

MOC-NV01891

Gebrüder Weiss
Transport and Logistics

GEBRUDER WEISS CHINA LIMITED
吉布达伟士物流（中国）有限公司
上海市黄浦区湖滨路168号17楼1704-1718室 邮编：200021
TEL：86-21-53319999 FAX：86-21-53319949
Unit 1704-1718, 17th floor, No.168 Hubin Road,
Huangpu District, Shanghai 200021

Consignee (complete name and address) not negotiable unless consigned to order
TO ORDER

Notify Party (complete name and address)TRIDONIC SRB D.O.O.
BEOGRAD-VRACAR
ULICA CURNTOBELL 18000NIS SERBIA
ATTN:IVAN NIKOL
TEL:+381 6488000000

Place of receipt
SHENZHEN, CHINA

Place of delivery
BELGRADE (BEOGRAD), SERBIA

Ocean vessel	Port of loading	Port of discharge
MAERSK HONG KONG / 233W	YANTIAN, CHINA	RIJEKA, CROATIA

Marks and Numbers	Number and kind of packages	Description of goods	Gross weight Kgs	Measurement cbm
CUSTOMER:SA01120	8 Pallet(s)	8PALLETS=318CARTONS TRANSFROMER HS CODE:85043190 INDUCTOR HS CODE:85045000	2717.5 KG	8.213 M3

Container	Seals	Type	Weight(KG)	Volume(M3)	Packages	Mode
MEDU7429495	FJ16480412	40HC	2717.5	8.213	8 PLT	CFS/CFS

8 PLT - 2717.5 KG - GEN

SHIPPED ON BOARD 03 Sep 23
Consol Ref: C6010141782
FREIGHT COLLECT

according to the declaration of the consignor

SHIPPED ON BOARD
GEBRUDER WEISS CHINA LIMITED

Freight amount	Freight payable at DESTINATION	Place and date of issue SHENZHEN,CHINA　　03-Sep-23
Cargo Insurance through the undersigned □ Not covered □ Covered according to attached Policy	Number of Original 3 (three)	Stamp and signature

For delivery of goods please apply to:
Gebruder Weiss d.o.o.
Beogradska 85
11272 Dobanovci
Serbia

MAXWELL FORWARDING INTERNATIONAL CO.,LTD

as agent for the carrier:
GEBRUDER WEISS CHINA LIMITED

The goods and instructions are accepted and dealt with subject to the Standard Conditions printed overleaf.
Taken in charge in apparent good order condition, unless otherwise noted herein, at the place of receipt for transport and delivery as mentioned above.
One of these Combined Transport Bills of Lading must be surrendered duly endorsed in exchange for the goods. In witness whereof the original Combined Bills of Lading all of this tenor and date have been signed in the number stated below, one of which being accomplished the other(s) to be void.

图 5-15　无船承运人提单

业务知识

集装箱提单，指为装运集装箱货物所签发的提单，无论整箱提单还是拼箱提单，其法律效力和作用与普通货物提单都是相同的。

5.5.1 集装箱提单的特点

（一）集装箱提单的正面记载特点

1. 记载事项不同

除了普通货物提单的一般记载事项之外，为了适应集装箱运输的需要，集装箱提单增加了收货地（PLACE OF RECEIPT）、交货地（PLACE OF DELIVERY）、交接方式（CY-CY 等）、集装箱号（CONTAINER NO.）、铅封号（SEAL NO.）、集装箱数量（NUMBER OF CONTAINERS）等内容。缮制集装箱提单时，既应填写集装箱数量，也应填写箱内货物数量，否则运输中发生灭失或损害时，将以集装箱数量作为承运人赔偿责任限制的件数。

2. 交接方式不同

集装箱运输从传统海上运输的“钩至钩”向两端延伸，其交接方式主要有 CY TO CY、CFS TO CFS、DOOR TO DOOR 等。由此，承运人的责任期间就从装船到卸船延伸到从接收货物时起到交付货物时止。

3. 不知条款的记载不同

在整箱交接的情况下，由于货物装箱、拆箱由货方负责，承运人对箱内货物并无适当的方法检验，但为了便于提单流通，承运人根据发货人或其代理人提供的信息而同意载明集装箱内货物的详情。为了如实记载和保护承运人的目的，集装箱整箱提单正面一般记载有“发货人装箱计数与铅封”（SHIPPER'S LOAD COUNT & SEAL）和“据称内装”（SAID TO CONTAINER/SAID TO BE）条款，这是承运人对集装箱装载货物的实际状况的一种保留条款。在目前的检验手段下，要求承运人对铅封完好的集装箱内货物的实际状况和数量进行确切衡量是不可能的。因此，不知条款在集装箱提单上被广泛应用，用于表明承运人接收的是集装箱货，接收时对箱内货物的状况一无所知，承运人在目的港只要保证集装箱的外表状况良好、铅封完好，即可认定承运人适当地履行了货物运输义务，对箱内货物的灭失、毁损不负赔偿责任。

（二）集装箱提单的背面条款特点

1. 舱面（甲板）货选择权条款

根据《海牙规则》，货物不包括舱面货；我国《海商法》第 53 条规定：承运人在舱面上装载货物，应当同托运人达成协议，或者符合航运惯例，或者符合有关法律、行政法规的规定。承运人依照前款规定将货物装载在舱面上，对由于此种装载的特殊风险造成的货物灭失或者损坏，不负赔偿责任。承运人违反本条第一款规定将货物装载在舱面上，致使货物遭受灭失或者损坏的，应当负赔偿责任。

由于集装箱运输本身的特殊性，集装箱是否积载在舱面之上对于集装箱内货物的影响远小于传统运输方式，除非承运人在接受货物订舱时明确承诺将集装箱积载于舱内，否则承运人就有权自行决定集装箱是积载于舱内或舱面，故集装箱提单通常有舱面货选择权条款（OPTIONAL STOWAGE）：集装箱中所装货物，不论是由承运人或由货方装载，都可作舱面装运或舱内装运，而无需通知货方；无论装载于舱面或舱内，对包括共同海损在内的所有情况，都视为舱内装载。

2. 运输方式及路线（转船）条款

在当今世界的大规模的集装箱班轮运输中，出于规模经济的考虑，通过干线+支线的航线设计来开展营运已经非常普遍，并且支线覆盖的范围越来越大，这就意味安排货物转船在实践中是不可避免的，除非承运人明示承诺是直达航班，否则货物的转船是允许的。为适应集装箱运输的要求，《UCP600》第 20 条就明确规定：……ii 即使信用证禁止转运，注明即将或可能发生转运的提单仍可接受。

基于这种需要，集装箱提单会规定运输方式及路线条款，通常又称为转船条款：承运人可在运输中的任何时间，使用任何运输方式或储存方式；以及将货物自一种运输工具转至另一种运输工具，包括转船或以不同于提单正面所载船名的另一艘船舶或以任何其他运输方式运输。凡根据本条款而作出的不论何事或产生的任何延误，都应视为在该项运输之内，而非绕航。

3. 货方责任条款

货方责任条款主要针对整箱货运输，包括用箱、发货人装箱、铅封完整交货及货物内容正确性等内容。在整箱货运输中，货方通常使用承运人的集装箱并自行装箱和拆箱，装箱人应在装箱之前对集装箱进行检验，进行合适的装载，并提供恰当而正确的货物资料。承运人通常无法检查箱内货物以及箱内积载的状况，完全依赖于货方的申报，所以货方必须对此负责。故提单背面常有下列条款。

（1）如集装箱不是由承运人或承运人的代表所装箱，承运人便不对货物的灭失或损害负责，而且货方应就承运人所发生的任何灭失、损害、责任或费用负责，如果此项灭失、损害、责任或费用系由以下原因造成：① 集装箱的装载或填装的方式；② 货物不适于以集装箱运输。此项交付便应构成承运人在本提单项下的责任已完全并充分履行，因而承运人对交付货物时查出的任何灭失或短少概不负责。

（2）货方对其所装或货方代表所装的已铅封集装箱中的货物的描述，对承运人不具有约束力，而且货方在本提单正面所申报的情况，是由货方全然为其本身包括但不限于其货运代理使用的目的而提供的资料。货方认识到，承运人未对铅封集装箱的内装货物、重量或尺码进行核对，因而承运人不提供关于已铅封集装箱、货车、条板箱或货箱的情况，亦不提供其重量或尺码，且不提供其内装货物的价值、数量、品质、货名、条件、唛头或号码。承运人对于上述描述或具体资料概不承担任何责任。

（3）货方向承运人保证，在本提单正面填列的关于货物的资料，在收到本提单时已经核对，而且此项资料以及由货方或货方代表提供的任何资料均属恰当且正确。

（4）如果承运人的集装箱及设备被货方用于前程运输或续程运输，或在货方营业处所开箱，则货方应在规定的时间内并/或按承运人要求，将空箱归还至承运人、其受雇人或代理人指定的地点，货方并应将空箱内部洗刷清洁、不留异味。

5.5.2　船东提单与货代提单的应用

1. 船东提单与货代提单的不同

按提单签发人与签发身份的不同，提单可分为船东提单（Master B/L）和货代提单

（House B/L）。

（1）船东提单指经营船舶业务的船公司或其代理人签发的提单。在集装箱拼箱业务或美线业务中，船东提单通常签发给无船承运人或货运代理人，此时船公司为实际承运人，船东提单又称为 Ocean B/L or Sea B/L。

（2）货运代理提单又称运输代理行提单（Forwarder B/L）或无船承运人提单（NVOCC B/L），指由不经营船舶的运输代理人/无船承运人签发的提单。国际货运代理在签发提单时通常有两种身份：一种是作为具名承运人的代理人，如货代企业接受委托代表承运人×××航运公司签发提单，提单签发人应记载为：AS AGENT FOR AND ON BEHALF OF THE CARRIER：×××SHIPPING CO.,LTD；另一种是作为承运人签单，提单签发人货运代理公司记载为：AS CARRIER。货代提单主要指后一种。

提示：货运代理提单可参考《UCP500》第 30 条，即运输行出具的运输单据（TRANSPORT DOCUMENTS ISSUED BY FREIGHT FORWARDER），此运输行（FREIGHT FORWARDER）就是指国际货运代理，而提单是国际海上货物运输中使用最广泛的单据。

2. 货代提单的应用

货代提单的应用支撑着国际货运代理身份的变化。现实中货代提单广泛应用于下列业务领域。

（1）集装箱拼箱运输。

集装箱运输解决了件杂货的装卸难题，提高了运输效率，自 20 世纪 60 年代出现以来迅速风靡全球。至今几乎所有的件杂货班轮都已消失，均被集装箱班轮取而代之。集装箱是一种标准化的运输设备，目前普遍使用 20 ft 和 40 ft 标准集装箱，其额定载重超过 20 t。

若国际贸易成交了小批量货物，租用整箱将出现亏舱，而集装箱货运站会提供拼箱服务：将多票小批量货物集中装在一个集装箱中，再以整箱向船公司托运。船公司不提供拼箱服务，负责拼箱的从业者称为集拼经营人，通常由国际货运代理人、国际仓储业者等发展而来。

集拼经营人通常是无船承运人，接受货主的托运，签发货代提单给实际托运人，运输条款为 CFS-CFS，集拼经营人是无船承运人；集拼经营人将货物拼箱后，整箱交给船公司，船公司出具整箱的船东提单给集拼经营人，运输条款通常为 CY-CY 或 DOOR-DOOR，集拼经营人是托运人。货物到达目的港后，集拼经营人的代理人凭船东提单提取整箱，拆箱后凭货代提单交货给收货人。在拼箱业务中，装、拆箱由承运人负责，此时的承运人指集拼经营人/无船承运人。

（2）美国航线班轮运输。

美国建立了完备的运价管理制度，实行严格的运价报备，从事美国远洋运输的公共承运人（包括远洋船舶运输经营者和无船承运人）必须向美国海事联邦委员会报备运价并予以公布，报备运价生效期间不允许任意变动。但美国允许托运人和公共承运人签订服务合同，托运人承诺提供一定的货源，而公共承运人承诺约定的运费率和运输服务水平。

经营美国航线业务的无船承运人需报备和公布费率表，其调整运费的自由度大大降低。除通过比较远洋船舶运输经营者的运价以获得较低费率外，无船承运人将根据自己所能揽取的货物，以托运人的身份与远洋船舶运输经营者签订服务合同，争取优惠费率。货物出运时，无船承运人向发货人收取自己所报备的运价，以承运人身份向发货人签发货代提单，货代提单转让后，收货人凭货代提单向无船承运人的目的港代理提货；同时远洋船舶运输经营者向无船承运人签发船东提单，船东提单的托运人是无船承运人，收取服务合同的费率，无船承运人的目的港代理人凭船东提单向远洋船舶运输经营者提货。

（3）公共支线运输。

为达到快速、高效的目的，集装箱运输要尽量减少挂靠港口，远洋船舶挂靠的干线港必须有支线港的货源支撑。从支线港口到干线港口的运输称为支线运输。集装箱班轮航线由干线加支线组成。远洋船舶运输经营者不可能覆盖所有的支线港口，不少支线船舶运输经营者向各远洋船舶运输经营者提供支线运输服务。在我国，环渤海湾、长江流域、珠江流域已经形成较为齐全的支线网络，使远洋船舶运输经营者能够以大连、上海、宁波、深圳、广州等干线港为中心，提供至各支线港的全程运输服务。

干线和支线运输若由不同的承运人完成，远洋船舶运输经营者选择公共支线的服务时，其自有船舶并不挂靠支线港口，通常会委托支线港口的国际货运代理组织货源、管理集装箱和签发提单。若该国际货运代理人以远洋船舶运输经营者的名义签发提单，则此提单可视同承运人本人签发；若该国际货运代理人有多个远洋公司可供选择，为赚取更多利润和提升揽货实力，以承运人的身份向发货人签发货运代理人的提单，则其身份成为无船承运人。

（4）多式联运。

集装箱可以方便地从一种运输工具转移到另一种运输工具，而不影响箱内货物，故集装箱运输的盛行使多式联运与门到门运输成为现实。门到门运输通常通过多式联运来完成，多式联运是指多式联运经营人以两种或两种以上的不同运输方式，负责将货物从接收地运至目的地。其中，若有一程涉及海上运输，多式联运经营人将签发多式联运提单。

多式联运经营人可以是某种运输工具的经营者，也可以不经营任何的运输工具，如仓储业者、国际货运代理等。多式联运经营人通常将各区段运输分包给实际承运人，若将海运区段分包，则多式联运提单相当于货代提单。多式联运经营人是契约承运人，对全程运输负责，向货主签发多式联运提单；海运区段承运人向多式联运经营人签发船东提单，多式联运经营人是海运区段的托运人。

3. 货代提单的性质

当国际货运代理人作为承运人签发提单，提单落款为承运人（AS CARRIER）时，他不是承运人的代理人，而是承运人本身，是不经营船舶的无船承运人。为了完成运输合同，国际货运代理人会向实际承运人托运。相对于收、发货人而言，国际货运代理人是承运人，他向收发货人签发货代提单（HOUSE B/L），收发货人凭货代提单结汇；相对于实际承运的船公司而言，国际货运代理人是货主，船公司向国际货运代理人签发船东提单（MASTER B/L），船东提单的发货人是国际货运代理人企业。

由于一票货物存在货代提单和船东提单两份提单，且货代提单不能约束船公司，不能向船公司提货，通常的程序是由国际货运代理人在目的港的代理持船东提单向船公司提货后，再凭货代提单将货物交由收货人。故有些学者认为：货代提单一般只是运输代理人收到货物的收据，不可转让，也不能作为向承运人提货的凭证。这种理解是不正确的，混淆了契约承运人（无船承运人）和实际承运人（船公司）的区别。

诚然，货代提单不能约束船公司（实际承运人），也不能向船公司提货，但是货代提单同样具有提单的三个性质，因为国际货运代理人作为契约承运人，货代提单的条款约束国际货运代理人和收发货人，发货人将提单转让给收货人后，国际货运代理人或其代理在目的港据以交付货物，完成货代提单所证明的运输合同。收发货人与实际承运人没有签订运输合同，并不影响货代提单的效力。

4. 货代提单与船东提单的流转

以拼箱货为例，两份提单的流转过程如图 5-16 所示。

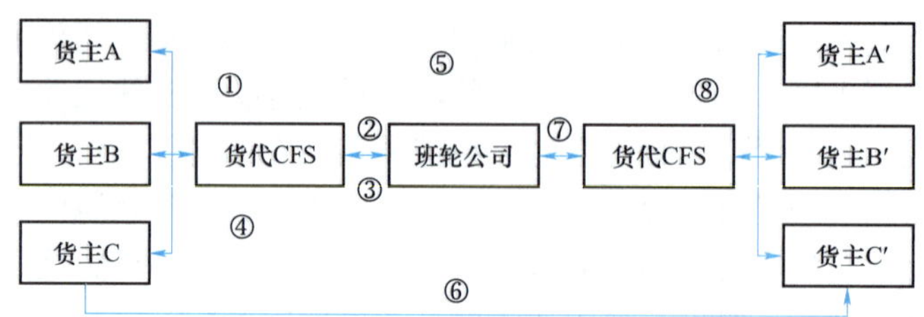

图 5-16　船东提单与货代提单流转图

（1）货主/发货人 A、B、C 等向国际货运代理人/无船承运人订舱，将拼箱货交给货运代理人。

（2）国际货运代理人/无船承运人集拼成整箱后向班轮公司订舱，将整箱货交班轮公司。

（3）班轮公司向国际货运代理人/无船承运人签发船东提单（MASTER B/L）。

（4）国际货运代理人/无船承运人向货主/发货人签发货代提单（HOUSE B/L）。

（5）国际货运代理人/无船承运人向自己的目的港代理寄送船东提单（MASTER B/L）。

（6）货主/发货人 A、B、C 等根据贸易合同的规定向收货人移交货代提单（HOUSE B/L）。

（7）国际货运代理人/无船承运人凭船东提单（MASTER B/L）向班轮公司提取整箱货，并在 CFS 拆箱。

（8）货主/收货人凭货代提单（HOUSE B/L）向国际货运代理人/无船承运人提取拼箱货。

如果是整箱货交接，货主/收货人提货时也可以在目的港向国际货运代理人/无船承运人的代理换取船东提单，然后再凭着船东提单去提货，俗称换单。

5. 货代提单应用中应注意的问题

国际货运代理人为扩大业务所需，往往能够满足货主的特殊要求，货代提单的应用范围不断扩大，但国际货运代理企业普遍资产较少，风险承受能力较差，在不同的业务中或呈现不同的身份，货代提单的使用和程序较为复杂，因此应充分把握其应用的优点和劣势，更好地为国际贸易和国际物流服务。

（1）货代提单与船东提单的指定。

不同的贸易条款和运输方式应选择适合的提单。出口商以 FOB 术语缔结贸易合同应指定船东提单，因进口商租船订舱，选择无船承运人并签发货代提单时，出口商无法掌握该国际货运代理人的资信和实力状况，若国际货运代理人对进口商通融而采取无单放货时，出口商往往难以挽回损失。

若货量较少，不能使用集装箱整箱运输，只能采用拼箱运输时，则不应指定船东提单。因船公司通常不经营拼箱业务，拼箱业务中提单只能由集拼经营人签发，只能是货代提单，指定船东提单将导致拼箱运输无法完成。

（2）提单记载事项的要求。

国际货运代理业是服务行业，国际货运代理企业不经营船舶运输，只能依靠服务和价格吸引客户，所以顾客满意度至关重要，国际货运代理企业通常会满足顾客需求。因此，在国际贸易中遇到不寻常的运输条款，如信用证规定在提单上记载最迟抵达目的港的时间等，货主可以考虑使用货代提单，容易满足单证要求。

我国出口商使用货代提单时，应避免接受记名提单，即提单的收货人一栏记载为具名收货人。记名提单不能转让，在有些国家具名收货人可不凭记名提单提取货物，若出口商无法通过控制单证去控制货权，将面临巨大的风险。

（3）承运人的正确识别。

无船承运人往往是由国际货运代理人发展而来，国际货运代理人可能既从事代理业务，又从事无船承运业务，具有双重身份。正确识别承运人身份是分清承托双方权利义务的前提。承运人是海上货物运输合同的一方当事人，在提单运输中，对承运人的识别主要依据提单的签署。

国际货运代理人以自己的名义作为承运人签发提单，则是无船承运人。国际货运代理人获得承运人的授权，以承运人的名义签发提单，在提单中注明代理人的身份，则是承运人的签单代理人。若国际货运代理人接受未在我国交通主管部门办理提单登记的无船承运人的委托签发提单，将对提单项下的损失承担连带责任。

工作任务一

北部湾国际货运有限公司成功向美国联邦海事委员会（FMC）登记注册，按照其要求备案运价。在某单业务操作中以承运人身份与出口商签订了服务合同（S/C），并向中远海运集装箱运输有限公司订舱出运，请根据下列信息缮制北部湾国际货运有限公司和中远海运集装箱运输有限公司的提单，如图 5-17、图 5-18 所示。本次出运信息汇总如下。

1. NVOCC：BEIBUWAN INTERNATIONAL FREIGHT FORWARDER CO., LTD.

2. NVOCC'S AGENT OVERSEAS：UEC TRANSPORT CO., LTD.

3. EXPORTER：GUANGXI EVERGLOW CO., LTD.
NO.9 WUYI WEST ROAD，NANNING，GUANGXI，CHINA.

4. IMPORTER：ADMARK CORP.INC.
3311W，MONTROSE AVE，CHICAGO，USA.

5. NOTIFY IMPORTER.

6. Documents required by L/C：Full set of clean on board ocean bills of lading made out to order of north bank and blank endorsed，marked "freight prepaid".

7. CARGO：SMART HOME HUB，210 CTNS IN 15 PALLETS，GW 5 600 KGS，VOL 25.36 CBM.

8. VESSEL NAME：COSCO ITALY，VOY NO.023E.

9. PORT OF LOADING：NANSHA，GUANGZHOU，CHINA；PORT OF DISCHARGE：LONG BEACH，USA.

10. HB/L NO.BBWS56789，MB/L NO.COSU2022356203.

<table>
<tr><td colspan="2">Shipper</td><td colspan="3" rowspan="3">B/L NO.

BEIBUWAN INTERNATIONAL
FREIGHT FORWARDER CO.,LTD.
COMBINED TRANSPORT BILL OF LADING
Received in apparent good order and condition except as otherwise noted the total number of container or other packages or units enumerated below for transportation from the place of receipt to the place of delivery subject to the terms hereof. One of the signed Bills of Lading must be surrendered duly endorsed in exchange for the Goods or delivery order.</td></tr>
<tr><td colspan="2">Consignee</td></tr>
<tr><td colspan="2">Notify Party</td></tr>
<tr><td colspan="2">Vessel and Voyage Number</td><td>Port of Loading</td><td colspan="2">Port of Discharge</td></tr>
<tr><td colspan="2">Place of Receipt</td><td>Place of Delivery</td><td colspan="2">Number of Original Bs/L</td></tr>
<tr><td colspan="5">PARTICULARS AS DECLARED BY SHIPPER – CARRIER NOT RESPONSIBLE</td></tr>
<tr><td>Container Nos/Seal Nos. Marks and/Numbers</td><td colspan="2">No. of Container / Packages / Description of Goods</td><td>Gross Weight (Kilos)</td><td>Measurement (Cu-metres)</td></tr>
<tr><td></td><td colspan="2"></td><td></td><td></td></tr>
<tr><td colspan="2" rowspan="4">FREIGHT & CHARGES

For delivery pls apply to:</td><td colspan="3">Number of Packages (in words)</td></tr>
<tr><td colspan="3">Shipped on Board Date:</td></tr>
<tr><td colspan="3">Place and Date of Issue:</td></tr>
<tr><td colspan="3">In Witness Where of this number of Original Bills of Lading stated
Above all of the tenor and date one of which being accomplished
the others to stand void.

for BEIBUWAN INTERNATIONAL FREIGHT FORWARDER CO.,LTD.
as Carrier</td></tr>
</table>

图 5–17 北部湾国际货运有限公司的提单

Shipper	B/L No. ORIGINAL
	中远海运集装箱运输有限公司 COSCO SHIPPING LINES CO., LTD.
Consignee	**Port-to-Port or Combined Transport** **BILL OF LADING**
Notify party	**RECEIVED** in external apparent good order and condition except as otherwise noted. The total number of packages or units stuffed in the container. The description of the goods and the weights shown in this Bill of Lading are furnished by the Merchants, and which the carrier has no reasonable means of checking and is not a part of this Bill of Lading contract. The carrier has issued the number of Bill of Lading stated below, all of this tenor and date. one of the original Bill of La-ding must be surrendered and endorsed or signed against the delivery of the shipment and whereupon any other original Bill of Lading shall be void. The merchants agree to be bound by the terms and conditions of this B/L as if each had personally signed this B/L. *applicable only when used as Combined Transport B/L

Pre-carriage by	Place of Receipt
Ocean Vessel Voy. No.	**Port of loading**
Port of Discharge	Place of delivery

Marks & Nos. Container No.	**No. & kind of pkgs**	**Description of goods**	**Gross weight**	**Measurement**

Description of Contents for Shipper's Use Only (Not Part of This B/L Contract)

Total No. of container or other pkgs or units (in words)	

Freight & charges	Revenue Tons	Rate	Per	Prepaid	Collect

Ex rate	Prepaid at	Payable at	**Place and date of issue:**
	Total prepaid	**No. of original B(s)/L**	**Signed by** COSCO SHIPPING LINES CO.,LTD
Laden on board the Vessel **Date:** **By:** （章）			AS CARRIER （章） **Authorized Signature**

图 5-18 中远海运集装箱运输有限公司的提单

工作任务二

中国海通国际货运代理有限公司接到福建依达纺织品有限公司委托，出运一批口罩至日本，海通公司集拼完成后，向 Ocean Network Express Pte.Ltd.订舱出运。相关单据与空白提单如图 5-19～图 5-24 所示。作为海通公司的单证员，请缮制提单分别交出口人与船公司。

——2021 年全国职业院校技能大赛高职组货运代理赛项赛题

附件一：贸易合同。

福建依达纺织品有限公司

FUJIAN YIDA TEXTILE CO., LTD.

NO. 18, North Wuxi Road, Gulong District, Fuzhou, Fujian, China

TEL: 86-591-55443322　　FAX: 86-591-55443311

SALES CONTRACT

Date: Apr.18TH,2021

No.: GFTGE21-B08

The Buyer: TAKASHI OSKI CONTROL PLC LTD

NO. 2-19 SHUMOKUCHO,HIGASHI WARD ,TOKYO, JAPAN

The Seller: FUJIAN YIDA TEXTILE CO., LTD

NO. 18, NORTH WUXI ROAD, GULONG DISTRICT, FUZHOU, FUJIAN, CHINA

This contract is made by and between the Buyer and the Seller, whereby the Buyer agree to buy and the Seller agree to sell the under-mentioned commodity according to the terms and conditions stipulated below:

Name Of Commodity & Specifications	Quantity	Unit Price	Amount (USD)
MELT-BLOWN CLOTH [GYMB©KN95BH01]	180Cartons (18kg/carton)	56	10080.00
NON-WOVEN MASK (NON-MEDICAL)	3,000Dozen	2.16	6480.00

Total Value：USD16,560.00 (SAY U.S. DOLLAR SIXTEEN THOUSAND FIVE HUNDRED AND SIXTY)

CPT TOKYO INCOTERMS 2010, AMOUNT & QUANTITY 10PCT MOLSOP.

1. Packing：　in cartons
2. Time of Shipment：　Middle of May. 2021
3. Port of Loading:　FUZHOU, CHINA
4. Port of Destination:　TOKYO,JAPAN
5. Partial shipment and Transhipment are allowed.
6. Insurance：to be covered by the buyer.
7. Payment：100% of the total value will be paid by L/C at 30 days after sight.
8. Shipping advice: The seller shall advise by fax the buyers of the quantity, invoice value, gross weight, name of vessel and date of sailing within 2 days after the completion of the loading of the goods.
9. Inspection: The Seller shall have the goods inspected by 15 days before the shipment and have the Inspection Certificate issued by German Machinery I/E Inspection Corporation Guangzhou Branch. The Buyer may have the goods reinspected by Italy I/E Inspection Bureau after the goods arrived at the destination.
10. Arbitration: All disputes in connection with this contract or the execution thereof shall be settled in Hong Kong and English law applied.
11. Other terms: This contract is made in two originals, one original to be held by each party. The original pieces have the same law effect to each party.

The signature of Buyers	The signature of Sellers
TAKASHI OSKI CONTROL PLC LTD	FUJIAN YIDA TEXTILE CO., LTD

图 5-19　福建依达纺织品有限公司贸易合同

附件二：信用证。

700 02

PCBCCNBJFJQ

：27：　SEQUENCE OF TOTAL　　DATE：26，APRIL，2021

1/1

：40A：　FORM OF DOCUMENTARY CREDIT

IRREVOCABLE

：20：　DOCUMENTARY CREDIT NUMBER

422010445736-L

：31C：　DATE OF ISSUE

210426

：40E：　APPLICABLE RULES

UCP LATEST VERSION

：31D：　DATE AND PLACE OF EXPIRY

210616CHINA

：50：　APPLICANT

TAKASHI OSKI CONTROL PLC LTD
NO.2-19 SHUMOKUCHO，
HIGASHI WARD，TOKYO，JAPAN

：59：　BENEFICIARY

FUJIAN YIDA TEXTILE CO.，LTD
NO.18，NORTH WUXI ROAD，
GULONG DISTRICT，FUZHOU，
FUJIAN，CHINA

：32B：　CURRENCY CODE，AMOUNT

USD16560.00

：39A：　PERCENTAGE CREDIT AMOUNT TOLERANCE

10/10

：41A：　AVAILABLE WITH....BY....

PCBCCNBJFJQ
BY PAYMENT AT SIGHT

：42P：　NEGOTIATION DETAILS AT ANY BANK

：43P：　PARTIAL SHIPMENTS

ALLOWED

：43T：　TRANSHIPMENT

ALLOWED

：44E：　PORT OF LOADING：ANY PORT OF CHINA

：44F： PORT OF DISCHARGE：TOKYO，JAPAN

：44C： LATEST DATE OF SHIPMENT

210520

：45A： DESCRIPTION OF GOODS AND/OR SERVICES：

MELT-BLOWN CLOTH［GYMB©KN95BH01］，180CARTONS

NON-WOVEN MASK（NON-MEDICAL），3000DOZEN

：46A： DOCUMENTS REQUIRED

+ BENEFICIARY'S SIGNED INVOICES（1 ORIGINAL AND 5 COPIES）SHOWING THE CPT VALUE OF THE GOODS，PORT OF LOADING AND AND INVOICE MUST MENTION THE BELOW：

A) PROFORMA INVOICE NUMBER AND DATE：FHWKI-201121 DATED 10.05.2021

B) COUNTRY OF ORIGIN：CHINA

E) H. S.CODE NUMBER：5603.1290 FOR MELT-BLOWN CLOTH

F) EXPORT LC/SALES CONTRACT NO.

+PACKING LIST：ONE ORIGINAL AND TWO COPIES EVIDENCING SHIPMENT HAS BEEN EFFECTED IN EXPORT STANDARD SEAWORTHY PACKING.AND THAT THE ORIGIN OF THE GOODS HAS BEEN MENTIONED ON THE OUTSIDE OF THE PACKAGES AND MUST MENTION H.S.CODE NUMBER.

+CERTIFICATE OF ORIGIN（1 ORIGINAL AND 2 COPIES）ISSUED BY THE CHAMBER OF COMMERCE/CONCERNED GOVERNMENT AGENCY/APPROVED AUTHORITY/ORGANISATION OF THE EXPORTING COUNTRY CERTIFYING

THE COUNTRY OF ORIGIN OF THE GOODS（AS MENTIONED IN CLAUSE NO.1 OF FIELD 46A.）

+FULL SET OF CLEAN ON BOARD MARINE PORT TO PORT BILL OF

LADING WITH TWO ORIGIANL AND THREE NON-NEGOTIABLE COPIES

MADE OUT TO THE ORDER OF SHIPPER MARKED "FREIGHT PREPAID"

NOTIFY PARTY L/C APPLICANT AND MUST MENTION H.S.CODE NUMBER.

+SHIPMENT TO BE EFFECTED PER LINER VESSEL WHICH MUST BE SEAWORTHY，A CERTIFICATE TO THIS EFFECT FROM THE CARRIER OR THEIR AGENT MUST ACCOMPANY THE ORIGINAL SHIPPING DOCUMENTS.

+THE BENEFICIARY IS REQUIRED TO SEND ONE SET OF NON-NEGOTIABLE SHIPPING DOCUMENTS DIRECT TO THE APPLICANT AFTER SHIPMENT BY EMAIL：MEHEDI@ANANTA-BD.COM AND THE RELEVANT EMAIL COPY MUST THEREOF ATTACHED WITH THE ORIGINAL DOCUMENTS AT THE TIME OF NEGOTIATION.

：47A： ADDITIONAL CONDITIONS

+ BILL OF EXCHANGES/DRAFTS NOT REQUIRED.

+ A DISCREPANCY FEE OF USD70.00 WILL BE DEDUCTED FROM THE THE PROCEEDS IF DOCUMENTS ARE PRESENTED WITH DISCREPANCY（IES）AND ACCEPTANCE OF SUCH DOCUMENTS PRESENTED WITH DISCREPANCY（IES）.

DOES NOT IN ANY WAY ALTER THE TERMS AND CONDITIONS OF THIS CREDIT.

\+　SHIPPING DOCUMENTS EVIDENCING SHIPMENT DATE PRIOR TO L/C ISSUANCE DATE IS NOT ACCEPTABLE.

\+　ALL DOCUMENTS MUST BE ISSUED IN ENGLISH LANGUAGE.

\+　ALL SHIPPING DOCUMENTS MUST MENTION SALES CONTRACT/EXPORT LC NO.

\+　TOLERANCE：PLUS/MINUS 10（TEN）PCT ON ACTUAL VALUE AND QUANTITY IS ACCEPTABLE.

\+　REIMBUSEMENT INSTRUCTIONS：

ALL DOCUMENTS MUST BE PRESENTED TO STANDARD CHARTERED BANK，TOKYO，JAPAN IN ORDER FOR US TO HONOUR THE SAME AND EFFECT REMITTANCE OF THE PAYMENT AT SIGHT BASIS AS PER REMITTING BANK'S INSTRUCTION THROUGH OUR OFFSHORE BANKING UNIT，DEPZ，SAVAR.WE WILL DEDUCT USD125.00 BEING OUR REIMBURSEMENT CHARGES FROM THE PROCEEDS.

AT MATURITY，ISSUING BANK（STANDARD CHARTERED BANK，TOKYO JAPAN），WILL EFFECT PAYMENT TO STANDARD CHARTERED BANK，OFFSHORE BANKING UNIT，DEPZ，SAVAR，ALONGWITH INTEREST（WHICH IS ON APPLICANT'S ACCOUNT）

702 INTEREST FOR USANCE PERIOD IS ON APPLICANT'S ACCOUNT.IN CASE OF RE MATURE PAYMENT，INTEREST WILL BE PAID PROPORTIONATELY.

703 SHIPMENT/TRANSHIPMENT SHOULD BE CARRIED OUT BY COMPANIES OPERATING IN ACCORDANCE WITH THE MARITIME LAWS AND PORT REGULATIONS OF JAPAN，REGARDING VESSEL FLAG，AIRPORT，SEAPORT SHIPMENT AND TRANSHIPMENT.

+ALL PARTIES TO THIS TRANSACTION ARE ADVISED THAT BANKS MAY BE UNABLE TO PROCESS A TRANSACTION THAT INVOLVES COUNTRIES，REGIONS，ENTITIES，VESSELS OR INDIVIDUALS SANCTIONED BY THE UNITED NATIONS，THE UNITED STATES，THE EUROPEAN UNION，THE UNITED KINGDOM OR ANY OTHER RELEVANT GOVERNMENT AND/OR REGULATORY AUTHORITY AND THAT SUCH AUTHORITIES MAY REQUIRE DISCLOSURE OF INFORMATION.

：71D：　CHARGES

ALL CHARGES OUTSIDE JAPAN ARE FOR ACCOUNT OF BENEFICIARY.

INCLUDING REIMBURSEMENT CHARGES.

：48：　PERIOD FOR PRESENTATION IN DAYS 015/AFTER THE DATE OF SHIPMENT

：49：　CONFIRMATION INSTRUCTIONS

WITHOUT

：78：　INSTRUCTIONS TO THE PAYING BANK

DOCUMENTS TO BE DESPATCHED TO STANDARD CHARTERED BANK，TOKYO，SK.MUJIB ROAD，TOKYO 4100，JAPAN.IN ONE LOT BY DHL COURIER OR REPUTABLE COURIER COMPANY IF DHL IS NOT AVAILABLE.

附件三：装箱单。

装 箱 单

<table>
<tr><td colspan="3">Issuer
FUJIAN YIDA TEXTILE CO., LTD.
NO. 18, NORTH WUXI ROAD, GULONG DISTRICT, FUZHOU, FUJIAN, CHINA</td><td colspan="4" rowspan="2">PACKING LIST</td></tr>
<tr><td colspan="3" rowspan="2">To
TAKASHI OSKI CONTROL PLC LTD.
NO. 2-19 SHUMOKUCHO,HIGASHI WARD ,TOKYO, JAPAN</td></tr>
<tr><td colspan="2">Invoice No.
FH-T08-B01</td><td colspan="2">Date
MAY.12.2021</td></tr>
<tr><td>Marks and Numbers</td><td>Number and kind of package Description of goods</td><td>Quantity</td><td>Package</td><td>G.W. (KG)</td><td>N.W. (KG)</td><td>Meas. (CBM)</td></tr>
<tr><td>MB
TOKYO
1-180
MADE IN CHINA</td><td>MELT-BLOWN CLOTH
[GYMB©KN95BH01]
H.S CODE: 5603.1290
THE COUNTRY OF ORIGIN: CHINA</td><td>180
CARTONS</td><td>CARTONS</td><td>3 240.00</td><td>3 000.00</td><td>7.56</td></tr>
<tr><td>Total:</td><td></td><td>180
CARTONS</td><td></td><td>3 240.00</td><td>3 000.00</td><td>7.56</td></tr>
<tr><td>Say Total:</td><td colspan="6">SAY ONE HUNDRED AND EIGHTY CARTONS ONLY</td></tr>
<tr><td colspan="7">Remarks: SHIPMENT HAS BEEN EFFECTED IN EXPORT STANDARD SEAWORTHY PACKING.</td></tr>
</table>

图 5-20 装箱单

附件四：订舱确认书。

中国海通国际货运代理有限公司

CHINA SEAWEALTH FREIGHT FORWARDING CO., LTD.

BOOKING CONFIMATION

订舱确认书

TO: FUJIAN GLOBAL FENGHUA TRADE CO., LTD.
FROM: CHINA SEAWEALTH FREIGHT FORWARDING CO., LTD. FUZHOU BRANCH
DATE: MAY 10, 2021

B/L NO.: SWF210500016
FORWARDER REFERENCE:
预配头程船名航次： MV. ONE OWL V.016E 航线：
预配二程船名航次： 航线：
SHIPPER: FUJIAN YIDA TEXTILE CO., LTD
NO. 18, NORTH WUXI ROAD, GULONG DISTRICT, FUZHOU, FUJIAN, CHINA
POL: FUZHOU, CHINA
POD: TOKYO, JAPAN PLACE OF DELIVERY：TOKYO ,JAPAN
QUANTITY: 180 CARTONS
CNTR NO.: FOCU0350415
CARGO: MELT-BLOWN CLOTH
[GYMB©KN95BH01]
SHIPPING TERMS: CFS-CFS
备注：
敬请留意：
预计开舱时间：2021/05/12 14:00
预计截重时间：2021/05/17 09:00
预计截关时间：2021/05/17 18:00
预计截文件时间：2021/05/17 21:00
预计开航时间：2021/05/20 12:00
预计到目的港时间：2021/05/27 19:00
*以上时间如有变动，以另行通知为准。

Tel: 0591-23304444 Fax: 0591-23305555
Email Address: Scott@qcswfz.com

图 5-21　订舱确认书

附件五：集装箱订舱确认书。

订舱确认书

Booking Confirmation \ Export FCL Order

12 MAY 21 14:58 **Page :** 1 /

To	: Scott Lu / CHINA SEAWEALTH FREIGHT FORWARDING CO., LTD		
Cust Tel	: 0591-23304444	Fax :	0591-23305555
From	: Ocean Network Express (East Asia) Ltd. - Fuzhou / Tokyo (TEL: 58086583)		

We received a booking request by you as follows. Now confirm and please review following items and advise us of any discrepancy. 兹收到贵公司的“订舱要求”，现确认并传真以下资料请核对，如有错漏，请通知我司更正为要。

Booking No : FZYKH29648300

BKG Ref. No : F Z Y K H 29648300　　BKG Date : 12May21

Sales Rep : JENNY ZHAN　　**Bill of Lading #**: ONEFZYKH29648300

Pre Carrier :　　Latest ETA/ETD :

Vessel Voyage : ONE OWL 016E　　**Latest ETA / ETD** : 18 May 21/ 20 May 21

Post Carrier :　　E T A / E T D :

Shipper : CHINA SEAWEALTH FREIGHT FORWARDING CO., LTD　　Proforma 1st vessel ETD : 20May21

Place of Receipt : FUZHOU, CHINA

Port of Loading : FUZHOU, CHINA　　Terminal : JYNP (JIANGYIN INTL CONTAINER TERMINAL)

Port of Discharge : TOKYO, JAPAN　　Terminal : TICT (TOKYO INTL CONTAINER TERMINAL)

Place of Delivery : TOKYO, JAPAN

EQ Type/Q'ty : 40'DRY .-1　　Container NO. FOCU0350415

T/S Port :　　POD / DEL ETA :

Ocean Route Type : Direct　　Receive/Delivery Term : CY/CY

Commodity : FAK, SEE BELOWING

VGM Cut-off : 17May21 09:00　　Full Return CY Cut-off :

Doc Cut-off : 17May21 15:00　　CY Acceptance Date (For Dry Box Only) :

Port Cargo Cut-off : 17May21 09:00　　Service Contract No : FZ0035N20

Full Return CY : JYNP (JIANGYIN INTL CONTAINER TERMINAL)

Address : Jiangyin Int'l Ctnr Terminal, JY New Port

Special cargo information (Please see attached, if exists)　　Shipper's own container : ☐　　RAD : ☐

Dangerous : ☐　　Reefer : ☐ (Temp. Set :)　　Awkward : ☐　　Break bulk : ☐

Remarks : COMMODITY: MELT-BLOWN CLOTH;GLASS INSULATOR; MANUSCRIPTS, TYPESCRIPTS
TOTAL 800 CARTONS WITH GW 18.6MT AND 55M³
BKG REF. NO.:FZYKH29648300

24 小時取吉櫃熱線 (只限出口重櫃) Tel: 591-3894 5511　　Customer Service Department 客户服務部 Tel: 591-5808-6583

24 小時網上取吉櫃查詢 **www.one-line.com**　　Equipment Control Section 管箱部 Tel:

VGM Declaration

1. VGM (KGS): ____________
2. Authorized Signature (Full name in Capital Letter):____________
3. Method (Please " √ " the box): ☐ M1 ☐ M2

Shipper Declaration for HKG export:
M1 - The verified gross mass of the packed container(s) declared in this shipping document was obtained in accordance with Method 1 stipulated in SOLAS chapter VI Regulation 2. **M2** - The verified gross mass of the packed container(s) declared in this shipping document was obtained in accordance with Method 2 stipulated in SOLAS Chapter VI Regulation 2. The procedure of this method has been approved or recognized by Hong Kong Marine Department with registration number "GMV________".

Empty Pickup 取吉櫃

Trucker ~~提取吉櫃運輸公司~~

尺碼　　種類　　日期

Laden Return 交重柜

櫃號　　封條

毛重　　車牌

注意：本訂載單可作為換取吉櫃及交重櫃之用.
Remark:

图 5-22　集装箱订舱确认书

附件六：海运提单 1。

<table>
<tr><td>Shipper
（1）</td><td rowspan="3">B/L NO.　（4）

SW
CHINA SEAWEALTH

CHINA SEAWEALTH FREIGHT FORWARDING CO., LTD.

COMBINED TRANSPORT BILL OF LADING
Received in apparent good order and condition except as otherwise noted the total number of container or other packages or units enumerated below for transportation from the place of receipt to the place of delivery subject to the terms hereof. One of the signed Bills of Lading must be surrendered duly endorsed in exchange for the Goods or delivery order.</td></tr>
<tr><td>Consignee
（2）</td></tr>
<tr><td>Notify Party
（3）</td></tr>
</table>

Vessel and Voyage Number （5）	Port of Loading	Port of Discharge
Place of Receipt	Place of Delivery	Number of Original Bs/L （6）

PARTICULARS AS DECLARED BY SHIPPER – CARRIER NOT RESPONSIBLE

Container Nos/Seal Nos. Marks and/Numbers	No. of Container / Packages / Description of Goods	Gross Weight (Kilos)	Measurement (cu-metres)
	（7） （8）HS CODE:	（9）	（10）

<table>
<tr><td rowspan="4">FREIGHT & CHARGES

Delivery Agent at Destination:
YOKOHAMA I-MARK LOGISTICS LTD
4 CHOME-4-5 MINATOMIRAI, NISHI WARD,
YOKOHAMA,JAPAN
ZIP CODE: 7535998
TEL: 81-453239577</td><td>Number of Packages (in words)</td></tr>
<tr><td>Shipped on Board Date:</td></tr>
<tr><td>Place and Date of Issue:</td></tr>
<tr><td>In Witness Whereof this number of Original Bills of Lading stated Above all of the tenor and date one of which being accomplished the others to stand void.

for CHINA SEAWEALTH FREIGHT FORWARDING CO., LTD. as Carrier</td></tr>
</table>

图 5–23　海运提单 1

附件七：海运提单 2。

<table>
<tr><td colspan="3">Shipper

(1)</td><td colspan="5" rowspan="6">B/L No. (2) ORIGINAL

ONE
OCEAN NETWORK EXPRESS

Port-to-Port or Combined Transport
BILL OF LADING

RECEIVED in external apparent good order and condition except as otherwise noted. The total number of packages or units stuffed in the container. The description of the goods and the weights shown in this Bill of Lading are furnished by the Merchants, and which the carrier has no reasonable means of checking and is not a part of this Bill of Lading contract. The carrier has issued the number of Bill of Lading stated below, all of this tenor and date. one of the original Bill of Lading must be surrendered and endorsed or signed against the delivery of the shipment and whereupon any other original Bill of Lading shall be void. The merchants agree to be bound by the terms and conditions of this B/L as if each had personally signed this B/L.
*applicable only when used as Combined Transport B/L</td></tr>
<tr><td colspan="3">Consignee</td></tr>
<tr><td colspan="3">Notify party</td></tr>
<tr><td colspan="2">Pre-carriage by</td><td>Place of Receipt</td></tr>
<tr><td colspan="2">Ocean Vessel Voy. No.</td><td>Port of loading</td></tr>
<tr><td colspan="2">Port of Discharge</td><td>Place of delivery</td></tr>
<tr><td colspan="2">Marks & Nos.
Container No.</td><td>No. & kind of pkgs

(3)</td><td colspan="3">Description of goods

(4)</td><td>Gross weight

(5)</td><td>Measurement

(6)</td></tr>
<tr><td colspan="2"></td><td colspan="6">Description of Contents for Shipper's Use Only (Not Part of This B/L Contract)</td></tr>
<tr><td colspan="2">Total No. of container or other pkgs or units (in words)</td><td colspan="6"></td></tr>
<tr><td colspan="2">Freight & charges</td><td>Revenue Tons</td><td>Rate</td><td>Per</td><td colspan="2">Prepaid</td><td>Collect</td></tr>
<tr><td rowspan="2">Ex rate</td><td>Prepaid at</td><td>Payable at</td><td colspan="5">Place and date of issue:</td></tr>
<tr><td>Total prepaid</td><td>No. of original B(s)/L</td><td colspan="5" rowspan="2">Signed by OCEAN NETWORK EXPRESS (EAST ASIA) LTD.
AS CARRIER
(章)
Authorized Signature</td></tr>
<tr><td colspan="3">Laden on board the Vessel
Date:
By:
(章)</td></tr>
</table>

图 5-24 海运提单 2

工作任务三

扫码获取业务资料，按要求完成工作任务。

任务完成情况评价表

（第____模块，任务____，工作任务____）

评价项目	满分	自评得分	互评得分	师评得分
正确理解知识	25			
业务分析处理方法得当	25			
表达清晰准确	15			
业务处理结果正确	35			
合计	100			
综合得分（自评得分×10%+互评得分×30%+师评得分×60%）：				
个人任务完成情况小结				

知识点自测

一、单项选择题

1. 无船承运人在签发自己的提单给托运人后，又将货物交由班轮公司承运时，无船承运人对托运人来说是________。

A. 托运人　　B. 承运人　　C. 货运代理人　　D. 船舶代理人

2. 无船承运人在签发自己的提单给托运人后，又将货物交由班轮公司承运时，无船承运人对班轮公司来说则是________。

A. 托运人　　B. 承运人　　C. 货运代理人　　D. 船舶代理人

3. HOUSE B/L 中记载的 CONSIGNEE 可能是________。

A. NVOCC　　B. L/C 受益人
C. L/C 开证申请人　　D. 实际承运人

4. House B/L 的签发人可能是________。

A. 实际承运人　　B. NVOCC　　C. 船长　　D. 开证申请人

5. 根据我国《海商法》的规定，承运人对国际海上集装箱货物运输的责任期间，是指________，货物处于承运人掌管下的全部期间。

A. 从货物装上卡车时起至货物卸下卡车时止
B. 从货物装上船时起至货物卸下船时止
C. 从装货港接收货物时起至卸货港交付货物时止
D. 从接收货物时起至交付货物时止

6. OCEAN B/L 中记载的 CONSIGNEE 可能是________。

A. SELLER　　B. BUYER
C. OVERSEAS AGENT OF NVOCC　　D. IMPORTER

7. OCEAN B/L 中记载的 SHIPPER 可能是________。

A. 经营海洋运输的船公司（实际承运人）
B. 贸易合同的卖方
C. 贸易合同的买方
D. 货运代理公司（签约承运人）

8. 在集装箱整箱运输中，由于装载与隔离不当，导致货物的玻璃内包装破碎，10 箱货物损坏，收货人应向何方索赔？

A. 承运人　　B. 港口装船工人
C. 发货人　　D. 订舱代理

二、多项选择题

提单中属于“不知条款”的是________。

A. MORE OR LESS　　B. SLACS
C. STC　　D. FIOST

三、判断题

House Bill of Lading 的持有人没有提货的权利。

◆ 拓展阅读与思考

最高人民法院关于审理海上货运代理纠纷案件若干问题的规定

《最高人民法院关于审理海上货运代理纠纷案件若干问题的规定》已于 2012 年 1 月 9 日由最高人民法院审判委员会第 1538 次会议通过，现予公布，自 2012 年 5 月 1 日起施行。

二〇一二年二月二十七日

法释〔2012〕3 号

最高人民法院关于审理海上货运代理纠纷案件若干问题的规定

（2012 年 1 月 9 日最高人民法院审判委员会第 1538 次会议通过）

为正确审理海上货运代理纠纷案件，依法保护当事人合法权益，根据《中华人民共和国民法通则》、《中华人民共和国合同法》、《中华人民共和国海商法》、《中华人民共和国民事诉讼法》和《中华人民共和国海事诉讼特别程序法》等有关法律规定，结合审判实践，制定本规定。

第一条　本规定适用于货运代理企业接受委托人委托处理与海上货物运输有关的货运代理事务时发生的下列纠纷：

（一）因提供订舱、报关、报检、报验、保险服务所发生的纠纷；

（二）因提供货物的包装、监装、监卸、集装箱装拆箱、分拨、中转服务所发生的纠纷；

（三）因缮制、交付有关单证、费用结算所发生的纠纷；

（四）因提供仓储、陆路运输服务所发生的纠纷；

（五）因处理其他海上货运代理事务所发生的纠纷。

第二条　人民法院审理海上货运代理纠纷案件，认定货运代理企业因处理海上货运代理事务与委托人之间形成代理、运输、仓储等不同法律关系的，应分别适用相关的法律规定。

第三条　人民法院应根据书面合同约定的权利义务的性质，并综合考虑货运代理企业取得报酬的名义和方式、开具发票的种类和收费项目、当事人之间的交易习惯以及合同实际履行的其他情况，认定海上货运代理合同关系是否成立。

第四条　货运代理企业在处理海上货运代理事务过程中以自己的名义签发提单、海运单或者其他运输单证，委托人据此主张货运代理企业承担承运人责任的，人民法院应予支持。

货运代理企业以承运人代理人名义签发提单、海运单或者其他运输单证，但不能证明取得承运人授权，委托人据此主张货运代理企业承担承运人责任的，人民法院应予支持。

第五条　委托人与货运代理企业约定了转委托权限，当事人就权限范围内的海上货运代理事务主张委托人同意转委托的，人民法院应予支持。

没有约定转委托权限，货运代理企业或第三人以委托人知道货运代理企业将海上货运代理事务转委托或部分转委托第三人处理而未表示反对为由，主张委托人同意转委托的，人民法院不予支持，但委托人的行为明确表明其接受转委托的除外。

第六条　一方当事人根据双方的交易习惯，有理由相信行为人有权代表对方当事人订立海上货运代理合同，该方当事人依据合同法第四十九条的规定主张合同成立的，人民法院应予支持。

第七条　海上货运代理合同约定货运代理企业交付处理海上货运代理事务取得的单证以委托人支付相关费用为条件，货运代理企业以委托人未支付相关费用为由拒绝交付单证的，人民法院应予支持。

合同未约定或约定不明确，货运代理企业以委托人未支付相关费用为由拒绝交付单证的，人民法院应予支持，但提单、海运单或者其他运输单证除外。

第八条　货运代理企业接受契约托运人的委托办理订舱事务，同时接受实际托运人的委托向承运人交付货物，实际托运人请求货运代理企业交付其取得的提单、海运单或者其他运输单证的，人民法院应予支持。

契约托运人是指本人或者委托他人以本人名义或者委托他人为本人与承运人订立海上货物运输合同的人。

实际托运人是指本人或者委托他人以本人名义或者委托他人为本人将货物交给与海上货物运输合同有关的承运人的人。

第九条　货运代理企业按照概括委托权限完成海上货运代理事务，请求委托人支付相关合理费用的，人民法院应予支持。

第十条　委托人以货运代理企业处理海上货运代理事务给委托人造成损失为由，主张由货运代理企业承担相应赔偿责任的，人民法院应予支持，但货运代理企业证明其没有过错的除外。

第十一条　货运代理企业未尽谨慎义务，与未在我国交通主管部门办理提单登记的无船承运业务经营者订立海上货物运输合同，造成委托人损失的，应承担相应的赔偿责任。

第十二条　货运代理企业接受未在我国交通主管部门办理提单登记的无船承运业务经营者的委托签发提单，当事人主张由货运代理企业和无船承运业务经营者对提单项下的损失承担连带责任的，人民法院应予支持。

货运代理企业承担赔偿责任后，有权向无船承运业务经营者追偿。

第十三条　因本规定第一条所列纠纷提起的诉讼，由海事法院管辖。

第十四条　人民法院在案件审理过程中，发现不具有无船承运业务经营资格的货运代理企业违反《中华人民共和国国际海运条例》的规定，以自己的名义签发提单、海运单或者其他运输单证的，应当向有关交通主管部门发出司法建议，建议交通主管部门予以处罚。

第十五条　本规定不适用于与沿海、内河货物运输有关的货运代理纠纷案件。

第十六条　本规定施行前本院作出的有关司法解释与本规定相抵触的，以本规定为准。

本规定施行后，案件尚在一审或者二审阶段的，适用本规定；本规定施行前已经终审的案件，本规定施行后当事人申请再审或者按照审判监督程序决定再审的案件，不适用本规定。

资料来源：http://www.court.gov.cn/qwfb/sfjs/201203/t20120319_175171.htm

6

模块 6 货运代理业务

知识目标

- 熟悉民事代理制度及其法律后果。
- 掌握国际货运代理与无船承运人的含义、特点与业务内容。
- 掌握国际货运代理与无船承运人的联系与区别。
- 掌握多式联运的概念与特征，掌握多式联运经营人的法律地位与责任形式，熟悉陆桥运输的主要方式。

能力目标

- 能够区分代理与当事人，判断代理行为的法律效力。
- 能够辨认货运业务中的代理合同与运输合同，依据相应合同处理相关业务。
- 能够在货运实务中区分货运代理与运输合同当事人，并辨别其责任。
- 能够辨别单一区段运输与多式联运中契约承运人、实际承运人的不同责任。

素质目标

- 培养知法懂法、尊法守法的正确价值观。
- 培养重合同守约定的诚信品质。
- 培养良好的专业素质和风险意识。
- 培养精诚服务的精神和严谨细致的作风。

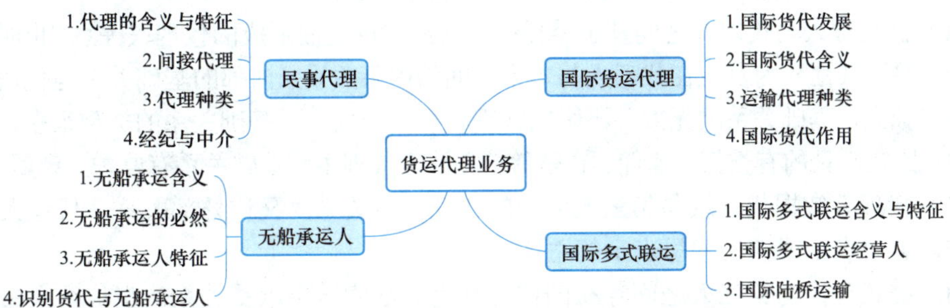

任务6.1 民事代理

情境导入

20世纪80年代，章建华因工作原因经常往返于广州和上海。其邻居章春芳闻悉广州录像机价格低于上海，遂委托章建华代购。为此交付章建华购机款，要求在四种型号中任选一台录像机。

章建华在广州向彩视公司购买型号中之一松下J20录像机一台，其后交付章春芳，但发现商标贴纸折叠脱落，无产品说明书，经试放发现性能异常，请人打开机盖，发现内部零件锈迹斑斑，由此判定该机是旧机器、翻新机，无修理和使用价值。为此章春芳要求章建华退回录像机价款或者支付修理费1 500元。

请问：章建华应否退回购机款或支付修理费？章春芳应向谁索赔？

业务知识

代理制度是随着市场经济的发展而产生和发展的重要民事法律制度。在现代社会，代理制度的设立具有重要意义，它使私人自治范围得以扩张，并对私人自治进行了补充。

代理制度能扩展民事主体的民事活动能力，不仅使民事主体可以利用自己的知识和能力进行民事活动，还可以利用他人的知识和能力进行民事活动。代理制度也有利于提高交易效率、降低交易成本。代理制度使民事主体在进行民事活动时不必事事到场，让专业的人做专业的事，民事主体通过代理人即可迅速处理好有关事务。

6.1.1 代理的含义及特征

1. 代理的含义

代理是指代理人在代理权限范围内，以被代理人名义与第三人进行民事法律行为，由此产生的法律效果由被代理人承担的法律制度。

在代理制度中，为他人利益实施法律行为的人，称为代理人；由他人代替自己实施民事法律行为的人称为被代理人，也称本人；与代理人实施民事法律行为的人，称为第三人，也称相对人。因而代理一般涉及以下三种民事法律关系。

（1）被代理人与代理人之间基于委托授权或法律规定而形成的代理权关系。也叫作代理的基础关系，其性质为发生在代理人与本人之间的内部关系，内部的基础关系与代理权授予之间各自独立，基础关系的无效并不影响代理权授予的效力。基础关系的类型很多，在委托代理中，比较常见的有委托、雇佣、合伙等；在法定代理中，基础关系有监护、亲属关系等。

（2）代理人依据代理权与第三人之间的代理行为关系。又称外部关系，代理人与第三人是作出意思表示或接受意思表示的主体。

（3）被代理人与第三人之间存在的代理行为的法律后果承受关系。也称结果关系，代理人所产生的具有结果性的民事关系发生在被代理人与第三人之间，即代理人进行的代理活动的结果应当由被代理人承担。

在涉及代理关系的三种民事法律关系的主体中，代理人的地位显得尤为突出，他既是代理权的享有者，又是代理行为的实施者。在实践中，代理关系当事人间的争议很多都是围绕着代理的权限和代理行为的实施问题展开的。

2. 代理的特征

代理具有以下特征。

（1）代理人必须以被代理人的名义进行活动。按照《中华人民共和国民法典》（以下简称《民法典》）的规定，代理人在对外从事民事活动时，必须以被代理人的名义进行，也即通常说的要表明自己的代理人身份，让相对人明白其实际上是在和被代理人这个主体产生法律关系，也只有这样，由此产生的法律效果才由被代理人承担。如果代理人以自己的名义实施相关法律行为，将涉及间接代理，可能先行承担由此引起的法律后果。

（2）代理人必须在代理权限内独立进行活动。代理人从事代理活动的目的是实现被代理人的利益，代理人只有在代理权限范围内活动，才能体现被代理人的意志。但是，代理人在进行代理行为时却并非没有独立性。代理制度的存在，正是为了弥补一些民事主体没有资格或者没有处理有关事务的精力和能力的缺陷。非独立进行意思表示的行为不是代理。代理人代理行为的这一特点，使代理区别于行纪、中介等行为。

（3）代理行为必须是具有法律意义的行为。代理是一种民事法律行为，通过代理行为，必然会在被代理人和相对人之间发生一定的法律关系，例如，代理人代替被代理人与第三人签订买卖合同，就会在被代理人与第三人之间建立贸易的民事法律关系。代理人与第三人之间通过代理行为能够产生法律上的权利、义务关系，产生法律后果，否则，就不是代理。例如，代人请朋友吃饭、聚会等，不能产生权利、义务关系，不是代理；而代人照看小孩、代人抄写文稿等，只是提供劳务，却不和第三人发生法律关系，属于劳务合同，也不是代理。

（4）代理人代理行为的法律效果归属于被代理人。代理是被代理人通过代理人所谓的民事法律行为来取得民事权利和承担民事义务的一种方式。被代理人通过代理人实施民事行为的目的，通常是利用代理人的技能、经验等为自己服务，因此，代理人在代理权限内以本人的名义向第三人作意思表示或接受意思表示的行为一旦生效，即在被代理人与第三人之间形成法律关系，代理行为的法律效果直接归属于被代理人，被代理人对代理人的代理行为承担民事责任。

6.1.2　间接代理

我国《民法典》总则只规定了狭义的代理，即代理人以被代理人的名义与第三人进行民事法律行为，代理的法律后果直接归属于被代理人，又称为直接代理、显名代理。但我国《民法典》第 23 章委托合同对间接代理作了相关规定，可以认为我国现行的代理制度承认广义的代理。

广义的代理又称间接代理、隐名代理，是指代理人以自己的名义向第三人作意思表示或接受意思表示，与第三人进行民事法律行为，该行为的法律后果间接及于被代理人。与直接代理相比较，间接代理具有以下特征。

（1）直接代理人和间接代理人都是接受了被代理人的委托，并为被代理人的利益而从事法律活动，也就是说，就代理权的产生依据而言，间接代理与直接代理是一致的，都需要有被代理人的委托授权。但直接代理的委托授权具有针对第三人的意义，它不仅明确了委托人与代理人之间的关系，也使第三人清楚地了解到这种关系。而间接代理的委托授权仅仅在于设定委托人与代理人之间的关系，代理人不须将这种关系表明给第三人，第三人也无须知道这种关系。从第三人的角度来说，他就是直接与代理人打交道，而与委托人没有任何关系。

（2）代理人以自己的名义进行法律行为。也就是说，当代理人与第三人订立合同时，代理人是将自己置于合同的一方当事人的地位，而不是以被代理人的名义。

（3）代理行为的后果间接归于被代理人。所谓代理行为的后果间接归于被代理人有两层含义：一是代理行为的后果最终是由被代理人承担的，这一点与直接代理是相同的；二是代理后果的归属不是直接的，而是间接的，即先由代理人自己对第三人承担一切后果，再由代理人将这些后果转移给被代理人。

我国《民法典》第 925 条规定：受托人以自己的名义，在委托人的授权范围内与第三人订立的合同，第三人在订立合同时知道受托人与委托人之间的代理关系的，该合同直接约束委托人和第三人，但有确切证据证明该合同只约束受托人和第三人的除外。根据这一规定，受托人以自己的名义与第三人订立合同时，第三人不知道受托人与委托人之间的代理关系的，受托人因第三人的原因对委托人不履行义务，受托人应当向委托人披露第三人，委托人因此可以行使受托人对第三人的权利，但第三人与受托人订立合同时如果知道该委托人就不会订立合同的除外。受托人因委托人的原因对第三人不履行义务，受托人应当向第三人披露委托人，第三人因此可以选择受托人或者委托人作为相对人主张其权利，但第三人不得变更选定的相对人。委托人行使受托人对第三人的权利的，第三人可以向委托人主张其对受托人的抗辩。第三人选定委托人作为其相对人的，委托人可以向第三人主张其对受托人的抗辩以及受托人对第三人的抗辩。

这一条实际上是规定了被代理人的介入权和第三人行使选择权，才可能使被代理人承受代理行为的效果。

6.1.3 代理的种类

1. 委托代理与法定代理

根据代理权产生的原因的不同，将代理分为委托代理与法定代理。委托代理是指基于被代理人的委托授权而发生代理权的代理，又称为授权代理或意定代理。通常情况下，在本人完成授权行为之时，本人与代理人之间往往已设定一种合同关系并将这种合同关系作为代理权赖以产生的基本法律关系。所以，委托合同是产生委托代理授权的原因或基础。委托代理权就成为受托人处理委托事务的一种手段。

法定代理，是依照法律的直接规定发生代理权的代理。取得法定代理人的资格不需要当事人的意思表示，这是法定代理的一个显著特征。法定代理通常适用于被代理人是无民事行为能力人、限制民事行为能力人的情况。

委托代理是最主要的代理种类。例如，企业可以委托他人代其销售产品，委托他人代其签订合同，委托他人代为参加诉讼等。法定代理则主要发生在以自然人为主体的家庭关系领域。

2. 本代理与复代理

本代理与复代理是以代理人是否亲自实施代理行为作为划分依据的。代理人以被代理人的名义亲自实施代理行为的，称为本代理，也称为普通代理；不是由代理人自己而是由代理人委托的其他人实施代理行为的，称为复代理，也称为再代理、次代理或转委托。接受代理人委托的人称为复代理人。

在代理关系中，原则上代理人应该亲自进行代理行为，代理人如需转托他人进行代理，应事先征得被代理人的同意，或者转委托后得到被代理人追认，否则，再代理人即构成无权代理。因为再代理人与被代理人之间并不存在任何代理关系，代理人应当承担因此引起的民事责任，除非是紧急情况。

需要注意的是，复代理不是代理人的代理，仍然是被代理人的代理；代理人并不是让与代理权，他依然是代理人的代理。

3. 无权代理与表见代理

无权代理，是指行为人没有代理权而以他人的名义进行民事、经济活动的行为。无权代理包括三种情况：行为人没有代理权、超越代理权和代理权终止后以被代理人名义所为的代理行为。

根据《民法典》第 171 条规定，没有代理权、超越代理权或者代理权终止的代理行为，未经被代理人追认的，对被代理人不发生效力。因此，无权代理的法律后果为：被代理人行使追认权，则无权代理变为有权代理，由被代理人承担相应的法律后果；被代理人拒绝追认，则无权代理人应对善意第三人承担相应的法律后果。

表见代理是指善意相对人通过被代理人的行为足以相信无权代理人具有代理权的代理。基于此项信赖，该代理行为有效。

表见代理其实属于广义的无权代理，代理人其实并没有代理权，因此，若无被代理人的追认同意，其行为后果应由无权代理人来承受。但在表见代理中，法律规定让被代理人来承受，而不管本人追认同意与否。在这点上，它构成了表见代理与狭义的无权代理最大的区别，而之所以存在这个区别，是因为在无权代理和表见代理中虽然代理人实际都没有代理权，但在表见代理中，被代理人的行为制造了无权代理人有代理权的外部表征，而这一外部表征又引起了善意第三人的信赖。因此，在保护本人的利益和保护善意第三人的利益之间，法律更偏向于保护善意第三人的利益，从而确立了表见代理制度，以维护交易安全和促进交易的发展。

6.1.4 经纪与中介

经纪人，又称中介、居间人，是指将买方与卖方聚集到一起并协助谈判、由雇佣他们的一方支付报酬并且不持有存货、不提供融资、不承担风险的一类批发商。经纪人是具有独立法律地位的中间人，主要作为买卖双方的媒介，促进双方交易成功以获取佣金。他们信息灵通、办事快速、服务周到，利用自己的专门知识、广泛的社会联系和独有的供销渠道，为供求双方穿针引线，具有很大的灵活性和独到之处，对交易的完成起很大的作用。

一般来说，代理人与经纪人可以从以下几个方面进行区别。

（1）代理人与经纪人在交易中出现的名义不同。在代理关系中，代理人是以被代理人的名义出现的，如甲委托乙为其代理人并与丙谈判缔约，这时，乙是以甲的名义而非自己的名义与丙谈判。若乙为经纪人而非甲的代理人，在谈判中，乙则应以自己的名义参加。

（2）代理人与经纪人在交易中的作用不同。代理人的作用体现为在代理权限内为被代理人进行民事、经济活动。而经纪人在交易中的主要作用在于为缔约创造条件，使委托人有更多的缔约机会，而经纪人本身并非缔约一方。

（3）代理人与经纪人活动范围也不尽相同。经纪人的活动主要体现在交易中，即各项经济活动。而代理人的活动范围则限于民事、经济法律行为，而不仅仅是经济活动，如诉讼代理人可以代理被代理人参加各种诉讼活动，而经纪人的业务范畴则不包括此项。

（4）代理人在代理权限范围内所为之民事法律行为，其法律后果由被代理人承担，经纪人则不参与委托人与他人缔结之契约。

工作任务一

扫码获取业务资料，按要求完成工作任务。

任务完成情况评价表

（第____模块，任务____，工作任务____）

评价项目	满分	自评得分	互评得分	师评得分
正确理解知识	25			
业务分析处理方法得当	25			
表达清晰准确	15			
业务处理结果正确	35			
合计	100			
综合得分（自评得分×10%+互评得分×30%+师评得分×60%）：				
个人任务完成情况小结				

工作任务二

扫码获取业务资料，按要求完成工作任务。

任务完成情况评价表

（第____模块，任务____，工作任务____）

评价项目	满分	自评得分	互评得分	师评得分
正确理解知识	25			
业务分析处理方法得当	25			
表达清晰准确	15			
业务处理结果正确	35			
合计	100			
综合得分（自评得分×10%+互评得分×30%+师评得分×60%）：				
个人任务完成情况小结				

工作任务三

扫码获取业务资料，按要求完成工作任务。

任务完成情况评价表

（第____模块，任务____，工作任务____）

评价项目	满分	自评得分	互评得分	师评得分
正确理解知识	25			
业务分析处理方法得当	25			
表达清晰准确	15			
业务处理结果正确	35			
合计	100			
综合得分（自评得分×10%+互评得分×30%+师评得分×60%）：				
个人任务完成情况小结				

◆ 知识点自测

一、单项选择题

1. 代理人在代理权限内，以________的名义实施民事法律行为，称为直接代理。

A. 本人　　B. 自己　　C. 行为人　　D. 代理人

2. 某甲欲购买一套家具，但又不太懂家具市场的行情，于是委托某乙为其购买家具一套。乙经过一番市场调查以后以某甲的名义与某家具销售公司签订销售合同，该销售合同的效力直接归于________。

A. 某甲　　B. 某乙　　C. 行为人　　D. 代理人

3. 某甲交 6 000 元于某乙，委托其购买电脑，乙又把钱交丙并请丙代购。丙拿了钱后不知去向，甲向乙索赔未成，遂起诉，法院应当判决：

A. 由乙归还甲 6 000 元。

B. 乙属无偿效劳，不应负责。

C. 由乙归还甲 3 000 元，另 3 000 元应向丙追偿。

D. 由丙归还甲 6 000 元。

4. 张某是某企业的销售人员，随身携带盖有该企业公章的空白合同书，便于对外签约。后张某因收取回扣被企业除名，但空白合同书未被企业收回。张某以此合同书与他人签订购销协议，该购销协议的性质应认定________。

A. 不成立　　B. 无效

C. 可撤销　　D. 成立并生效

5. 吴某出差到马来西亚，李某委托其代买一件锡制茶具。吴某见当地锡器精美，就以李某的名义多买了一件。吴某多买一件锡制茶具的行为属于________。

A. 代理权终止以后的行为　　B. 有权代理行为

C. 滥用代理权行为　　D. 超越代理权行为

6. 无权代理经被代理人追认，由被代理人承担民事责任。未经被代理人追认，由________承担民事责任。

A. 代理人　　B. 第三人

C. 委托人　　D. 相对人

7. 下列选项中，________制度的意义在于维护善意第三人的利益，维护交易安全。

A. 委托代理　　B. 表见代理

C. 法定代理　　D. 复代理

二、多项选择题

1. 甲委托乙为自己的代理人，授权乙代为购买一台手提电脑，乙亲自购买。他们之间的代理关系属于________。

A. 委托代理　　B. 本代理　　C. 法定代理

D. 复代理　　E. 意定代理

2. 根据代理权产生的根据不同，代理可以分为________。

A. 复代理　　B. 委托代理　　C. 法定代理

D. 本代理　　E. 表见代理

3. 下列行为中，可适用代理的有________。

A. 代理合同订立　B. 代理税款缴纳　C. 代人保管物品

D. 代理专利申请　E. 代人照看儿童

任务 6.2　国际货运代理

情境导入

东海运输公司运输一批货物到北海，签发了清洁指示提单，在卸港委托北海外代公司作为船舶代理，代为办理船舶进出港、装卸手续以及货物的托运与放行。

货物到达后，收货人亚洲贸易公司委托北海北湾货运代理公司办理监卸、报关、提货、仓储与发运业务。因贸易争议，亚洲贸易公司未能取得正本提单，遂出具“收货人无正本提单提货保函”，保证二十日内提交正本提单，保函由北海北湾货运代理公司代为提交。

北海外代公司在收货人未提交正本提单的情况下，未通知东海运输公司，凭保函将货物放给了北海北湾货运代理公司。由于亚洲贸易公司未支付货款，出口人遂向船公司索赔。

请思考：

1. 北海外代公司与北海北湾货运代理公司分别是谁的代理？其法律行为的相对人是谁？

2. 承运人东海运输公司需要承担责任吗？船舶代理人北海外代公司应当承担责任吗？为什么？

3. 收货人亚洲贸易公司是否需要承担责任？货运代理人北海北湾货运代理公司是否承担责任？为什么？

业务知识

货运代理（freight forwarding）一词具有两种含义：一是指货运代理人（freight forwarder）；二是指货运代理行业（freight forwarding industry）。货运代理是社会经济关系复杂化和社会分工发展的产物，国际货运代理则是国际贸易和国际运输发展的直接结果，国际货运代理行业在社会产业结构中属于第三产业，性质上属于服务行业，属于运输辅助行业。国际货运代理人是联系货方和船方的运输中间人，但在具体业务中国际货代企业可能表现为中介、代理或者当事人。

6.2.1　国际货运代理业的发展

1. 国际货运代理业的发展

随着人类社会从自然经济向商品经济时代的过渡，人们经济贸易往来频繁、社会分工细化。公元 10 世纪欧洲大陆开始出现以报关行名义从事运输代理服务的货运代理人，并且随着公共仓库的建立、海上贸易的扩大，国际货运代理逐步有所发展。13 世纪，欧洲开始出现根据国际贸易货主需要探听运输信息、选择承运人以及组织、安排货物运输的人并代为办理相关业务手续。最初，货运代理人依附于货主，接受收、发货人的委托，办理货物的仓储、交运、装卸、运输、接收、通关手续，并收取一定的佣金。16 世纪，为了稳定客户、增加收入，已有相当数量的货运代理公司开始向客户签发自己的提单、运单并出具自己的仓储收据。18 世纪，已经开始出现将数个托运人发往同一目的地的货物集中向承运人托运，并为客户办理货物投保手续的货运代理公司。此后，货运代理行业逐步发展成为一个为运输关系当事人提供中间性服务的独立行业。19 世纪初，轮船、火车的发明引发了交通运输业的革命，标志着机械运输业的开端。20 世纪，航空运输和公路运输迅速发展，特别是随着集装箱运输的发展，国际货运代理行业日益繁荣，国际货运代理从单一的运输服务扩展到多式联运，并提供第三方物流等现代物流服务，以其服务专业化、高效化、一体化给全球经济的发展带来了强大的推动力。

2. 我国国际货运代理业的发展

我国国际货运代理行业发展较为缓慢。中华人民共和国成立至今，我国货运代理企业大致经历了以下三大发展阶段。

1949 年中华人民共和国成立以后，我国全面实行对外贸易管制制度，适应外贸体制的国际货运代理业务也实行由中国对外贸易运输总公司独家经营，所有的进出口货物都要通过中国对外贸易运输总公司统一组织办理，包括进出口货物的订舱、配载、交接、报关、报检、报验和过境运输等业务。

改革开放后，中国对外贸易运输总公司独家专营的局面被打破。1984 年，国际货运代理业务和国际船舶代理业务由一家经营变为中国对外贸易运输总公司和中国外轮代理公司两家经营。1988 年以后，随着对外贸易的发展和国际海上运输多家经营的发展，我国允许国际货运代理业务逐步放开并实行多家经营。1992 年以后，中国也允许外商（包括我国港澳台地区）在我国经营国际货运代理业，从而使我国的国际货运代理业得到了较快的发展。

2004 年，商务部对国际货运代理资格的行政管理由审批制调整为备案登记制，国际货运代理市场全面开放，促使我国国际货运代理业迅速发展，我国国际货运代理企业数量不断增加，企业实力得到持续提升。

3. 国际货运代理协会联合会

进入 20 世纪，随着货运代理制度和运作方式的改革，以及国际货运代理行业的振兴，国际货运代理人之间的国际合作获得较大发展。1926 年 5 月 31 日，16 个国家的国家级货运代理协会在奥地利的维也纳成立了国际货运代理协会联合会（(International Federation of Freight Forwarders Associations)，“FIATA”是其法文缩写，并用作该组织的标识。如今，FIATA 是一个非营利的世界性国际货运代理行业组织，代表了由大约 40 000 家货运代理企业，800 万至 1 000 万从业人员组成的国际货运代理行业，具有广泛的国际影响。2001 年初，中国国际货运代理协会代表中国国际货运代理行业加入国际货运代理协会联合会(FIATA)。

国际货运代理协会联合会自从成立以来一直比较活跃，不仅起草了供各国立法时参考的《国际货运代理示范法》，推荐各国货运代理企业采用《国际货运代理标准交易条件》，还制定了 FIATA 运送指示、FIATA 货运代理运输凭证、FIATA 货运代理收货凭证、FIATA

托运人危险品运输证明、FIATA 仓库收据、FIATA 可转让多式联运提单、FIATA 不可转让多式联运运单、FIATA 发货人联运重量证明等八种货运代理单证格式，前后培训了数万名学员，取得了举世瞩目的成就，被誉为“运输业的建筑师”。作为世界运输领域最大的非政府间国际组织，FIATA 被国际商会、国际航空运输协会、国际铁路联盟、国际公路运输联盟、世界海关组织、世界贸易组织等一致确认为国际货运代理业的代表，并在联合国经济及社会理事会、联合国贸易与发展大会、联合国欧洲经济委员会、联合国亚洲及太平洋经济和社会理事会、联合国国际贸易法委员会中拥有咨询顾问的地位。

6.2.2　国际货运代理的含义与业务内容

货运代理人一词来源于英文“forwarding agent（货运代理人）”和“freight forwarder（货运服务经营者）”，又曾译为货运代理、货物运输行、货运承揽人等。最初，此二者为同义词。随着传统的国际货运代理人不断拓展业务范围，从代理人业务发展到多式联运业务、物流业务等，它们不再是同义词了，Forwarding Agent 成了 Freight Forwarder 的一部分。

国际货运代理协会联合会（FIATA）的有关文件将货运代理人定义为：根据客户的指示，并为客户的利益而揽取货物运输的人，其本身并不是承运人。《国际货运代理示范法》将货运代理人定义为“与客户达成货运代理协议的人”。按照这种理解，国际货运代理人是指向客户提供各类与货物的国际运输、拼装、积载、管理、包装或分拨相关的服务，以及相关辅助和咨询服务的人。

《中华人民共和国国际货物运输代理业管理规定实施细则》（以下简称《国际货物运输代理业管理规定实施细则》）第 2 条规定：……国际货运代理企业作为代理人从事国际货运代理业务，是指国际货运代理企业接受进出口货物收货人、发货人或其代理人的委托，以委托人名义或者以自己的名义办理有关业务，收取代理费或佣金的行为。……同时，第 3 条规定：国际货运代理企业的名称、标志应当符合国家有关规定，与其业务相符合，并能表明行业特点，其名称应当含有“货运代理”“运输服务”“集运”或“物流”等相关字样。根据 2005 年商务部、国家工商行政管理总局（2018 年 3 月，将国家工商行政管理总局的职责整合，分别组建了中华人民共和国国家市场监督管理总局、中华人民共和国国家知识产权局）。《关于国际货物运输代理企业登记和管理有关问题的通知》精神，取消国际货运代理企业经营资格审批以后，新成立的以国际货运代理为主要业务的企业，其名称中必须体现“国际货运代理企业”类似字样。

国际货运代理在进出口业务中依据服务对象、服务类别、服务方式等不同，其业务内容主要有以下几方面。

1. 出口货方代理

出口货方代理包括以下几点。

（1）安排运输，办理运输手续。根据发货人对货物运输的要求，选择最优运输线路、方式与适当的承运人，安排货物运输、转运；代为填写、缮制货物运输单据，签订运输合同。

（2）办理货物进港、进场。安排货物从发货人处到发货车站、港口或机场的短途运输，办理出运货物的包装、仓储、称重、计量、检尺、标记、刷暖、进站、进港、进场手续；办理出运货物的装箱、拼箱、理货、监装事宜。

（3）办理货物的通关、检验检疫等手续。

(4) 办理货物的运输保险手续。

(5) 支付有关费用，向承运人、承运人的代理人及其他有关各方交付结算费、杂费、税金、政府规费等款项。

(6) 货运异常处理。记录货物的残损、短缺、灭失情况，收集有关证据，协助发货人向有关责任方、保险公司索赔。

2. 进口货方代理

进口货方代理包括以下几点。

(1) 通信联系。与承运人方面联系，随时查询，及时掌握货物动态和运抵目的地的信息，及时通报收货人；与收货人联系，接收、审核其提供的运输单据，协助其准备提货文件，办妥相关手续，做好提货、接货准备。

(2) 支付费用。向承运人、承运人的代理人及其他有关各方支付运费、杂费；代为支付有关税金和费用。

(3) 办理货物的清关、纳税、检验检疫等手续。

(4) 办理提取货物与接续运输。拆箱、监卸、查验、仓储、提取、接收与接续运输。

(5) 异常处理。收集有关证据，协助收货人处理货运事故等。

3. 出口承运人代理

出口承运人代理包括以下几点。

(1) 承揽货物，签订运输合同。组织货载，接受托运人的包车、租船、包机、订车、订舱要求，与之洽谈，订立运输合同。

(2) 缮制单证。填写和缮制货物入仓、进站、进港、进场单据以及集装箱、集装器放行单；审核车站、码头、机场汇总的货物清单，缮制货物出口运单、提单等单证；汇总出口货物运输单据。

(3) 现场调度。安排货物入仓、进站、进港、进场或装箱；协助承运人或车站、码头、机场进行车辆、船舶、飞机配载，装车、装船、装机。

(4) 运输工具报关，并向海关申报集装箱、集装器、货物情况。

(5) 收取运费。审核有关费用，办理支付、结算手续；向托运人签发运单、提单，收取运费、杂费；向航次租船的船舶承租人签发滞期或速遣通知。

(6) 办理货物、集装箱的中转手续。

4. 进口承运人代理

进口承运人代理包括以下几点。

(1) 取得、整理、审核进口货物运输单据。

(2) 向收货人或通知人传达货物到站、到港、运抵信息，通知其提货。

(3) 填写、缮制进口货物运输单据，办理集装箱、集装器、货物进口申报手续。

(4) 通知、协助车站、港口、机场安排卸货作业。

(5) 安排集装箱的拆箱，以及货物的转运、查验、交接。

(6) 收取运费、杂费及其他相关费用，办理放货手续；汇总进口货物运输单据，审核有关费用、收费，办理支付、结算手续。

在实际业务中，有些国际货运代理人向专业化方向发展，专注于某一领域的服务，比如报关行、订舱代理、发运代理等；有些国际货运代理人则向多元化方向发展，力争成为现代物流服务的组织者、供应链的服务与管理者。

6.2.3 运输代理的分类

1. 以委托的来源为标准分类

以委托的来源为标准对运输代理进行以下分类。

（1）货主的代理。指接受进出口货物收货人、发货人的委托，为了货主的利益办理国际货物运输及相关业务，并收取相应的报酬的国际货运代理。还可以细分为报关代理、订舱代理、仓储代理、转运代理、拆装箱代理等。

（2）承运人的代理。指接受从事运输业务的承运人的委托，为了承运人的利益办理国际货物运输及相关业务，并收取相应报酬的国际货运代理。通常可细分为航线代理、转运代理与揽货代理。

我国《国际货物运输代理业管理规定实施细则》第42条规定：国际货运代理企业作为代理人，可向货主收取代理费，并可从承运人处取得佣金。国际货运代理企业不得以任何形式与货主分享佣金。……

2. 以业务内容为标准分类

以业务内容为标准可对运输代理进行以下分类。

（1）租船代理（chartering agent）。其主要业务是在租船市场上为租船人寻找合适的运输船舶或者为船东寻找货运对象，因此，租船代理根据他所代表的委托人的身份不同又可分为租船人代理人和船东代理人。如果仅以中间人的身份使租船人和船东双方达成租赁交易，从中赚取佣金，则称租船经纪人（chartering broker）。

（2）船舶代理（shipping agent）。又称船务代理，它是接受船舶所有人或者船舶承租人、船舶经营人的委托，代办与船舶货物运输有关业务的人。其业务范围很广，主要包括：代为办理船舶进出港口手续，联系安排引航、靠泊和装卸；办理船舶、集装箱的报关手续；承揽货物、组织货载；代办接受订舱、代收运费、代签提单等。

（3）货运代理（freight forwarder）。它是指接受货主的委托，代表货主办理有关货物报关、交接、仓储、调拨、检验、包装、转运、租船以及订舱等业务的人。货运代理的业务范围可大可小，大的可兼办多项业务，小的仅办理一两项业务。

（4）咨询代理（consulting agent）。是指专门从事咨询工作，按委托人的需要提供有关国际贸易运输情报、情况、资料、数据和信息服务从而收取一定报酬的人。

3. 以授权的级别为标准分类

以授权的级别为标准可对运输代理进行以下分类。

（1）一级货运代理。指接受船公司、航空公司、铁路运输公司等承运人的委托，代为揽货与订舱的代理。一级货运代理通常与运输公司有长期协议，保证货量，享受合同费率或货量费率，因此一级货运代理除了直接客户外，往往通过其他货运代理人揽货，故又称为同行货代。

（2）二级货运代理。指没有运输公司的授权且无法享受承运人佣金及订舱保障的货运代理。二级货运代理往往开发直接货源，即揽取工贸企业、外贸公司等实际收、发货人的货源，然后通过一级货运代理订舱，故又称为直客货运代理。在外贸运输业务中，多个货运代理公司往往会相互合作一起来完成一单外贸运输交易，则依次将出现三级货运代理等。

4. 以客户的身份为标准分类

以客户的身份为标准可对运输进行以下分类。

（1）直客货运代理。委托人是实际的出口商或进口商，指对直接客户提供服务，目标客户通常是进出口生产企业和进出口专业外贸公司。

（2）同行货运代理。委托人是其他货运代理公司，指对间接客户提供服务，其他货运代理人将承揽的货物委托本公司操作。

（3）指定货运代理。委托人来自国外，通常是出口货物的国外买方或买方指定的国外货运代理公司，在 E 组、F 组术语的贸易合同中较多出现。

6.2.4　国际货运代理的作用

国际上从事国际货运代理业务的代理人一般都精通业务、经验丰富、熟悉各种运输手续和规章制度，并与交通运输部门以及贸易、银行、保险、海关等有着广泛的联系和密切的关系，委托代理人去完成一项运输业务，往往比进出口企业自己亲自去处理更为有利。所以，绝大多数的国际货物运输业务是通过国际货运代理企业完成的。国际货运代理人的作用体现在以下几个方面。

（1）专业服务作用。国际货运代理人的本职工作是利用自身专业知识和经验，为委托人提供货物的承揽、交运、拼装、集运、接卸、交付服务；接受委托人的委托，办理货物的保险、海关、检验检疫、进出口管制等手续；代理委托人支付、收取运费，垫付税金和政府规费。国际货运代理人通过向委托人提供各种专业服务，可以使委托人不必在自己不够熟悉的业务领域花费更多的心思和精力，使不便或难以依靠自己力量办理的事宜得到恰当、有效的处理，有助于提高委托人的工作效率。

（2）组织协调作用。国际货运代理人历来被称为“运输的设计师”“门到门”运输的组织者和协调者。国际货运代理人凭借其拥有的运输知识及其他相关知识组织运输活动，设计运输路线，选择运输方式和承运人，协调货主、承运人及其与仓储保管人、保险人、银行、港口、机场、车站、堆场经营人以及与海关、检验检疫、进出口管制等有关部门的关系，可以为委托人节省时间、减少许多麻烦，使委托人专心致力于主营业务。

（3）沟通控制作用。国际货运代理人拥有广泛的业务关系、发达的服务网络、先进的信息技术手段，可以随时保持货物运输关系人之间、货物运输关系人与其他有关企业、部门之间的有效沟通，对货物运输的全过程进行准确跟踪和控制，保证货物安全、及时运抵目的地，顺利办理相关手续，将货物准确送达收货人，并应委托人的要求提供全过程的信息服务及其他相关服务。

（4）降低成本作用。国际货运代理人掌握货物的运输、仓储、装卸、保险市场行情，与货物的运输关系人、仓储保管人、港口、机场、车站、堆场经营人和保险人有着长期、密切的友好合作关系，拥有丰富的专业知识和业务经验、有利的谈判地位、娴熟的谈判技巧，通过国际货运代理人的努力，可以选择货物的最佳运输路线、运输方式以及最佳仓储保管人、装卸作业人和保险人，争取公平、合理的费率，甚至可以通过集运效应使相关各方受益，从而降低货物运输关系人的业务成本，提高其主营业务效益。

（5）资金融通作用。国际货运代理人与货物的运输关系人、仓储保管人、装卸作业人及银行、海关当局等相互了解、关系密切、长期合作、彼此信任，国际货运代理人可以代替收、发货人支付有关费用和税金，提前与承运人、仓储保管人、装卸作业人结算有关费用，凭借自己的实力和信誉向承运人、仓储保管人、装卸作业人及银行、海关当局提供费用和税金担保或风险担保，可以帮助委托人融通资金、减少资金占压、提高资金利用效率。

工作任务一

扫码获取业务资料，按要求完成工作任务。

任务完成情况评价表

（第____模块，任务____，工作任务____）

<table>
<tr><td>评价项目</td><td>满分</td><td>自评得分</td><td>互评得分</td><td>师评得分</td></tr>
<tr><td>正确理解知识</td><td>25</td><td></td><td></td><td></td></tr>
<tr><td>业务分析处理方法得当</td><td>25</td><td></td><td></td><td></td></tr>
<tr><td>表达清晰准确</td><td>15</td><td></td><td></td><td></td></tr>
<tr><td>业务处理结果正确</td><td>35</td><td></td><td></td><td></td></tr>
<tr><td>合计</td><td>100</td><td></td><td></td><td></td></tr>
<tr><td colspan="5">综合得分（自评得分×10%+互评得分×30%+师评得分×60%）：</td></tr>
<tr><td>个人任务完成情况小结</td><td colspan="4"></td></tr>
</table>

工作任务二

扫码获取业务资料，按要求完成工作任务。

任务完成情况评价表

（第____模块，任务____，工作任务____）

评价项目	满分	自评得分	互评得分	师评得分
正确理解知识	25			
业务分析处理方法得当	25			
表达清晰准确	15			
业务处理结果正确	35			
合计	100			
综合得分（自评得分×10%+互评得分×30%+师评得分×60%）：				
个人任务完成情况小结				

工作任务三

扫码获取业务资料，按要求完成工作任务。

任务完成情况评价表

（第____模块，任务____，工作任务____）

评价项目	满分	自评得分	互评得分	师评得分
正确理解知识	25			
业务分析处理方法得当	25			
表达清晰准确	15			
业务处理结果正确	35			
合计	100			
综合得分（自评得分×10%+互评得分×30%+师评得分×60%）：				
个人任务完成情况小结				

知识点自测

一、单项选择题

1. 货运代理企业为客户提供的产品是________。

A. 货物运输服务　　B. 货物运输能力

C. 舱位　　D. 货运总量

2. 国际货运代理人以自己名义与第三方订立合同时，代理人与委托人之间是_______。

A. 直接代理　　B. 间接代理

C. 内部关系　　D. 外部关系

3. 下列有关国际货运代理人的表述不正确的是________。

A. 国际货运代理人是委托合同的当事人

B. 国际货运代理人是进出口货物收、发货人的代理人

C. 国际货运代理人是进出口货物收、发货人的委托人

D. 国际货运代理人是进出口货物收、发货人的受托人

4. 按照我国法律的规定，明知委托事项违法，货运代理人为了自身利益仍然进行货运代理活动的，则________。

A. 被代理人不负被追偿责任　　B. 货运代理人不负被追偿责任

C. 货运代理人不负连带责任　　D. 委托人和货运代理人都负连带责任

5. 接受货主委托，代表与货物有关的报关、交接、仓储、检验、包装、租船、订舱等业务的人是________。

A. 咨询代理　　B. 货运代理　　C. 船务代理　　D. 租船代理

6. 我国某货主委托货运代理人安排货物出口事宜，由于货主所提供的货物资料不清楚，造成货运代理人在办理货物出口申报时资料被退回，影响了货物的正常出运。为此造成货主的损失，应当由________承担。

A. 货运代理人　　B. 报关行　　C. 船公司　　D. 货主

7. 在国际货运代理业务中，货运代理公司业务员时常会遇到这样的情况，虽然自己努力遵守着公司的服务规范，但还是有客户不满意。从营销理论上分析产生此类问题的最主要的原因是________。

A. 该业务员工作还不够努力

B. 业务员没有了解客户的真正需求，没有因人而异

C. 客户太挑剔而不好满足其需求

D. 客户对公司有意见，故意不配合业务员的工作

8. 国际货运代理人作为进出口货物收、发货人的代理人在安排货物运输事宜时，依照我国相关法律法规的规定，其享有一定的权利并需要承担一定的义务。下列表述不正确的是________。

A. 国际货运代理人有权要求委托人支付服务报酬

B. 国际货运代理人有权在授权范围内自主处理委托事务

C. 国际货运代理人有向委托人报告委托事务处理情况的义务

D. 国际货运代理人有向承运人报告委托事务处理情况的义务

二、判断题

1. 提出货物索赔的人原则上是货物所有人，或提单上记载的收货人或合法的提单持有人。因此，货运代理人不可以代替他们办理货运事故的索赔事宜。

2. 国际货运代理协会联合会是一个营利性的国际货运代理行业组织，其宗旨是保障和提高国际货运代理人在全球的利益。

任务 6.3　无船承运人

情境导入

A 商贸公司以 DPU 条件从广州和深圳出口两批货物，在深圳委托 B 货运代理公司办理 2×20’GP 至汉堡的运输事宜，商定每个 20’GP 佣金为 USD60；B 货运代理公司以 A 商贸公司的名义向中远航运办理了运输，中远航运签发的提单上 SHIPPER 为 A 商贸公司。

A 商贸公司在广州委托 C 货运代理公司办理 3×20’GP 至鹿特丹的运输事宜，商定海运费为 USD2 100/20’GP，C 货运代理公司与中远航运有长期协议，其向中远航运支付运费为 USD1 900/20’GP，中远航运签发的提单上 SHIPPER 为 C 货运代理公司。

虽然获得了清洁已装船提单，但这两批货物到达目的港后都发现有 1 个集装箱在运输途中外表破损，并且致使货损。

作为 A 商贸公司的业务员，请考虑这两票货物应向谁索赔，为什么？

业务知识

货运代理人在授权范围内，以被代理人的名义办理货物运输事宜，所产生的法律后果由被代理人承担，货运代理人仅对执行委托合同过程中自己的疏忽和错误造成的损失负责。当货运代理人掌握了一定的货物运输需求与供给资源，为满足客户越来越高的安全、快捷、高效的货运要求，以及自身追求利益与打造核心竞争力的需要，必然寻求角色的转变，以独立经营人身份从事货物的仓储、运输等业务，以缔约承运人身份出具运单、提单，以集拼经营方式提供门到门运输服务，此时就从传统货运代理变成第三方物流服务提供者，国际货运代理人就成了运输合同、仓储合同或物流合同的一方，承担合同当事人的责任。其中，国际货运代理企业从事无船承运业务具有代表性与普遍性。

6.3.1　无船承运业务与无船承运人

无船承运人（non-vessel operating common carrier，NVOCC），也称无船经营公共承运人，是指不经营船舶，以承运人身份接受货载并且承担承运人责任，与国际船舶运输经营者的关系属于托运人的国际海上运输中介人（ocean transportation intermediaries，OTI）。

FIATA 的《国际货运代理示范法》，将国际货运代理的责任分为非当事人（except as

principal）责任和当事人（as principal）责任两类。这种分类已被国际社会广泛接受，无船承运人承担的就是运输合同当事人的责任。

对无船承运人的最早规定来源于美国联邦海事委员会（Federal Maritime Commission，FMC）的 General Order 4：在美国 FMC 的管辖下，不经营运输船舶而作为海洋公共承运人，称为 non-vessel operating common carrier by water，由美国联邦海事委员会在 1961 年创设。1984 年美国《航运法》对无船承运人的规范上升为法律，将狭义的国际海上货运代理人和无船承运人统称为国际海运中介人。

我国 2002 年施行的《中华人民共和国国际海运条例》（以下简称《国际海运条例》）规定：无船承运业务，是指无船承运业务经营者以承运人身份接受托运人的货载，签发自己的提单或者其他运输单证，向托运人收取运费，通过国际船舶运输经营者完成国际海上货物运输，承担承运人责任的国际海上运输经营活动。《国际海运条例实施细则》进一步明确了无船承运业务包括为完成上述业务围绕其所承运的货物开展的下列活动。

（1）以承运人身份与托运人订立国际货物运输合同。

（2）以承运人身份接收货物、交付货物。

（3）签发提单或者其他运输单证。

（4）收取运费及其他服务报酬。

（5）向国际船舶运输经营者或者其他运输方式经营者为所承运的货物订舱和办理托运。

（6）支付港到港运费或者其他运输费用。

（7）集装箱拆箱、集拼箱业务。

（8）其他相关的业务。

在无船承运人规范方面，我国《国际海运条例》及《国际海运条例实施细则》的重大意义在于以下 3 点。

（1）第一次明确了无船承运经营者的法律地位。

（2）第一次明确规定了无船承运经营者的行为规范。

（3）第一次明确了无船承运经营者的法律责任。

6.3.2　无船承运业务产生的必然性

货运代理在面对当前货主对于运输服务的日趋多样化，无法满足货主的要求，同时，随着集装箱运输的兴起，国际货运代理成为当事人开始签发自己的提单，直接承担在运输途中的损坏或灭失责任，无船承运业务也就必然产生了。

1. 无船承运业务是传统国际货运服务业发展的必然

国际海上货运服务业的发展阶段，一般可分为两个阶段，即货运代理人阶段和无船承运人阶段。在货运代理人阶段，国际货运服务经营者是委托人的代理人，主要收入来源是通过为货方提供各类服务而获取的佣金和代理费。

随着集装箱运输和国际多式联运的产生和发展，为了获取更丰厚的利润，国际货运服务经营者在为货方提供服务的基础上，迅速扩大自己的业务范围。这不仅起到货主和承运人之间办理运输事宜的桥梁作用，而且根据国际贸易对各类货物的运输要求，发挥着运输、仓储、装卸、搬运等当事人的职能。国际海上货运服务业进入了无船承运人阶段。

2. 克服传统国际货运服务业制度存在的缺陷

虽然无船承运人的许多业务范围与国际货运服务经营者交叉，但其签发提单，承担运输责任，其性质是承运人。无船承运人又与一般的远洋公共承运人不同，他不经营船舶，偿债能力低，营业活动隐蔽性强，管理难度大，相关部门或组织在管理上也应制定一套特定用于无船承运人的管理规定。

将无船承运业务从传统的国际货运服务经营者业务中分离出来，确立无船承运业务的市场准入制度，赋予无船承运人独立的市场主体地位，可以克服在传统货运代理制度下由于国际货运服务经营者承担多种角色而导致的角色模糊和混乱问题。

3. 提供集装箱运输拼箱服务的需要

传统国际货运服务经营者作为当事人身份出现的契机是拼箱业务在国际海上货物运输中的业务量越来越大，地位日渐显著，而国际船舶运输经营者难以提供全面的拼箱业务服务。无船承运人便开展了相关的揽货、装拆箱、内陆运输及经营中转站或 CFS 业务，为进出口商提供了极大的便利。

4. 促进现代物流业发展的需要

一些班轮公司成立物流公司，从事无船承运业务，不仅仅是想赚取一些利润，而是这些公司认为，在为货主提供“度身定做”的服务方面，无船承运业务具有独特的优势：无船承运人适应了目前国际运输的发展趋势，具有良好的市场前景，可以确立在未来市场竞争中的有利地位。

无船承运制度的引进有利于我国的国际货运服务经营者向物流经营人的转变。第三方物流经营人承担起管理、控制和提供物流作业的职责，就必须摒弃代办运输的代理人身份，以国际货运当事人的身份完善功能、优化网络，向第三方物流企业转型。

6.3.3 无船承运人的特征

无船承运人具有以下特征。

1. 无船承运特征

无船有两种解释：一是指不拥有船舶；二是指不经营船舶。拥有的标准是根据有关国家的法律，是否以所有人的名义登记船舶并取得船舶有关文件。对于无船承运人，关键是不经营船舶，即使出于投资目的拥有船舶，但也是出租给他人或由船舶管理公司经营，实际并没有经营船舶，仍然属于“无船”。

在另一种情况下，承运人尽管不直接经营船舶，但被视为“有船”，即在某一具体航线上，国际船舶运输经营者通过舱位互换、联合经营等方式经营国际班轮运输时，即使实际上没有投入船舶，仍然被视为“有船”，不能称其为无船承运人。

虽然远洋公共承运人与无船承运人同样提供远洋运输服务，但无船承运人并不是真正的远洋运输的实施者，其仅仅是一个远洋运输中介人，无船承运人履行合同的实际能力、对造成损害进行赔偿的能力与远洋公共承运人相比都存在着极大的差别，关键问题就在于无船承运人不经营船舶。

2. 公共承运人特征

在英美等海洋法系国家，承运人被分为“私人承运人”（private carrier）和“公共承运人”（common carrier），公共承运人订立的合同通常是立法的重点。大陆法系国家的法律并无此区分，NVOCC 成为 NVOC，但同样将公共运输作为立法重点。

公共运输合同和私人运输合同最主要的区别是法律对这两类合同内容干预程度的不同。公共运输承运人需履行法定的义务，合同不能任意改变这些强制性的规定，这是为了保护社会公共利益的需要。在私人运输合同中，合同自由是基本原则，只有在合同没有约定的情况下，才适用法律规定。

无船承运人从事的活动完全符合公共承运人的条件和特点。无船承运人作为承运人时，订约对象是数量众多的进出口企业，在使用自己的提单或其他运输单证的情况下，无船承运人承担法定的责任。

3. 运输中介人特征

无船承运人的中介作用不同于国际货运服务代理人的中介作用，无船承运人通过其双重身份起到中介作用。对于货物托运人而言，无船承运人是承运人，既享有承运人的权利，收取运费，也承担相应的义务，提供运输服务，对货物的灭失和损害依法承担责任；对于国际船舶运输经营者而言，无船承运人处于托运人的地位，以自己的名义订舱，接受船公司签发的提单或其他运输单证。

值得注意的是：无船承运人与国际船舶运输经营者之间不是承运人与实际承运人之间的关系，而是托运人和契约承运人的关系。货主与国际船舶运输经营者的关系则是托运人与实际承运人之间的关系。

6.3.4　识别货运代理人与无船承运人

在货运业务与司法实践中，海上货运代理关系的认定是一个比较棘手的问题，造成认定困难的原因是多方面的。

一是由于法律的规定。我国《国际海运条例》第 7 条对无船承运业务作出了规定，商务部颁布的《国际货物运输代理业管理规定实施细则》第 2 条规定货运代理企业可以作为代理人，也可以作为独立经营人从事国际货运代理业务。依据上述规定，货运代理企业依法可以无船承运人和货运代理人两种身份进行经营活动。在纠纷发生时，就必然涉及货运代理企业法律地位的认定问题。

二是在于货代业务的实际操作状况。实践中货运代理企业处理两种业务的操作流程大致相同，而货主在与货运代理企业订立合同时只关心货物是否如期抵达目的地，对于所签订的合同的性质并不在意，约定的条款可能会表述不清，因此一旦发生争议，如何认定货运代理企业与委托人之间的法律关系就成为双方当事人争议的焦点问题。

依据海商法理论界、实务界的通说以及我国的审判实践，界定货运代理企业的法律地位主要有以下标准。

1. 合同的约定

这里的合同指货运代理企业与委托人之间的合同。合同中关于权利义务的约定是确定当事人之间法律关系首先要考虑的因素。因为法律关系在本质上就是权利义务关系，因此当事人主要权利义务的约定是判定合同性质的关键，应成为认定当事人法律地位的主要依据。在货运代理企业与委托人签订书面合同的情形下，应首先根据合同约定的内容来认定双方之间形成何种法律关系，进而确定货运代理企业承运人抑或代理人的法律地位。但在实际业务操作中，订立书面合同的情形相对较少，大多数货运代理业务是通过往来传真、邮件和电话完成，所涉及内容文字简单、语义不清，这也是导致法律关系难以认定的主要原因。在没有合同约定或者约定不明确的情况下，应当依照当事人的实际履行行为并综合各种因素确定当事人之间的法律关系。

2. 提单的签发

货运代理企业签发的提单对其身份的认定具有决定性作用。这是因为提单是国际海上货物运输的主要单证，是海上运输合同关系的证明。实践中最为常见的两种责任类型涉及混合责任与无权代理：第一种责任类型是，货运代理企业虽然接受委托人的委托并以代理人的名义从事相关事务，但该货运代理企业最终却以承运人的身份签发运输单证，这等于货运代理企业与委托人之间缔结了以海上货物运输单证为证明的运输合同。此时，货运代理企业在报关、接货等事务中承担代理人责任，在运输中承担承运人的法律责任。第二种责任类型是，货运代理企业虽然不以承运人的身份签发运输单证，而是以承运人代理人的名义签发运输单证，但其不能证明取得相关承运人的授权，即不能证明其代签行为的合法性，实际上是“以货运代理人之名行承运人之实”，意在逃避其承运人责任。此时货运代理企业应当承担承运人责任。

3. 报酬的取得方式

通常认为，货运代理人赚取佣金或代理费作为报酬，无船承运人赚取运费的差价作为报酬。具有无船承运人资格的货运代理公司，同时具有“国际海运业运输专用发票”和“国际货物运输代理业专用发票”，两种发票应分别对应两种不同性质的业务。但在货运代理实务中，货运代理企业常采用“大包干”（向委托人收取一笔总的数额，货运代理实务中常以“运费”的面目出现）、“小包干”（运费代收代付，另向委托人收取包括杂费和代理费在内的一笔总的数额）等多种收费方式，货运代理人赚取其向委托人收取的费用与支付给承运人等有关方费用之间的差价，而不是采用完全代收代付另加一定报酬的收费方式，这已成为货运代理行业的收费习惯和通行做法，符合商业效率的需要。且我国《合同法》（《中华人民共和国民法典》于 2020 年 1 月 1 日施行，《中华人民共和国合同法》同时废止）与《国际货物运输代理业管理规定实施细则》仅规定受托人有权收取报酬（代理费），但未明确规定受托人收取报酬的具体方式。因此，不能仅以货运代理人收取差价的收费方式与开具的发票认定其具有承运人的法律地位，而是应当与其他因素综合予以考虑。

4. 当事人的交易习惯

货运代理企业能够以无船承运人和货运代理人两种身份从事经营活动。在实践中，货运代理企业处理两种业务的操作流程大致相同，因此海上货运代理合同关系往往与海上货物运输合同关系发生混淆，当依据上述标准仍不足以做出判断时，应该综合考虑交易习惯，包括委托人与货运代理公司之间的往来函件内容、托运单等单据内容、双方的交易历史、货运代理公司的参与程度等。一般而言，如果委托人指定了船公司，或者货运代理公司在答复委托人的询价时披露船公司，或者提供多家船公司供委托人选择，托运单或者委托书以其他方式表明了货运代理公司的代理人身份，则应当认为货运代理公司披露了承运人，显示货运代理公司代理人的身份。

工作任务一

扫码获取业务资料，按要求完成工作任务。

任务完成情况评价表

（第____模块，任务____，工作任务____）

<table>
<tr><td>评价项目</td><td>满分</td><td>自评得分</td><td>互评得分</td><td>师评得分</td></tr>
<tr><td>正确理解知识</td><td>25</td><td></td><td></td><td></td></tr>
<tr><td>业务分析处理方法得当</td><td>25</td><td></td><td></td><td></td></tr>
<tr><td>表达清晰准确</td><td>15</td><td></td><td></td><td></td></tr>
<tr><td>业务处理结果正确</td><td>35</td><td></td><td></td><td></td></tr>
<tr><td>合计</td><td>100</td><td></td><td></td><td></td></tr>
<tr><td colspan="5">综合得分（自评得分×10%+互评得分×30%+师评得分×60%）：</td></tr>
<tr><td>个人任务完成情况小结</td><td colspan="4"></td></tr>
</table>

工作任务二

扫码获取业务资料，按要求完成工作任务。

任务完成情况评价表

（第____模块，任务____，工作任务____）

评价项目	满分	自评得分	互评得分	师评得分
正确理解知识	25			
业务分析处理方法得当	25			
表达清晰准确	15			
业务处理结果正确	35			
合计	100			
综合得分（自评得分×10%+互评得分×30%+师评得分×60%）：				
个人任务完成情况小结				

工作任务三

扫码获取业务资料，按要求完成工作任务。

任务完成情况评价表

（第____模块，任务____，工作任务____）

评价项目	满分	自评得分	互评得分	师评得分
正确理解知识	25			
业务分析处理方法得当	25			
表达清晰准确	15			
业务处理结果正确	35			
合计	100			
综合得分（自评得分×10%+互评得分×30%+师评得分×60%）：				
个人任务完成情况小结				

知识点自测

单项选择题

1. 从市场营销的观念来看，货运代理企业的发展方向必然由提供单纯的运输服务向________服务转变。

A. 无船承运　　B. 流通加工　　C. 多式联运　　D. 现代物流

2. 班轮公司可以向________支付揽货佣金。

A. 无船承运人　　B. 货运代理人　　C. 托运人　　D. 出口商

3. 国际货运代理人签发自己的提单时，通常他就是________。

A. 货主代理　　B. 托运人代理　　C. 收货人代理　　D. 承运人

4. 货运代理公司以自己的名义与第三人（承运人）签订合同，或者安排储运时使用自己的仓库或者运输工具，或者安排运输、拼箱集运时收取差价，则货运代理应当承担________。

A. 当事人的责任　　B. 委托人的责任

C. 代理人的责任　　D. 被代理人的责任

5. 在国际货运代理企业作为仓储保管人从事仓储业务的情况下，国际货运代理企业与作为存货人的货主之间订立的合同是________。

A. 货运代理合同　　B. 仓储合同　　C. 运输合同　　D. 租船合同

6. 某国际货运代理公司接受货主委托后，以自己的名义到船公司办理了订舱业务，并向保险人投保了货运代理责任险。由于信用证规定的装运期为 8 月 10 至 20 日，而货物于 8 月 22 日装船。为了不影响货主办理结汇业务，该货运代理公司向货主签发了日期为 8 月 20 日的倒签提单，由此给收货人造成了损失。本案中应对此损失承担赔偿责任的是________。

A. 保险公司　　B. 发货人

C. 船公司　　D. 国际货代公司

7. 货运代理企业在签发自己的提单给货主后，又将货物交由班轮公司承运时，货运代理企业对货主来说是________。

A. 托运人　　B. 承运人

C. 船舶代理人　　D. 货运代理人

8. 货运代理企业在签发自己的提单给货主后，又将货物交由班轮公司承运时，货运代理企业对班轮公司来说则是________。

A. 托运人　　B. 承运人　　C. 船舶代理人　　D. 货运代理人

9. 国际货运代理企业不得从事的业务是________。

A. 接受收发货人的委托选择运输线路、运输方式和适当的承运人

B. 提供多式联运服务

C. 允许其他单位以该货运代理企业的名义从事货运代理业务

D. 提供无船承运及现代物流服务

10. 根据《中华人民共和国国际海运条例》的规定，国际货运代理企业经营无船承运业务，需要向国务院交通主管部门办理提单登记手续，并缴纳保证金，其金额是________。

A. 90 万元　　B. 80 万元　　C. 70 万元　　D. 50 万元

任务 6.4 国际多式联运

情境导入

景真贸易公司委托钦州六方货运代理公司办理 6 M^3 电脑配件的出口，货重 2 t，从广西南宁到马来西亚巴生港，贸易术语为 CIP PORT KLANG。钦州六方公司接受委托后，派车将货物从南宁运至钦州，并汇集其他两个货主的货物，以自己的名义向讯海轮船公司订舱，讯海轮船公司向钦州六方货运代理公司签发清洁提单，运输条款 CY-CY，装运港钦州，卸货港巴生。

货物装船后，钦州六方货运代理公司签发清洁联运单据给景真贸易公司，运输条款 CFS-CFS，接货地南宁，装运港钦州，卸货港巴生。景真贸易公司凭此指示单据到银行结汇，提单转让给马来西亚易洋公司。

货物抵达巴生后，虽然集装箱外表状况良好，但发现其中两箱货物明显破损，配件已经无法使用。易洋公司拒付其货物余款，景真贸易公司遂向钦州六方货运代理公司索赔。

作为钦州六方货运代理公司的业务员，请思考：

1. 钦州六方货运代理公司在运输中是何种身份？
2. 钦州六方货运代理公司是否应承担责任，为什么？
3. 钦州六方货运代理公司是否可以向讯海轮船公司追偿，为什么？

业务知识

多式联运作为集约高效的现代化运输组织模式，产生于 1960 年左右，并在 1980 年后随着集装箱技术的成熟开始快速发展。欧美发达国家自 20 世纪 80 年代以来，通过各种政策措施大力发展多式联运，尤其是跨入 21 世纪后均把多式联运作为交通运输系统优化的主导战略，目前已经形成了发展形式多样、设施装备先进、标准体系完善、运输组织顺畅、政策保障有力的多式联运推进体系，多式联运比例不断增长且发展势头强劲。

6.4.1 国际多式联运

1. 多式联运的概念

多式联运（multimodal transport 或 inter-modal transport）起源于 20 世纪 60 年代的美国。在发展初期，凡是经由两种及以上运输方式的联合运输均被称为多式联运。后来，随着技术的不断进步和发展形式的日趋多样，各国对于多式联运概念和内涵的界定也有所不同。美国和欧盟侧重于针对标准化运载单元的多种运输方式之间的快速转运，指货物全程由一种且不变的运载单元或道路车辆装载，通过两种及以上运输方式无缝接续，且在更换运输方式过程中不发生对货物本身操作的一种货物运输形式。

我国国家标准《物流术语》（GB/T 18354—2021）将“多式联运”（英文仅使用 multimodal transport，弃用 inter-modal transport）定义为“联运经营者受托运人、收货人或旅客的委托，为委托人实现两种或两种以上运输方式的全程运输，以及提供相关运输物流辅助服务的活动”，强调“一个承运人”承担“全程运输”责任，与欧美相关术语定义在角度上有不同。

根据 1980 年通过的《联合国国际货物多式联运公约》(以下简称《多式联运公约》)，国际多式联运是指按照多式联运合同，以至少两种不同的运输方式，由多式联运经营人将货物从一国境内接管货物的地点运到另一国境内指定交付货物的地点。

实际上，突出“由一个多式联运经营人一票到底、全程负责”的多式联运主要用于以海运为基础的国际贸易运输，我国《海商法》第 102 条规定：本法所称多式联运合同，是指多式联运经营人以两种以上的不同运输方式，其中一种是海上运输方式，负责将货物从接收地运至目的地交付收货人，并收取全程运费的合同。……

2. 国际多式联运的特征

根据《多式联运公约》的规定，国际多式联运应当具备以下特征。

（1）多式联运经营人与托运人签订多式联运合同。该合同是多式联运经营人与托运人之间权利、义务、责任及豁免的法律依据，是区别于一般联运合同的主要依据之一。

（2）多式联运经营人对全程运输承担责任。多式联运经营人自己可以拥有运输工具，也可以是无船承运人，多式联运经营人可以与各区段实际承运人签订区段运输合同，或者委托仓储经营人负责货物的仓储，但他对发货人来说是总的承运人，他签订的区段运输合同、仓储合同等不得影响多式联运经营人对全程运输所承担的责任，这是多式联运的根本特征。

（3）国际多式联运是国际货物运输。国内的多式联运不在国际多式联运公约的管辖范围之内，各国的政治、经济、法律制度存在很大差异，运输管理又属于一国主权范围内的事务，所以，国内运输与国际运输的单据、程序与适用法律可能都不相同。

（4）使用多式联运单据（multimodal transport document，MTD）。多式联运单据的作用如同传统国际海上运输中的提单，其上载有多式联运合同条款，规定了运输双方权利义务，是处理货物索赔的重要依据，也是多式联运责任制规定的具体体现，多式联运责任制明确规定经营人对全部运输期间的运输责任。

（5）使用两种或两种以上的运输方式进行不间断的运输。国际货物运输的形式有陆运、海运、空运三种基本形式，其中陆上运输又可分为铁路运输和公路运输，各种运输形式都存在同一运输形式下的联运，比如铁路运输中的转运、海运中的转船运输等，但这种联运不是国际多式联运范畴内的运输形式。国际多式联运必须是两种不同运输方式的组合，比如铁海联运、海空联运、铁公联运等。这种规定的目的主要是尊重和维持既存的国际公约和国内法律规定，由于国际多式联运是不同运输方式的结合，又采取了与传统规定不同的法律制度，为了新的立法能够被广泛接受和避免法律冲突，非常有必要作出规定，只将联合两种或两种以上的运输方式的运输形式定义为国际多式联运，并受国际多式联运公约约束。

多式联运可以充分发挥各种运输方式的整体优势和组合效率，为货主提供无缝衔接的门到门服务，代表着综合运输发展方向。加快推进我国多式联运发展，既是提高物流效率、降低物流成本、推动综合运输结构性节能减排的重要途径，也是深化交通运输改革发展、促进经济转型升级的根本要求。我国《物流业中长期规划（2014—2020 年）》曾将多式联运工程列为十二大重点工程之首。

6.4.2 国际多式联运经营人

《多式联运公约》第 1 条定义规定：多式联运经营人（MTO，multimodal transport operator）是指其本人或通过其代表订立多式联运合同的任何人，他是委托人，而不是发货人的代理人或代表或参加多式联运的承运人的代理人或代表他们行事，并且负有履行合同的责任。我国《海商法》第 102 条规定：……前款所称多式联运经营人，是指本人或者委托他人以本人名义与托运人订立多式联运合同的人。由此可见多式联运经营人的法律地位。

1. 多式联运经营人的法律地位

多式联运由不同单一运输组合而成，比单一运输更加复杂。在多式联运中，至少产生如下几种法律关系：多式联运经营人与货方（包括发货人与收货人）的法律关系；多式联运经营人与海上运输承运人、公路运输承运人、铁路运输承运人或航空运输承运人等区段承运人的法律关系；多式联运经营人与其他履行辅助人（如装卸公司、代理人等）的法律关系。在众多复杂的法律关系中，认清多式联运经营人的法律地位，具有重要意义。

（1）多式联运经营人与货方的法律关系。多式联运经营人一般仅实际履行部分运输，有的多式联运经营人甚至不参与实际运输，仅负责组织运输。多式联运经营人委托实际承运人及代理人或使用其他分包方完成全程货物运输，并不改变其与托运人订立的多式联运合同法律关系。多式联运经营人负责履行或组织履行多式联运合同，对全程运输享有承运人的权利，承担承运人的义务。多式联运经营人是多式联运合同的主体，根据合同承担履行合同的责任或法定义务。

（2）多式联运经营人与分包方的法律关系。分包方包括区段实际承运人与多式联运合同履行辅助人。多式联运经营人向区段实际承运人托运货物，形成运输合同关系，多式联运经营人在此运输合同中是托运人；多式联运经营人委托代理、装卸公司、仓储公司等安排接运、装卸、存储等事项，形成代理、雇佣或仓储等合同关系。对实际承运人或代理人或其他分包方在履行相应合同中存在过失，导致货物灭失或损坏的，多式联运经营人必须依据多式联运合同对货方承担责任，但多式联运经营人在向货方作出赔偿后，可以依据多式联运经营人与各受托方签订的合同及相关法律规定，向他们追偿。由于目前国际上对不同种运输方式制定有不同的相应国际公约或国内法，这些法律所规定的赔偿原则存在差异，所以，追偿的结果很难与多式联运形式下的赔偿结果相同。

（3）货方与实际履行方的法律关系。虽然发货人、收货人与实际承运人、多式联运经营人的代理人与受雇人没有合同关系，但由于这些人实际参与了货物运输，对由他们的过失导致的货物灭失或者损坏，发货人、收货人可以依据侵权责任提起诉讼。为使这些运输参与人同多式联运经营人处在同一法律地位，多式联运公约秉承了《海牙－维斯比规则》和《汉堡规则》的法律原则，规定多式联运经营人的代理人、受雇人可以享受与多式联运经营人同样的抗辩理由和责任限制，从而便利了货主与承运人之间行使追偿权利，又使承运人一方得到应有的保护，也保证了不同形式的诉讼都得到同一法律效果，避免了起诉方投机取巧，以维护法律的统一性和公正性。

2. 多式联运经营人的责任形式

承运人的责任形式是指承运人赔偿责任和法律适用的综合制度。多式联运中的货物运输一般是由多式联运经营人及其代理人和各区段的实际承运人共同完成的。如果货物在运输中发生灭失、损坏或延迟，谁应当对此负责？对损害的赔偿，应当对各区段按照同一标准，还是按照损害发生区段所适用的法律规定的标准？这是多式联运经营人责任形式所要解决的问题。

在各种运输方式中作为赔偿的法律依据主要有：公路运输有《国际公路货物运输合同公约》、铁路运输有《国际铁路货物运送公约》、航空运输有《关于统一国际航空运输某些规则的公约》（简称《华沙公约》）、海上运输有《海牙规则》《维斯比规则》《汉堡规则》，这些公约分别对不同运输方式下与运输合同有关的法律问题作出了统一规定。由于国际多式联运至少经过两种运输方式，因而责任划分比较复杂。多式联运的责任形式主要有以下几种。

（1）统一责任制。统一责任制是指多式联运经营人对全程运输负责，不论损害发生在哪一区段，多式联运经营人承担的赔偿责任和责任限制是一样的。在统一责任制下，规定的赔偿责任和责任限制适用于整个运输区段。也就是说，多式联运经营人对全程运输中货物的灭失、损害或迟延交付负全部责任，无论事故是隐蔽的还是明显的，是发生在海运区段还是发生在内陆区段，均按一个统一的归责原则由多式联运经营人按统一的标准赔偿。它为货方提供了风险分摊的可预见性，解决了货损区段不能确定时的赔偿责任、责任限制，以及网状责任制下可能出现的法律真空问题。但是，统一责任制也存在一些无法回避的问题，如适用于各运输区段的国际公约或法律所确定的区段承运人的责任不同，而且可能低于多式联运经营人根据统一责任制所承担的责任，这意味着多式联运经营人向货方承担赔偿责任后，面临着不能向造成货物损害的区段承运人全额追偿的风险，从而无法预见其最终承担的责任，实际上是将货方对运输风险的不可预见性转移给了多式联运经营人。

（2）经修订后的统一责任制。《多式联运公约》对多式联运经营人赔偿责任采用了统一责任制的基本内容，但又作了适当修订，因而被称为“经修订后的统一责任制”，也可称为“混合责任制”。其基本内容为：多式联运经营人对自接管到交付货物的全部运输过程中发生的货物灭失或损坏，不论发生在哪个运输区段，均统一按规定的赔偿责任限制进行赔偿。但如果发生货损区段适用的国际公约或国内法规定的赔偿责任限额高于本公约规定的，则以高者为准。这明显更有利于货方。

（3）网状责任制。网状责任制是指多式联运经营人对全程运输负责，货物的灭失或损坏发生于某一区段，则多式联运经营人的赔偿责任和责任限额适用于调整该区段运输方式的有关法律规定。我国《海商法》就对多式联运经营人实行网状责任制，但同时规定：货物的灭失或者损坏发生的运输区段不能确定的，多式联运经营人应当依照海上运输关于承运人赔偿责任和责任限额的规定负赔偿责任。

6.4.3 国际陆桥运输

国际陆桥运输大大缩短了运输里程，具有运输快、费用省的特点。

1. 大陆桥运输

大陆桥运输（continential bridge transport）是指利用横贯大陆的铁路（公路）运输系统，作为中间桥梁，把大陆两端的海洋连接起来的集装箱连贯运输方式。简单地说，就是两边是海运，中间是陆运，大陆把海洋连接起来，形成海－陆联运，而大陆起到了“桥”的作用，所以称之为“陆桥”。

1967 年至 1975 年，苏伊士运河因战争停航，而巴拿马运河运量有限，远东与欧洲之间的海上货运船舶不得不改道绕航非洲好望角或南美麦哲伦海峡，致使航程距离和运输时间倍增。当时正值集装箱运输兴起，大陆桥运输便应运而生：1967 年首次开辟了北美大陆桥运输路线，1971 年西伯利亚大陆桥开行，大陆桥开行取得了较好的经济效果，达到了缩短运输里程、降低运输成本、加速货物运输的目的。目前，世界上主要有以下几个大陆桥。

（1）北美大陆桥。北美大陆桥是世界上历史最悠久、影响最大、服务范围最广的陆桥运输线，是指利用北美的铁路和公路系统连接亚洲东部和欧洲的海－陆－海联运。它东接大西洋，西连太平洋，缩短了两大水域的距离，省却了全水路运输通行巴拿马运河的麻烦。

北美大陆桥有两条运输线路：一条是从西部太平洋沿岸至东部大西洋沿岸的铁路和公路运输线，从美国、加拿大西部口岸的温哥华、洛杉矶、西雅图、旧金山等口岸上桥，通过铁路横贯北美东西至北美东部口岸的蒙特利尔、纽约、巴尔的摩等港口转海运；另一条是从北美西部太平洋沿岸至东南部墨西哥湾沿岸的铁路和公路运输线，从美国西部口岸上桥，通过铁路至美国南部墨西哥湾口岸的休斯敦、新奥尔良等港口转海运。

随着苏伊士运河危机解除，亚欧陆桥的通行，北美大陆桥在运价、运期、服务等方面缺乏优势，因而衰落。但利用其陆运便利等有利条件逐渐转向发展小路桥、微桥运输，从而获得了新的生机。

（2）西伯利亚大陆桥。西伯利亚大陆桥又称第一亚欧大陆桥，于 1971 年正式确立，东起俄罗斯的符拉迪沃斯托克（海参崴）、纳霍特卡港、东方港，横贯欧亚大陆，把太平洋远东地区与波罗的海和黑海沿岸以及西欧大西洋口岸连起来，全长约 13 000 km，比绕道非洲好望角的航程缩短近 1/2 距离，比经苏伊士运河的航程缩短近 1/3 距离，途中运行时间减少，运输成本降低。

经由西伯利亚大陆桥主要有 3 种联运形式：货物经西伯利亚铁路至俄罗斯西部的国境站，再经东欧或西欧铁路运连接欧洲各地的铁路联运；货物经铁路运到波罗的海和黑海的港口，再经船舶运至北欧、西欧和巴尔干地区的铁海联运；货物经铁路运至俄罗斯西部国境，再经公路运至欧洲各地的公铁联运。

西伯利亚大陆桥优点明显，缺点也明显。缺点主要表现在：冬季严寒，港口封冻，装卸能力不足；沿途经济落后，西向货运量大于东向货运量，箱流严重不平衡；铁路设备陈旧，运力紧张。随着新亚欧大陆桥的兴起，西伯利亚大陆桥面临严峻的竞争形势。

（3）新欧亚大陆桥。新亚欧大陆桥，又名第二亚欧大陆桥，东起我国连云港等东部港口，经我国陇海铁路、兰新铁路与哈萨克斯坦接轨，进而接上欧洲铁路网通往欧洲，西达荷兰鹿特丹、比利时安特卫普等港口，是连接亚欧大陆最为便捷的通道。

与西伯利亚大陆桥相比，新亚欧大陆桥具有以下明显的优势。

第一，地理位置和气候条件优越。整个陆桥避开了高寒地区，港口无封冻期，自然条件好，吞吐能力大，可以常年作业。

第二，运输距离短。新亚欧大陆桥比西伯利亚大陆桥缩短陆上运距 2 000～2 500 km，到中亚、西亚各国优势更为突出。

第三，辐射面广。新亚欧大陆桥横贯亚欧大陆中部，东端能辐射东亚和东南亚各国，西端还能辐射欧洲以及中亚国家。

2. 陆桥业务

陆桥业务包括远东至欧洲的中欧班列与远东至北美的 OCP 运输、MLB 运输与 IPI 运输等。

（1）OCP 运输。OCP（overland common points）称为内陆公共点或陆上公共点，OCP 地区指从美国的北达科他州、南达科他州、内布拉斯加州、科罗拉多州、新墨西哥州起以东的中部和东部各州，以落基山脉为界，在其以东的各州均为 OCP 地区，在其之西的各州均为非 OCP 地区，约占美国 2/3 的区域。OCP 运输的含义是使用两种运输方式将卸至美国西海岸港口的货物通过铁路转运抵美国的 OCP 地区，并享有优惠的海运和铁路运价。OCP 运输的产生是美国航运业激烈竞争的结果。美国西部开发后，行驶在该区的船公司和铁路公司为争揽至美国东部的货源，联合拟定了比经巴拿马运河直达美国东海岸和墨西哥湾沿岸港口更为低廉的优惠联运价格，以便充分利用西部的运输条件来吸引货源。

OCP 运输是一种特殊的国际物流运输方式。它虽然由海运、陆运两种运输形式来完成，但并不是国际多式联运。因为 OCP 运输中的海运、陆运段分别由两个承运人签发单据，运输与责任风险分段负责，它并不符合国际多式联运的一个多式联运经营人对全程运输负责的要求。故从远东出运按 OCP 运输条件成交的货物，卖方（发货人）承担的责任、费用终止于美国西海岸港口，不承担美国西海岸港口至 OCP 地区的运输责任；货物在西海岸卸船后，由收货人委托中转商（负责内陆运输的人）持正本提单向船公司提货，并负责运抵收货人指定的地点，但可享受 OCP 的优惠费率。

在 OCP 运输的业务中，贸易合同和信用证栏内应加注“OCP 运输”字样，签发提单时，其签发要求应与买卖合同、信用证要求相符。如卸货港为长滩，目的地为芝加哥，则应在提单卸货港栏内填写“LONG BEACH OCP”，目的地栏或备注栏内填写“OCP CHICAGO”，货物品名、唛头及货物包装上也应注明“LONG BEACH OCP CHICAGO”，以便在装卸、转运时识别。凡运往内陆公共点的集装箱货物，应在卸船 45 d 内由收货人向铁路提供证明，如陆上运输单证、转运单、海关转口申请单等。如未在规定时间内提供上述单证或证明，则货主将无法享受铁路优惠运价。

（2）MLB 运输。MLB（mini land bridge）运输又称小陆桥运输，从运输组织形式上看，与大陆桥运输并无很大的区别，只是其运送货物的目的地为北美东部沿海港口，即利用陆上铁路作为桥梁将北美西海岸和东海岸以及墨西哥湾连接起来的运输方式，所以称为小陆桥运输，它比大陆桥的“海–陆–海”形式缩短了一段海上运输而形成的“海–陆”或“陆–海”联运形式。

MLB 运输本质上是海陆联运，全程使用一份联运提单，由多式联运经营人负责全程运输，从远东出运到北美东的货物，发货人承担的责任、费用终止于最终交货地。在联运提单的缮制中，应注明 MLB 字样，如在提单卸货港栏内填写“LONG BEACH”，目的地栏或备注栏内填写“MLB HOUSTON”。

小陆桥运输能避免绕道巴拿马运河，缩短运输时间，节省运输费用，还可享受铁路集装箱直达列车的优惠运价，但也存在铁路运费偏高、运输时间不稳定（特别是冬季）、往返集装箱货源不平衡，以及造成美国东海岸空箱积压等问题。

（3）IPI 运输。IPI（interior point of intermodal）运输，又称为内陆点多式联运，指远东海运至美西港口，再通过铁路转运至 OCP 地区指定目的地交货的海–铁多式联运。IPI 运输与小陆桥运输基本相似，只是其交货地点基本在内陆地区，由于它只利用了大陆桥的部分，不通过整个陆桥，比小陆桥还短一段，因此也称为“微桥运输”（micro bridge）。

与 OCP 运输不同，IPI 运输是真正意义的多式联运，由多式联运经营人负责全程连续运输。我国出口货物如采用 IPI 运输应在贸易合同、信用证和联运单据上注明“IPI”字样，如从长滩卸货转运到孟菲斯，应在联运提单卸货港栏内填写“LONG BEACH”，目的地栏或备注栏内填写“IPI MEMPHIS，TN”。同时应选用 FCA、CPT 或 CIP 等适合所有运输方式的贸易术语，而不是沿用 FOB、CFR 或 CIF，以明确买卖双方责任、费用与风险的划分。

（4）中欧班列。中欧班列是指按照固定车次、线路、班期和运行时刻表开行，往来于中国与欧洲以及“一带一路”沿线各国的集装箱国际铁路联运班列。近年来，在共建“一带一路”推动下，中欧班列充分发挥其在时效、价格、运能、安全性等方面的比较优势，逐渐被中欧广大客户所接受，成为中欧间除海运、空运外的第三种物流方式，开行数量和质量持续稳步提升，通达欧洲 20 多个国家，超过 200 个城市，成为中国与“一带一路”共建国家政策沟通、设施联通、贸易畅通、资金融通、民心相通的重要桥梁。

目前，中欧班列在我国已形成了西、中、东三大铁路运输通道。西通道，主要吸引我国西南、西北、华中、华北、华东等地区进出口货源，在新疆阿拉山口、霍尔果斯铁路口岸与哈萨克斯坦铁路相连，途经俄罗斯、白俄罗斯、波兰等国铁路，通达欧洲其他各国。中通道，主要吸引我国华中、华北等地区进出口货源，在内蒙古二连浩特铁路口岸与蒙古国铁路相连，接入俄罗斯铁路，途经俄罗斯、白俄罗斯、波兰等国铁路，通达欧洲其他各国。东通道，主要吸引我国华东、华南、东北地区进出口货源，在内蒙古满洲里铁路口岸、黑龙江绥芬河铁路口岸与俄罗斯铁路相连，途经白俄罗斯、波兰等国铁路，通达欧洲其他各国。

中欧班列不仅连通欧洲及沿线国家，也连通东亚、东南亚；中欧班列通道不仅是铁路通道，也是多式联运走廊。

工作任务一

扫码获取业务资料，按要求完成工作任务。

任务完成情况评价表

（第____模块，任务____，工作任务____）

评价项目	满分	自评得分	互评得分	师评得分
正确理解知识	25			
业务分析处理方法得当	25			
表达清晰准确	15			
业务处理结果正确	35			
合计	100			
综合得分（自评得分×10%+互评得分×30%+师评得分×60%）：				
个人任务完成情况小结				

工作任务二

扫码获取业务资料，按要求完成工作任务。

任务完成情况评价表

（第____模块，任务____，工作任务____）

评价项目	满分	自评得分	互评得分	师评得分
正确理解知识	25			
业务分析处理方法得当	25			
表达清晰准确	15			
业务处理结果正确	35			
合计	100			
综合得分（自评得分×10%+互评得分×30%+师评得分×60%）：				
个人任务完成情况小结				

工作任务三

扫码获取业务资料，按要求完成工作任务。

任务完成情况评价表

（第____模块，任务____，工作任务____）

评价项目	满分	自评得分	互评得分	师评得分
正确理解知识	25			
业务分析处理方法得当	25			
表达清晰准确	15			
业务处理结果正确	35			
合计	100			
综合得分（自评得分×10%+互评得分×30%+师评得分×60%）：				
个人任务完成情况小结				

知识点自测

一、单项选择题

1. 国际多式联运经营人在国际多式联运合同中的身份是________。

A. 托运人　B. 承运人　C. 代理人　D. 收货人

2. 内陆点多式联运又称为________。

A. OCP 运输　B. MLB 运输　C. IPI 运输　D. SLB 运输

3. 多式联运经营人对货物承担的责任期限是________。

A. 第三方运输区段　B. 实际承运人运输区段

C. 自己运输区段　D. 全程运输

4. 目前国际多式联运经营人赔偿责任制分为统一责任制、修订后的统一责任制、________三种。

A. 过失责任制　B. 网状责任制

C. 不完全的过失责任制　D. 推定的完全过失责任制

5. 根据我国《海商法》规定，多式联运经营人对货物的责任期间为________。

A. 从接收地装上运输工具至卸下运输工具的整个期间

B. 从装上船开始至卸下船为止的整个期间

C. 从接受货物开始至交付货物为止的整个期间

D. 从接收地仓库至交付地仓库的整个期间

二、多项选择题

1. 国际多式联运的优点主要表现在________。

A. 无货损　B. 降低运输成本，节约运杂费用

C. 安全迅速　D. 手续简便、提早结汇

2. 目前世界主要的大陆桥运输线有________。

A. OCP 运输线　B. 北美大陆桥运输线

C. 西伯利亚大陆桥运输路线　D. 新欧亚欧大陆桥运输线

3. 我国与哈萨克斯坦边境铁路线的国内过境站是________。

A. 满洲里　B. 二连浩特　C. 霍尔果斯　D. 阿拉山口

三、判断题

1. OCP 运输中如卸货港为西雅图，目的地为芝加哥，则应在卸货港栏内填写“SEATTTLE”，目的地栏或备注栏内填写“CHICAGO”。

2. 国际多式联运货物的运费包括中转港费用。

拓展阅读与思考

跨山，崇山峻岭中的友谊关口岸，装载货物的跨境车辆，来往不断，一派繁忙。

出海，碧波荡漾的北部湾海面上，一艘艘巨轮往来穿梭，逐梦深蓝。

在广西，山与海相挽。

但，山与海，也曾带来阻隔。

广西多山，且沿江临海，因万山重重，江海无法贯通。

即便是来自西南地区的货物想要从广西出海，虽近在眼前，却也只能绕道珠三角。跨重山、通江海，成为迫切期待。

就在此刻，世纪工程平陆运河项目工地上，近两万名建设者奋战正酣。

作为西部陆海新通道的骨干工程，平陆运河建成通航后，将直接开辟广西及我国西南地区运距最短、最经济、最便捷的通往东盟的水运通道。

相通，则便利。

毫无疑问，通畅，成为广西打造国内国际双循环市场经营便利地的重要内容。

立足“三沿三联”（沿海沿江沿边，连接大湾区、连接西南中南、连接东盟）独特优势，广西着力推进高效互联互通，优化物流运输结构，促进通道、平台、物流和产业融合发展，全力推进市场经营便利地建设，打造“融汇天下、便利四方”的发展胜势。如图6–1所示。

近日，北部湾港钦州港区船舶靠泊作业。（北部湾港集团融媒体中心供图）

图6–1　山与海的新故事如此精彩

消痛点疏堵点——

构建立体高效联通网络

中越班列又一次创历史新高：截至9月25日，今年广西始发中越班列发运货物突破1万标箱，达到10 078标箱，同比增长1 431%。

增长的不只是运输规模，还有中越跨境铁路快速通关班列的运行效率。

在一系列通关便利化改革推动下，南宁至越南河内的中越快速通关班列实现南宁至凭祥线的运输时间4小时以内，至越南同登最快5小时，至越南安员最快14.5小时，并可实现当天发车、当天到达越南安员、当天完成清关提货。

“如今，中越经贸往来更加活跃，运输效率较2017年提升70%。”广西邦达天原国际货运有限公司物流总监杨波告诉记者，广西邦达天原国际货运有限公司今年从南宁国际铁路港发往越南的集装箱班列同比增长了10倍。

今年8月，作为补齐西部陆海新通道西通道短板的关键工程，黄桶至百色铁路广西段先行开工点已全部开工。

以黄百铁路等一批重大基础设施项目为关键支撑，广西陆海空数“四位一体”互联互通格局加快构建：贵阳至南宁高铁、防城港至东兴铁路建成通车，平陆运河建设全线提速，钦州港20万吨级自动化集装箱码头等项目建成投产，国际通信业务出入口局落地南宁……一张内外联通、高效便捷的物流运输网络，在八桂大地迅速铺展。

江海联动，通过一组数据更能反映广西港航服务能级的持续提升——

北部湾港年集装箱吞吐量去年首次突破800万标箱，增幅连续7年保持两位数增长；港口集装箱航线达76条，实现东盟国家主要港口全覆盖；今年1—8月，北部湾港集装箱吞吐量完成581.7万标箱、同比增长16%。

长洲水利枢纽船闸年过货量突破1.8亿t、超过三峡船闸成为全球过货量最大的天然内河航运枢纽；贵港至梧州3 000吨级航道工程建设任务完成，开辟了直达粤港澳大湾区的“水上高速公路”。

为打造“通道+枢纽+网络+基地”的现代物流体系，广西着力疏通枢纽、口岸和园区之间的“最后一千米”。

我国广西与越南间13条国际货运线路目前已开通6条，5对口岸实现国际运输车辆通行；

南宁至东盟“四小时”航空物流圈初步成型，南宁机场运营国际定期货运航线17条，连接与东盟及南亚10个国家的17个城市；

面向东盟的国际寄递物流枢纽加快建设，各快递总部在广西投资建设省际邮件快件分拨中心25个，日处理能力总计超3 000万件……

位于中越边境的友谊关口岸，是中国通往越南及东盟最大的陆路口岸，也是不少企业开展进出口贸易的首选。

9月30日清晨，记者来到友谊关口岸，这里早已车水马龙：燕窝、榴梿、智能手表等东盟国家的货物从这里进入中国市场；电缆、锂电池组、整车、汽车零部件等中国货物，则由此进入东盟市场。

为保障通关畅通，广西不断完善口岸基础设施，升级口岸功能，提升通行能力。数据显示，2012年全年经友谊关进出口的商品仅2 000多种，今年1月至今已增至6 000多种。

如今，全国首个跨境智慧口岸——中越边境智慧口岸正加快建设，建成后货物可实现不间断、无人化、智能化通关。

届时，南宁至越南河内的货物可实现“园对园”“企对企”“生产线对生产线”24小时运抵。

发展多式联运——
保障产业链供应链稳定畅通

一艘从非洲几内亚出发满载铝土矿的货船，日前经海运抵达北部湾港。

随后，这批铝土矿“下船即上车”，借助西部陆海新通道海铁班列进入百色靖西工业园，被加工成氧化铝后，再通过铁路运达新疆、云南等地。

“北部湾—百色—新疆石河子”，这是广西通程物流有限公司牵头创建的“优化铝产业交付供应链”多式联运服务品牌和重点线路。

深刻融入产业链、供应链服务，实现与实体经济的共舞共生，这是现代物流发展的动力之源。

随着国内铝产业通过产业转移和产能置换，在百色和南昆铁路沿线形成了铝产业集群，公铁水联运成为铝产业上下游主要的运输方式。

“我们以突出‘公转铁’和‘散改集’为核心，通过数字化系统实现全链条数据贯通和联合调度，综合集疏运能力提升138%，有效降低了企业物流成本。”广西通程物流有限公司负责人说。

铁龙驰骋，巨轮出海，西部陆海新通道的开通，让困扰西部地区几十年的物流困局找到了最优解。

9 月 14 日，今年西部陆海新通道海铁联运班列累计发运货物突破 60 万标箱，再创历史新高，物流增长势头向好。

沿着这条新通道，已初步形成“西南—北部湾—东盟”“西南—北部湾—中国沿海”两大多式联运通道，实现与中欧、中亚班列的常态化对接，内外贸集装箱航线基本覆盖东盟国家及中国沿海主要港口。

依托这条新通道，更多资源要素高效流动，“一带一路”共建国家的产品得以快捷地进入中国市场，我国西部地区企业更加深度融入全球产业链。据统计，新通道沿线经广西口岸进出口贸易总额已突破 6 000 亿元，年均增长超 15%。

以“全链条、大平台、新业态”为指引，西部陆海新通道多式联运蓬勃发展，“来宾—北部湾港”食糖班列、“北部湾港—西安”卷钢集装箱等专列纷纷上线，多式联运更高效率、更低成本、更大运力的“乘数效应”逐渐显现。

“通过采取海铁联运、一箱到底等模式，食糖运输成本比过去节省约 10%。”广西铁捷物流有限公司负责人黄隆说，政策利好将有利于增加运量。

近年来，广西海铁联运班列、国际铁路班列、跨境公路班车、国际航空货运等多式联运提质发展，南宁陆港型、钦州—北海—防城港港口型、柳州生产服务型、崇左（凭祥）陆上边境口岸型“四型”物流枢纽服务能力不断得到提升，有力保障了跨区域、跨境供应链稳定畅通。

今年 8 月，在 2024 年中国物流形势发展分析会暨物流企业 50 强论坛上，广西壮族自治区发展和改革委员会副主任莫前锋表示，广西紧抓国内国际双循环市场经营便利地建设的重大机遇，以西部陆海新通道、平陆运河经济带为依托，加快推进铁路、公路、水路、航空通道的规划布局，加快多式联运的服务和平台建设，提升广西国际物流的运输能力，同时扩大物流对外开放合作，推动物流数字化发展，促进物流业与制造业深度融合。

增动力激活力——

提高物流服务质量效率

8 月 31 日上午，一架装载着 100 箱马来西亚鲜食榴梿的班机从吉隆坡起飞，运抵南宁吴圩国际机场。

这批猫山王榴梿经海关现场检验合格后，当天即快速通关放行。

据悉，这是今年 6 月马来西亚鲜食榴梿获得我国检疫准入后，广西进口的首批马来西亚鲜食榴梿。

通关便捷的背后，是在南宁“智慧空港”建设赋能下，“数据跑路”替代“群众跑腿”“传统多点沟通”向“智能集中调度”的监管之变。

“一个平台”打破数据孤岛——打造智慧航空物流综合服务平台，打破各环节数据孤岛，集成货物通关“一站通关式”服务；

“一个中心”统筹联合调度——建立全国机场口岸首个联合指挥调度中心，实现海关与机场货站联合指挥调度，口岸服务质量、运行效率得到大幅提升。

据统计，今年 1—8 月，南宁机场国际货邮吞吐量完成 7.1 万 t，同比增长 39%。

以提升企业感受度为核心，一系列通关便利化措施落地实施，助力跨境物流高效畅通——在港口、航空、铁路口岸实施 7×24 小时（h）通关，在边境口岸货运高峰期实行延长通关时间、周末及节假日正常通关，保证车辆、船舶、飞机、班列出入境手续“随到随办”；在全国首创启用陆路口岸全信息化智能通关模式，友谊关公路口岸实现进出卡口通行平均时间由 10 min 压缩至 1.5 min……

距南宁机场 100 多千米外的钦州港自动化集装箱码头，一艘艘万吨货轮进出繁忙。

不远处的钦州铁路集装箱中心站，火车班列鸣笛出发，笛声交汇中，“下船即上车、下车即上船”的海铁联运无缝衔接场景，每天都在这里上演。

为实现从“通”到“畅”、由“捷”到“惠”的跃升，改革始终贯穿其中。

面对物流基础设施衔接不畅问题，广西壮族自治区发展和改革委员会牵头，持续推动北部湾港海铁联运一体化建设运营，顺利破除铁路与港口间的物理隔离，数据壁垒被打通后，综合作业效率提升约 20%，每个集装箱可为货主节约运输成本 100 多元人民币；加快信息化、智慧化提升改造，口岸通关能力和效率得到显著提升。

今年 1—8 月，钦州铁路集装箱中心站办理量达 48.6 万标箱，同比增长 40.4%，中心站日均装卸量从 1 370 标箱提升至 2 238 标箱，装卸作业效率有了极大提高。

同时，北部湾港深入实施降费、优服、提效专项行动，推动多式联运“一单制”，构建高效、安全、完善的数字通道运营体系，为客户全程提供“一口价、一站式”便捷服务，累计开通海铁联运“一口价”线路 183 条，有效降低了制度性交易成本。

广西北港物流有限公司副总经理刘纪炜介绍，在多项优惠政策支持下，海铁联运运输成本仅为公路运输的一半，全程海铁联运“一口价”线路的运输成本降幅约 30%。

跨山越海，畅通天下。

全力打造国内国际双循环市场经营便利地，广西，正在书写山与海的精彩新故事。

资料来源：周红梅，董文锋. 山与海的新故事如此精彩[N]. 广西日报，2024-10-08.